价值之道

公司价值管理的最佳实践

魏 斌 著

中信出版集团 | 北京

图书在版编目（CIP）数据

价值之道：公司价值管理的最佳实践 / 魏斌著 . --
北京：中信出版社，2018.11（2024.10重印）
ISBN 978-7-5086-9450-4

I. ①价…　II. ①魏…　III. ①企业管理　IV.
① F272

中国版本图书馆 CIP 数据核字（2018）第 205402 号

价值之道——公司价值管理的最佳实践

著　　者：魏　斌
出版发行：中信出版集团股份有限公司
（北京市朝阳区东三环北路 27 号嘉铭中心　邮编　100020）
承 印 者：北京通州皇家印刷厂

开　　本：880mm × 1230mm　1/32　　印　　张：16　　字　　数：400 千字
版　　次：2018 年 11 月第 1 版　　印　　次：2024 年10月第11次印刷
书　　号：ISBN 978–7–5086–9450–4
定　　价：88.00 元

目 录

第三章　现金创造：现金流是公司价值之源

第四章　现金管理：资金效率带来价值提升

第五章　资金筹集：用低成本资金支持价值创造

序　一

企业管理的价值追求

宁高宁[①]

魏斌是我在华润工作时的同事，他后来做了华润的高管。魏斌是华润管理系统早期的参与者、贡献者，也是提升者。他不仅是位优秀的企业管理者，也是不断探索、不断思考并把实践中的经验理论化、结构化的思想者。魏斌所处的华润时期，是华润快速扩展的阶段，这其中所带来的挑战是巨大的。从他书中所论述的观点和理论总结可以看出，他的每一段文字后面都有鲜活的故事，都是对一个成长中的企业成功和失误的反思。虽然魏斌负责财务工作，书的内容也是以金融和财务为切入点，但这本书能让我们从整个企业持续发展的角度出发，站在企业价值创造的层次，看到一家企业在不同层面、不同发展阶段所要具备的能力，管理的思路、方法和基本原则。

中国的企业发展很快，经过几十年的时间，在金融财务工具的使用上几乎追上了西方发达国家的企业。而且中国企业国际化经营的程度也快速提升，这也是造就中国经济奇迹的直接原因之一。但是由于发展得太快，一些基本经营理论、基本财务原则、基本资本原则时常被忽视，甚至被扭曲，这也是今天我们看到一些如日中天的企业突然出了问题，而大家还搞不清楚为什么的原因。魏斌的这本书刚好研究分析了一个成

① 宁高宁先生系本书所提 6S 战略管理体系的创始人，现任中化集团董事长、亚太经合组织中国工商理事会首任主席，曾任华润集团总经理、中粮集团董事长。

长型企业在资本、资金、资产，包括价值创造和业务战略上的问题及它们之间的有机关系，对今日的中国企业应该有很多启发。

一般有关企业管理的书写的都是最通常和具有普遍共性的企业现象，这也是为什么没有实战经验的理论往往看起来很有逻辑，但离现实太远的原因。而魏斌在书中说到的一些问题离实际很近，很有实用性。例如：一家企业的资本组成如何（有多少股本，多少借贷），资本回报率为多少，该企业处于什么行业，什么发展阶段，上市如何，不上市又如何，它的理想状态是什么样的，资本结构该如何调整？为什么许多企业的销售规模扩大了，但利润却没有随之增加，或利润增加但资本回报率却一路下降，这时该如何提升企业的盈利能力和营运能力？为什么许多企业的资金充裕但同时也负债高企，资金分散且难以统筹，这时应如何改进企业的资金效率？为什么许多企业面临发展机遇但存在财务资源不足的困难，或不断加大杠杆但引起财务风险的累积攀升，这时企业该如何筹措到充足的资金并合理控制风险？为什么许多企业的不同业态或区域的回报水平与增长能力不均衡，或者投资决策的结果事与愿违，这时资产组合又该如何优化和进退？这些问题华润经历过，魏斌经历过，他自然有他的看法。

财务和金融问题首先是一个管理理念的问题，是由价值取向所决定的，不是单纯的技术问题，财务技术手段只不过是用来实现这种价值追求的。企业的本质属性是价值创造，高层次的价值创造是企业的财务资源、技术资源、团队资源、体制机制、理念文化等各个方面系统性地理解、支持、激励创造新东西的过程。今天，我们经常听说某企业资金链断了，怎么一个好好的企业，甚至可能是盈利不错的企业资金链会断呢？应该怎样分析这其中的战略选择、架构设计、股权比例、盈利能力、现金流管理、财务政策、投资行为？我记得华润在15年前也被许多人质疑过负债比例、现金流、资产组合，甚至管控方式，这其中是如何走过来的，形成了什么思路和做法，相信我们通过魏斌的这本书可以直接或间接地感受到。

作为一个企业管理人员，魏斌的优点在于他能不断地学习进步和推动企业管理的提升。财务管理者能否跳出财务，认识到发展趋势，积极主动推动业务的战略优化，并深刻理解业务的发展阶段以及对财务资源支持的需求，这是区分一般管理性财务和战略性财务的主要标准；企业管理者能否跳出日常经营，着眼更高层次的价值实现，及时校准战略定位和管理政策，使企业未来的发展与经济大趋势更加贴近，保持回报、增长与风险的良性协调，这是区分一般企业和持续创造价值企业的关键所在。通过魏斌对资本使用、资金运用和资产运行的管理标准及方法的分析，对价值创造过程的思考研究和实践积累，对企业战略、企业组织等的分析，我们可以清楚地看到在管理一家像华润一样多元化控股企业时所经历的困难，以及对追求企业价值本源的实践探索，同时在其中也得到了许多很宝贵的经验总结和理论提炼。我相信这些内容在一般管理学院里是学不到的，所以它有很高的价值。

序　二

组织能力驱动下的价值创造

杨国安[①]

在“杨三角”体系中，我把企业持续成功的关键因素归结为“成功 = 战略 × 组织能力”。正确的战略指引企业的方向，合适的组织能力使战略得到落地和执行，二者缺一不可，相辅相成，在企业的持续成功中同样重要。对于组织能力，杨三角体系给出了系统性的评价方法和打造工具。然而，何为正确的战略？战略怎样才算得到落地和执行？在企业向战略目标前进的过程中，如何不断校准战略的实施路径？这些问题看似容易回答，但在实际中其实并不好把握。尤其是在客户需求、技术创新等快速变化的环境下，能令人信服的常常是企业通过其既往的历史业绩证明当初确定战略方向的成功经验，但不易判断却又最需要判断的是企业战略选择最终是否可以实现的预见，这常常成为困扰企业管理者以及外部投资人的现实难题。

为了解决以上的现实难题，我想在制定战略、依靠组织能力实施战略、最终实现战略目标的整个过程中，若能始终有一套相对清晰的衡量标尺，使战略方向、战略目标、战略执行、战略落地的有效性，以及所依托之组织能力的匹配性更加明确，就可以使企业管理者更加及时和相对准确地获得有助于把控未来方向的决策支持。价值创造是公司的本质，

---

① 杨国安先生系本书所提组织能力杨三角的创始人，现任腾讯集团高级管理顾问、中欧国际工商管理学院兼职管理教授、杨三角学习联盟会长、青腾大学教务长。

这是学术界和企业界的普遍共识，基于此，企业持续成功的关键因素应能映射到公司价值上，并且由于价值本身也可以用数据体现，比单纯的主观性论断往往更有说服力，因此若能从公司价值的角度找到这套过程把控和方向校准的标尺，不啻为一个好的思路。

然而，将一个理论性的概念落实为适合实践运用的工具，就我看来至少需要做到以下几点：一是有简明扼要的要素和架构，体系过于多元复杂或各组成部分间缺少明显的逻辑联系会显得零散，不便给人留下深刻的印象，直观理解可能也就更为困难，这会给实践中快速推广造成限制；二是能诠释为实践中的通用语言，实践中沟通频繁且讲求效率，加上沟通对象的范围层次甚广，因此其含义要能用通俗易懂的语言和思路表达，以契合实践应用的需要；三是经受过实践的挑战和检验，实践总是比理论上的构想更为多变，既然是作为实践运用的工具，就要兼具普遍性和灵活性的特征，在抓住本质的同时又要能应对动态现实的多样化要求，实践是证明其应用价值最有效的途径。虽然公司价值本身早已是一个较为成熟的理念，但是落实到企业管理中，常常由于在以上几个方面有所缺失或做得不到位，在实践中能充分契合价值本源并能让人耳熟能详的公司价值管理工具其实并不多见。

令人高兴的是，我在魏斌先生的这本书中看到了这样的管理工具，5C 价值管理体系紧紧围绕价值理念核心，结合作者本人对公司价值的深刻参悟和 20 多年的企业管理实战经验，构建了能为企业所用的行之有效的价值管理工具。该体系具有以下几个特点。

第一，公司价值的清晰化。立足于管理实践，5C 价值管理体系将公司价值的含义归纳为资本结构、现金创造、现金管理、资金筹集和资产配置 5 个要素，并且这 5 个要素之间的衔接也与公司价值创造过程的逻辑一致。这一体系架构既体现了公司价值的理念核心，又符合管理实践的思路，使抽象的理念与具体的实践有了结合点，易于为企业管理者接受、理解，进而加以应用。

第二，价值创造的系统化。5C 价值管理体系将公司价值的思想落实到企业的管理活动中，并相应提供了一系列具有参考性和实用性的工具，在该框架中公司的各部分工作都能以价值创造为目标，同时与价值理念相对应，形成了围绕价值的管理机制，而不再是零散的几项管理措施，这就使得公司的价值创造活动能循序渐进、有的放矢且科学系统，有利于从根本上、长远上提升公司的价值创造能力。

第三，价值管理的全面化。一方面，5C 价值管理体系既是公司财务部门的工作内容，也是其他业务部门关注的重点，既聚焦公司经营层面又覆盖公司资本层面，从而应将价值管理上升到公司整体都需要一以贯之的基本要求。这样可以促使从公司高层到基层员工都树立价值创造的意识，让价值管理成为自觉行为。另一方面，价值管理也并非孤立存在，强调与战略、组织能力的相互匹配、相互支持，一体化打造企业的长久竞争力。

由于兼具以上特点，5C 价值管理体系既源于魏斌先生对公司价值理论的深刻理解，又源于其多年来在管理实践中的系统思考，是对公司价值管理实践经验的总结，能契合企业实战语言，很好地梳理和整合价值管理的关键要素，其许多理念和工具都有鲜活的实际案例支持，在很大程度上解决了从理论到实践的难题，因此是一套能从价值本质出发，帮助企业系统性地提升价值创造、价值管理能力的有用工具。

如同这本书中所比喻的——**“战略和价值好像一枚硬币的两面，而组织能力就是中间主体”**，在充分的组织能力支持下，价值管理能与公司的战略管理相辅相成，克服战略主要通过主观描述、但进行客观判断或业绩评价时标准较为模糊的问题。提倡价值管理、推动中国企业切实建立起价值管理能力，对于遏制资产泡沫、促使企业回归本质、扎实练好内功、获得持续成功等都有积极作用。从这个意义上说，我相信这本书在理论和实践方面都做出了重要贡献，值得企业管理者和学术研究者好好研读并加以借鉴。我诚挚地希望 5C 价值管理体系这一管理工具能进一步彰显出更大的应用价值。

序　三
以价值管理助力企业成长

张磊[①]

高瓴资本自2005年创立以来，始终坚持长期价值投资理念，将基础研究和行业洞察作为投资决策的不二法门。然而，我们清楚地看到，价值投资得以成立的关键在于企业价值的不断创造和可持续增长，而这离不开拥有伟大格局观的企业家为企业发展持续赋能，通过实践创新，实现企业价值。读完此书，我不得不感慨，魏斌先生创立的“5C价值管理”与我们始终坚持的“长期价值投资”不谋而合，甚至一脉相承。价值管理围绕企业价值创造和成长的全过程，从资本回报、资产配置、资金管理等角度，回归企业发展本质，厚积薄发。从某种程度上说，价值管理是价值投资的前提，如果没有企业家的价值管理，所有投资回报恐怕都是空头支票。

魏斌先生长期就职于华润集团—中国知名的多元化经营企业集团，在深谙西方管理思想的基础上，融入自身思考，在发展变革中不断求索，丰富和创新着属于中国的管理实践。管理在中国并不陌生，在西方管理哲学不再“包治百病”的今天，越来越多的中国管理实践者提供东方智慧，推动管理思想方法论的再次飞跃。在今天，我们能够读到大量管理

① 张磊先生系高瓴资本创始人兼首席执行官，耶鲁大学校董会董事，中国人民大学校董会副董事长，中国人民大学高礼研究院创始人兼理事长，耶鲁大学亚洲发展委员会主席，中美交流基金会董事，是价值投资的倡导者和践行者。

著作，然而真正有生命力的管理思想必须源于实践创新。与此同时，管理思想和工具作为一种生产力，也在指导和改变着管理实践，从而提升企业竞争力。毋庸置疑，这些推动管理进步的中国企业家值得我们由衷赞许。

沃伦·巴菲特曾经这样讲述："会计是商业的语言。不懂商业的语言，就无法在商业世界中驰骋。"对此，魏斌先生以企业财务官的视角，通过构建"5C 价值管理"的理论框架和实践工具，为我们做了精彩演绎。

第一，重新定义了企业管理的本质。如果说战略管理是江湖丛林的快意恩仇，那么价值管理就像是河川山野的躬耕陇亩。前者围绕企业的规模增长，希望以钢筋铁骨谋得发展；后者强调企业的价值回报，希望以深耕细作赢得未来。二者在不同的发展时期、变化的商业环境中发挥着不同作用。战略管理从发展方向、企业形态、竞争格局等角度提供行动纲领，而价值管理从资本回报、运营效率、资本配置等视角提供运作指南。从某种程度上说，价值管理不是另辟蹊径，而是追根溯源，从企业赖以生存的本质出发，追求持续性的盈利成长。对企业家来说，它为我们描绘了清晰而有力的实战蓝图。

第二，重新阐释了财务管理的价值基础。对人们的普遍认知而言，财务管理是企业价值的记录者、阐释者，然而，如果站在价值管理的视角，无论是管理资金、资产还是资本，它都鼓励"账房先生"走出去，通过对业务的深刻理解，实现财务价值和业务价值的融合统一，从而以企业家的责任感对企业价值重新解读。我们必须相信，企业管理不是业务组合的随意拼凑，不是业务形态的随机框定，更不是业务发展的随遇而安。在中国消费者和市场不断成熟的今天，我们应该重新审视业务的商业价值，用更加审慎的态度面对企业的成长和风险，在转型发展中构筑新的竞争优势。

第三，重新解构了财务报表的内在联系。无论是资产负债表、利润表，还是现金流量表，都是企业的“普通商业语言”，它们以标准化的格式为我们描述了企业的账面价值。但对真正理解企业和所处行业的人们来说，价值管理下的财务报表则是企业的“独门暗语”，只有在充分理解行业驱动关键因素和价值创造核心要素的基础上，以保持好奇、探求真理的态度，才能达成与企业内在价值的深度契合。我想，这或许是“5C价值管理”的独特魅力所在。

我们可以看到，当今中国正面临三个重要转型。第一，传统经济向新经济的转型。在新的国际竞争态势、新的市场发展环境、新的消费者和商业需求面前，只有适应经济新常态，才能够实现企业的转型发展。第二，传统商业模式向新商业模式的转型。这其中，科技创新正在发挥更加关键的作用，脱离科技的传统行业难以为企业带来更大的效率提升，只有将科技创新与传统行业相融合，重塑商业模式和价值创造流程，才能实现传统行业的涅槃重生。尤其令人欣喜的是，科技创新已进入2.0模式，以更加宽容和人性的态度，推动更多人搭乘科技快车，从而创造更多价值，实现长远共同发展。第三，传统企业家向新企业家的转型。企业家不仅是业务模式的组织者、运营者，还必须拥有更加广阔的视野和开放的心态，重新定义和诠释企业家精神。新一代企业家必须拥有一流的格局观、人文主义的同理心、敏锐的行业洞察、卓越的行动力，在充分理解国际竞争环境、长期价值回报、持续效率提升的基础上，专注精益管理和实践创新，打通资产价值和资本回报之间的渠道，构建企业的“动态护城河”，从而实现基业长青。

“管理有规律，管理无定式。”魏斌先生通过多年的管理实践，总结并诠释了企业管理的“内功心法”和“硬功招式”。无论对于企业管理者还是投资者，这本书都是在新经济转型、新商业模式再造、新企业家精神重塑的关键时期不可错过的重要读本。因为我相信，只有真正经历过企业价值管理实践的企业家，才能够讲述其中的真知灼见。对投资者来说，这本书提供的管理理念和分析工具，能够帮助他们进一步理解价值投资的精髓所在。我希望，未来有更多的中国企业和企业家在管理实践中，提炼出更多有利于企业成长的管理范式。这对中国经济来说，是最为幸福的期待。

前　言

21 世纪伊始，中国通过加入世界贸易组织，经济进一步融入全球化大潮，总体规模持续高速增长，产业整合风起云涌，一大批企业在市场化体制构建的大背景下快速成长。在这样一个充满商业机会和转型机遇的大环境中，那些有战略导向的企业，只要具备一定的组织能力或组织发展潜力，甚至只要有一个好的企业家或经理人，大多都能确立行业、业态或区域的市场地位，同时带来资本回报及实现价值创造。在高增长的经济环境下，只要业务实现了高增长，企业管理特别是价值管理的重要性往往不需要突出，任何跑冒滴漏及其他业绩损毁问题都可能通过经营增长得到粉饰或弥补，其结果是资本回报的绝对数仍然相当可观。或者说，从公司价值来看，如果一项业务有增长特别是持续的增长，资本回报暂时的亏或低并不一定令人担忧，只要回报能逐步改善或预期能改善，价值创造一样可以实现。可见，企业一项业务并购只要战略方向对了，即便当时买贵了也并不构成多大灾难，甚至企业为了后续发展有时宁愿承受高溢价，因为高增长可以对冲低回报的问题。就像整个国家经济一样，过去十几年的高增长掩盖了很多问题，当然也解决了很多问题，即所谓“发展才是硬道理”。这可能正是中国企业管理水平还普遍不高、价值管理也并未深入人心的重要原因。

然而，近几年中国经济进入减速提质的新阶段，不仅传统投资驱动下的高增长难以为继，甚至有相当多的行业因产能过剩转而进入低增长或负增长状态，而且随着市场化程度的加深这一状态变得不可逆转，因此依靠高增长平衡低回报的问题已不再现实，低回报的改善亟待通过创新等一系列管理加以推动，以提升生产率。总体上说，企业需要做到：**立足有约束的资本，寻求有改善的回报，实现有质量的增长。**如此来看，中国企业越来越需要遵循成熟市场的规律，只讲战略管理而忽视价值管理已难以取胜，就像在一个有效的资本市场买卖股票一样，不仅需要选准目标公司，还要做到价位合适，否则就不可能获取回报及创造价值。换句话说，战略管理和价值管理已密不可分，甚至在一定程度上，后者重于前者，就像买股票，即使选了表现不好的公司，但要是价位足够低或者安全边际足够大，一样可以获利。做股权基金也有类似之处，有时候什么行业或业态都可以投，或者说并不需要考虑战略问题，但只要投资成本控制得当也可创值，甚至只要选对团队就可创值（尽管该团队可能需要考虑战略问题）。在企业管理实践中，正是由于价值引领，一方面可以细化和挖掘目标公司的回报、增长和持续性的潜力，另一方面还可以进一步约束目标公司战略执行的过程并使之具体落地及更加有效，甚至于价值引领本身就涵盖了战略管理的内容。一言以蔽之，市场越完善，竞争越充分，公司价值管理就越重要。

企业管理的终极目标是价值创造，按理说，公司价值管理的重要性不言而喻，但为什么价值管理在实践中却给人高大上的印象而难以落地，或与日常经营管理特别是财务管理工作脱节呢？

公司价值经常被经理人理解为市盈率（P/E）、市账率（P/B）、市销率（P/S）或息税折旧摊销前利润倍数（EV/EBITDA）等简单概念，其实类似术语不外乎就是一些估值算法，并非公司价值的本源，而且往往还会因忽视趋势的静态取数而产生认识上的误导。透过表象看本质，或者从根本上说，公司价值是公司未来可持续自由现金流的折现值。但未来情况具有不确定性，是否可持续也未可知，折现率更是不易理解，因此公司经理人可能会觉得价值管理是投资银行家或金融分析师的技术工具，离业务语言相对较远，不如谈论战略管理来得得心应手，这样经验主义和非量化管理就可以大行其道，当然也契合发展中经济或新兴市场经理人的特点。如果说公司价值能够用得上的话，也就是并购估值、重组估值或上市估值等主要进行资本运作的特别场景，大体可归为专业人士的技术活儿，好像并不属于经理人语言，还上升不到公司经理人的层面。更何况，不同专业人士就同一标的因为关键假设变量的不同还存在相当大的估值差异，而且不仅宏观环境和行业环境影响公司估值，即便目标公司的团队变更了或者战略调整了也会产生不同的估值结果，这就使得公司价值看起来更加不可捉摸。

然而，公司价值这种基于未来的“模糊的正确”既是一种思维方式，更是一种管理方式，同时不仅是资本市场的游戏规则，也是日常经营应围绕的核心目标。从资本运作来看，如果你有一个梦想并把它变成了一个故事，当投资者相信了你的故事并为你投资，就在资本层面体现出了价值。然而，资本层面上的价值体现，尽管是基于面向未来的业务计划，但也必须要有源于现实的依据，是根据公司业务经营及组织能力等现实因素所做出的对未来的预测，只有当依托在资本层面上获得的投资通过经营层面最终实现了梦想，这才真正成就了价值创造的故事。因此，公司价值既体现在资本层面，又贯穿于经营层面，资本层面的价值创造通常是基于未来的、非经常性的，而经营层面的价值创造则是基于现在的、经常性的。由于未来是由持续的现在所构成，因此经常性的价值创造是非经常性价值实现的基础；虽然资本层面创造的价值通常较之于经营层面创造的价值具有放大效应，但若失去了经营层面的支撑，资本层面的价值创造只会是泡沫。公司价值管理就是要打通资本层面和经营层面，既要面向未来又要着眼现在，面向未来的业务计划落实在经营层面上，如果具有清晰的商业模式，并预期可获得持续的现金流，那么这项业务计划从一开始就具有商业价值，这就是价值管理的艺术所在！在业务计划的实施过程中，正是回报、增长和风险等基本的价值因子驱动着公司价值创造，而这本身就是经理人的经营管理目标。有了经营层面的价值基础，资本层面的价值实现才能有来源和支持。因此，只要有易于理解、便于操作的管理工具，打通资本与经营，连接未来和现在，价值管理并非遥不可及，反而应成为日常关注的焦点。

需要说明的是，价值管理也不等同于通常所提及的经济增加值（economic value added，EVA）管理。经济增加值等于税后经营利润扣除资本成本，虽然在债权资本成本之外还同时考虑了权益资本成本，相对于传统财务管理中关注的利润表仅考虑债权资本成本能更进一步，但其着眼点主要还是在当前或者历史；而公司价值创造强调的是面向未来，是当前或者历史的进一步延伸，这就决定了价值管理的内涵和作用必然与经济增加值管理存在差异。

公司财务传统上以面向过去为主，利用会计语言进行确认、计量、记录和报告，通常依托历史表现和行业标杆来分析和预测未来，而财务管理主要聚焦的资产负债表、利润表和现金流量表与公司价值理念并不完全一致，公司价值与日常财务管理也缺乏有机衔接，甚至远离一般财务语言。在一定程度上，财务人员往往觉得价值管理与自身工作关系不大，至少估值不是经常发生的事项，甚至与会计的可靠性原则相悖，主要属于股东或外部中介关心的范畴。然而，现代财务是面向未来的，财务人员充当的是业务伙伴，维护的是公司价值，不仅如此，还要把公司价值从财务语言转换成经理人语言，除了通过自身工作直接创造价值外，还要成为公司整体价值创造的参与者和推动者！公司业务的回报、增长和风险决定了未来自由现金流及其可持续性和折现水平，而这些正是财务管理的目标，从而也就是公司价值管理。

从财务管理到价值管理，两者本身是融为一体的，前者是后者的细化和落实工具，后者是前者的量化和方向引领，财务管理本身并不限于财务人员的范畴，而是要提升到整个公司及经理人工作层面，价值管理本身也不限于股东和外部中介的事务，而是具体到公司财务乃至整个公司及经理人的日常工作。那么，如何以财务管理为切入点，找到一套适合于经理人视角的有效的价值管理工具，就是一个意义重大且具实用价值的挑战性课题了。

笔者于2001年加入中国极有代表性的多元化企业华润集团，虽然公司总部位于香港且依托境外资本市场，但恰于本世纪初正式开始历史性转型，面向内地之广阔市场与增长空间。16年间，笔者亲身经历了公司由300多亿港元营业额及500多亿港元总资产，发展到约6 000亿港元营业额及约12 000亿港元总资产，且有十多个行业取得内地市场领导地位的成长过程，与此同时，公司的整体回报水平得以保持，公司价值大幅增加，尽管仍存在问题及面临进一步转型的压力；此间，还直接参与了华润集团内地总部的重组改制，以及危机大型企业中国华源集团和三九企业集团的重组整合和业务发展；负责过集团战略管理，具体推行前总经理宁高宁创新提出的6S战略管理体系；主管过财务管理，针对价值管理薄弱的问题，创造性地构建了5C价值管理体系。其中，本书主题5C价值管理体系综合了华润16年间往内地转型发展过程中可供分享的经验教训，吸收了诸多华润经理人，特别是一批背景各异、表现卓越的财务经理人的真知灼见，更凝聚了笔者25年来企业经营管理的实践与思考。

5C价值管理体系由资本结构（capital structure）、现金创造（cash generation）、现金管理（cash management）、资金筹集（capital raising）、资产配置（capital allocation）5个模块组成，这5个模块是构成公司价值的5个关键要素。其中，现金创造和现金管理与公司的回报与增长水平直接相关，资本结构和资金筹集体现公司的财务能力，或者说是主要风险水平，资产配置推动公司的持续性发展，它们与管理实践密不可分，并在很大程度上澄清了公司经理人对价值管理经常存有的困惑或认识的误区。5C价值管理体系的5个模块按照公司价值创造的逻辑，涵盖从获得资本来源到进行业务经营和日常管理，再到进一步成长，最终实现可持续发展的完整价值创造及管理循环。

5C 价值管理体系也贯穿在公司的财务报表中，以完整反映公司财务状况的管理资产负债表为核心，首先是管理资产负债表右边的占用资本，从体现资本来源的资本结构开始，到获取外部资本的资金筹集；而后过渡到管理资产负债表左边的投入资本，通过业务资产的经营活动实现现金创造，并同时进行现金管理；最后投入资本总体上还由资产配置所决定，同时也要求投入资本与占用资本相匹配，也就是说，资产配置同时横跨管理资产负债表的左边和右边；在此过程中相应驱动利润表和现金流量表的变化。并且，由于 5C 价值管理体系一方面体现了公司价值创造的完整循环，另一方面又贯穿公司的财务报表，从未来自由现金流折现的公司价值来看，资产负债表左边的现金创造和现金管理对应自由现金流，资产负债表右边的资本结构和资金筹集对应折现率即加权平均资本成本，横跨资产负债表左边和右边的资产配置对应公司价值的折现期，由此将价值管理与财务管理紧密联系起来。

5C 价值管理体系各模块的内部也分别按照管理实践的逻辑，逐一厘清围绕公司价值提升目标的管理理念和管理工具，其中还包含了许多通过在实践中深入思考而得出的创新性做法，并遵循“化复杂为简单”的原则，力求大道至简，将复杂的实践尽可能归纳为简单的方法，使得价值管理可以系统地在公司落地实施。

资本结构管理源于公司生存发展的需要，也是对资本约束越加凸显的现实环境的应对。优质并购项目作价提升而公司的财务资源有限，资本驱动型的扩张难度加大，公司的经营风险和财务风险上升，这些要求公司在保持资本结构及财务能力稳健的情况下合理运用财务资源，支持业务发展。资本结构引入静态资本结构和动态资本结构的核心理念，分别从有息负债相对水平的高低（静态资本结构）和盈利变化趋势对偿债能力的影响（动态资本结构）两个维度，更加全面地分析公司可用的财务资源；同时，对最优资本结构这一理论上的概念，也提供了可行的应用方法，使之具备可以付诸实践的现实意义；进一步区分了资本结构独立公司（存在合资股东）和资本结构非独立公司（全资持有），提出相应的差别化管理及评价方式；此外，无论是对日常管理还是对股权交易，都提供了一系列资本结构调整或优化方式，通过主动管理实现价值创造。

现金创造着眼于如何增加公司的内生性现金流，即提升公司通过在日常经营活动中运用营运资本需求、固定资产及其他长期资产等所能获得的自由现金流水平，这是构成公司持续发展的基础。站在管理需要的角度，现金创造模块在自由现金流概念（经营性现金流扣除资本支出）的基础上，进一步延伸出经常性自由现金流的管理理念，即经营性现金流扣除经常性资本支出后的可自由支配部分。有关资本支出被相应区分为维持型的经常性资本支出和扩张型的战略性资本支出，经常性资本支出属于公司日常经营活动内容，而战略性资本支出则属于投资决策范畴，这就使得经常性自由现金流与公司日常经营活动相对应，从而对于公司现金创造能力的分析、评价和管理更为合理。同时，现金创造还关注财务能力和经营利润的相互转化，强调公司不仅能通过盈利能力创造现金，还能通过营运能力创造现金，以一定营运资本占用下的投入资本回报率作为评价公司现金创造能力的核心指标，将利润表（经营获利能力）、资产负债表（营运资本管理能力）与现金流量表（经常性自由现金流）联系在一起，帮助公司建立提高内生性现金流的完整视角和管理机制。

现金管理是现金创造的延伸，强调的是对公司动态现金流的管理，其意义在于通过提高现金周转效率和使用效率，减少经营所需现金，降低资本占用，从而提升公司价值。现金管理按照现金流在公司的使用和周转循环，在满足债权人和股东现金收益要求的基础上，关注对资产的轻量化处理，针对现金的流入、流出与留存，通过运用供应链融资、短期性经营租赁、资金集中管理等工具，对现金、营运资本需求、固定资产及其他长期资产等进行有效安排，加快现金周转并尽可能减少与现金流相关的资本占用。现金管理建立了对留存现金的分类管理思路，以尽可能减少受限现金、科学确定最佳现金持有量、有效安排盈余现金为原则，同时结合资金集中和付息派息等方式，使公司整体的现金留存保持在合理水平，避免出现由于现金持有量过多或者过少而损毁公司价值的情况，帮助公司克服存贷双高等现实问题。现金管理还从作为战略落实工具的角度，重新定义、梳理公司应用现金预算的原理作用、实施方式、编制步骤等，以期真正让现金预算成为公司财务资源分配的有效工具。

资金筹集与资本结构有着密切的联系，在一定的资本约束环境下，如何既能满足公司发展所需资金的要求，又能使随之而来的偿债风险、汇率风险、利率风险等各类财务风险在可控范围内，使公司在实现发展的同时保持稳健的财务能力，成为资金筹集模块的主旨所在。资金筹集包括债权融资和股权融资，由于权益资本成本高于债权资本成本，因此资金筹集在明确先债后股的基本原则基础上，引入了可融资空间的概念。这其中结合了静态 / 动态资本结构指标的核心理念，以合理确定一定时期内的融资规模，引导公司在进行融资活动的同时关注其对财务能力的影响，这对公司的可持续发展至关重要。资金筹集聚焦融资方案的核心要素，以综合融资成本最低为原则，合理安排融资规模、期限、利率、币种，乃至渠道、主体等，同时配合一系列财务风险监控指标，以使公司的融资工作更加系统，融资成本更低，从而更能有效支持业务的持续发展。

资产配置关注的是可持续发展之下的增长质量问题，是对现实中公司资产配置经验和问题的总结和应用。高速成长的公司，往往容易忽略资产的内在质量，即增长的同时是否能带来盈利或现金流的同步或更多的增加，换言之，就是增长是否真的能够带来公司价值的提升。资产配置指出：高增长的公司应更多关注回报的改善，高回报的公司应更多关注增长的提升；在多元化的资产组合里，公司还可通过利用高回报资产支持预期高增长的资产，实现财务资源在资产组合中的有效配置。资产配置梳理了公司价值分析、价值评估和价值检讨的管理流程，强调现金流折现法的重要应用，还进一步将公司价值的驱动因素归结为回报、增长和风险三个完整维度，同时强调资产配置与业务战略的匹配性，以及所需的财务资源和组织能力支持，并将此贯穿在资产配置的管理流程中，帮助公司提高资产配置决策的有效性，避免落入仅仅关注收入、利润或净资产等单一参数，而忽略实际经营管理中非持续性因素影响的陷阱。

笔者创立 5C 价值管理体系的初衷是在战略管理之外，从价值创造的终极目标出发，构建一套完整的核心管理工具，并借此推动公司的战略管理能够有效落地，推动财务管理从传统思维上升到价值管理层面，填补公司价值在理论与实践之间的空白。随着实践的推行和逐步深入，笔者更加确信 5C 价值管理体系提出的思路和方法，能够给予更多的公司经理人及财务管理人员实实在在的抓手和助力，而 5C 价值管理体系的进一步推广，也能为该体系获得更大的、能体现其应用价值的空间，而这正是笔者下决心出版本书的目的。

本书共分八章：第一章是引言，从一个简单的小酒吧案例引申至 5C 价值创造循环的基本原理；第二章到第六章，将按照 5C 价值管理体系的顺序，阐述各个模块的管理理念和管理工具，其中包含许多公司实践案例；第七章专门介绍 5C 价值管理体系在金融机构的运用；在本书的最后即第八章，还进一步指出战略、价值与组织能力是公司实现可持续发展的三大支柱，概括梳理公司在这三大项下如何应用相关的管理体系和工具，其中，不仅进一步解释了 5C 价值管理的具体实施问题，还简要介绍了战略项下的战略地图与平衡计分卡工具，及其在实践中运用所形成的 6S 战略管理体系（包含业务战略、行动计划等 6 个体系），以及组织能力项下的“杨三角”工具，通过打造员工能力、员工治理方式及员工思维模式，为公司获得成功建立所需要的组织能力。可以说，从提升管理水平的角度，这三项管理工具的有机结合，能基本呈现公司从实现价值创造到持续地实现价值创造的路径和方式。

本书结尾还附有一套5C价值管理报表，5C报表体现价值管理的实用性，是5C价值管理体系在公司落地尤为重要的基础工具，有需要的公司经理人或财务管理人员可以根据自己公司的情况直接加以个性化运用。

最后，衷心希望本书能为推动中国企业提升价值管理水平贡献绵薄之力。

魏　斌

2018年完稿于港深两地

第一章

引　子:

小酒吧引出的大道理

小故事：一家小酒吧的五年成长

小蔡和小吴，深圳人，是一对从小玩到大的好朋友。两人都爱聊，爱玩儿，爱折腾。小蔡学财务出身，上学时的梦想是通过自己的努力，改变周围人对传统老会计的固有印象，成为一名能运用财务管理为企业创造价值的专业人才；小吴刚从国外硕士毕业回来，正踌躇满志，干劲儿十足，他的梦想是亲手将一家企业培育起来，使其发展壮大，成为一名优秀的企业家。

20×0 年 5 月，久未谋面的两个小伙伴坐在一起。酒足饭饱，两人开始畅想未来。小蔡现在在一家大型会计师事务所工作，而小吴在一家跨国公司工作，两人的生活工作都算顺利，但在一帆风顺之下，却都感到一丝乏味和无聊，昔日的年少轻狂和豪情万丈似乎在按部就班的日子中慢慢被消磨了。

“为什么我们不能做一番自己的事业呢？”小吴突然说。

“是啊！今年世界杯开幕在即，我们是不是可以借助这一大好商机，捞到创业的第一桶金呢？”小蔡一拍巴掌。

那做什么？在哪儿做？需要什么？钱从哪儿来？这些问题摆在两人面前。

经过讨论，两人最后决定在深圳湾开一家酒吧，并命名为小南海酒吧，两人分别出资 20 万元，作为创业的启动资金。

小吴首先进行了市场分析，根据两人手头能拿出的资金、自己的特点和优势，把小南海酒吧定位为复古小清新风格。小蔡根据酒吧运营的需求，列出了清单（见表 1–1）。

表 1–1　酒吧运营需求清单

（单位：元）

需要什么		钱从哪儿来	
流动资金	20 000	自掏腰包	400 000
存货（如酒等）	20 000		
预付租金	240 000		
装修	120 000		
合计	400 000	合计	400 000

接下来，两人热火朝天地办理了相关营业手续，迅速租好了店面，进行装修，置办存货，很快酒吧就开业了。小蔡也建立了酒吧开业的期初资产负债表（见表 1–2）。

表 1–2　资产负债表

（单位：元）

	期末	期初		期末	期初
流动资产			负债		
货币资金		20 000			
存货		20 000			
预付账款		240 000			
非流动资产			所有者权益		
固定资产		120 000	实收资本		400 000
总资产		400 000	负债和所有者权益		400 000

酒吧开业一年后，小蔡出具了酒吧第一年的经营业绩（见表 1–3）。

表 1–3　第一年财务报表

（单位：元）

资产负债表					
	期末	期初		期末	期初
流动资产			负债		
货币资金	99 000	20 000			
存货	25 000	20 000			
预付账款	240 000	240 000			
非流动资产			所有者权益		
固定资产	120 000	120 000	实收资本	400 000	400 000
累计折旧	60 000		未分配利润	24 000	
总资产	424 000	400 000	负债和所有者权益	424 000	400 000

利润表		现金流量表	
销售收入	500 000	销售商品、提供劳务收到的现金	500 000
销售成本	120 000	经营活动现金流入小计	500 000
毛利	380 000	购买商品、接受劳务支付的现金	125 000
销售及管理费用	348 000	支付的各项税费	8 000
营业利润	32 000	支付给职工及为职工支付的现金	38 000
所得税	8 000	支付其他与经营活动有关的现金	250 000
净利润	24 000	经营活动现金流出小计	421 000
		经营活动产生的现金流量净额	79 000
		现金及现金等价物增加额	79 000

小南海酒吧第一年就获得盈利，实属不错的业绩表现。尽管如此，但开始投入的 40 万元资金，最终只给股东创造了 2.4 万元的利润，按此计算，一年的投入资本回报率为 6%（2.4 ÷ 40），其实就相当于同期买个银行的理财产品，这个回报水平并不算高，两人感觉和当时开业时定的

小目标还有点差距。于是，两人又仔细合计了一下，发现由于酒吧的业务主要集中在晚上，并主要是周末和节假日的晚上，平时工作日和白天的大部分时间，酒吧都是闲置的。如何才能提高酒吧资源的利用率，创造更多收入呢？两人想出了以下两个方案。

方案 1：由于深圳湾公园风光优美，极具海滨特色，每天都有很多外来游客来此游览，还有很多年轻人选择在这里拍摄婚纱照。因此，两人决定在白天开放酒吧区域，为一些婚纱影楼提供拍摄场地，并按时间收取费用。

方案 2：由于周末白天酒吧生意较少，可以开发一些团购产品，在网上发布，承接一些周末白天的聚会活动，提供简单的酒水和 KTV（卡拉 OK）设备，满足聚会者的需求，充分利用场地。

由于以上两项新业务的开展，酒吧第二年的营业额（也可称销售收入）和利润均有了大幅增长。但同时，因为开展了团购业务，团购销售应收款项的结算周期为 1 个月，而采购酒水、食品等存货的应付款项结算周期为半个月，因此酒吧的日常经营上增加了营运资本占用，对现金流造成了一定的影响。第二年酒吧的财务业绩如下（见表 1–4）。

虽然第二年的经营业绩令人满意，酒吧每天都是高朋满座，白天的时间也得到充分利用，一天要接待两三对拍照的新人，周末的团购活动也已经预约到一个月之后了。但是商业嗅觉敏感的小吴还是发现了小南海酒吧经营中存在的问题：在第二年的最后几个月，酒吧营业额的增长突然停滞了，有时候甚至出现了下降的情况。这又是为什么呢？

表 1–4　第二年财务报表

（单位：元）

资产负债表					
	期末	期初		期末	期初
流动资产			负债		
货币资金	223 000	99 000	应付账款	10 000	
应收账款	40 000				
存货	30 000	25 000			
预付账款	240 000	240 000			
非流动资产			所有者权益		
固定资产	120 000	120 000	实收资本	400 000	400 000
累计折旧	120 000	60 000	未分配利润	123 000	24 000
总资产	533 000	424 000	负债和所有者权益	533 000	424 000

利润表	
销售收入	620 000
销售成本	140 000
毛利	480 000
销售及管理费用	348 000
营业利润	132 000
所得税	33 000
净利润	99 000

现金流量表	
销售商品、提供劳务收到的现金	580 000
经营活动现金流入小计	580 000
购买商品、接受劳务支付的现金	135 000
支付的各项税费	33 000
支付给职工以及为职工支付的现金	38 000
支付其他与经营活动有关的现金	250 000
经营活动现金流出小计	456 000
经营活动产生的现金流量净额	124 000
现金及现金等价物增加额	124 000

经过几天的研究，小吴发现：目前酒吧的接待能力已经饱和了，每天接待的客人数量基本保持不变，而客人的平均消费也维持在一个中等水平。因此，两人商议决定要扩大酒吧的规模从而增加接待能力。

小吴建议将酒吧进行重新装修：一方面可以更加充分地利用空间，增加座位，提高接待能力；另一方面可以提高酒吧的档次，吸引更高消费能力的人群，从而提高客人的平均消费。小蔡也在考虑一个很棘手的问题：根据预算，这次装修需要花费 30 万元，而酒吧的现金只有 22 万多元，剩下的 7 万多元到哪里去找呢？

后来，小蔡找到了他在鹏城银行工作的好朋友钱总，银行团队看了酒吧前两年的经营业绩后同意可借 10 万元现金给酒吧，这才解了燃眉之急。第三年年初，酒吧以全新的面貌重新开业了。

经过装修后的小南海酒吧果然吸引了更多白领的光顾，甚至有几次还出现了一些明星的身影。经过第三年的经营，酒吧的收入和利润稳步增长，小蔡又拿出了第三年的财务报表（见表 1–5）。

经过三年的经营，小蔡和小吴对小南海酒吧的生意非常满意，也成功赚到了他们原先设想的第一桶金。

在这欢欣鼓舞的时候，第四年年初，有一位常来酒吧喝酒，自称公司刚在海外上市成功的金总找到小吴。他先是充分肯定了小南海酒吧创业的成绩，表达了自己的欣赏之意，然后又表示自己非常理解创业期间的各种艰辛和担忧，最后表明自己愿意出资做股东承担风险，让小吴他们继续做经理人帮助经营小南海酒吧，并在看过酒吧的财务报表后给出了 80 万元的价格。他说：“我是真的看好你们，你们现在的账面股东权益是 64 万元，多出的这 16 万元就是表达我这个心意的。”

小吴当时一听有点心动，回来立马拉了小蔡一起认真商量。

小吴说：“酒吧是我们一手打造出来的，就这么卖了是有点舍不得，但这样可以很快收回投资。我们变成打工者，可以减少以后自己承担的业绩下滑风险，还是很不错的。况且不是还多拿了 16 万元吗，就当作是对这段经历的奖励了。”

小蔡从听到消息就一直在算账，这会儿终于抬头说话了：“兄弟，这事儿要从长计议啊。我看这个金总不愧是在资本市场上混过的，太精了，我们不能被他骗了。你知道我们的酒吧应该值多少钱吗？”

表 1–5 第三年财务报表

（单位：元）

资产负债表					
	期末	期初		期末	期初
流动资产			负债		
货币资金	222 000	223 000	应付账款	14 000	10 000
应收账款	60 000	40 000	短期借款	100 000	
存货	32 000	30 000			
预付账款	240 000	240 000			
非流动资产			所有者权益		
固定资产	300 000	120 000	实收资本	400 000	400 000
累计折旧	100 000	120 000	未分配利润	240 000	123 000
总资产	754 000	533 000	负债和所有者权益	754 000	533 000

利润表	
销售收入	700 000
销售成本	150 000
毛利	550 000
销售及管理费用	388 000
财务费用	6 000
营业利润	156 000
所得税	39 000
净利润	117 000

现金流量表	
销售商品、提供劳务收到的现金	680 000
经营活动现金流入小计	680 000
购买商品、接受劳务支付的现金	148 000
支付的各项税费	39 000
支付给职工以及为职工支付的现金	38 000
支付其他与经营活动有关的现金	250 000
经营活动现金流出小计	475 000
经营活动产生的现金流量净额	205 000
购建长期资产所支付的现金	300 000
投资活动现金流出小计	300 000
投资活动产生的现金流量净额	–300 000
取得借款所收到的现金	100 000
筹资活动现金流入小计	100 000
分配股利、利润或偿付利息所支付的现金	6 000
筹资活动现金流出小计	6 000
筹资活动产生的现金流量净额	94 000
现金及现金等价物增加额	–1 000

小蔡拿出了一堆他的计算底稿，讲解起来："我相信金总身后一定有精通公司价值的财务专业人士给他出谋划策。关注公司价值，不能只看现在公司的净资产是多少，而应看公司未来可持续自由现金流的现值，它反映公司的整体价值，其加上现金扣除债权价值与少数股东权益价值后即为公司股权价值。咱们先不谈股权价值，所以先放着 10 万元的银行贷款来看酒吧的整体价值。假设不考虑酒吧未来可能发生由于新建或兼并收购等外延式扩张所需要的战略性资本支出，用于计算酒吧价值的自由现金流，就是酒吧日常生产经营活动所产生的税后净现金流量扣除维持日常生产经营活动所需经常性资本支出净额后可自由支配的部分，将这个自由现金流按照我们的加权平均资本成本进行折现得出酒吧的整体价值。"

酒吧租期 10 年，现在还剩 7 年，我们就假设还能持续经营 7 年。我预计了一下第四年的自由现金流是 22 万元，以后每年增长 2%，这已经很保守了，怎么也不能低于通胀率吧。7 年后我们收回投资即原投入的 40 万元和第三年年末的未分配利润 24 万元，那么按酒吧的资本成本 14.7% 折算下来，酒吧值 122 万元。怎么样，吃惊吗？"

$$\text{公司价值}=\sum\frac{\text{自由现金流}}{(1+\text{加权平均资本成本})^{n}}$$

第 3 年年末的公司价值 =220 000 ÷（1+14.7%）+224 400 ÷（1+14.7%）^{2} + 228 888 ÷（1+14.7%）^{3}+233 466 ÷（1+14.7%）^{4}+238 135 ÷（1+14.7%）^{5}+ 242 898 ÷（1+14.7%）^{6}+887 756 ÷（1+14.7%）^{7}=1 215 461（元）

其中：第 4 年预计自由现金流 =220 000（元）

第 5 年预计自由现金流 =220 000 ×（1+2%）=224 400（元）；

第 6 年预计自由现金流 =220 000 ×（1+2%）^{2}=228 888（元）；

第 7 年预计自由现金流 =220 000 ×（1+2%）^{3}=233 466（元）；

第 8 年预计自由现金流 =220 000×（1+2%）^{4}=238 135（元）；

第 9 年预计自由现金流 =220 000×（1+2%）^{5}=242 898（元）；

第 10 年预计自由现金流 =220 000×（1+2%）^{6}+400 000+240 000=887 756（元）。

小吴顿时跳了起来："这个金总是欺负我们小本买卖没人懂呢！坚决不能卖了！"

于是，小吴婉拒了金总的收购要约。

知道了酒吧被别人看好，小蔡和小吴的干劲儿就更大了。第四年，小蔡提出要加强酒吧的现金创造能力。虽然在前三年的经营里，他们已经在酒吧的经营创收方面做出了很多努力，包括提供旅游和婚纱摄影、吸引团购、重新装修等，但小蔡这次更系统化地提出，为增加现金流，不仅要通过提高经营获利能力增加酒吧的盈利性现金流入，还需要从营运资本管理的角度增加营运性现金流入。小蔡给小吴讲解了营运资本的概念，即公司的正常生产经营活动所产生的流动资产与流动负债的净额，通常包括应收账款、预付账款、应付账款、预收账款以及存货等与公司日常生产经营活动相关的项目。通过缩短应收账款的周转天数、延长应付账款的周转天数或加快存货周转，可以提高营运资本管理效率，减少营运资本占用，从而将经营利润快速转化为现金。

明确了思路，两人很快就如何增加现金流入达成共识，并做好了分工：小蔡加强对团购网及长期协议客户的收款，缩短收款时间，同时与供应商洽谈适当延长付款期，并与房东商量，房租从第四年开始由年初付 24 万元改为每季付 6.5 万元，租期不改，仍为 10 年；小吴负责与一家啤酒供应商谈判，签订长期战略合作协议，同意在啤酒类产品专营该供应商的品牌，该供应商将适当延长付款期，另外供应商还将每年支付 3 万元的展列宣传费，酒吧的名称前面也将冠名该品牌，小吴将继续负责主持好酒吧的日常运营，提高服务水准和维护场地设施。

第四年年末，小蔡再次拿出财务报表，这次他还引入了管理资产负债表和利润表的形式，他觉得新的财务报表更加有利于满足准确评价酒吧经营业绩、分析经营风险和财务风险、减少营运资本占用等管理要求（见表 1–6）。

表 1–6　管理资产负债表和利润表

（单位：元）

资产负债表	第 3 年年末	第 4 年年末
货币资金	222 000	670 188
应收账款	60 000	50 000
存货	32 000	32 000
预付账款	240 000	65 000
固定资产	300 000	300 000
累计折旧	–100 000	–200 000
长期股权投资	—	—
总资产	754 000	917 188
应付账款	14 000	30 000
短期借款	100 000	100 000
实收资本	400 000	400 000
未分配利润	240 000	387 188
负债和所有者权益	754 000	917 188

⇨

管理资产负债表	第 3 年年末	第 4 年年末
货币资金	222 000	670 188
营运资本需求	318 000	117 000
固定资产	300 000	300 000
累计折旧	–100 000	–200 000
长期股权投资	—	—
投入资本	740 000	887 188
债权资本	100 000	100 000
权益资本——初始投资	400 000	400 000
权益资本——留存利润	240 000	387 188
占用资本	740 000	887 188

利润表	第 3 年	第 4 年
销售收入	700 000	750 000
销售成本	150 000	160 000
毛利	550 000	590 000
销售及管理费用	388 000	387 750
财务费用	6 000	6 000
营业利润	156 000	196 250
所得税	39 000	49 062
净利润	117 000	147 188

⇨

利润表	第 3 年	第 4 年
销售收入	700 000	750 000
销售成本	150 000	160 000
毛利	550 000	590 000
销售及管理费用	388 000	387 750
经营利润	162 000	202 250
所得税	39 000	49 062
财务费用	6 000	6 000
净利润	117 000	147 188

管理资产负债表是分别从公司投入资本（invested capital）与占用资本（capital employed）的角度，为了管理的目的，把应付账款与应收账款和存货等科目结合起来考虑，扣除非付息性负债对公司资金来源的影响，反映公司某一时点上应用于投资的资本量及获得的总资本的报表。利润表同样着眼于经营业绩，突出反映公司某一时期的经营利润（operating profit）。

同理，现金流量表也可以以突出展示公司价值的核心要素——自由现金流（free cash flow）——的形式来表现，从表 1–7 可以看到自由现金流的计算过程及其与现金净流量的关系。

第四年，小南海酒吧继续取得了不错的收入和利润增长，并且得益于两人所采取的一系列加强营运资本管理的措施，经营性现金流有了很大的改善。但同时，小蔡和小吴又有了新的烦恼，那就是现在账面上足足有 67 万元的现金，大大超过了他们的日常经营所需。有价值管理专业知识的小蔡明白，公司留存的现金不是越多越好，因为现金是低回报资产，过多的现金意味着使用效率降低，增加资本占用，降低股东的回报水平。

于是，小蔡提出："酒吧现在真是赚了不少钱了，光手头的现金存款都有 67 万元了，这样干放在银行或者做些理财其实都是不能持续增加公司价值的！我琢磨着，留下一定要用的周转资金，剩下的盈余现金咱们要不先给自己点红利吧，不能忙活这么久了，没有看到钱到手！剩下的我们得寻找个钱生钱的事！"

小吴也赞同小蔡的意见，最后两人决定，在第五年年初派发 20 万元股息。就是钱生钱的事还有待研究……

机会是给有准备的人的，第五年年末，小南海酒吧街前的一家大西洋咖啡馆老板夫妇来找两人，说他们俩准备跟儿子出国定居了，想将咖啡馆盘出去，因为比较急又是认识的邻居，就只要 100 万元。

表 1–7　现金流量表

（单位：元）

现金流量表	第 3 年	第 4 年
销售商品、提供劳务收到的现金	680 000	760 000
经营活动现金流入小计	680 000	760 000
购买商品、接受劳务支付的现金	148 000	144 000
支付的各项税费	39 000	49 062
支付给职工以及为职工支付的现金	38 000	38 000
支付其他与经营活动有关的现金	250 000	74 750
经营活动现金流出小计	475 000	305 812
经营活动产生的现金流量净额	205 000	454 188
购建长期资产所支付的现金	300 000	–
取得子公司及其他营业单位支付的现金净额	–	–
投资活动现金流出小计	300 000	–
投资活动产生的现金流量净额	–300 000	–
取得借款所收到的现金	100 000	–
筹资活动现金流入小计	100 000	–
分配股利、利润或偿付利息所支付的现金	6 000	6 000
筹资活动现金流出小计	6 000	6 000
筹资活动产生的现金流量净额	94 000	–6 000
现金及现金等价物增加额	–1 000	448 188

⇨

自由现金流	第 3 年	第 4 年
税后经营利润	123 000	153 188
折旧成本	100 000	100 000
营运资本需求变动	18 000	–201 000
经营活动净现金流入	205 000	454 188
经常性资本支出	–300 000	–
经常性自由现金流	–95 000	454 188
向债权人借入（+）/ 归还（–）本金	100 000	–
向债权人支付利息（–）	–6 000	–6 000
战略性资本支出	–	–
股东投入（+）/ 收回（–）资本	–	–
向股东支付红利（–）	–	–
净现金流量	–1 000	448 188

说起这家大西洋咖啡馆，两人也都很熟悉。老板夫妇艺术出身，把咖啡馆装修得非常有情调，生意的红火程度比酒吧有过之而无不及，新顾客、回头客都很多。

小吴觉得这是个钱生钱的好机会，于是拿到大西洋咖啡的一些主要财务数据，给小蔡去做进一步的分析。小蔡给出了一些关键指标供决策参考。

- 当年税后投入资本回报率 = 20%；
- 当年自由现金流 = 26（万元）；
- 回本期 = 3.5（年）；
- 前两年平均销售增长率 = 23%；
- 预计未来 5 年增长率 = 5%；
- 即使无增长：咖啡馆价值 = 131（万元）；
- 按 5% 的未来 5 年增长率计算：咖啡馆价值 = 140（万元）。

除此之外，小蔡还提出，酒吧第五年年末预测将有现金 75 万元，可以用来投资的只有 60 万元，就是说至少还有 40 万元的资金缺口。

但两人都认为机不可失，时不再来，正所谓“小南海就应该海纳百川，哪怕是梦中的大西洋”，若将大西洋咖啡馆也纳入旗下，定能丰富整体在休闲娱乐服务方面的业态布局，对扩大整体客户群、提升抗风险能力，以及实现可持续发展都有好处。并且，大西洋咖啡馆现在聘请的店长兼咖啡师以及服务员还愿意继续留任，他们对于咖啡馆的经营管理颇有经验，这为小蔡和小吴未来继续经营好咖啡馆进一步增强了信心。小蔡就如何筹集 40 万元提出了以下几个方案：

（1）找到鹏城银行的钱总沟通，继续从银行贷款；

（2）由两人以增资入股的形式分别出资 20 万元；

（3）由两人以股东借款的形式向酒吧借款 40 万元；

（4）找其他银行寻求更优惠条件贷款的可行性。

相比酒吧第三年装修时的资金筹集方案，小蔡这次的提案新增了股权融资方案，即两位股东以增资入股的形式填补 40 万元的资金缺口，但是小蔡同时提出股权融资对于现在的酒吧而言是增加资本成本的行为，在目前的有息负债率为 11% 的时候，增加股权资本（若两人将资金投资于股市，年回报率约为 15%，因此两人的期望回报率是 15%）会明显拉高酒吧整体资金成本，相应的债权税盾效应（即贷款的利息支出作为税前费用列支所带来的所得税节约效应）会被错失，显然不是目前的最优方案。

因此，两人最终还是商定以银行贷款为筹资方式，并希望从另一家未借贷过的银行取得利率相对优惠的贷款。

于是，小蔡拿着小南海酒吧五年来的业绩以及计划投资的方案跑了不少银行进行比较，最后与湾区银行签下了利率为 7% 的（略低于当时同等规模公司能取得的平均贷款利率）40 万元的三年期贷款。自此，小酒吧完成了其成长历程中第一次外延性扩张。

勤劳的小蔡将小南海酒吧第 1~5 年的财务报表作为一份满意答卷交了出来（见表 1–8、表 1–9、表 1–10）。

表 1–8　第 1~5 年管理资产负债表

（单位：元）

管理资产负债表	第 1 年年末	第 2 年年末	第 3 年年末	第 4 年年末	第 5 年年末
货币资金	99 000	223 000	222 000	670 188	153 438
营运资本需求	265 000	300 000	318 000	117 000	101 000
固定资产	120 000	120 000	300 000	300 000	300 000
累计折旧	–60 000	–120 000	–100 000	–200 000	–300 000
长期股权投资	–	–	–	–	1 000 000
投入资本	424 000	523 000	740 000	887 188	1 254 438
债权资本	–	–	100 000	100 000	500 000
权益资本——初始投资	400 000	400 000	400 000	400 000	400 000
权益资本——留存利润	24 000	123 000	240 000	387 188	354 438
占用资本	424 000	523 000	740 000	887 188	1 254 438

表 1–9　第 1~5 年利润表

（单位：元）

利润表	第 1 年	第 2 年	第 3 年	第 4 年	第 5 年
销售收入	500 000	620 000	700 000	750 000	810 000
销售成本	120 000	140 000	150 000	160 000	180 000
毛利	380 000	480 000	550 000	590 000	630 000
销售及管理费用	348 000	348 000	388 000	387 750	401 000
经营利润	32 000	132 000	162 000	202 250	229 000
所得税	8 000	33 000	39 000	49 062	55 750
财务费用	–	–	6 000	6 000	6 000
净利润	24 000	99 000	117 000	147 188	167 250

表 1–10　第 1~5 年现金流量表

（单位：元）

自由现金流	第 1 年	第 2 年	第 3 年	第 4 年	第 5 年
税后收益	24 000	99 000	123 000	153 188	173 250
折旧成本	60 000	60 000	100 000	100 000	100 000
营运资本需求变动	5 000	35 000	18 000	–201 000	–16 000
经营活动净现金流入	79 000	124 000	205 000	454 188	289 250
经常性资本支出	–	–	–300 000	–	–
经常性自由现金流	79 000	124 000	–95 000	454 188	289 250
向债权人借入（+）/ 归还（–）本金	–	–	100 000	–	400 000
向债权人支付利息（–）	–	–	–6 000	–6 000	–6 000
战略性资本支出	–	–	–	–	–1 000 000
股东投入（+）/ 收回（–）资本	–	–	–	–	
向股东支付红利（–）	–	–	–	–	–200 000
现金净流量	79 000	124 000	–1 000	448 188	–516 750

小蔡还进一步列出了小南海酒吧的5年核心价值管理指标的对比（见表1–11）。在回报方面，酒吧的投入资本回报率在第2年就达到了21%的水平，超过加权平均资本成本，其后由于在第3年增加了债权资本，投入资本回报率有所下降，但之后呈现上升趋势，到第5年达到22%的水平；从盈利能力来看，税后经营利润率持续提升，第2年就超过了15%，第4年和第5年还超过了20%；从营运效率来看，随上游供应商付款周期的延长、下游团购网收款周期的缩短，以及场地租金预付期的缩短，营运资本占用率持续下降，虽然由于投入资本增加较大，投入资本周转率有所下降，但下降幅度较小，所以未对回报水平产生负面影响。在增长方面，小酒吧的销售收入持续保持增长，在同行业中属于相当不错的水平。在财务能力方面，尽管在第5年为了买下大西洋咖啡馆，增加了银行贷款，总有息负债率上升到40%，但仍趋向最优资本结构，酒吧依然保持健康的财务状况，并且由于增加了对杠杆的适度运用，在不增加财务风险的情况下，税盾效应增强，实现了加权平均资本成本的下降。

表1–11　酒吧5年核心价值管理指标

关键指标	第1年	第2年	第3年	第4年	第5年
投入资本回报率	6%	21%	18%	19%	22%
税后经营利润率	5%	16%	18%	20%	21%
投入资本周转率	1.21	1.31	1.03	0.92	1.05
营运资本占用率	64%	60%	45%	27%	14%
销售收入增长率	NA	24%	13%	7%	8%
总有息负债率	0%	0%	14%	11%	40%
加权平均资本成本	15.00%	15.00%	13.31%	13.75%	11.22%

这是一个小酒吧从无到有、发展壮大的故事，看似平常的背后，却**从本质上折射了一家公司实现价值创造的基本逻辑循环**。我们可以再梳

理一下小南海酒吧这 5 年的发展历程：在决定创业的时候，酒吧的所有资本金都来自两位股东的投入，也就是说创立初期的**资本结构**是 100% 的股东权益；开始营业后，有针对性地开展了如提供婚纱摄影场地、承接聚会活动等业务，有效提升了酒吧的经营获利能力，并且在第 4 年，经过努力，将应收账款的收款期缩短，将应付账款的付款期延长，减少了营运资本占用，提升了酒吧的营运资本周转效率，经营获利能力和营运资本管理能力双方面的增强为酒吧带来了明显的**现金创造**效果，使得经营活动净现金流入从第 1 年到第 4 年持续增加，特别是在第 4 年采取了营运资本管理改善措施后，经营性现金流增加明显；在第 4 年年末，两人意识到账面上的留存现金超过日常经营所需后，决定将盈余现金用于派息，是一种有利于提升现金使用效率的**现金管理**行为；除了通过自身经营活动获取内生资金外，酒吧五年的发展也离不开通过**资金筹集**活动获得外部资金的支持，例如为了扩大接待能力，酒吧在第 3 年向银行贷了款，并且在第 5 年要收购大西洋咖啡馆时，通过比较综合融资成本，也最终选定了利用三年期的银行贷款为这次收购筹资；最后，收购大西洋咖啡馆是酒吧实现进一步增长的有效途径，丰富了酒吧原有的业务组合，优化了**资产配置**，实现了酒吧的第一次外延式扩张；而对于大西洋咖啡馆的收购，考虑了债务的税盾效应，使用了 60 万元的股权资本投入和 40 万元的债权资本投入，这里就又回到了开始所说的**资本结构**问题。由此，价值创造的完整循环体现了出来。

大道理：公司价值与 5C 管理

如果说小南海酒吧在这 5 年的发展历程中，实现了价值创造，那么为了进一步理解这一过程，还需要回到问题的本质，即公司价值是什么？在小南海酒吧的故事中，投资人金总一度想用一个比账面股东权益高一点的价格收购酒吧，小蔡及时运用现金流折现法（discounted cash flow model，DCF 模型）估算出了小酒吧真正的内在价值（intrinsic value），避免了一次重要的决策失误。为什么采用现金流折现法进行估值会更加合理？因为这种方法能相对更加准确地抓住公司价值的本质，能从价值创造关键要素的角度回答一家公司或一项资产到底值多少钱。

所以，什么是公司价值？通俗来说，有三句话可以分别说明构成公司价值的三个层次，即“赚钱”“赚更多的钱”“持续地赚更多的钱”。这三句话还可以完整映射到公司价值的现金流折现模型中，进而用更加严谨和专业的语言来描述，即公司价值是公司未来可持续自由现金流的折现值。自由现金流的产生要求公司通过经营活动最终能够“赚钱”，体现的是公司的**回报**水平，即使当期没有回报或回报较低，但创造价值的基础也是预计未来能实现回报，即产生自由现金流，因此可视作公司价值的第一层次；自由现金流折现的大小还取决于几个方面：一是取决于未来自由现金流的大小，未来自由现金流越大，公司价值越高，也就是要求公司能“赚更多的钱”，在回报水平提高之外更多体现的是公司的**增长**能力，有质量的增长是建立在当前或预计未来有自由现金流的基础上的，可视为公司价值的第二层次；二是取决于自由现金流的折现率即加权平均资本成本的大小，折现率越小，公司风险水平越低，公司价值也会越高；同时还和自由现金流折现期间的长短相关，折现期间越长乃至永续，说明未来回报与增长的持续性越强，未来可能产生自由现金流折现值的加总就越大，即要求公司“持续地赚更多的钱”。这可以归纳为公司的**风险**或**持续性**，也就达到公司价值的第三层次。公司实现价值创造的具体路径有很多，但无论从事什么行业，无论采用何种商业模式，无论处于哪个发展阶段，万变不离其宗，最终总不能脱离公司价值的本质。从小酒吧的故事可以看到，**自由现金流的规模和效率由现金创造和现金管理决定，加权平均资本成本由资本结构和资金筹集决定，价值创造的持续**

性（体现为折现期）则是通过资产配置实现。

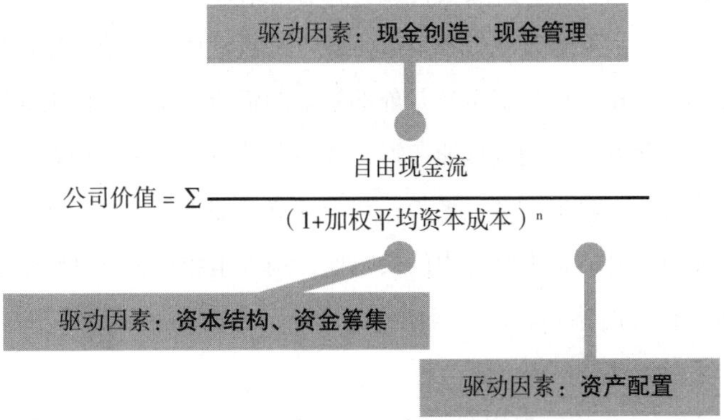

图 1–1　公司价值创造的关键要素

也正如在小酒吧故事中体现的那样，公司的价值创造活动是按照一定的逻辑进行的。公司经营的第一个重要环节：为了形成资产或投入资本，要考虑资金来源或占用资本问题，多少来自股东出资，多少来自借贷，各自要求的回报或者加权平均资本成本是多少，也就是要考虑**资本结构**问题。资本投入后形成各项资产，要通过依托各项资产的经营活动将资本转化为有竞争力的产品或服务，实现**现金创造**，才能创造出新的价值，现金创造一方面来自税后经营利润转化而来的现金，无法转化为现金的会计利润不能称之为价值，另一方面来自营运资本需求的变动所带来的现金变化，同时还要考虑可持续经营所需的资本支出或经常性资本支出净额，现金创造活动获取的是持续发展所需的内部资金来源，这是公司经营的第二个重要环节。在现金创造的持续过程中，如何有效管理其中流动的现金，对各项影响现金流动的资产进行轻量化管理，减少资本占用，引出第三个重要环节**现金管理**，付息派息、加快现金周转、资金集中、存量现金分类等是基本的管理方式。公司的价值还来自可持续发展，过往的债务有再融资需要，而且经营活动创造的资金只能支持有限的自我维持增长率，需要通过经营扩张以获得持续增长，因此必须考虑第四个重要环节，即**资金筹集**，在合理的成本下获得必要的债权资本和股权资本。第五个重要环节就是**资产配置**，作为价值创造过程中的持续活动，不论是内生资金还是外部筹集的资金，要产生回报或实现增值，就需要将其投入到具体业务形态或经营项目上，通过动态调整资产组合以实现公司价值的持续增长；在实施资产配置方案时，又回到第一步，即要与一开始资本结构中的长短期占用资本相适配。这整个过程始终伴随着现金的流动。在实践中，五个环节之间相互驱动并相互延伸，以整体平衡推动公司的价值创造。

一家好的公司，根本目标必然是追求价值创造，价值管理是公司实现持续价值创造的保障。有效的价值管理，需要回归公司价值的本质，关注价值创造的过程，聚焦价值创造的关键要素。**5C 价值管理体系，是以价值创造为核心，以资本、资金、资产管理为主线，围绕资本结构（capital structure）、现金创造（cash generation）、现金管理（cash management）、资金筹集（capital raising）、资产配置（capital allocation）等价值创造关键要素的一整套系统性的管理方法和工具（以下简称"5C 体系"），旨在提升公司价值创造能力，实现公司价值的持续增长**（见图 1–2）。5C 体系贯穿公司的价值创造过程，从资金的来源到经营活动的产出和管理，再到持续成长的支持，以及资产组合的优化，从资本占用到资本投入，通过现金流动的过程实现现金增值，从而形成完整的价值管理循环。

5C 体系的每一个环节都可以细化为多个具体的管理目标和管理工具。资本结构是逻辑起点，其目的是在保障财务健康及可持续发展的前提下，通过优化债权资本和权益资本的组合，发挥杠杆作用，并充分利用债权资本产生的税盾效应，降低加权平均资本成本，寻求公司价值的最大化。5C 体系强调资本结构管理的主动性，区分资本结构独立和资本结构非独立公司，资本结构独立公司追求加权平均资本成本最低，资本结构非独立公司追求整体税后融资成本最低。财务杠杆是资本结构管理的核心，要充分考虑财务杠杆的运用程度对财务弹性的影响。

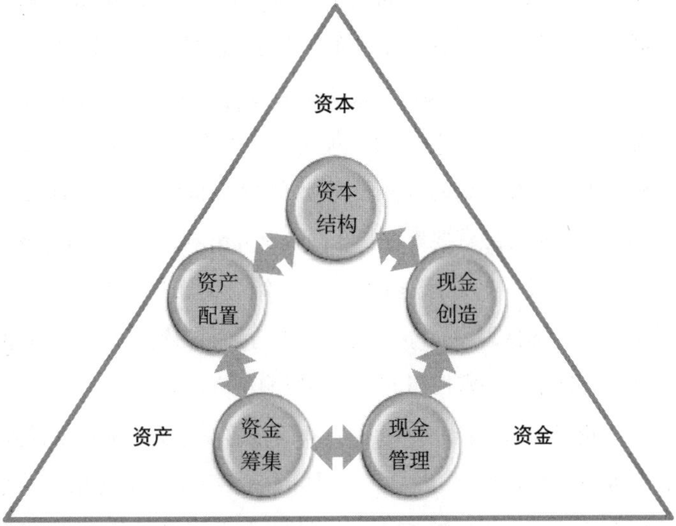

图 1–2　5C 价值管理体系

现金创造强调自由现金流，是公司的价值之源。自由现金流是盈利性现金流、营运性现金流和资本支出综合作用的结果，构成价值评估的基本依据。现金创造能力表现为一定营运资本占用下的投入资本回报率，决定公司可获得的经营利润和自由现金流水平，是满足债权人和股东受益要求、优化资本结构及实现收入持续增长的根本保障。影响公司现金创造能力的主要因素可以分为盈利性现金创造能力和营运性现金创造能力，提升盈利性现金创造能力是实现现金创造的根本保障，提升营运性现金创造能力是提高管理效率、创造价值的有效途径。

现金管理对现金创造过程中持续产生的自由现金流进行全流程管理，并考虑分配闲置的资金。现金是低回报资产，现金管理的核心目标是让现金流高效地发挥作用：在满足债权人和股东回报要求的基础上，通过现金流入、流出和留存各环节的管理，缩短现金周期，轻量化资产占用，增加公司的净现金流入；通过资金集中管理，实现资金的统一调配；通过尽可能减少受限现金，以及将超过合理现金持有量的盈余现金用于减少外部融资、降低财务成本、优化资本结构等，实现价值创造。

资金筹集为公司的持续发展提供了支持和保障。资金筹集的核心目标是以综合融资成本最优为原则，获取满足业务发展和收入增长的资金需要。资金筹集是在一定的融资环境和可融资空间约束下进行的，规模、期限、利率、币种等融资要素往往相互牵制和影响，通过优化融资结构、合理选择融资方式、集中管理融资权限、维持良好的融资关系等，可以提高融资效率并降低融资成本。资金筹集与公司的资本结构、现金创造能力、现金管理水平等密切相关，直接影响价值创造。

有效的资产配置，能将财务资源从低效的业务资产向高效的业务资产转移，通过优化资产组合，提高整体回报水平和增长能力，是实现持续价值创造的最后一环。资产配置的最终目标是通过对资产持续的配置、检讨与再配置的循环，形成价值发掘、价值培育及价值增长的能力，实现公司整体资产的最优配置。公司通过对价值分析、价值评估及价值检讨等影响业务资产价值的关键环节的有效管理，以及对存量业务资产回报、增长及风险的动态检讨，不断提升资产配置效率，并改善资产结构与资本结构的适配性，实现公司价值的持续增长。

5C 体系不仅贯穿公司价值创造的全过程，是公司在业务发展中可以具体进行的一系列管理活动，还打通了资产负债表、利润表和现金流量表这三张财务报表，因而也是一套基本的财务管理工具。

首先在资产负债表上，这里采用管理资产负债表的形式，将资产负债表分为业务视角（投入资本）和财务视角（占用资本）。公司的发展从占用资本开始，关注资本从哪里来，考虑债权、股权的不同资本来源占比及其内部结构，以及所形成的加权平均资本成本等问题。

资本投入后，首先形成的是不同行业、业态或区域等各类业务资产，并体现为管理资产负债表上的现金、营运资本需求、固定资产净值等各项会计资产（业务资产和会计资产实际上是分别从业务和财务的角度反映公司的投入资本，本书第六章还会有进一步详述）。现金创造通过业务资产的运营，将资本转化为产品或服务，产生利润表上的收入、成本费用，同时导致资产负债表上营运资本需求、固定资产和其他长期资产等会计资产的变化，通过现金流量表的间接法分析，分别体现为盈利性现金创造和营运性现金创造，从而将利润转化为经营性现金流，获得企业持续发展所需的内生资金。而固定资产等的投入资本规模和使用效率也会影响现金流量表上的投资及融资性现金流，若固定资产所需投入较大，则投资性现金流出相应增加，若资产使用效率较低，则增加资本占用，这都将导致融资性现金流入的需求相应加大。

现金管理是对业务资产运营产生的现金流动进行管理。现金流动体现在现金流量表中，在满足债权人和股东现金回报要求的基础上，通过对营运资本需求、固定资产和其他长期资产等投入资本进行有效的轻量化安排，尽可能减少资本占用，加快现金周转，增加经营性现金流；并在满足日常经营所需的情况下，通过资金集中管理，提高现金使用效率，将盈余现金用于偿还债务、派发股息，影响融资性现金流，或是用于战略性资本支出，影响投资性现金流。

经营活动创造的现金可以实现自我维持增长率，为满足再融资需要或实现更大的发展，以综合融资成本最低为原则，通过资金筹集获取债权融资或进行股权融资，增加或调整占用资本中的借款或股东权益，实现从外部获得支持持续发展的资金来源。

最后，利用现金创造产生的内生资金和资金筹集获得的外部现金，通过持续性的资产配置活动，动态调整资产组合，优化投入资本的各项占比，以实现公司价值的持续增长，在实施资产配置方案时，要同时考虑资产负债表左边的资产结构与右边的资本结构的适配性，这就又回到资本结构。

因此，从财务管理的角度，5C 体系从资产负债表的右边开始，经过利润表、现金流量表到达资产负债表的左边，完整覆盖财务三张报表（见图 1–3）。其中，资本结构主要关注占用资本的不同来源；现金创造和现金管理主要对应投入资本，是对各项会计资产进行运用和管理，同时现金创造主要影响利润表，现金管理主要影响现金流量表；资金筹集主要关注如何从外部获取占用资本；资产配置动态调整资产组合，并与资本结构相互适配，即横跨投入资本和占用资本两边，对资产负债表、利润表和现金流量表都产生影响。

进一步与公司价值相联系：覆盖资产负债表右边的资本结构与资金筹集和公司资本来源相关；其中资金筹集是资本结构的延伸，影响的是公司价值中的加权平均资本成本；覆盖资产负债表左边的现金创造和现金管理与公司的业务资产相关，其中现金管理是现金创造的延伸，它影响的是公司价值中的自由现金流；而横跨资产负债表左边和右边的资产配置主要影响的是公司发展的持续性，体现为公司价值的折现期（见图 1–4）。

由此，5C 体系不仅打通了财务三张报表，还打通了财务报表与公司价值，使报表项目与价值要素相对应，将财务管理活动与业务经营活动相连接。这就突破了过往以面向过去为主的传统财务规则，强调对未来的关注，要求财务能对未来不确定因素进行合理预测，从而使财务管理真正具备面向业务、面向未来的能力。在整体上，**5C 体系立足财务管理，着眼公司价值层面，以实现价值创造为导向，通过对价值创造的关键要素进行系统管理，实现加权平均资本成本和自由现金流的动态平衡与持续优化，从而提升公司价值，最终实现股东价值最大化。**

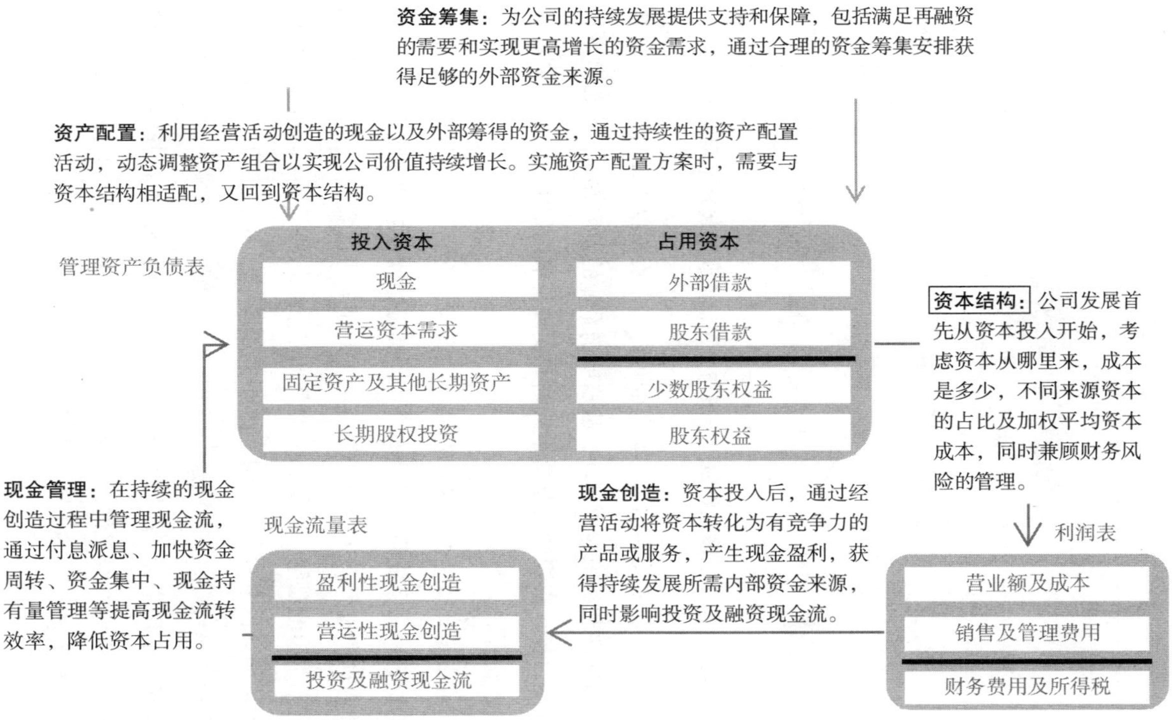

图 1-3　5C 体系打通财务三张报表

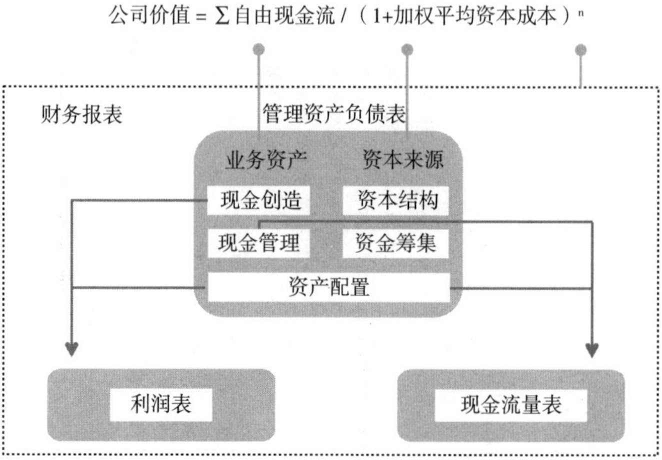

图 1-4　5C 体系将财务报表与公司价值联系起来（示意）

同时，还需要关注的是，企业的可持续发展不仅需要价值引领，还需要战略导向和组织能力驱动，战略明确企业的发展方向，价值校准企业的发展目标，组织能力是落地战略和实现价值的根本，三者共同构成企业基业长青的主要支柱。

随着市场环境的变化和商业社会的变迁，价值管理被提升到越来越重要的位置。一家成熟、卓越的企业，其可持续发展的过程实质也是实施价值管理的过程。5C 体系来源于企业价值管理的实践，是对公司价值创造基本逻辑的总结、归纳，并对其加以系统化和工具化。后文将按照价值创造循环的顺序，对资本结构、现金创造、现金管理、资金筹集、资产配置等 5C 体系的各个模块进行展开，详细介绍各模块的核心理念、管理思路、常用指标、应用工具、实施流程等内容，并在其中穿插一些公司价值管理的实践案例，为企业提升价值管理、价值创造能力提供实用的框架和工具。

附录 1A：财务报表重构

传统的财务报表，主要遵循统一的会计准则（accounting standard）和会计原则（accounting principle）编制，从会计及审计的角度，反映公司在一定期间内的经营和财务交易的财务信息。对财务报表进行重构的主要目的是从经理人的管理视角，提供反映管理决策和财务业绩之间关系的更为合适的工具。

资产负债表

管理资产负债表（managerial balance sheet）[①] 是对传统资产负债表结构的重大调整，将资产、负债与所有者权益重构，划分为投入资本和占用资本，反映某一时点公司可获得的总资本（右侧的占用资本）以及资本投入公司净资产的方式（左侧的投入资本）。相对于传统资产负债表，管理资产负债表把应付账款与应收账款和存货联系在一起，这较将应付账款与长 / 短期负债等其他负债放在一起更具管理意义，因为短期借款和长期负债主要属于财务管理的职责范围，而应付账款、应收账款和存货等属于经营性的范围。因此，管理资产负债表更加清楚地列示了公司的投资结构和融资结构，是分析、解释和评价公司经营、投资和筹资战略更好的工具。

有关管理资产负债表的主要概念解释如下。

• **投入资本（invested capital）：**在管理资产负债表的左侧，包括现金和现金等价物、营运资本需求以及固定资产净值。

投入资本 = 现金 + 营运资本需求 + 固定资产净值

① Gabriel Hawawini，Claude Viallet. *Finance for Executives:Managing for Value Creation, Forth Edition*[M]. South–Western, Cengage Learning，2010.

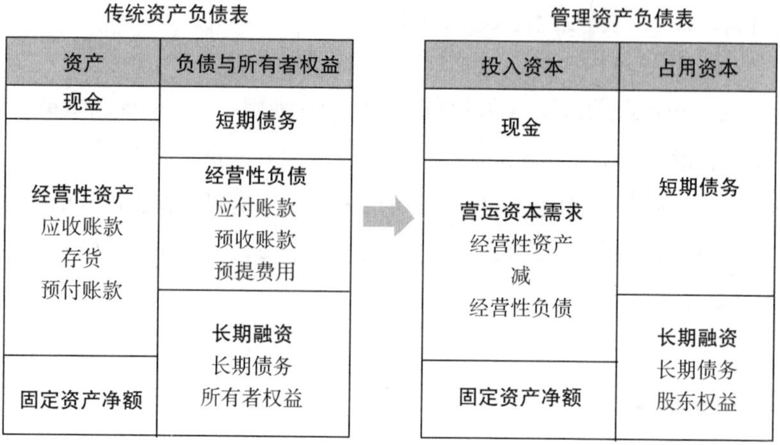

图 1-5　资产负债表的重构

• **营运资本需求（working capital requirement，WCR）**：又称为经营性营运资本（operating working capital），是公司经营性资产（operating asset，主要包括存货、应收账款、预付账款）减去经营性负债（operating liability，主要包括应付账款和预提费用）后的净值。若营运资本需求是正数，意味着公司必须为满足营运资本需求而进行融资；若营运资本需求是负数，意味着公司可以占用上下游资金，公司的经营周期成为现金的来源而非现金的使用。有关营运资本需求的含义及管理方式还将在第三章现金创造中予以详述。

营运资本需求 = 经营性资产 – 经营性负债
= （应收账款 + 存货 + 预付账款）–（应付账款 + 预提费用）

• **固定资产净额（net fixed assets）**：反映与公司经营活动相关的长期资产净额，包含固定资产、无形资产、商誉及长期股权投资等会计资产。长期资产在正常经营过程中的更新改造是公司日常经营活动的组成部分，相关支出可被称为经常性资本支出（recurring capital expenditure）；长期资产的购买和处置决策是公司战略活动的组成部分，相关的支出可被称为战略性资本支出（strategic capital expenditure）。

• **占用资本（capital employed）**：在管理资产负债表的右侧，包括短期负债、长期负债和股东权益：

占用资本 = 短期负债 + 长期负债 + 股东权益

根据资本的来源，公司的占用资本可以分为：①股东提供的股权资本（equity capital）；②债权人提供的债权资本（debt capital）。

根据期限长短，公司的占用资本又可以分为：①长期融资（long-term financing，权益加长期负债）；②短期融资（short-term financing）。

利润表

利润表（income statement）重构的主要作用是将公司持续经营活动产生（recurring）的利润和非经常性（non-recurring）的损益区分开来，从而可以更加清晰地反映公司核心业务的经营获利能力。

• **经营利润（operating profit）**：是反映公司持续经营活动产生的利润的指标，考虑了与公司经营活动相关的所有费用，包括公司的销售成本、销售及管理费用，用于衡量公司正常和经常性经营活动产生的利润，发生在利息费用、非经常性损益和所得税之前，又可称为经常性息税前利润（recurring earnings before interest and tax, Recurring EBIT）。

若合营 / 联营公司业绩与公司的主营业务密切相关，属于可持续经营活动的一部分，那么也可将应占合营 / 联营公司业绩归入经营利润。

• **非经常性项目（non-recurring items）**：指性质异常或不经常发生的损益，属于公司不可持续的损益，例如资产（不含应付账款、预付账款和存货）减值损失 / 拨回，金融资产（负债）、股权或长期资产处置损益，收购子公司折让（负商誉），以及其他非正常经营活动产生的一次性损益。

传统利润表
营业额（或称为销售收入）净额
销售成本
毛利
其他收入 / 支出
销售及管理费用
营业利润
财务费用净额
应占合营 / 联营公司业绩
税前利润
所得税费用
净利润
归属于：
母公司
非控制性权益

利润表
营业额（或称为销售收入）净额
销售成本
毛利
销售及管理费用
经营利润
非经常性项目
息税前收益（EBIT）
财务费用净额
税前利润
所得税费用
净利润
归属于：
母公司
非控制性权益

图 1–6　利润表的重构

现金流量表

现金流量表（statement of cash flow）的重构，主要是引入“经常性自由现金流”（recurring free cash flow）的概念，以更加准确地衡量公司经营和维持性投资活动创造的净现金流量，直接反映为公司业务活动提供资金来源的债权人和股东可获得的现金。

- **经营活动所得的净现金流量**（net operating cash flow，NOCF）：又可称为经营性现金流，反映公司从经营活动中创造现金的能力，是公司净现金流量的关键组成部分。经营活动所得的净现金流量是公司持续经营的基础，如果经营活动所得的净现金流量持续减少，公司将在持续经营方面存在风险。

经营性现金流 = 经营利润 – 所得税支付款 + 折旧摊销 – 营运资本变动 – 其他非现金调整

- **经常性自由现金流**（recurring free cash flow）：代表一定期间内

公司通过经营活动获得、在不影响公司持续发展的前提下可供分配给公司资本提供者的最大现金额，是评估投资项目和业务活动价值的关键输入变量。有关经常性自由现金流的含义和管理应用将在第三章现金创造中予以详述。

经常性自由现金流 = 经营性现金流 – 经常性资本支出净额

传统现金流量表
经营活动
+ 净利润
+ 折旧摊销
– 营运资本需求变动
A. 经营活动所得的净现金流量
投资活动
+ 固定资产
– 资本支出和购买
B. 投资活动所得的净现金流量
融资活动
+ 长期借款增加
+ 短期借款增加
+ 发行新股收入
– 偿还长期负债
– 支付股利
C. 融资活动所得的净现金流量
D. 净现金流量合计（A+B+C）
E. 期初现金
F. 期末现金（E+D）

现金流量表
+ 税后经营利润
+ 折旧摊销
– 营运资本需求变动
– 其他非现金调整
经营活动所得的净现金流量
– 经常性资本支出
经常性自由现金流
+ 向债权人借入 / – 归还本金
– 向债权人支付利息
– 战略性资本支出
+ 股东投入 / – 收回资本
– 向股东支付红利
A. 净现金流量
B. 期初现金
C. 期末现金（A+B）

图 1–7　现金流量表的重构

• **经常性资本支出（recurring capital expenditure）**：为维护公司日常经营而产生的资本支出，满足内涵式发展的需要，属于维持性资本支出，是保证公司持续经营的必要开支，包括固定资产的更新和改造支出、资本化的大修理支出、配套性独家经营权 / 采矿权 / 资源勘探权等无形资产的续期，以及其他为保证公司持续经营的资本支出，如果再计入相关资产对应的处置收入，即为经常性资本支出净额。

- **战略性资本支出（strategic capital expenditure）**：以公司业务战略为导向，通常采用收购股权、收购资产、新建公司或显著提高已有公司生产能力等方式而产生的有形及无形资产的构建支出，属于扩张性资本支出，包括收购股权 / 资产、实体性新设公司、为扩大产能的新建工厂 / 新产品线、新建投资性物业地价及建安、首次购买采矿权 / 独家经营权等、新建管网 / 加气站 / 门店等，及其他与战略发展相关的支出。地产开发企业也可根据重要性原则，将新购开发物业地价作为战略性资本支出进行管理（在报表中列为存货）。

第二章

资本结构：

资本结构撬动公司价值

在公司创立的时候，首先会遇到的问题便是钱从哪里来。有多少来源于股权，有多少来源于债权？债权和股权的构成比例是否合理？资本的成本是多少？随着公司的经营发展，债权和股权之间的构成比例及其内在构成，即资本结构肯定会发生变化，但是否就让资本结构自然发展而不去关注呢？这对公司的价值会造成什么样的影响？是否需要以及如何通过资本结构的灵活设置和优化，为公司以及股东创造更大价值？这些是本章需要解决的核心问题。

第一节　资本结构的力量

管理心得

资本结构反映了占用资本之间的对应和变化关系，体现了公司财务风险的高低。公司不同来源的资本均需承担成本。

最优资本结构下公司价值最大化。

资本结构决策是公司主动的管理行为，其目的是通过调整债权资本与权益资本的组合创造价值。

沃伦·巴菲特（Warren Buffett）曾经强调：他比大多数人更加关注公司的资产负债表，因为他认为资产负债表反映的是公司资产的积累，体现了支撑公司长期发展的财务能力；他选择投资对象时，在考量公司的业务、盈利、现金流、管理层等条件的基础上，会更倾向于负债率低的公司。在其1987年致股东的信中，他甚至直接提出："一家真正好的公司是不需要借钱的。"虽然这句话本身有些绝对，但是从另一个角度考虑：收购一家负债率高的公司，意味着未来可能需要股东承担它的债务，并因此影响其再融资能力；而收购一家负债率低的公司，其自身有足够的财务能力支持扩张，将资金投入高回报的资产，公司价值也会进一步提升。因此，对精明的投资者而言，在收购公司的时候，不仅需要关注P/E、P/B这些估值倍数，还需要关注它的资本结构，以合理判断公司的价值。

既然资本结构会对公司价值产生重要影响，站在公司管理的角度，**资本结构决策是一种主动管理行为，**通过主动优化和调整债权资本与权益资本的组合，能够为公司实现价值创造。2008年，华润水泥（1313.HK）筹备上市。根据华润水泥上市信息披露的结果，在上市前，华润集团对水泥业务板块占用股东的资金进行了梳理。根据市场可接受的有息负债水平，集团安排华润水泥筹措了15亿港元的银行借款（债权资本）偿还股东，其余欠款则予以资本化，转为权益资本。虽然公司的债权资本与权益资本的总规模没有变化，但通过债权资本与权益资本的设置，既使得华润水泥加大了对财务杠杆的合理利用，也使得股东提前收回了部分资金，最终华润水泥整体估值约254亿港元，上市筹资约67.8亿港元，P/E约25倍，高于同行业标杆水平，实现了公司价值。

主动管理资本结构的第一步是准确理解什么是资本结构。这里涉及**管理资产负债表**的概念，关于管理资产负债表的结构及其与传统资产负债表的关系，在本书第一章附录已进行介绍。管理资产负债表的最大优点是可以从财务角度和业务角度两方面，更加真实、全面地反映公司的资产负债情况。管理资产负债表将公司的资本来源和资本投入区分开来。

资本来源即为公司的占用资本，主要是基于财务的视角，可以分为债权资本和权益资本：债权资本一般就是有息负债，包括长短期的银行贷款、债券等，反映公司真实的负债情况；权益资本也可称为净资产，包括股权资本、留存收益、其他储备及少数股东权益。占用资本投入到现金、营运资本需求及固定资产等各项会计资产，从而构成各类业务资产，形成投入资本。投入资本主要是基于业务的视角，在营运资本的构成中，如应收、库存、应付等是与商业信用紧密联系在一起的，反映的是在业务经营中对上下游资金的占用情况，并不真正构成公司的负债。公司利用投入资本，通过业务经营、积累留存收益和储备，拓宽了权益资本的基础；公司在权益资本增加的同时，又会根据自身的现金创造能力和现金管理水平，筹集更多权益资本和债权资本，并进一步扩大公司的经营规模，增加公司的占用资本。因此，占用资本与投入资本之间存在着相互循环和推动关系（见图 2–1）。**资本结构反映的就是占用资本中债权资本和权益资本之间的对应及变化关系。**

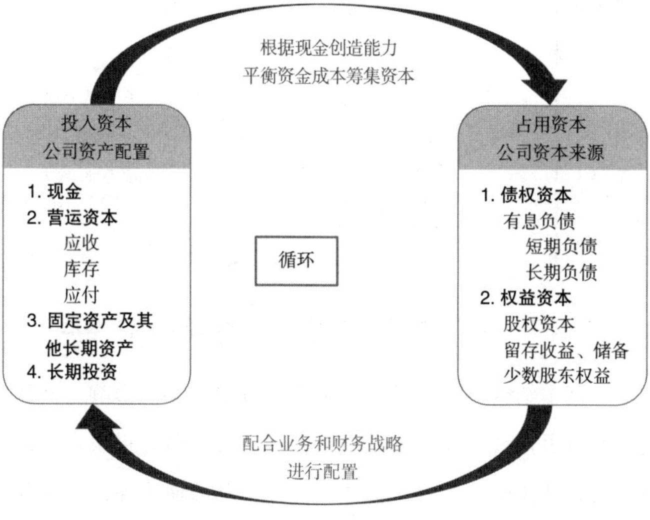

图 2–1　资本的构成

主动进行资本结构决策，实质上就是寻求企业价值最大化的过程。公司不同来源的资本均需承担成本，不论是债权人还是股东，都会对其所提供的资本设置一定的期望回报，并由此构成公司的**加权平均资本成本**（weighted average cost of capital，WACC）。在理论上，根据公司现金流折现的估值公式，当加权平均资本成本（即折现率）最小时，公司的价值最大；从静态的时点看，其所对应的资本结构可以视为**最优资本结构**，也应是公司的**目标资本结构**（target capital struction）（见图 2–2）。而在实践中，公司应在保障财务健康及可持续发展的前提下，把目标资本结构作为中长期管理基准，动态调整资本结构，选择合理的有息负债水平及其期限结构，降低融资成本，在发挥财务杠杆作用的同时保持财务弹性，并充分利用债权资本产生的税盾效应，减少税务成本，从而实现价值创造。

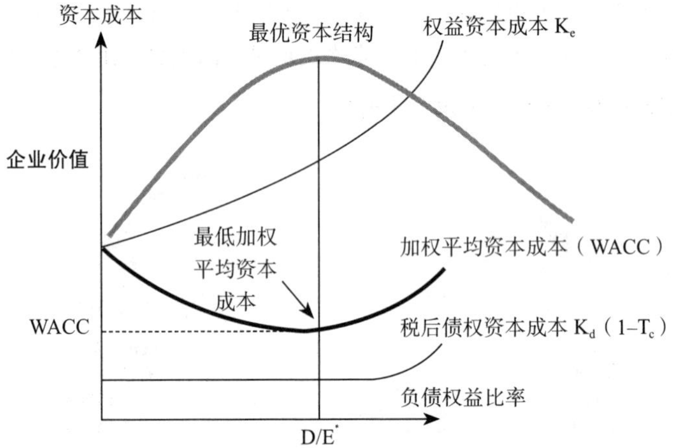

图 2–2　最优资本结构附近的加权平均资本成本最低

并且，资本结构对公司的并购扩张也有很重要的影响。例如：公司可通过并购低负债或有净现金的项目公司，实现财务报表合并，从而上移财务能力，强化整体的资产负债表；公司总部便可加大对财务杠杆的利用，获取更多资金以支持业务发展，形成价值提升的良性循环。以下的郑州燃气案例就可以充分说明这一点。

案例：郑州燃气私有化（根据上市公司公开信息整理）

2009 年，华润燃气（1193.HK）与郑州市国资委成立合资公司，并由合资公司向郑州市国资委收购郑州燃气（3928.HK，后已退市）的内资股股权。华润燃气在成为郑燃控股股东之后，通过几次资本市场运作，最终完成郑燃的私有化，使得郑州燃气充裕的财务能力得以充分利用，华润燃气整体的资本结构更加稳健，融资能力进一步增强，公司价值得以提升。

收购郑燃——上移郑燃财务能力，改善润燃财务弹性

2011 年上半年，郑州燃气的占用资本为 11.4 亿元人民币，较 2010 年年底增长 14%。由于没有债权资本，占用资本的增长均来自权益资本的增加。2009—2011 年上半年，郑州燃气账面上体现为净现金（无负债），其有息负债率远低于其他燃气企业 30%~55% 的水平（见图 2–3）。

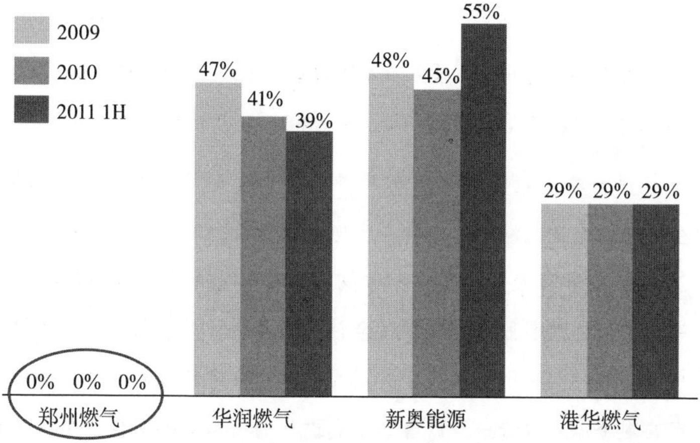

图 2–3　各燃气公司有息负债率趋势图

资料来源：各上市公司公告。

郑州燃气的运营较为成熟，且没有新建空白项目负担，销售及管理费用率较低（标杆企业的该指标为10%~16%）。这使其整体盈利能力较强，净利润率达14%，在标杆企业中最高。其税后投入资本回报率（return on invested capital，ROIC）较高（无负债），在2011年达25%，也远高于其他燃气企业。

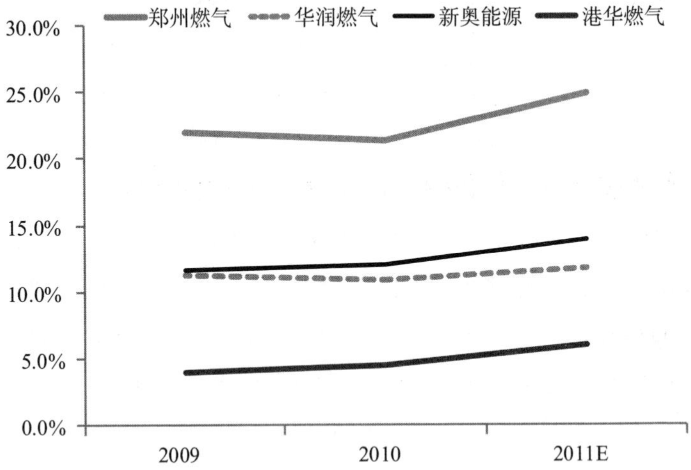

图 2–4　郑州燃气投入资本回报率（ROIC）与标杆对标

资料来源：年报，CEIC（2011年数据为半年数据简单年化计算所得）。

每年现金净流入使得郑州燃气持有大量现金。截至2011年6月底，其现金总量约为7亿港元，占净资产总额的50%，财务弹性较高。

2009年，华润燃气通过要约收购，获得了郑州燃气56.87%的股权，成为郑州燃气的控股股东，实现了会计上的并表。由于郑州燃气宽松的资本结构，华润燃气在财务报表合并层面降低了总有息负债水平，而郑州燃气稳定的现金流入也进一步改善了华润燃气的动态资本结构。在保持整体负债率不变的情况下，华润燃气可利用新增的可融资空间，来满足其他业务发展的资金需求，财务弹性得到改善，从而进一步推动了华润燃气整体价值的提升。[①]

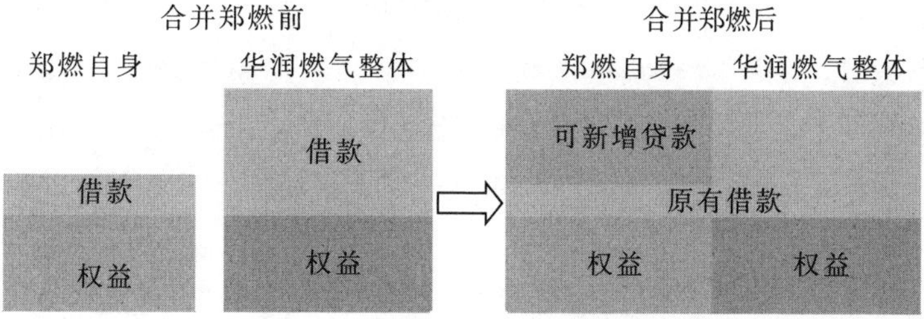

图 2–5　合并前后两企业对比

注：图为展示需要。郑燃实际无负债，因此合并后可新增借款会更大。

私有化郑燃——打通财务资源，增强协同效应

郑州燃气有良好的现金流，而作为区域性的城市燃气公司，郑州燃气的资本支出主要为管网扩容及维护，经营性现金流大幅超过投资性现金流，且营运资本占用很少，账面现金余额充足。如前所述，截至 2011 年 6 月底，现金余额约 7 亿港元，占净资产总额达 50%。尽管并表后郑州燃气的财务能力上移，提升了华润燃气合并层面的可融资空间，但是作为上市公司，关联交易受到严格监管，郑州燃气财务资源难以全面与华润燃气旗下的其他附属公司互通。高现金余额导致郑州燃气无法充分利用财务杠杆和税盾效应，降低加权平均资本成本，进而影响公司价值的提升。

但与此同时，华润燃气正在通过外延式扩张进行快速增长，加上已获项目城市管网改造及扩容，这些都需要大量的资金投入。为维持高速增长，华润燃气在总部层面充分利用债权及股权工具，募集发展资金。随着公司不断扩张，华润燃气的资产负债表呈现出一个看似矛盾的现象：一方面负债不断攀升，另一方面现金存量也在不断增加；而负债集中在总部，现金沉淀在城市项目公司。

① 有关本段中提及的动态资本结构、财务弹性，将在本章后面小节中进行详述；有关可融资空间，将在本书第五章资金筹集进行详述。

从资本市场表现来看，由于郑州燃气缺乏外延式扩张，增长率与标杆企业相比较低，其价值长期被市场低估。2011年前三季度，郑州燃气股价表现疲弱，累计下跌35%，超过同期香港恒生指数下跌25%的幅度，其市值仅有12.6亿港元，而同期其他燃气企业的股价则略微上升。2011年，郑州燃气的预测市盈率也远低于行业均值和华润燃气。

2011年10月，华润燃气提出一个可以置换自身股权或收取现金对价的私有化方案，以增加对郑燃投资者的吸引力，并最终获得绝大多数股东支持，私有化现金加股权成本约6亿港元。宣布私有化方案时，郑州燃气的市盈率只有约7倍，而华润燃气的市盈率约为15倍。投资者发现私有化能对盈利及股价产生明显的杠杆效应，华润燃气的市值从230亿港元增长至私有化完成后的310亿港元。华润燃气对郑州燃气的持股比例上升至84%，提升华润燃气股东应占利润约1亿港元，若按行业15.5倍的市盈率计算，可提升华润燃气市值15.5亿港元，通过交易创造价值约9亿港元。

上述郑州燃气私有化的案例，说明了并购低负债或有净现金的公司对公司整体价值的提升作用。不仅如此，较低的加权平均资本成本也有利于提升公司自身的估值水平。在资本市场上，对于回报水平相同的两家公司，加权平均资本成本较低的那家会实现更高的公司价值。而在股权交易的过程中，若买方公司有较低的加权平均资本成本（如债权融资成本较低或股权资本成本较低），将使其可以承受更高的标的公司购买溢价，从而扩大收购的谈判空间，提高交易的成功率。由于加权平均资本成本较低所产生的协同效应，又可以称作资金协同（capital synergy），该内容在第六章资产配置中还会进行介绍。

静态资本结构指标和动态资本结构指标是资本结构的衡量标准。资本结构在时点上的表现称之为静态资本结构，在时间段上的表现称之为动态资本结构，应将静态、动态两个维度结合起来，才能全面分析公司可以利用的财务资源。静态资本结构反映了在一个时点上公司的负债水平，但运用一定的负债水平支持业务扩张是否合理，还需要考虑未来的盈利变化趋势对偿债能力的影响，即动态资本结构。以一个生活中的例子来说，个人在办理住房按揭贷款时，不仅要考虑贷款时按揭成数是否符合要求，即静态资本结构，还需要考虑自己每月的收入可否支持每月的还本付息，即可理解为动态资本结构。对公司而言，当并购或新建项目较多时，通常通过债权资金满足大额资本支出，这会引起短期内静态资本结构指标有息负债率上升；若公司的盈利能力对有息负债有足够的保障，即动态资本结构指标相对合理，那么短期较高的有息负债率将会随着未来的盈利而得到改善。反之，若公司的静态资本结构指标较为稳健，则短期内可以容许较进取的动态资本结构指标。但若公司的盈利能力有下滑趋势，即便当前的有息负债率可能不高，未来也会有逐步攀升的可能，所以运用动态资本结构指标还有提前预警财务风险的作用。

静态资本结构指标通常可选取总有息负债率（总有息负债对占用资本的比率）或负债权益比率（总有息负债对权益资本的比率），但由于总有息负债率相对更为直观，因此本书将其作为静态资本结构的核心指标；动态资本结构的核心指标可采用总有息负债对息税折旧摊销前利润（经常性 EBITDA）的比率，同时也可选取利息保障倍数作为补充指标。

管理指标：

静态资本结构核心指标（总有息负债率）= 总有息负债 / 占用资本

总有息负债率指一定时点公司资产负债表中债权资本与权益资本的结构及比例关系。总有息负债率过高时，公司财务风险增加，财务危机成本上升；过低时，未能充分发挥税盾效应，影响股东回报。长期来看，总有息负债率在最优资本结构区间浮动时，加权平均资本成本最低，公司价值最大。

动态资本结构核心指标 = 总有息负债 / 息税折旧摊销前利润 *

总有息负债对息税折旧摊销前利润的比率指一定时段内有息负债相对于公司现金盈利变化的趋势。总有息负债对息税折旧摊销前利润的比率过高时，公司偿债风险上升；过低时，需结合静态资本结构判断公司杠杆运用的适度性。

* 在不考虑所得税支出和营运资本需求变动的情况下，息税折旧摊销前利润可简化作为衡量现金盈利的指标。

第二节　运用杠杆与保持弹性

管理心得

财务杠杆的运用，应在税盾效应及财务危机成本之间取得平衡，避免降低财务弹性、增加财务风险。

财务弹性是公司应对可能发生紧急情况和把握投资机会的能力，受财务杠杆、现金盈利、盈余现金、资本与资产的适配程度等的影响。公司应根据自身所处的发展阶段，采取存量调整或变量调整方式，对财务弹性进行动态管理及优化。

财务杠杆

财务杠杆是资本结构管理的核心，财务杠杆的运用程度决定公司的静态资本结构。**公司应平衡税盾效应和财务危机成本，合理运用财务杠杆。**财务杠杆提升，可以产生税盾效应，减少公司税负；在财务危机成本不变的前提下，增加成本相对较低的债权资本比重，可降低加权平均资本成本，提升公司价值。但是，如果财务杠杆水平过高，将会降低公司的财务弹性，使融资成本上升，并出现财务危机成本，最终可能导致公司陷入财务困境，损毁公司价值。

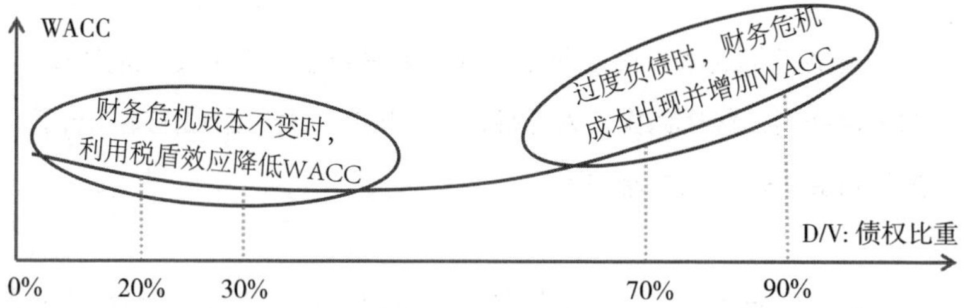

图 2–6 财务杠杆效应

管理指标：

财务杠杆乘数 = 财务成本比率 × 财务结构比率

其中：财务成本比率 =（经常性息税前利润 – 利息费用）/ 经常性息税前利润；

财务结构比率 = 占用资本 / 权益资本

财务杠杆乘数反映公司财务杠杆的运用程度。财务杠杆指公司有息负债运用而带来利息费用，从而导致税前利润变动大于息税前利润变动的杠杆效应。

财务杠杆效应对股东权益回报率的影响方向是财务成本效应和财务结构效应共同作用的结果，对股东权益回报率的影响方向取决于二者作用的强度。如果财务成本效应弱于财务结构效应，较高的财务杠杆效应会提高股东权益回报率，反之则会降低股东权益回报率。

税盾效应 = 利息费用 × 实际所得税税率 *

税盾效应反映作为费用在税前扣除的负债利息所能带来的抵税作用和程度。通过资本结构的设置减少所得税支出，降低税后债权资本成本，并间接提高股东权益回报率。

* 实际所得税税率是指主要考虑了税收优惠及税务亏损等直接影响税率的因素后，利息费用所实际适用的所得税税率。

财务危机成本：指公司因介入过量债务引发财务困境而带来的间接成本，包括销售收入下降、运营成本上升、融资成本上升、投资机会损失及人才流失等。

由于财务杠杆过高，引发财务危机的例子很多。以绿城中国（3900.HK）在 2011 年发生的财务危机为例。由于绿城中国选择了激进的财务政策，根据上市公司公开信息，2009 年 12 月，绿城中国的总有息负债率为 67%，远超同行 40%~50% 的水平。负债率的高企，引发评级机构将绿城中国的评级由 B+ 下降到 B，引起融资成本上升，融资能力减弱。为解决资金需求，绿城中国发行大量高收益率的信托产品，从而进一步推高了其融资成本，高昂的财务费用耗费了公司大部分的利润；加上受同期政府调控措施影响，绿城中国项目的去化率大幅下降，2011 年其销售额减少 35%。到 2012 年年初，有关绿城中国破产的传闻出现，其评级再被下调至 B–；2011 年业绩发布，绿城中国业绩大幅下降，其评级进一步被下调至 C+++。为偿还到期债务，绿城中国被迫出售大量优质项目，错失当年低价拿地的机会，最后不得不向九龙仓出售股权，才得以走出这次财务危机。

公司在运用财务杠杆时，还需综合考虑其经营杠杆水平。经营杠杆是销售收入和息税前利润的杠杆关系，反映在公司的业务经营中，由于存在固定成本使得息税前利润变动率大于销售收入变动率的关系。财务杠杆和经营杠杆越高，公司股东权益回报率的波动性会越大，因此公司应平衡财务杠杆和经营杠杆的组合以调控股东权益回报率的波动。一般而言，经营杠杆较高且周期性强的处于初创期的公司，通常具有较大的业务风险，应维持相对保守的财务杠杆水平以控制财务风险，同时保持一定的财务弹性，以便把握投资机会及应对业务风险；对于经营杠杆较低且具有稳定现金流的处于成熟期的公司，其业务风险较低，可适当提高财务杠杆，充分利用税盾效应，提升公司价值，同时满足资本结构的约束条件。

财务弹性

公司在运用财务杠杆时，需同时考虑对财务弹性的影响。财务弹性是公司进行资本结构调整时所具有的灵活性，反映公司将在持续生产经营过程中的整体财务能力。公司在不同发展阶段中可能遇到不同的紧急情况和投资机会，维持一定的财务弹性，可降低财务危机成本与加权平均资本成本，提高公司把握投资机会的能力，有利于增加未来现金流，提升公司价值。

如果公司的财务杠杆水平过高，使得财务弹性不足，会带来什么后果呢？我们以华润电力为例进行说明。根据公开信息，2011 年，由于负债率高企，华润电力（0836.HK）保持信用评级的压力一度增大。具体来看，华润电力 2011 年的预计营运现金流对总有息负债的比率①只有 11% 的水平，低于评级机构 15% 的要求。若要达到 15%，华润电力在 2012 年只能新增不到 8 亿港元的有息负债，加上 2012 年预计能产生的经营性现金流，在 2012 年可用的财务资源总量也不会超过 140 亿港元，只能满足日常必要的刚性支出。这就会对当时正处于行业快速增长期、投资机会较多的华润电力造成较大限制：当出现好的投资项目需要大笔资金时，就无法进行外部融资；或即使能够筹集到资金，但资金成本会很高，

① 营运现金流对总有息负债的比率（FFO/Debt）：相当于 Debt/EBITDA 的变形调整，系动态资本结构的相关指标，为营运资本变动前、付息后的经营性现金流与总有息负债比率。该指标体现了公司经营性现金流对负债的保障能力，是国际信用评级机构经常使用的偿债能力风险监控指标之一。

使得投资项目失去吸引力。最后，华润电力选择了发行面息率为 7.25%、总额为 7.5 亿美元的永久债（根据评级机构指标计算标准，永久债可一半计入权益，一半计入负债；根据会计准则，永久债则计入权益）来缓解资产负债表压力。因此，公司需要保持一定的财务弹性，当遇到紧急情况和投资机会时，有足够的财务能力动用盈余现金或进一步举债。

管理指标：

流动性比率 =（长期资本 * － 固定资产净值）/ 营运资本需求

流动性比率反映公司财务弹性，体现一定时点长期资本在满足固定资产等长期资产占用后，对营运资本需求的保障程度。若流动性比率呈下降趋势，资本对资产的保障性减弱，财务弹性降低，财务风险上升，公司再融资压力增大；若流动性比率呈上升趋势，资本对资产的保障性增强，财务弹性增加，财务风险下降，公司再融资压力减小。

* 长期资本主要指占用资本中的长期债权资本和权益资本。

财务弹性的影响因素包括财务杠杆水平（静态资本结构）、现金盈利的变化趋势（动态资本结构）、盈余现金水平以及资本与资产的适配程度。

财务杠杆水平：与财务弹性呈反向关系，财务杠杆高，债权资本比重大，进一步融资空间小，财务弹性减弱，反之财务弹性增强。在财务杠杆一定的前提下，限制性条款和信用评级通过影响融资成本和融资难度，从而影响公司财务弹性。

现金盈利的变化趋势：是积累留存收益和权益资本的基础，在现有的财务杠杆下，现金盈利的较高增长潜力将动态降低财务杠杆，增加财务弹性。

盈余现金水平：受资产变现的难易程度影响，可随时用于支付短期刚性开支或偿还债务，减少进一步借贷，进而降低财务杠杆，增加财务弹性。

资本与资产的适配程度：反映资本对资产的保证程度，影响公司的再融资风险和流动性风险，在既定财务杠杆和现金盈利水平下，公司长期资本比重与财务弹性呈正向关系。在营运资本需求为正时，适配程度可以用流动性比率衡量。其中需要特别关注的是：营运资本需求可以区分为经常性和季节性，经常性营运资本需求（通常约等于“应收账款+存货–应付账款”）由于其对现金的占用在公司经营期间是持续存在的，因此应将经常性营运资本需求视为一项长期、动态的资产，可以用长期的债权资本或权益资本与之适配；而季节性营运资本需求根据公司的经营特点随季节波动，有一定的短期特征，因此可用短期借款与之适配（有关营运资本需求的含义及管理方式还将在下一章现金创造中予以详述）。

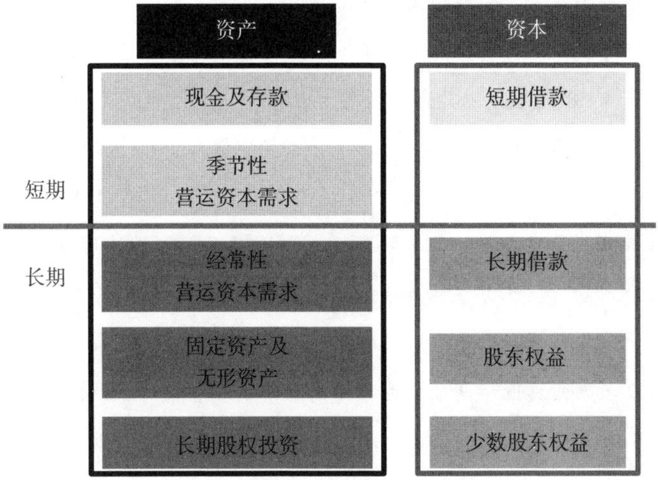

图 2–7　资产与资本适配关系（示意）

在实践中，公司可根据管理需要，结合公司和标杆企业的发展阶段和战略方向等，设置各项财务弹性指标，对公司财务弹性的整体变化进行对标评价及原因分析，为资本结构决策提供参考（可参考附录2A的财务弹性评价表）。

案例：L公司财务弹性恶化

L公司是某大型能源集团D于2009年6月与S集团共同出资38亿元成立的合资公司，主要从事内地某省份煤炭资源的整合。D集团持有L公司51%的股份，为控股股东，S集团持股49%。由于合资公司采用复杂的多层股权架构，限制了后续向原股东及引入新投资者进行股权融资的灵活性，控股股东和少数股东所能提供的财务资源有限，L公司自身的财务弹性对于其可持续发展起到决定性作用。

资本支出较大，有息负债率保持高位

L公司在成立初期大量收购煤矿项目，资金需求一直较大，但除了初始股东投入38亿元外，其余资金均来自银行，有息负债率自成立之初的2010年就达到65.7%的较高水平。虽然初期在煤炭价格上涨的带动下，公司在2011年的经营表现不错，但是随着经营发展，问题也逐渐暴露，其中最为显著的是资本支出金额不断增加，而且多属刚性的后续资本支出。由于L公司的附属矿井条件复杂，受地质构造、小窑老空等影响严重，因而大部分矿井不适合布置大型机械化开采工作面，现代化水平很低，在煤炭开采效率方面远低于同业。为了提高煤矿的运营能力，L公司投入大量资金对矿井进行基础建设技术改造，提升矿井产量，2010年的基建技改实际支出高达8.1亿元。大量的基建技改支出，使得L公司的资金更加捉襟见肘。

为满足L公司的资金需求，D集团曾考虑过与少数股东按股权比例共同向L公司增资，但S集团等少数股东由于自身财务能力有限，无法支持相应的资本投入。迫不得已，L公司不得不依靠进一步增加银行贷款以及来自D集团单方面的股东贷款来满足自身的资金需求。截至2010年年末，来自D集团方面的股东贷款余额高达25.5亿元，2011年进一步上升至30.7亿元。而L公司的短期银行借款余额也由2010年年末的13亿元快速增至2011年年末的20.9亿元，短期借款在负债中的占比提高了12ppt，资本与资产的适配程度下降。

2011年年末，L公司的有息负债水平为62.4%，高于D集团整体以及行业标杆的水平，实际上也推高了D集团整体的负债率，预计持续增加的基建技改支出还将进一步给公司的有息负债水平带来压力。

分红派息，减少盈余现金①

由于L公司2011年的业绩表现出色，S集团以及其他小股东要求合资公司将累计未分配利润进行分红，让股东共享公司收益，最终L公司决定将截至2011年9月末的公司累计未分配利润9.5亿元进行分红，少数股东共计获得4.7亿元。经过分红派息，L公司的盈余现金大幅减少，因此也就错过了在公司处于盈利高峰时保留盈余现金以支持后续发展或归还部分有息负债，从而改善财务弹性的机会。

由盈转亏，财务弹性进一步恶化

与此同时，尽管煤炭价格自2008年年底受益于国家经济刺激政策及煤炭资源整合等原因持续上升，但由于煤炭行业属于周期性行业，煤炭新增产能的释放及国家经济结构的调整均可能导致煤价由升转跌，国内煤炭价格在2011年10月达到高点后逐步下滑，下行风险加大。与此同时，高额有息负债带来的大笔财务费用支出也会降低公司的盈利水平，L公司盈

① 盈余现金是指公司现金持有量中除受限现金、最佳现金持有量以外的，不参与公司日常经营活动的现金，从长期来看可为优化资本结构及资产配置提供资金来源，在本书第四章现金管理中将对此进行详述。

利能力出现下降趋势。

2012 年，由于全球经济形势景气度下降，国际煤价出现大幅下降，进口煤大量销往中国，直接导致国内煤炭价格回调，煤炭价格指数全年下挫 14.4%。L 公司的业务也因此受到了显著的影响，2012 年，L 公司总收入同比下降 51.4%，降至 24.3 亿元，经营状况由盈利转为亏损 4.8 亿元。

在盈利下滑的同时，基建技改所需的大额资本支出如期而至。2012 年，L 公司固定资产余额和在建工程余额同比分别增长 73% 和 59%，总额大幅增长 11.8 亿元至 29.7 亿元。然而，由于此前将大量现金用于分红派息，现金余额不足。在盈利能力明显下滑的情况下，公司为满足资本支出需求导致财务能力迅速恶化。2012 年年末，L 公司的有息负债率进一步攀升至 73.3%，远高于同期 D 集团整体 56.9% 的水平（见图 2–8）。由于 L 公司新增的有息负债中有 17.9 亿元来自控股股东 D 集团，D 集团为给 L 公司提供额外的财务支持而占用了自身的盈余现金，D 集团自身的财务弹性也被削弱，公司价值受到损毁。

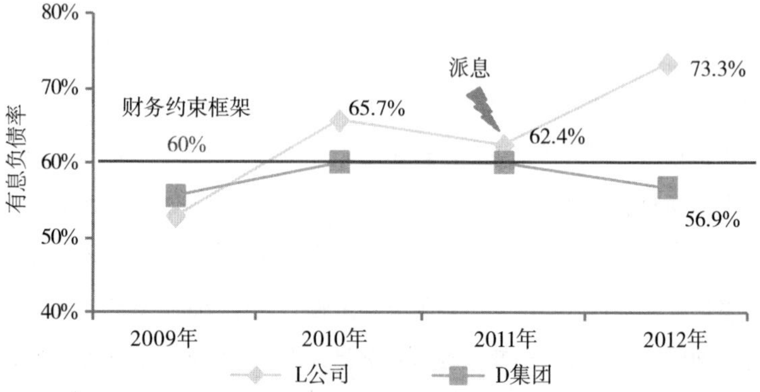

图 2–8　L 公司有息负债率远高于 D 集团整体水平

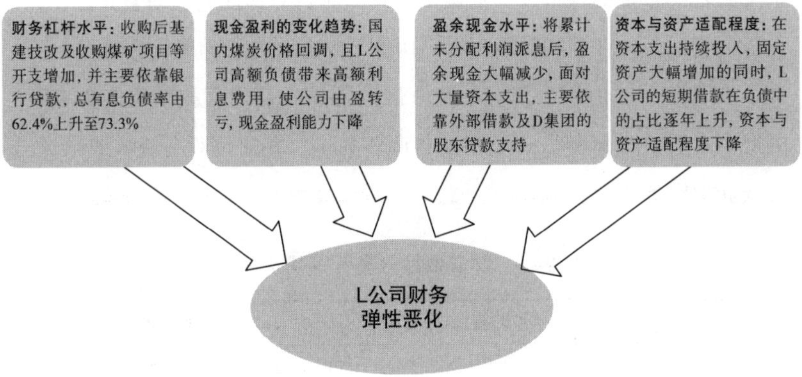

图 2–9　L 公司财务弹性分析

财务弹性的优化调整方式可以分为存量和变量调整两类。顾名思义，存量调整就是在公司资本规模不变的情况下，调整资本总额中债权资本和权益资本的比例或结构，使公司的整体财务弹性更加合理。例如前文提到的在 2008 年华润水泥（1313.HK）上市的过程中，在市场可以接受的合理资本结构范围内，用 15 亿港元的银行借款替代华润集团提供的股东贷款，以减少资本化安排的存量调整方式，占用资本规模不变但提前实现了股东对占用资本的回收。变量调整就是改变公司占用资本总额，对公司资本结构进行调整，包括增加债权融资、通过配股增加股权资本、提升核心业务的盈利能力等，都会增加公司可利用的财务资源，提升整体财务弹性。例如华润电力（0836.HK）在 2009 年利用晋升恒指成分股、市场环境较佳的机会，供股（rights issue）集资约 59.3 亿港元，其股权结构基本不变，但股权资本比例提高，在获得财务资源的同时增加了财务弹性。

财务弹性的管理及优化和公司所处的发展阶段有较大关系。由于在不同的发展阶段，公司所面临的内外部环境、经营风险不同，因而对财务弹性的要求有较大差异，因此公司可根据所处的发展阶段，结合实际情况，选择合适的存量或变量调整方式，对财务弹性进行动态分类管理。一般而言，公司在不同时期可以采用如下财务弹性管理优化方式。

在初创期，由于公司对财务资源的需求较高但债权融资能力有限，因此财务弹性的调整方式应以变量调整为主，并通过股东贷款或增资的方式获取财务资源。

表 2–1　财务弹性分类管理优化建议

时期	存量调整	变量调整
初创期	不适用 *	可通过股东贷款或增资等获取发展所需财务资源。由于公司价值尚未充分体现，应尽量避免仅以提高财务弹性为目的而引入外部投资者，带来原有股东所有权的稀释
成长期	可结合现金流预期和资产结构，调整债权资本期限结构，提升资本与资产的适配性，减少再融资风险； 公司总部可通过内部贷款，将财务资源合理分配至项目公司，实现整体财务弹性的有效运用	提升核心资产盈利能力； 考虑进行股权融资； 应结合内外部财务约束指标，通过调整财务杠杆的上升速度，实现外延式发展有序进行
成熟期	加大非核心资产及回报与增长改善空间有限的低效资产的处置力度，以储备财务资源	把握仍有的回报 / 增长预期进行股权融资，为未来的产品和业务多元化或转型储备财务资源； 针对回报与增长未达既定目标但尚有改善空间的低效资产，应积极制订增效方案
衰退期	在缺乏投资机会的情况下，可通过加大非核心资产处置力度，减少资金占压，财务能力在上级母公司层面实现转移，并结合回报、增长及业务战略适时退出或转型	不适用

* 重组后持有较多非核心资产的公司应加大非核心资产的处置力度。

在成长期，随着盈利的增长，公司的债权融资能力增强，公司发展可通过资本成本较低的债权资本支持，但同时需要关注内外部财务约束指标的要求，合理控制财务杠杆，维持必要的财务弹性。在存量调整方面，需关注债权资本的期限结构，以提升资本与资产的适配性，减少再融资风险；在变量调整方面，在适当增加债权融资的同时，重点在于提升核心资产的盈利能力，并可利用股权融资拓宽公司资本来源，控制财务杠杆的上升速度，实现公司稳健发展。

在成熟期，公司的盈利能力趋于稳定，偿债能力上升，为实现公司的可持续发展，可储备财务资源支持未来业务发展。在存量调整方面，可加大非核心资产的处置力度，释放财务资源；在变量调整方面，可把握现有资产仍具备的回报 / 增长预期进行股权融资，或对现有回报 / 增长未及预期但有改善空间的资产进行增效，提升核心资产的盈利能力。

在衰退期，公司则不太适合再进行变量调整，而应该加大非核心资产 / 业务的处置 / 转型或退出，减少资金占压。

第三节　有的放矢：资本结构独立和资本结构非独立公司的区别管理

管理心得

资本结构管理的核心是区分资本结构独立公司和资本结构非独立公司进行管理。

资本结构独立公司在税盾效应和财务危机成本平衡状态下使加权平均资本成本最低。

资本结构非独立公司主要以整体税务成本最小化为基本目标进行资本结构管理。

资本结构管理的基本方法是区分资本结构独立公司和资本结构非独立公司。从实际管理的要求出发，在一家集团化企业内：资本结构独立公司是指具有相对独立财务决策权的公司，或者说是财务决策需有集团外部股东参与，例如集团内独立的上市公司或融资能力相对独立的合资公司；资本结构非独立公司是指不具有独立财务决策权的公司，例如集团内部拥有的全资子公司或财务决策不受少数股东影响的公司。之所以需要做这样的区分，是因为资本结构独立公司和资本结构非独立公司具有不同的管理目标，也就相应需要有不同的管理方式。

资本结构独立公司：加权平均资本成本最低

资本结构独立公司的资本结构设置及优化目标是平衡税盾效应和财务危机成本，实现加权平均资本成本（WACC）最低，使资本结构长期趋向最优资本结构。WACC 是公司来源于不同渠道的资本按照各自的权重和成本计算所得的加权平均值，主要由权益资本成本、税后债权资本成本、适用权重（通常选用作为长期基准的最优资本结构）三部分组成。其中，权益资本成本为无风险回报率加上风险溢价，税后债权资本成本为债权资本成本扣除税盾效应。因此，影响 WACC 的因素可以划分为两大类，即各类资本的成本与最优资本结构。同时，实际资本结构的不同也会影响各类资本成本的高低，例如债权资本所占比重过大，抑或债权资本中债务的平均期限较资产的平均期限过短，都会增加公司的财务风险，提高风险系数，进而使风险溢价上升，WACC 也随之上升（见图 2–10）。

在实践中，资本结构独立的公司可将最优资本结构和 WACC 应用于项目投资管理中，通过采用一定的方法，测算公司最优资本结构及其对应的 WACC，将得到的 WACC 作为项目投资的最低回报基准，形成公司日常运营的资本成本指标，以保障资产的回报水平（附录 2B 提供了在实际操作中加权平均资本成本可以采用的计算方法）。

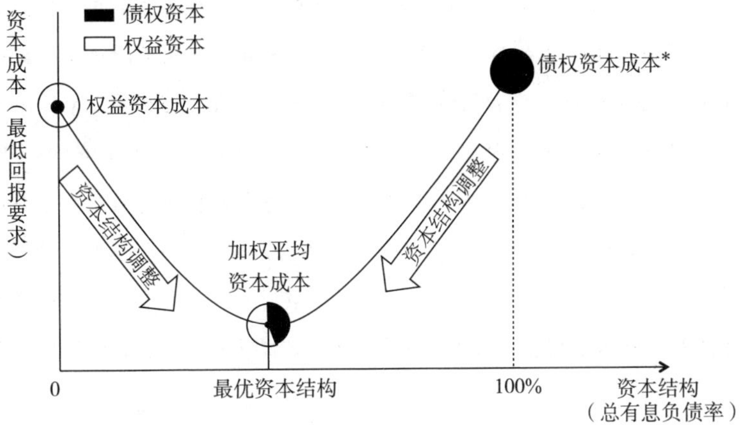

* 负债产生的利息费用可抵扣税项，实际成本为税后债权资本成本。

图 2–10 加权平均资本成本的组成

案例：A 集团加权平均资本成本应用实践

A 集团是一家横跨中国内地、中国香港经营的多元化控股企业集团，旗下包括消费品、能源、地产、建材、公用事业、医药、金融等多个业务板块，其中消费品、能源、地产、建材、公用事业、医药等主要业务板块或战略业务单元（strategic business unit，SBU）已在香港主板上市。

并购带来的外延式增长是 A 集团发展壮大的重要方式。自 20×× 年起，A 集团借鉴标杆实践，采用资本市场实证研究的方式，确定主要 SBU 的最优资本结构区间，并在此基础上测算加权平均资本成本，以反映对各 SBU 的最低要求，为评价资产的回报水平提供参考依据。

各 SBU 在计算投资项目净现值（NPV）时应以 WACC 作为最低折现率基准。WACC 也应作为项目投资的最低回报基准，项目内含报酬率

（IRR）不能低于 WACC 值。

在具体测算操作上，由于 WACC 反映公司未来现金流的折现率，其权重设置应采用公司的目标资本结构，即最优资本结构下的权益资本比重（W_e）及债权资本比重（W_d）。对于最优资本结构的测算，A 集团采用了行业类比的方式，即选择同行业上市企业每年相对公司价值（EV/EBITDA）最大的行业标杆所对应的静态资本结构指标作为当年最优资本结构的参考数据（假定债权资本内部期限结构相对合理，可不考虑债权期限结构对风险系数的影响），然后再滚动选取过去 5 年参考数据进行平均即形成最优资本结构值，以反映最优资本结构是公司长期、持续性的管理目标。

在最优资本结构的基础上：根据行业风险溢价（参考各投行内部指引及市场估算）、风险系数（Beta，取最近 5~10 年数据平均值或相关标杆公司数据平均值）、无风险回报率（采用核心业务所在地中国内地或中国香港 10 年期政府债券收益率），计算权益资本成本；根据信贷市场情况、融资政策、现金预算预测有息负债成本，并通过实际所得税税率计算税后债权资本成本，其中实际所得税税率为公司利息费用所实际适用的所得税税率，剔除了应占合营 / 联营公司投资收益、境外股东应占境内公司未分配利润预提所得税等无税盾效应部分的影响。有了最优资本结构（静态）、权益资本成本、税后债权资本成本，最终得出 WACC。最后，由于 WACC 的计算过程中有较多假设，根据投行惯例，上下浮动 0.5 个百分点作为参考区间。

结合不同阶段公司的业务战略、经营风险、宏观经济环境等内外部因素的变化，A 集团每半年根据香港上市公司半年报和年报的信息披露对主要业务单元的 WACC 进行更新，为集团及各业务单元的投资项目提供决策支持，并为项目实际运营设定投资回报要求提供参考（见表 2–2）。

表 2–2　20×× 年 × 月 A 集团主要战略业务单元最优资本结构及 WACC

	A集团香港	A集团内地	消费品业务	能源业务	地产业务	建材业务	公用事业业务	医药业务	金融业务	其他业务……
无风险回报率（R_f）	1.5%	3.3%	3.3%	3.3%	3.3%	3.3%	3.3%	3.3%	3.3%	……
风险系数（Beta）	1	1	0.98	1.11	1.28	1.21	0.9	0.97	1.09	……
市场风险溢价（R_m–R_f）	7.6%	7.8%	7.8%	7.8%	7.8%	7.8%	7.8%	7.8%	7.8%	……
权益资本成本（$K_{e\,注1}$）	9.2%	11.1%	11.0%	12.0%	13.5%	12.7%	10.3%	10.9%	11.8%	……
税后债权资本成本 [K_d×（1–T_c）]	2.70%	3.50%	3.10%	3.70%	3.40%	2.90%	3.10%	3.60%		……
最优债权资本比率（W_d）	55%	55%	30%	55%	40%	40%	45%	45%		……
WACC $_{注2}$	5.6%	6.9%	8.6%	7.4%	9.3%	8.8%	7.0%	7.6%	11.8%	……
WACC 参考区间	5.1%~6.1%	6.4%~7.4%	8.1%~9.1%	6.9%~7.9%	8.8%~9.8%	8.3%~9.3%	6.5%~7.5%	7.1%~8.1%	11.3%~12.3%	……
20×× 年 × 月发布的 WACC	5.5%	6.9%	8.6%	7.3%	9.2%	8.9%	7.0%	7.6%	11.7%	……

注 1：权益资本成本 K_e=R_f+Beta×（R_m–R_f）

注 2：WACC=[（1–W_d）×K_e]+[W_d×K_d×（1–T_c）]

* 由于商业银行等金融机构的业务以货币资金为基础，与一般企业不同，其负债（主要为存款和同业负债等）是由于特定业务性质而产生的、可支持价值创造的经营环节，且利息支出已在营业成本中体现，因此商业银行等金融机构的权益成本可视为其资本成本。这里金融业务所采用的加权平均资本成本即为权益资本成本。有关价值管理在金融机构中的应用，在本书的第七章将有专门介绍。

由于资本结构独立公司的融资决策和融资能力相对独立，即资产负债表所反映的财务能力是相对完整的，所以**资本结构独立公司可以直接采用总有息负债率（静态资本结构指标）和总有息负债对息税折旧摊销前利润的比率（动态资本结构指标）作为资本结构的核心衡量指标。**

资本结构独立公司在资本结构设置及优化时应综合考虑多种内部及外部因素。内部因素包括公司的业务战略、发展阶段、经营风险、税盾效应及财务危机成本等。其中，业务战略形成盈利模式的差异，从而影响资本结构；公司在不同的发展阶段（初创期、成长期、成熟期和衰退期）具有不同风险承受能力和盈利能力，资本结构需要根据不同发展阶段的特点恰当设置，以有效控制财务风险和盈利波动；经营风险通过影响息税前利润进而动态影响资本结构；同时，资本结构设置还应在税盾效应和财务危机成本之间取得平衡。外部因素包括宏观经济环境、行业标杆资本结构、信用评级机构要求、银行限制性条款及政策法规限制等。其中，宏观经济环境影响公司的经营环境和融资环境，行业标杆的资本结构水平应作为公司资本结构设置的参照，其他诸如信用评级机构的要求、银行的限制性条款、政策法规限制等，都会构成公司资本结构相关指标不能突破的限制性条件。在日常管理中，除确定最优资本结构区间及加权平均资本成本外，还可以利用静态/动态资本结构指标设立财务边界值对资本结构独立公司进行管理，既可以支持财务的适度扩张，保持合理的发展速度，又可以对业务单元的投资冲动进行一定的限制，以保障公司财务的稳健程度。具体的设立方法可参考如下的A集团实践案例。

案例：A集团项目投资财务约束框架

作为多元化的大型企业集团，A集团以“集团多元化，利润中心专业化”为总体战略，为了保证整个集团的有效治理和有序发展，A集团在投资管控方面建立了一整套管理办法。该办法将资本结构核心指标应用于项目投资财务约束框架中，在考虑整体有息负债水平可控并同时具备一定的财务扩张能力等相关影响因素的基础上，清晰界定静态资本结构和动态资本结构指标的边界值，保障公司的财务稳健程度，支持公司维持合理的增长速度。

财务约束框架包含财务风险、规模影响及交易结构三个维度及相关判断标准。一般而言，每年会结合年度业务战略检讨和行动计划、财务预算及标杆企业动态，对业务单元财务约束标准进行分析检讨并定期滚动更新。

财务风险

在风险性方面，A集团根据风险等级和风险控制的要求，结合不同行业实际设立财务边界指标，并以此作为财务风险的判断标准。财务边界指标包括：总有息负债率（静态资本结构指标）和总有息负债对EBITDA的比率（动态资本结构指标）。考虑到各SBU大多处于行业扩张期，与同行业中发展较成熟的企业相比，总有息负债对EBITDA的比率相对较高，并结合风险相关性、指标涵盖面及可操作性等因素后，暂时替代性采用动态资本结构的补充指标利息保障倍数，即EBITDA对利息费用的比率（反映企业当期通过经营活动所产生的利息偿付能力）作为当前阶段衡量风险的核心指标。

根据A集团的管理要求，财务边界指标是财务约束底线，即总有息负债率不能高于财务边界指标值（与计算WACC所采用的行业最优资本结构相比较为宽松），利息保障倍数不能低于财务边界指标值。在计入投资项目后，各SBU的相关财务指标如超过财务边界指标值，则项目需报集团批准，以平衡A集团整体财务风险。已通过国际信用评级并发行公司债券的SBU，同时需根据评级机构要求，综合衡量项目投资对公司评级的影响。如项目投资可能导致公司评级下调，也需报集团批准。

财务边界指标值通过同行对标方法进行测算，一般参考上市的行业标杆数据。由于业务战略、盈利能力、财务杠杆等均有差异，标杆的相关指标值跨度较大，中位数较平均数更能反映标杆公司的实际值，并进一步进行5年平均以平滑某些年份特殊事件的影响，因此选取最近5年标杆相关指标中值的平均值。在此基础上，公司还可根据自身所处发展阶段或战略发展需要，对标杆相关指标中值的平均值进行一定程度的放松或者收紧，从而为公司的扩张提供合适的财务能力空间。

表 2–3　20×× 年 × 月 A 集团主要战略业务单元财务边界指标值

20×× 年 × 月发布的财务边界指标值	消费品业务	能源业务	地产业务	建材业务	公用事业业务	医药业务	其他业务……
总有息负债率	35%	60%	49%	48%	50%	50%	……
利息保障倍数	26.9	3.5	4.7	7.9	7.4	4.6	……

规模影响

规模影响的判断标准为投资项目对公司影响的重要程度，采用项目规模测试作为判断标准。由于A集团的SBU主要为中国香港上市公司，规模测试可参考港交所对交易规模测试的规定。如一项交易适用多项测试，则以测试比率结果最高值计。规模测试比率包括盈利比率、收益比率、资产比率和对价比率。

（1）盈利比率：拟投资项目涉及资产应占的盈利（未扣除税项及少数股东权益前的盈利）占SBU盈利比率。

（2）收益比率：拟投资项目涉及资产应占的营业额占SBU营业额比率。

（3）资产比率：拟投资项目所涉及的资产总值占SBU资产总额比率。

（4）对价比率：拟投资项目对价所涉及的金额占 SBU 市值或资产总额（如无市值）比率。

参照港交所上市规则：如交易规模超过 5%，则为需披露交易；如交易规模超过 25%，则需股东批准。集团总部批准基准相应设定为 5% 及 25%，根据规模测试的结果，启动不同层次的批准流程：

如规模测试小于 5%，则该项目由 SBU 总部审批；如规模测试大于等于 5% 但小于 25%，则投资项目在提交 SBU 董事会审议之前，需报集团总部相关职能部门审阅；如项目规模测试大于等于 25%，则需在签订有法律约束力的文件之前，报集团总部批准。

交易结构

交易结构要求包括项目资金来源、项目是否影响集团持股比例、权益影响及股权安排等判断标准：

（1）如拟投资项目资金来源为集团直接筹集，则该项目需报集团总部批准；

（2）如拟投资项目会影响集团在业务单元总部层面的股权比例，则该项目需报集团总部批准；

（3）如拟投资项目涉及有别于商业惯例的财务资源转移或承诺等事项，以及对业务单元股东权益有重大影响的交易条款，则该项目需报集团总部批准；

（4）如特殊情况下，拟投资项目需做股权代持或为后续股权梳理带来潜在风险的其他特殊安排，则该项目需报集团总部批准。

通过以上财务约束框架的实施，A 集团的投资项目授权有了清晰的界定。这一方面使得集团和业务单元可以维持合理的增长速度，另一方面可以确保集团整体的财务风险可控，财务杠杆运用恰当，保持充分的财务弹性，是在实践中对资本结构管理的有益探索。

资本结构独立公司在进行资本结构设置和优化时还需要关注一些其他因素，包括：与股权相关的衍生金融工具（可换股债权、认股权证等）对资本结构的潜在影响；所接受的股东贷款需根据实质重于形式的原则，判断其是否应视同股权资本进行管理；所进行的对外担保是否会给公司带来或有负债等。若资本结构独立公司的控股股东财务支持能力及意愿都较强，将会有利于改善公司的财务弹性，降低资本成本，增强资本结构的稳健性。

不仅是以上案例中所列举的A集团这样的多元化企业已经建立了资本结构的日常管理机制，许多世界一流的跨国企业也十分重视资本结构管理。例如：可口可乐（The Coca–Cola Company）就是以保持其目标信用评级（评级机构穆迪及标准普尔给予可口可乐“Aa3”及“AA–”的较高评级）作为资本结构的管理目标，由于业务和所在的主要市场都基本进入相对稳定的成熟期，其财务杠杆的应用相对保守；同时，可口可乐也采取了类似A集团的方法制定WACC，作为评价资产回报水平的依据。所不同的是，由于经营地域跨度较大，可口可乐还会在风险溢价中加入不同国家的主权风险（sovereign risk）的影响，并以每年一次的频率对其在重要国家的WACC进行更新。

资本结构非独立公司：使其归属的上级资本结构独立公司整体税后融资成本最低

由于资本结构非独立公司的财务决策权并不独立，主要由其归属的上级资本结构独立公司（母公司）决定，其相应的财务危机成本也是由母公司承担，因此可以说，**资本结构非独立公司的财务能力来自股东，其真正的资本结构应与母公司结合起来整体看待**。对资本结构非独立公司而言，资本结构设置及优化目标是在政策法规允许的范围内，通过税盾效应使其所归属的上级资本结构独立公司整体税后融资成本最低。**资**

本结构非独立公司采用税盾效应作为资本结构的核心衡量指标。

在集团化企业中，对下属公司区分资本结构独立和资本结构非独立公司以分别进行管理是非常重要的。例如，下属 100% 全资拥有的子公司，属于资本结构非独立公司，如果让其独立进行外部融资，由于其自身体量较小，融资成本可能就会相对较高，但如果由融资成本较低的母公司进行融资，再通过计息的股东贷款贷给这家公司，那么从整体来看，融资成本降低，并且这家公司支付给母公司的利息还可以税前抵扣，从而发挥出税盾效应。再例如，下属非全资拥有的资本结构独立公司，由于存在第三方外部股东，安排融资的时候就要考虑其自身的风险承受能力、现金盈利能力、资本与资产的适配程度等。另外，如果集团化企业的某个业务单元的业务与资产重要性较高、组织能力相对成熟，也可考虑将资本结构非独立公司视为资本结构独立公司进行管理，以培养其完整的价值管理能力。

采用净资产回报率（又称为权益资本回报率，return on equity, ROE）作为经营业绩评价的最佳指标，是一个管理上常见的误区，因为 ROE 叠加了业务能力和财务能力的影响，并不适用于资本结构非独立公司，而只适用于资本结构独立公司。资本结构非独立公司的资本结构设置权在母公司，其自身的资本结构并没有考虑母公司的财务能力，因而也就不能反映真实的权益和债权的比例关系，从而使得 ROE 的分母权益金额并不准确。举一个较为极端的例子，假设母公司用 1 元资本金设立一家子公司，然后给子公司 10 亿元的股东贷款，子公司再利用母公司的担保向银行借了 10 亿元的贷款，从账面上反映子公司的资本结构就是 20 亿元的债权资本与 1 元权益资本，假设当年子公司的净利润为 2 亿元，若采用 ROE 来衡量回报率就并不准确。同时，ROE 的分子净收益中也包含了资本结构非独立公司自身的经营获利能力以及上级母公司的财务能力（上级母公司的融资成本可能相对较低），这使得 ROE 的分子净利润金额也不一定准确，因而ROE无法反映资本结构非独立公司真实的业务经营回报水平。由于ROIC的分母是债权资本加权益资本的总和，不受账面资本结构比例的影响，分子是剔除财务能力影响的税后经常性息税前利润，因此**在评价资本结构非独立公司的盈利能力或者在比较不同公司的经营获利能力时，应以其息税前利润、投入资本回报率（return on invested capital, ROIC）或占用资本回报率（return on capital employed, ROCE）作为衡量标准，而不应以受资本结构影响的净利润、ROE作为衡量标准**。在将资本结构独立公司和资本结构非独立公司放在一起进行业绩评价时，应采用投入资本回报率指标，这样可以排除母公司财务能力支持、杠杆运用等因素，从而能更加客观地反映公司业务本身的经营获利能力。

管理指标：

投入资本回报率 = 经常性息税前利润 ×（1– 有效所得税税率 *）/ 平均投入资本

投入资本回报率反映资产回报，表现为一定时段内税后经营利润与投入资本的比例关系，是公司价值创造的关键驱动因素。在其他条件相同的情况下，投入资本回报率越高，公司价值越大。若投入资本回报率长期低于加权平均资本成本，将损毁公司价值。

* 有效所得税税率（effective tax rate）是指考虑了优惠税率、税务亏损、税盾效应、合并纳税政策等直接影响税负的因素后，公司实际整体所得税税率。

在集团层面的管理上，对于资本结构非独立公司，在符合相关监管政策要求的前提下，总部可适当降低股权资本投入，通过灵活安排股东贷款的利率和计息方式，发挥税盾效应，使其自身税负或借贷双方整体的税后融资成本最小；对于资本结构独立公司，则应考虑其在不同发展阶段的风险承受能力及现金盈利能力，设置与资产相匹配的资本结构。以某电力集团为例，在其下属的电厂中，A 电厂是 100% 全资拥有的资本结构非独立公司，B 电厂是与外部股东合资的资本结构独立公司，对于 A 电厂和 B 电厂的借款可有不同安排。由于集团总部外部融资成本较低，可以发行低息公司债，将资金以计息股东借款的形式贷给 A 电厂，A 电厂支付给总部的利息支出会产生税盾效应，从而降低整体的税后债权资本成本；而对于 B 电厂，由于需要考虑外部股东的因素，应平衡税盾效应和财务危机成本，使加权平均资本成本最小，但如果是由集团单方面提供大额股东贷款支持，就会加大集团自身作为控股股东的财务风险。

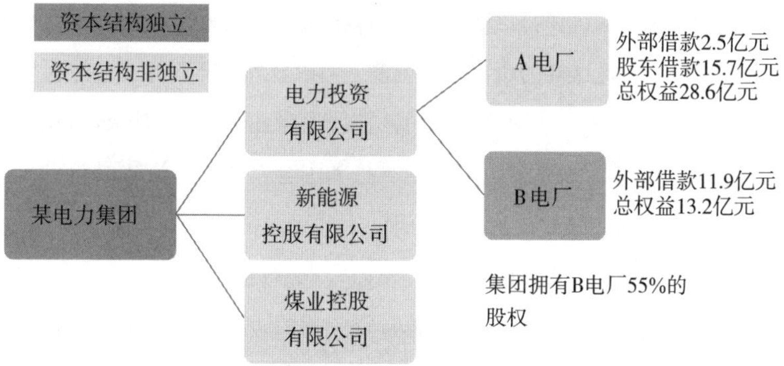

图 2–11　资本结构独立和非独立公司区别化管理

对于资本结构非独立公司的资本结构设置及优化，集团总部在提供财务能力支持时，还应考虑税收优惠及税务亏损、风险集中度等因素。公司如享受税收优惠或存在税务亏损，可能会削弱税盾效应的作用，在提供股东贷款时可考虑通过适当下调利率或延迟计息等方式降低整体税负。并且，总部为资本结构非独立公司提供的股东贷款或担保应视为股权资本或股权资本的延伸，其实质是股东财务能力与附属公司风险的相互转移。因此，总部在提供股东贷款或提供担保时，需要考虑风险集中度对整体公司价值的影响，合理控制股东贷款和担保额度，以控制总部分布在相关业务的风险。

在实际中，总部还可能会将资本结构非独立公司的股权出售或引入外部股东。总部应在考虑公司价值评估方法等因素的基础上，相应调整公司的资本结构，以实现整体价值最大化。例如，在某集团Y的重组整合过程中，Y集团要换股合并联属公司B集团另外50%的股权，双方经过谈判同意，合资股东方通过换股最终持有上层公司Y集团上市前28%的股权。在交易过程中，Y集团的控股股东对Y集团的资本结构进行了一个市场化的调整，基于其原有的股东资金占用情况，Y集团增加22亿元银行贷款，用于置换等额的股东贷款及往来款，并对其余部分全额进行资本化处理。这样，重组前Y集团的有息负债率与被重组的联属公司B集团的负债水平大体相当。通过这样的资本结构调整，可以合理平衡双方股东的利益。

此外，对于资本结构独立公司，控股股东还可通过与少数股东的充分沟通，尽可能地获取少数股东的支持和配合，从而将资本结构独立公司视为资本结构非独立公司进行管理。这有利于增加财务安排的灵活性，增强整体财务能力。而对于合资公司的资本结构设置，需要考虑控股公司的资本结构控制水平，否则，若合资公司的资本结构偏离合理区间将相应推升控股公司财务杠杆，增加控股公司的资本承担风险，甚至可能带来损失。如同在第三节财务弹性中所举的L公司的案例，L公司是D集团下的合资公司，D集团持有L公司51%的股权，虽然从股权结构上看，可以利用少数股东的财务能力撬动L公司的价值，但是由于忽略了少数股东财务支持能力不足和提供资金意愿较弱的情况，加之L公司大量的资本支出计划，少数股东无法为公司提供更多的资金支持，大量的资本支出只能依靠银行贷款和D集团单方面股东贷款。这导致L公司的有息负债率大大超过了D集团自身的有息负债率，财务弹性显著下降，控股股东D集团的公司价值受到了损毁。

第四节　如何进行资本结构的优化

管理心得

资本结构优化的目标包括短期目标和长期目标：短期目标在于提升财务能力，支持公司业务发展；长期目标在于使资本结构趋向最优并达到资本与资产的适配，实现公司价值最大化。

公司可以针对资本结构的三个要素，包括资本规模、资本来源和资本成本，相应采取优化举措，提升可用财务资源，合理设置资本结构。

随着经营等活动的开展，公司的资本结构会持续发生变化，包括占用资本的规模、资本的来源（即债权股权的比例构成），以及所形成的资本成本等，从而对公司价值产生影响。如前所述，资本结构存在最优资本结构区间，而当现有资本结构偏离最优资本结构时，公司有必要通过对资本结构的调整，使其维持在最优资本结构区间内，从而实现公司价值最大化，这是资本结构优化的长期目标。而在短期内，资本结构优化的主要目的在于提升公司的财务能力，支持公司业务发展（见图 2–12）。那么，在实际管理中，在短期内，公司可以采取哪些举措以提升公司的财务能力，优化资本结构呢？下面，举一个长江和记旗下赫斯基能源改善资本结构的例子。

案例：长江和记旗下赫斯基能源改善资本结构（根据上市公司公开信息整理）

长江和记实业有限公司（简称“长和”,0001.HK）是中国香港李嘉诚家族旗下的跨国多元化企业，为长实集团与和记黄埔集团于 2015 年合并重组而来，其主要业务包括港口与相关服务、零售、基建、能源及电信，业务经营遍布全球超过50个国家和地区，在2017年《财富》世界500强中排第319名。

赫斯基（Husky Energy Inc）是长和能源板块的主要公司，在加拿大上市，是加拿大最大规模的综合能源及能源相关公司之一。从2014年下半年开始，国际原油价格的持续下跌，使赫斯基业绩下滑。布兰特原油价格由2015年上半年的68.3美元/桶下跌约36%至2016年上半年的43.7美元/桶。低油价以及资产减值导致赫斯基能源上半年营业额下降31.8%至44亿美元，经常性息税前利润及净利润均由盈转亏，亏损约5亿美元。截至2016年6月底，赫斯基能源账面现金仅为0.2亿美元，总有息负债则高达13.3亿美元，预计全年资本支出高达9.8亿美元，财务压力较大。

面对油价持续下滑且预计未来两年较难出现大幅回升的经营环境，赫斯基于2016年第二季度公布了一系列资产重组举措，包括：（1）以13亿美元转让盈利情况较好但未来资本支出较高的劳埃德明斯特地区输油管道65%的股权予长江基建（其中16.25%）及电能实业（其中48.75%），由于长江基建和电能实业同属李嘉诚控股的公司，相当于股东为赫斯基注

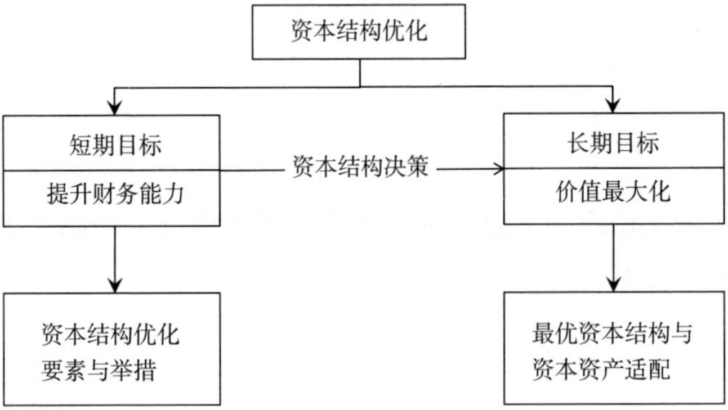

图 2–12　资本结构优化目标

资，并且电能实业账面现金流充足，此项安排也被视为体系内的现金调动；（2）出售高成本的加拿大西部及上游开发业务资产。一系列资产重组安排后，赫斯基盈亏平衡点所对应的油价由重组前的约 55 美元降至 40 美元以下，预计每年将节省超过 2.4 亿美元的资本支出，并获得 22.4 亿美元的现金，资本结构得到显著改善，经营成本和资本支出降低，财务压力得以缓解。

图 2–13 国际布兰特原油价格下跌明显

2016 年，赫斯基全年实现营业额 99 亿美元，虽然较上年的 126 亿美元有所下降，但业绩实现扭亏为盈，全年获得净利润 6.8 亿美元，较上年的亏损 2.9 亿美元有大幅改善，期末账面现金余额 9.8 亿美元，通过资产重组改善财务状况的效果明显。

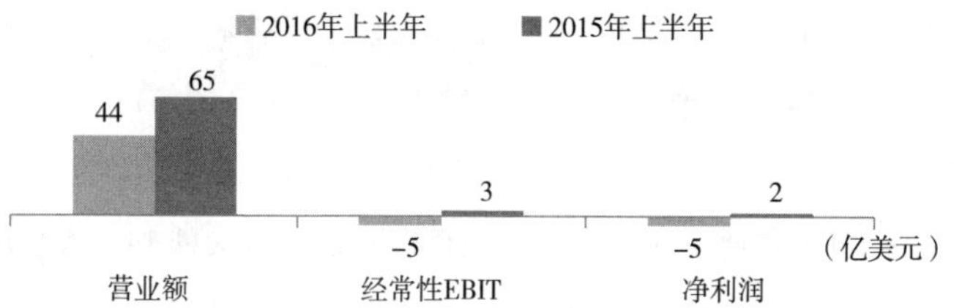

图 2–14 赫斯基 2016 年上半年业绩下滑幅度较大

表 2–4　赫斯基 2016 年上半年出售各类业务以降低成本并改善资本结构

资产退出项目	利润影响	资产负债影响
出售管道业务予电能及长江基建	获税前利润 12 亿美元	获 13 亿美元现金； 降低负债及未来资本支出
出售加拿大西部资产予第三方	税前亏损 1.9 亿美元； 未来 10 年共节约成本 27 亿美元	获 6.1 亿美金现金； 降低资产报废义务 1.8 亿美元； 降低未来资本支出
出售加拿大西部资产特许使用费予第三方	获税前利润 1.2 亿美元	获 1.3 亿美元现金
出售上游开发业务予第三方	获税前利润 1.4 亿美元； 降低未来开发成本	获约 2 亿美金现金； 降低未来资本支出
综合影响	**降低油价盈亏平衡点至 40 美元以下**	**改善资本结构**

赫斯基在全球经济放缓、能源价格下跌的背景下，果断采取优化和退出低效及非核心资产、调动同系公司财务能力的举措，增加了公司可动用的财务资源，积极偿还债务，改善了资本结构，并提升了公司的回报水平。

以上长江和记赫斯基能源所采取的处置低效及非核心资产的做法，就属于公司扩大资本来源、提升财务能力、实现资本结构优化短期目标的典型举措之一。其实，梳理李嘉诚旗下的“长和系”的发展历程，我们就能发现，这些公司一直都十分注重维持相对较低的总有息负债率以保持良好的财务弹性，当财务弹性呈现趋紧态势或未来需要较大财务资源时，公司就会及时采取一系列资本结构优化措施。例如在 2014 年，和记黄埔（原上市代码 0013.HK，已于 2015 年与长江实业重组为长江和记实业有限公司）就通过获取来自合营 / 联营公司的派息 141 亿港元、出售屈臣氏 24.95% 的股权和下属合营 / 联营公司的部分股权获取现金，以及控制战略性资本支出下降 29% 至 216 亿港元等举措，使得公司 2014

年年末的净有息负债权益比率（净有息负债为总有息负债扣除账面现金）下降了 3.2ppt 至 16.8%，期末账面现金余额大幅上升，公司财务弹性处于较优状态，为下一步发展扩张准备了较为充足的财务资源空间。

进一步归纳，按照资本结构优化要素所包括的资本规模、资本来源和资本成本三个维度梳理，公司可采取的资本结构优化举措包括控制占用资本规模、积极应对内外部财务约束、提升盈利性与营运性现金创造能力、调动合营 / 联营公司财务能力、处置非核心与低效资产、提高资金使用效率、充分发挥税盾效应等 7 大类。由于在价值创造的完整循环中，资本结构是逻辑起点，与其他价值创造关键要素——现金创造、现金管理、资金筹集、资产配置之间存在密不可分的联系，因此这些管理举措实质上与 5C 其他模块密切关联，部分内容还将在后面的章节予以详述。

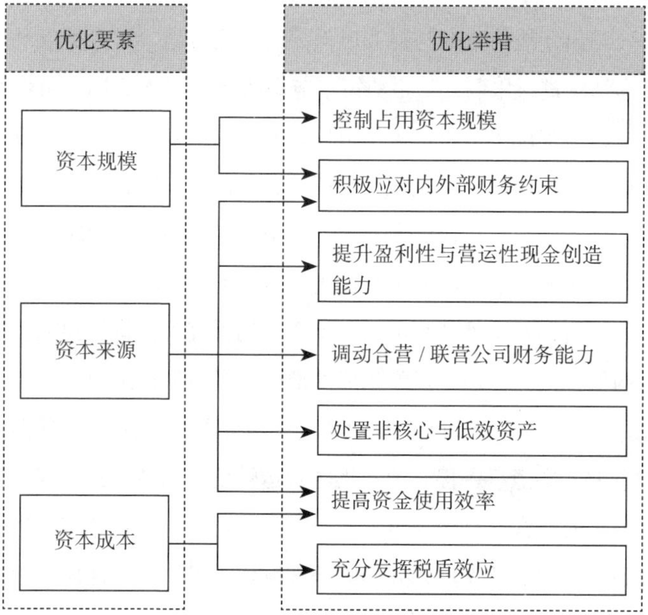

图 2–15　资本结构优化举措

（1）资本规模——控制占用资本规模。公司所能动用的财务资源受到内外部财务约束限制，影响一定时期占用资本的规模和结构，公司有必要对占用资本规模进行主动管理，管理方法包括：对于增量业务资产，提高财务资源使用效率，在投资前合理匡算占用资本规模，规范资本金出资管理，合理控制资本金投入以及额外投入的可能性和规模，在项目能达到预期销售及盈利水平的前提下，尽量减少项目对资本的占用，降低投入超支带来额外负债的可能性；对于存量业务资产，公司需明确各区域、业态或产品的资本占用，结合税后投入资本回报率、经营利润与现金流情况，通过定期的占用资本规模预测及存量和增量资产价值检讨，动态管理占用资本规模。有关增量业务资产和存量业务资产，以及价值检讨的具体内容可参看第六章资产配置。

（2）资本规模/资本来源——积极应对内外部财务约束。内部约束主要是公司出于战略方向与财务风险控制角度考虑，对自身以及下属公司的资本结构进行限制，如之前第三节中所提到的A集团、可口可乐等大型企业内部都设置了财务边界指标；外部约束是评级机构或贷款银行等外部机构对公司的财务风险进行评价后所形成的财务约束，影响公司的债权可融资空间和债权资本成本。对于内部约束，公司应平衡潜在优质项目所带来的收益和财务风险偏高所造成的影响，审慎决定是否扩大占用资本规模；对于外部约束，公司应主动管理外部机构预期，积极与外部机构保持沟通，最大限度拓展外部可融资空间，进而提高自身的财务能力。有关可融资空间及其对融资的影响可参看第五章。

（3）资本来源——提升盈利性与营运性现金创造能力。现金创造能力决定公司的经常性自由现金流水平，是公司的内生财务资源，对资本支出起到重要的支持作用，并影响外部融资需求。盈利性现金创造能力（即经营获利能力）的提升可增加留存收益，提高权益资本在占用资本中的比重，降低有息负债率，从而提高企业的融资能力；营运性现金创造能力（即营运资本管理能力）的提升可减少营运资本占用，控制占用资本规模。这些与公司业务的经营管理能力密切相关，公司应通过优化资产组合或商业模式、改善产品结构、控制期间费用、加快应收账款及存货周转、延缓应付账款支付、改进采购、生产和销售等供应链流程等方式提升现金创造能力。有关现金创造的具体内容，将在第三章进行详述。

（4）资本来源——调动合营 / 联营公司的财务能力。由于合营 / 联营公司通常有多方股东，公司往往不能对合营 / 联营公司单方面进行资本决策，而且由于合营 / 联营公司采用权益法核算，其财务能力也不能反映在公司合并层面。在合营 / 联营公司具备较强财务能力的情况下，公司一方面可以通过和其他股东协商，将合营 / 联营公司资金归集到自身资金平台，另一方面也可以考虑促使合营 / 联营公司增加债权资本并派发股息，如前述和记黄埔获得合营 / 联营公司派息的做法，就是将其财务能力上移。同时，公司还应注意尽量避免为合营 / 联营公司提供担保或股东贷款，从而避免稀释自身的财务能力。

（5）资本来源——处置非核心与低效资产。公司在经营过程中由于战略或经营调整等原因产生非核心或低效资产，会影响公司财务资源配置效率，降低回报水平，进而影响资本结构。公司应建立非核心与低效资产的检讨和处置机制，定期进行存量资产分析，及时制订和执行处置计划，并对处置计划的执行情况定期进行讨论和分析，以便为未来资产处置工作提供参考。前述赫斯基能源的做法，就是通过非核心与低效资产的处置，改善公司回报并提升财务能力。有关资产处置的内容，还将在第六章资产配置中进行详述。

（6）资本来源 / 资本成本——提高资金使用效率。现金是低效资产，若公司现金余额由于受限或集中度过低等原因而无法投入经营活动，可能会产生额外融资需求，或形成存贷双高的局面；若营运资本需求、固定资产和其他长期资产等投入资本占用过大，也会增加公司的融资需求，这些都会对资本结构造成负面影响。公司可采取多种举措提升资金使用效率，尽量降低现金余额及其他影响现金流的投入资本占用，从而间接达到控制占用资本规模的目的。例如：对于受限现金通过分析其性质、积极与监管部门或银行协商等方式，降低受限现金余额；在集团化企业中实行资金集中管理；科学估算经常性需求并确定最佳现金持有量，保证整体合理的现金余额；利用供应链融资、短期性经营租赁等工具，轻量化资本占用等。通过现金管理提升资金使用效率，减少与现金流相关的资本占用，也是5C体系中的重要一环，这部分内容将在第四章现金管理中进行详述。

（7）资本成本——充分发挥税盾效应。对于存在资本结构非独立公司的集团化企业，应从降低整体融资成本、发挥税盾效应的层面出发，进行内外部融资安排。在资本结构独立母公司融资成本较低的情况下，其下属的资本结构非独立子公司可在符合业务发展与监管要求的前提下，利用股东贷款降低整体借贷成本。资本结构独立母公司应对比取得利息收入产生的税费成本和资本结构非独立子公司利息支出产生的税盾效应，合理安排股东贷款的利率、期限等。例如：若利息收入产生的相关税费低于利息支出的税盾效应，母公司或关联公司就应按照市场利率水平收取利息，反之应该考虑适当降低贷款利率；若资本结构独立母公司或关联公司存在可利用的税务亏损，也应参考市场利率水平收取利息，以充分利用税务亏损降低整体税负。

以下进一步以某集团为例，说明7个资本结构优化举措在公司实际管理中的具体应用（见图2–16）。该集团通过这些举措，成功使得当年年末的有息负债率下降3ppt，推动资本成本下降0.1ppt，集团的财务能力得以提升。有关集团内资本结构的优化管理，也有一些基本的框架可以遵循，详细可参考附录2C。

对于资本结构优化的长期目标，与之前第三节资本结构独立公司管

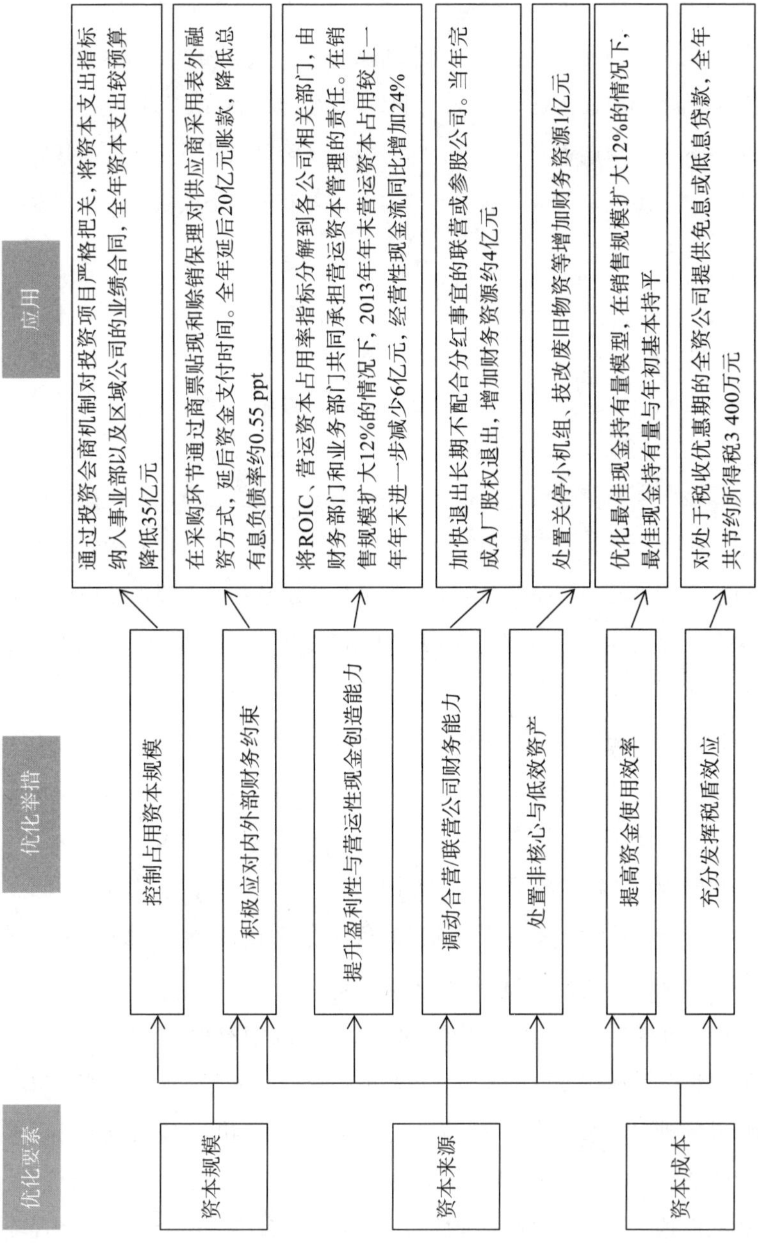

图 2–16　某集团资本结构优化举措

理中的内容一致。公司内部应建立资本结构动态监控管理机制，采取以加权平均资本成本界定投资项目回报要求、设置财务边界指标等方式，使资本结构趋向最优资本结构；同时还应结合行业与资产特性，实现长短期资本与长短期资产的适配，在考虑发展阶段以及行业特性的基础上合理配置长短期债权资本与权益资本，以降低再融资风险，优化资本结构，提升财务弹性。

小 结

资本结构是5C体系的逻辑起点，是站在公司占用资本的角度，强调对权益资本和债权资本进行主动的动态管理。静态资本结构指标和动态资本结构指标是资本结构的衡量标准：静态资本结构核心指标采用有息负债率，衡量公司在时间点上的财务杠杆水平；动态资本结构核心指标关注的是有息负债与息税折旧摊销前利润的比例关系（Debt/EBIT），反映公司盈利相对有息负债的变化趋势。同时，静态资本结构和动态资本结构也存在相互转化的关系：若公司的动态资本结构指标良好，短期偏进取的静态资本结构指标会逐步改善；若公司的静态资本结构指标较为稳健，则容许动态资本结构指标暂时处于较为进取的水平。在进行资本结构管理时，需要将静态和动态两个维度结合起来，不仅考量时间点上的资产负债比例，还要从时间段的角度动态分析现金盈利对债务的保障程度，以完整评估公司的财务资源状况。

财务杠杆是资本结构管理的核心，提高财务杠杆可以增加税盾效应，但同时也会增加财务危机成本，过高的财务杠杆水平可能会导致公司陷入财务危机而影响持续经营，因此，公司应在平衡财务危机成本与税盾效应的基础上保持合理的财务杠杆水平。财务杠杆影响公司的财务弹性，财务杠杆越高，公司的财务弹性越小，同时财务弹性还会受到盈余现金水平、长短期资本资产的适配程度等因素的影响。

当公司加权平均资本成本最低时，公司价值最大，所对应的资本结构通常可视为最优资本结构（假设债权资本内部期限结构相对合理）。因此降低加权平均资本成本，将公司的资本结构维持在最优资本结构区间，是公司资本结构管理的中长期目标。公司可以通过并购低负债的目标公司，上移自身的财务能力，强化整体资产负债表，为业务发展获取更多的资金支持。

在管理实践中，应区别资本结构独立公司和资本结构非独立公司，因为这二者具有不同的资本结构管理目标。资本结构独立公司的管理目标是追求加权平均资本成本最低，而资本结构非独立公司的管理目标是使其归属的上级资本结构独立公司的整体税后融资成本最低。公司应通过确定最优资本结构区间、测算加权平均资本成本，以及设立财务约束边界作为投资项目回报要求等方式，建立资本结构日常管理机制，并从资本规模、资本来源、资本成本方面采取措施，提升公司的财务能力，增加财务弹性，实现资本结构优化。

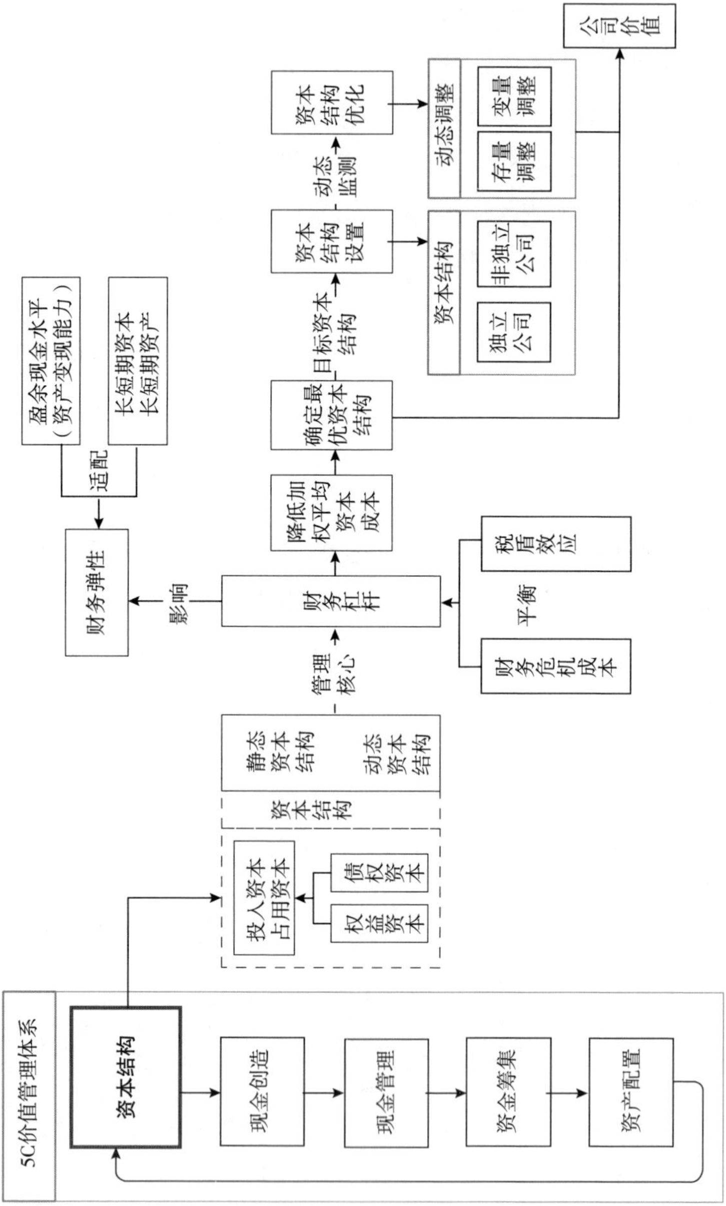
5C价值管理体系
资本结构
现金创造
现金管理
资金筹集
资产配置
投入资本
占用资本
权益资本
债权资本
资本结构
静态资本结构
动态资本结构
管理核心
财务杠杆
财务危机成本
平衡
税盾效应
影响
财务弹性
适配
盈余现金水平
（资产变现能力）
长短期资本
长短期资产
降低加权平均资本成本
确定最优资本结构
目标资本结构
资本结构设置
资本结构
独立公司
非独立公司
动态监测
资本结构优化
动态调整
存量调整
变量调整
公司价值

图 2–17　资本结构小结

附录 2A：财务弹性评价表（参考）

表 2–5　财务弹性评价表

<table>
<tr><th>定量指标</th><th>权重 *</th><th>FY0</th><th>FY1#</th><th>FY2</th><th>财务弹性评价</th></tr>
<tr><td>总有息负债率</td><td>%</td><td></td><td></td><td></td><td>同比提升 / 持平 / 下降</td></tr>
<tr><td>总有息负债 / EBITDA</td><td>%</td><td></td><td></td><td></td><td>同比提升 / 持平 / 下降</td></tr>
<tr><td>盈余现金 / 现金持有量</td><td>%</td><td></td><td></td><td></td><td>同比提升 / 持平 / 下降</td></tr>
<tr><td>流动性比率</td><td>%</td><td></td><td></td><td></td><td>同比提升 / 持平 / 下降</td></tr>
<tr><td colspan="6">定性指标</td></tr>
<tr><td>非核心资产变现能力</td><td>%</td><td colspan="3" rowspan="4">不适用</td><td>同比提升 / 持平 / 下降</td></tr>
<tr><td>潜在股权融资能力</td><td>%</td><td>同比提升 / 持平 / 下降</td></tr>
<tr><td>其他</td><td>%</td><td>同比提升 / 持平 / 下降</td></tr>
<tr><td>总计</td><td>100%</td><td>同比提升 / 持平 / 下降</td></tr>
</table>

* 公司应结合业务战略和行业特点等，综合考虑实际情况和所处发展阶段，设置各项指标的权重。

FY1 为公司当前所处财务年度。

附录 2B：加权平均资本成本计算方法

WACC 的计算涉及三个主要因素：权益资本成本 K_e，债权资本成本 K_d，权益及债权资本的适用权重 W_e 和 W_d。

$$WACC = (K_e \times W_e) + [K_d \times (1-T_c) \times W_d]$$

权益资本成本：

权益资本成本（K_e）反映股东对其提供资金所要求的回报率，包含反映宏观因素的无风险回报率及体现各行业特性的对应行业风险溢价，即 K_e= 无风险回报率 + 风险溢价 =R_f+Beta ×（R_m–R_f），其中：

（1）无风险回报率（R_f）采用中国（或核心业务所在地域）10 年期政府债券回报率；

（2）风险系数（Beta）反映公司对系统性风险的敏感程度，即体现了行业风险等，一般选取最近 5~10 年数据的平均值，如未上市或上市不足 5 年的，则可采用相关标杆公司数据的平均值；

（3）市场风险溢价（R_m–R_f）是风险投资对应的基准回报，可参考主要投资银行内部指引及市场估算。

债权资本成本：

债权资本成本（K_d）主要反映有息负债的成本，采用根据信贷市场情况、融资政策、现金预算等因素预测的有息负债成本。

一般情况下，由于负债产生利息可减少税负支出，可通过实际所得税税率（T_c）计算公司税后债权资本成本，以反映公司有息负债的实际成本。实际所得税税率是利息费用实际适用的所得税税率，主要考虑以下几方面的影响：（1）剔除应占合营 / 联营公司投资收益的影响，该部分免税，无税盾效应；（2）剔除境外股东应占境内公司未分配利润预提所得税的影响，该部分无法产生税盾效应；（3）对于税负率高于法定税率的部分，由于受盈亏不平衡等因素影响，该部分的税盾效应无法发挥，在计算实际所得税税率时按比例剔除。

适用权重（最优资本结构）：

加权平均资本成本反映公司未来现金流的折现率，其权重设置应采用企业目标资本结构，即最优资本结构下的权益资本比重（W_e）及债权资本比重（W_d）[①]。而最优资本结构的确定是基于最优资本结构下公司价值最大的基本前提，在资本市场有效的假设下，考虑可操作性，通过采用行业对标的方法测算获得，具体有如下一些步骤。

		公司 A	公司 B	公司 C	公司D	公司E
20×5	EV/EBITDA	24.4	16.4	18	15	9
	Debt/Equity	405	145	274	372	218
20×4	EV/EBITDA	16	12	10	8	17
	Debt/Equity	416	126	255	372	200
20×3	EV/EBITDA	20	16	27	8	13
	Debt/Equity	371	126	250	374	141
20×2	EV/EBITDA	22	23	15	12	21
	Debt/Equity	213	99	116	201	80
20×1	EV/EBITDA	11	18	9	11	19
	Debt/Equity	197	97	102	187	68
20×0	EV/EBITDA	7	13	9	9	10
	Debt/Equity	186	79	94	135	53

图 2-18 最优资本结构计算（示例）

步骤 1：为尽量降低公司规模及发行股数等因素对公司价值绝对数的影响，选取相对公司价值（EV/EBITDA）作为公司价值的衡量指标。

步骤 2：每年度行业中相对公司价值最大的标杆公司对应的静态资本结构，为最优资本结构的参考数据（这里假定公司价值最大的标杆公

① 折现率的权重设置应根据公司在存续期内的目标资本结构即最优资本结构，而非一定时点上的实际资本结构，以与公司未来可持续自由现金流相匹配。有关运用折现率对公司价值进行评估的内容，还将在本书第六章资产配置中进行详述。

司的债权期限结构也相对合理，可不考虑债权期限结构对风险系数的影响）。

步骤 3：选取一段时期（通常为 5 年）的参考数据均值，作为最优资本结构。

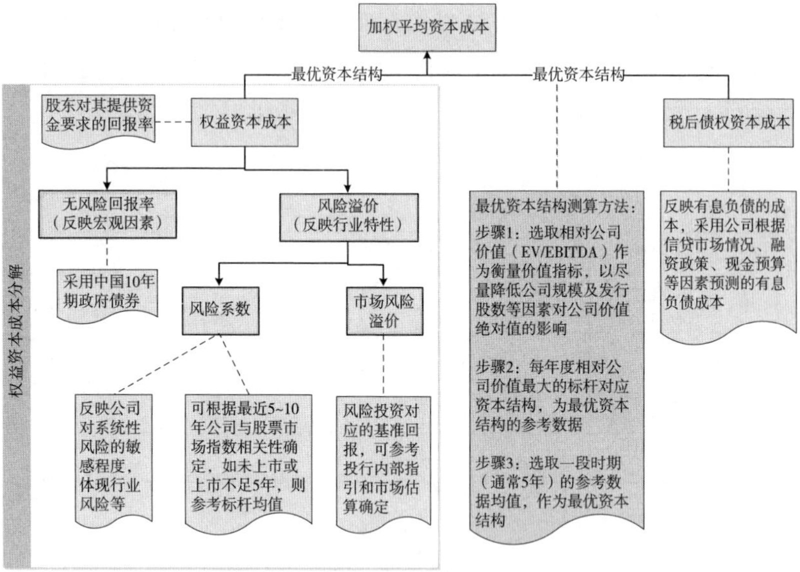

图 2–19　加权平均资本成本计算流程（示例）

附录 2C：集团化企业资本结构优化管理框架

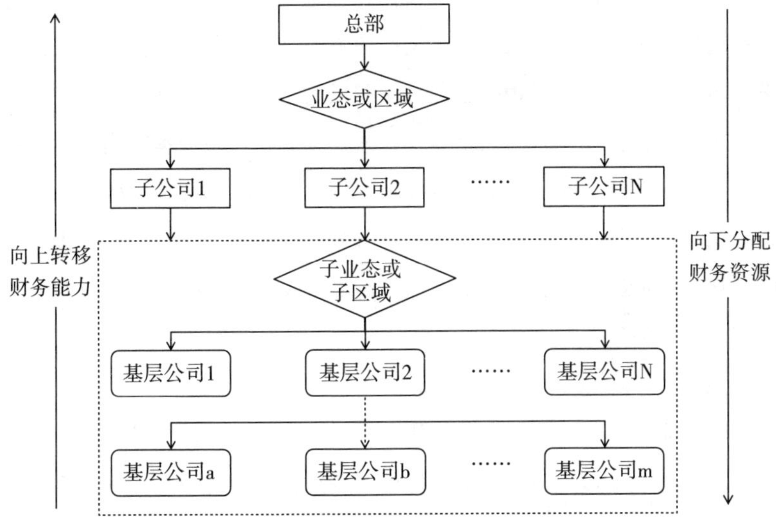

图 2–20　集团化企业资本结构优化管理框架

集团化企业进行资本结构优化管理，应结合集团管理架构与法定架构实际情况，依据区域或业态（及子区域或子业态）将资本结构优化职能划分至各层级。

总部应定期汇总下属各公司的占用资本规模及需求情况，明确下属公司的资本规模和资本来源，并结合资本结构优化要素将财务资源逐级分配至基层公司并定期检讨。

总部应从资本规模、资本来源和资本成本三个维度及七个举措量化评价下属公司的财务能力，结合其长期战略定位及发展方向、最优资本结构等因素，确定下属公司的资本结构。在确定下属公司资本结构时，应遵循以下三个原则。

（1）发展阶段。

总部在进行财务资源分配时应首先考虑下属公司所处的发展阶段，根据平衡经营风险与财务风险的原则，对资本结构进行合理设置。

对于处在初创期或成长期的公司：如资本支出符合其业务战略、与组织能力匹配并预期能获得较高增长速度时，应充分利用盈利增长对动态资本结构的支持，合理提升负债率；反之，则应检讨其业务战略、组织能力或增长预期，判断其是否存在改进空间，再做资本结构决策。对于处于成熟期的公司，可参考行业最优资本结构，以及公司所属行业现金盈利平均增长速度等因素后，再进行资本结构决策。对于处于衰退期的公司，应适当降低有息负债率以控制经营及财务风险，将其财务能力转移到有发展需要的公司。

（2）财务能力转移。

总部应对下属公司的资本结构与财务资源进行统筹安排。对于资本结构相关指标未达到最优资本结构的资本结构独立公司，其母公司应与其协商确定现有资本结构指标放松的必要性；若不需调整，其财务能力可由其母公司分配至其他同系公司。

公司在设计财务能力转移方案时应充分考虑因外汇管制形成的资金划拨通道障碍以及由此产生的财务能力转移成本。

（3）股权控制程度。

总部对下属公司资本结构的管理应根据其不同的股权控制程度采取个性化措施。下属公司按股权控制程度可划分为资本结构非独立公司、资本结构独立的附属公司以及合营／联营公司。资本结构非独立公司应重点关注税盾效应运用可能带来的整体税后财务成本降低，资本结构独立的附属公司应考虑自身的最优资本结构，合营／联营公司应重点关注通过推动资金归集及派息等方式实现财务能力的转移。

第三章

现金创造：

现金流是公司价值之源

公司从股东和债权人处获得资本后，要通过经营活动赚取回报，即使当下回报水平较低甚至没有回报，未来也必须能实现回报，否则最终无法获取回报的公司不可能有价值。而赚取回报的核心是创造现金，倘若有账面利润但是没有经营性净现金流入，这样的回报可能就有泡沫，若这种情况持续下去，泡沫最终也会破灭；反过来说，即使利润表账面是亏损的，但只要经营性净现金流持续为正，公司依然有发展的潜力。因此，公司的价值创造是否可以实现，本质上就是看其能否创造现金，现金流是公司的价值之源。本章聚焦公司的现金创造过程，明确公司现金创造的含义及主要影响因素，并提供相应的分析方法和管理工具。

第一节　现金创造是公司的“自我造血”

管理心得

现金创造指公司通过可持续的经营活动产生经常性自由现金流的过程。

影响公司经常性自由现金流的主要因素是盈利性现金创造能力与营运性现金创造能力。

公司应以持续提高投入资本回报率为目标，增强现金创造能力，持续提升公司价值。

如果把公司比喻为人体，那么现金流就相当于人体中的血液。即使人体中的各个器官都很健康，但是如果失血过多，就很有可能导致死亡。公司也是如此。公司的经营发展离不开现金，没有充足的现金流也就无法维持正常的业务经营，由于资金链断裂造成严重后果的案例并不鲜见。如果说“发展才是硬道理”，那么创造现金流就是企业发展的硬道理。因此，现金流被视为公司的价值之源。现金流既来源于公司自身的业务经营也来源于外部筹集，而现金创造指的是公司内生现金流的产生能力，可以将其形象地比喻为公司的“自我造血”。

在日常经营管理过程中，可能存在这样的认识偏差：简单地用财务报表上的利润数字来衡量经营成果，以为只要有利润就代表公司赚钱，或认为利润必然会转化为现金流。诚然，利润和现金流都是反映企业经营活动和业绩的指标，但实际上，有利润不代表一定有现金流，只有创造现金流才是真正创造公司价值。

一个实际业务中常见的例子是，销售人员为了吸引客户、增加销售收入，常常愿意给予客户更长的信用账期。这样的业务行为反映在财务报表上，一方面增加了销售收入，实现了经营利润，但是同时也允许客户占用自己的资金，即使不考虑可能的坏账损失，公司的财务成本也会相应增加，对净利润产生抵减作用。再例如，采购人员为了买到便宜的原材料，愿意预付账款给供应商，虽然这有利于降低采购成本，但是同时，公司由于垫付了资金，需要更多的融资，即使不考虑预付款风险，财务费用也会相应增加。从财务报表的角度，利润表中的经营利润（即经常性息税前利润，详见本书第一章附录1A）反映的是公司的业务能力，而从经营利润到净利润，中间还包含财务费用，反映的就是财务能力，因此业务能力和财务能力密不可分，经营成本与财务成本会相互转化。这些最后会对公司的净利润产生什么样的影响，是引起净利润的增加还是减少，需要算个细账。

虽然很多公司的经营利润率很好，但实际可能是以增加财务成本为代价的，这与公司的商业模式有很大关系。例如对于主营药品批发的医药商业公司，其下游的医院终端的回款周期往往需要 3~6 个月甚至更长时间，大大超过其对上游的付款信用期，这种商业模式的特点决定了其必须要为上下游垫付资金，从而产生大量的营运资本需求，需要通过借款补足，在增加了占用资本的同时也增加了财务成本。从图 3–1 的数据中可以看到，某医药商业公司的财务费用几乎占了其经营利润的 40%，也就是说经营利润的 40% 是被财务费用消耗掉了，高额的营运资本需求使得经营性现金流大幅低于经营利润。

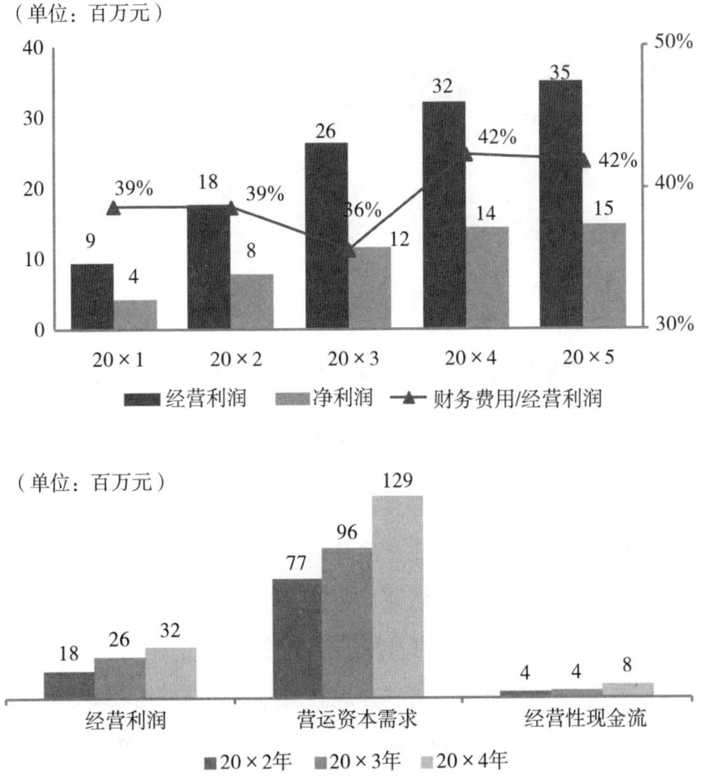

图 3–1　某医药商业公司：营运资本占用消耗净利润和现金流

与之相对比，零售行业则通常被称为“现金牛”行业。虽然该行业的经营利润率不高，但是由于营运资本需求为负，即对上游供应商有信用期延长付款，对下游客户则通常是现金销售，甚至是通过销售预付卡提前收回销售款，这样的行业相当于占用了上下游的资金，其自身的现金流充沛（如图 3–2 所示）。虽然零售行业的经营利润不高，但是在资本市场上的估值水平可能比一般的行业要高，主要原因就是因为零售的商业模式能产生较强的现金流，这个现金流不仅来自利润表，还来自资产负债表。

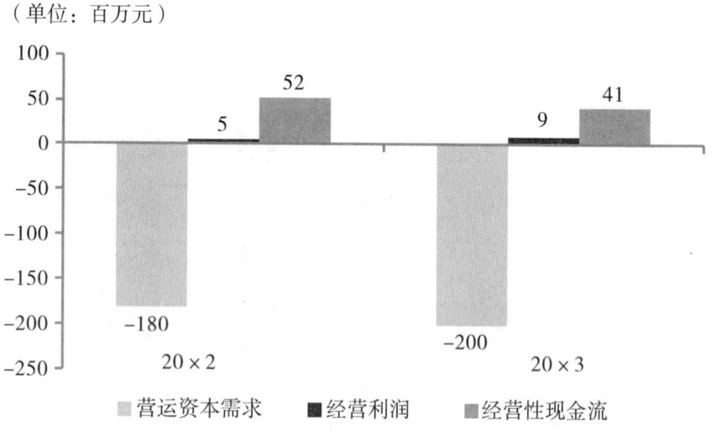

图 3–2　某零售公司：营运资本需求为负使得现金流强劲

因此，利润与现金流并不一定等同：利润是以权责发生制为账务处理基础计算出来的会计盈利，是应计的收入与应计的成本费用的差额，反映的是公司经营结果“应该是什么”；而现金流是以收付实现制为基础计算出的现金流入和流出的差额，反映的是公司经营结果“实际是什么”，是公司可以实实在在把握和加以利用的，只有最终能实现现金流的公司才能真正创造价值。**现金创造强调的是公司通过可持续的业务经营活动产生经常性自由现金流（recurring free cash flow）的过程。**经常性自由现金流可以被理解为公司的内生现金，**可有效保障公司的持续经营，同时也是满足债权人和股东收益要求、优化资本结构及维持业务增长等所需资金的根本来源。**

管理指标：

经常性自由现金流 = 经营性现金流 *– 经常性资本支出净额 **

经营性现金流 = 经营利润 ×（1– 有效所得税税率）– 营运资本需求变动 + 折旧摊销

* 经营性现金流是公司日常经营活动所产生的税后净现金流量，反映公司现有的现金创造能力，在数量上等同于经过营运资本需求变动、折旧摊销等非现金项目调整后的税后经营利润。经营利润指扣除非经常性损益后的经常性息税前利润。

** 经常性资本支出净额是一定时期内公司为满足持续业务经营需求，保证固定资产及其他长期资产正常运营所发生的更新改造等维持性资本支出，并抵减相关资产处置收入后的净值。

此外，现金创造强调的经常性自由现金流也并不等同于经营性现金流，其中还需要考虑经常性资本支出（recurring capital expenditure）净额。经常性资本支出与战略性资本支出（strategic capital expenditure）相对应，战略性资本支出指公司新建项目及收购兼并等所需的扩张性资本支出，在企业管理中属于投资决策范畴；而经常性资本支出是在战略性资本支出投入现金创造活动形成正常运营的资产后，为维持正常经营所发生的资本支出，一般不列入公司投资决策的范畴。但经常性资本支出是公司在日常业务经营中进行自我维持的难以避免的支出。例如：并购一家固定资产以陈旧设备为主的制造型企业，或许账面上会有利润，但可能需要承担大量的固定资产维护，用 P/E 这样的估值倍数衡量交易作价时却会忽略这一点，这些后续投入的更新改造支出形成固定资产尽管不会在利润表上反映出来，但与上述营运资本占用类似，会消耗公司现金，从而抵减经常性自由现金流，对公司价值产生负面影响。科技公司也有类似，需要不断开展研发活动以维持持续成长，开发支出形成的研发成果，若最终无法实现盈利并带来足以支持持续研发活动的现金流入，则最初预期的增长和回报无法实现，当时的估值也就成了泡沫。因此，**评估一家公司的现金创造能力时，一定不能忽略经常性资本支出对公司自由现金流的影响**。从某一期间来看，只有经营性现金流在满足公司经常性资本支出之后（暂不考虑债权人和股东层面的回报要求），才可用于支持战略性资本支出。因此，公司可以采用经常性自由现金流对战略性资本支出的比率来评价公司内生资金对公司发展的支持程度。

管理指标：

经常性自由现金流对战略性资本支出的比率 = 经常性自由现金流 / 战略性资本支出

经常性自由现金流对战略性资本支出的比率反映经营活动创造的内生现金流在不考虑付息派息的情况下，对于公司发展所需资金的支持程度。

当公司处于战略扩张期时，战略性资本支出投放节奏较快，经常性自由现金流难以满足全部资金需求，短期内会造成战略性资本支出满足度偏低。若战略性资本支出满足度长期处于较低水平，说明公司有较大资金缺口需通过外部融资填补，会对资本结构造成一定压力，公司需提升现金创造能力，并检讨与战略性资本支出计划的适配性。

现金创造中强调的经常性自由现金流和公司现金流折现估值中使用的自由现金流虽有所区别，但一脉相承。从图 3–3 中的估值公式中可以看到，站在长期估值的角度，经常性自由现金流扣除战略性资本支出才是真正的自由现金流。因为从长期来看，战略性资本支出投入后，也会产生经常性资本支出，所以这两类资本支出可以不做区分，可将其完整视作公司的资本支出；从另一个角度理解，进行长期估值时，经常性资本支出与折旧摊销在累计数额上可视为等同，因为经常性资本支出是为了维持简单再生产，而折旧摊销是资本支出在相关长期资产预定使用期内的费用分摊，并无实际现金流出，是公司可自由支配现金的组成部分，通常可视为经常性资本支出的资金准备，所以在计算累计经常性自由现金流时，经常性资本支出和折旧摊销可以相互抵消，也就可不必关注经常性资本支出，可以统称为资本支出。但在评价公司某一期间的现金创造能力时，之所以特别强调应在经营性现金流中扣除"经常性资本支出"才能得到"经常性自由现金流"，是因为经常性资本支出属于公司日常经营过程中发生的维持性活动，可不纳入公司的投资决策范畴，但战略性资本支出则属于公司扩张性投资，在不同期间波动较大，且缺乏可比性，因此对于合理评价公司可持续经营活动的现金创造能力，在某一期间内清晰区分经常性资本支出和战略性资本支出就显得十分必要。

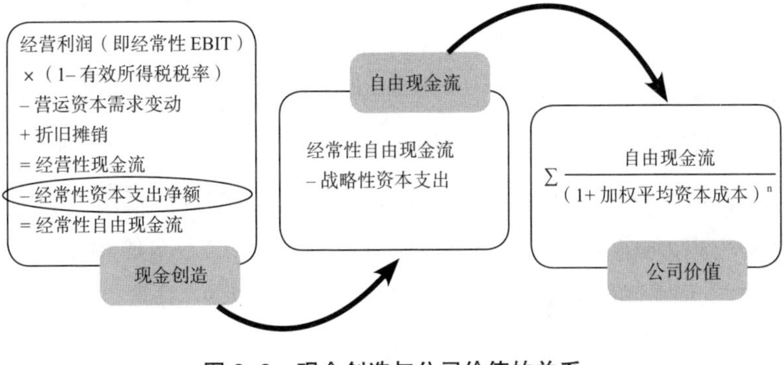

图 3–3　现金创造与公司价值的关系

从上述分析可以看出：公司的利润表会创造现金流，资产负债表也会创造现金流；利润表反映的是公司的盈利能力，资产负债表则反映公司的营运能力以及相应的资本占用水平。对评价公司的现金创造能力而言，仅看盈利的绝对数是不够的，还需要将公司盈利能力、营运能力和相应的资本占用或者说是投入资本结合起来才能完整反映公司的现金创造水平；尽管更多的资本投入可能也会创造绝对额更多的现金流，但在一定投入资本水平下，创造更多的现金流可体现出更高的效率和价值创造能力。换言之，公司应尽量运用更少的资本投入，赚取更多的现金流。这里延伸出我们**在评价公司的现金创造能力是高还是低、是否实现了价值创造时，仅看利润表是不够的，还需要结合债权人和股东的资本投入情况**。也就是说，评价公司的现金创造能力仅采用毛利率、经营利润率等利润指标并不完整，还应该采用结合投入水平的投入资本回报率（ROIC）或权益资本回报率（ROE）。

在第二章资本结构中已经对 ROIC 这一指标进行了介绍。一方面，ROIC 可以剔除资本结构差异的影响，尤其是对于资本结构非独立公司，可以更全面地体现业务的回报能力，揭示出商业模式和经营管理的差异。另一方面，ROIC 还可以与公司的加权平均资本成本（WACC）相比较，只有回报水平超过或预期超过 WACC，公司才处于创造价值的区间，这样的业务就值得加大资源投入以推动增长；否则，若回报持续低于资本成本，业务就没有体现出创造价值的能力，是否应该继续投入发展，就值得管理层审慎决策。例如，可以采用图 3–4 的方式将下属各个公司的 ROIC 与 WACC 进行比较：公司 A 的 ROIC 为负，并持续恶化；公司 B 虽然 ROIC 有所改善，但是回报仍低于资本成本；公司 C 的 ROIC 高于 WACC，且 ROIC 还较上年有所提升；公司 D 的 ROIC 虽然较上年有所下降，但是还处于高于 WACC 的创值区间。因此，公司 C 和公司 D 显然是集团未来应重点发展的板块。ROIC 与 WACC 的差额又可被称为回报差量，该内容在本章最后一节中介绍的财务战略矩阵中还会涉及。同时，回报水平的评价也是公司资产配置决策中的重要内容，将在第六章资产配置中进行详述。

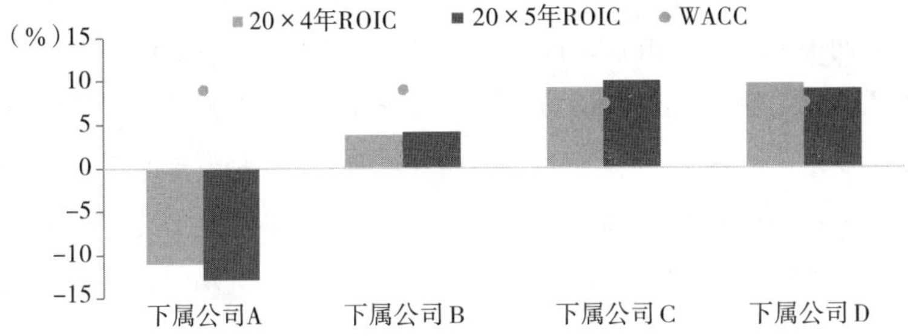

图 3-4　用 ROIC 评价公司的回报水平

同时还需关注的是，现金创造中运用 ROIC 评价公司的现金创造能力，是在假定营运资本占用水平正常的前提条件下。因为经营性现金流还受到营运资本占用水平的影响，因而 ROIC 这一指标本身并不能直接与现金流对等。或者说，即使两家公司的 ROIC 相同，但若二者的营运资本占用水平不同，则营运资本占用水平高的公司，其现金创造能力实际较弱。因此在运用 ROIC 对公司经营获利能力进行横向或纵向比较时，还需要假定是在一定的营运资本占用下，才能更为全面地衡量公司的现金创造水平。

进一步说，**公司现金创造能力表现为一定营运资本占用下的投入资本回报率，受公司盈利性现金创造能力（即经营获利能力）与营运性现金创造能力（即营运资本管理能力）的影响。**公司通过在一定投入资本下提高盈利水平，或在一定盈利水平下降低投入资本等方式，提高盈利性现金创造能力；通过优化采购、生产和销售等业务流程，改善营运资本管理效率，缩短现金周期，减少经营活动对现金的占用，将盈利快速转化为现金以提高营运性现金创造能力。

此外，除现金和营运资本需求变动直接影响现金流外，公司的其他会计资产[①]的变动也会带来现金流的变动。其中，固定资产及其他长期资产周转也是日常经营活动的重要环节，在不发生增减变动的情况下，固定资产及其他长期资产在经营过程中主要是产生折旧摊销，构成公司经营利润中可预计的扣减项目，对公司的盈利性现金创造会产生影响，但并未构成实际的经营性现金流出，而从长期来看，其累计数额与经常性资本支出可以相互抵消。当发生固定资产及其他长期资产的购入和处置时，公司的投资性现金流相应变化。若固定资产占用减少或使用效率提高，则有利于提高投入资本周转率，降低资本占用，相应减少投资性现金流出，还可能会间接降低公司对融资性现金流入的需求，对增加公司整体净现金流有积极意义。但一般而言，在商业模式一定的情况下，与营运资本周转率相比，固定资产及其他长期资产的周转率在企业持续经营期间具有相对稳定性，因此在现金创造中对此不做详细讨论。

同时，公司进行长期股权投资，以及其间收取股息回报，或日后进行处置获取资本利得等，均会直接影响公司的投资性现金流，并间接影响融资性现金流。而对于投资性公司或者多元化集团总部，通过长期股权投资获得的资本利得实际上相当于经营性企业的现金创造。但由于长期股权投资不参与公司日常经营周转，主要是公司出于战略协同需要或财务回报考虑等所做出的安排，而现金创造模块将重点聚焦与公司日常经营活动密切相关的经营获利能力和营运资本管理能力。

公司现金创造能力的分析思路，是在不考虑战略性资本支出的前提下，首先根据投入资本回报率得出公司的税后经营利润水平，其次扣除维持日常经营活动所需的营运资本需求变动，这可由营运资本占用率得出，从而获得公司长期意义上的自由现金流（如前文所述，从长期来看，折旧摊销的累计数额与经常性资本支出净额相互抵消）。其中，投入资本

① 会计资产是投入资本在现金、营运资本需求、固定资产等资产间的分配，在本书第六章资产配置将会进行详细介绍。

回报率对应公司的盈利性现金创造能力，营运资本占用率对应公司的营运性现金创造能力，并可进一步围绕这两个核心指标进行细化。下面将分别就如何通过对公司的经营获利能力和营运资本管理能力进行分析，以及如何进行改善以提升公司的现金创造能力等内容进行详细讨论。

第二节　打造经营获利能力

管理心得

经营获利能力是公司现金创造的主要来源和根本保障。

经营获利能力的核心衡量指标是投入资本回报率。在一定投入资本回报率下，收入增长可相应增加公司的经营利润和经常性自由现金流，从而驱动公司价值增长。

经营获利能力（也称盈利性现金创造能力）是公司现金创造的主要影响因素，它是指公司通过经营活动获取利润的能力，主要反映的是与公司经常性业务相关的收入、成本、费用、纳税支出等情况。可以说，经营获利能力是公司现金创造的基本来源和根本保障。公司的经营获利能力受公司所处的宏观环境、行业环境、竞争环境、市场环境等外部因素影响，并与公司的商业模式和核心能力等内部因素密切相关。

公司所处的宏观环境、行业环境、竞争环境、面临的市场需求等，主要是与公司的业务战略选择有关。宏观环境包括政治法律因素、经济因素、社会文化因素、技术因素等；行业环境包括产品生命周期、同业竞争水平、新进入者和替代品的威胁等；竞争环境包括竞争对手的战略目标、市场定位、发展规划、组织能力等；市场需求包括消费者的收入水平、偏好、消费动机、市场细分情况等。这些外部因素对公司经营获利能力的影响通常是显而易见的。例如：一家医疗公司的经营获利能力会受到社会老龄化趋势、政府对社会资本办医的支持力度、医疗服务价格规范、医保定点范围、项目当地医疗市场容量和竞争对手情况等因素的影响；一家地产开发公司的经营获利能力则会受到人口结构、经济发展周期、城市化进程、政府土地政策、金融政策、税收政策、市场供需情况、当地其他开发商的投资开发方向等因素的影响。

在既定的外部因素影响下，公司的经营获利能力在很大程度上取决于商业模式的设计。即使在同一行业中，商业模式的稍有不同也有可能引起公司经营获利能力的显著差异，这些不同包括提供产品或服务的差异化、资产与成本结构的调整、运营效率的不同、客户转换成本的高低等。例如，很多公司为应对市场趋势变化，通常会快速调整自己所提供产品或服务的市场定位以提升获利能力。比如在中国，随着消费升级趋势越发明显，一些消费品企业主动调整产品结构。中国肉制品行业龙头双汇发展与美国最大猪肉加工企业史密斯菲尔德（Smithfield）协同，提升高端肉制品的销售比例，使其市场占有率提升，回报水平逐步实现增长；同样，百威啤酒（Budweiser）也在中国调整经营战略重心，强调提升高端品牌的销售占比，加大品牌建设力度，尤其是加大对中高端产品的资源投入，实现了高端产品销量的快速增长，并有效拉动了百威中国吨酒价格的提升，盈利水平也随之明显上升。有的公司还会通过对价值链上下游环节进行更大范围的商业模式调整和优化，创造了更高的公司价值。可口可乐公司在历史上的两次商业模式转型，就是这方面的典型案例。

案例：可口可乐商业模式变革

可口可乐（Coca Cola）算得上是全球品牌价值最高的软饮公司。作为快消品，软饮因加工技术相对简单，生产线投资总额也相对不高，其生产环节并不具备竞争壁垒，也很难通过不断提升新技术附加功能拉开产品功能差距。对绝大多数消费者而言，其消费决策是依赖品牌认知和产品可获得性进行的。因此，品牌和渠道是软饮企业最为重要的核心竞争力。

第一次商业模式转型

鉴于品牌和渠道建设的大量投入，为实现快速扩张，可口可乐公司于20世纪初将传统业务系统分拆，通过授权特许经营的方式，招募在区域有影响力、有销售网络的合作者，将渠道建设的成本负担转嫁出去。同时，被转嫁的还有灌装线的固定资产支出及包装物采购价格波动风险。可口可乐公司则专注于品牌建设，并形成收取固定收益（特许经营权费）及分成（销售饮品原浆）的新型盈利模式。

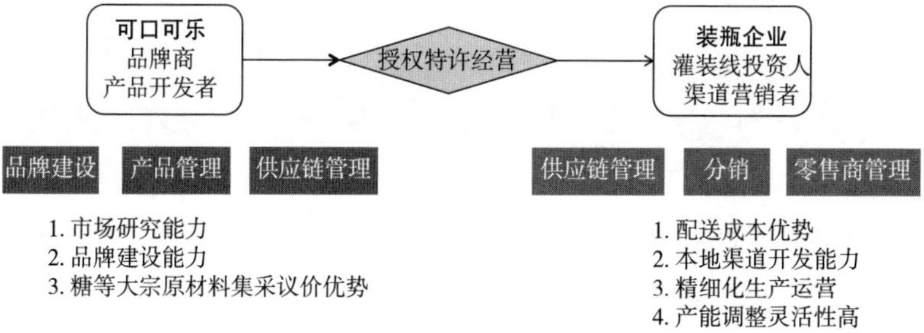

图 3–5　可口可乐授权特许经营模式

这一商业模式结合了可口可乐公司和当地装瓶企业的关键资源优势，不但适用于北美市场的开拓，也在全球被广泛推广。比如：20世纪60年代，日本经济增长迅速，并且在经济、社会、国民生活等方面极力效仿美国，可口可乐公司在这一时期进入日本市场，选择出身名门的日本商人作为装瓶商，到70年代中期，日本市场成长为除美国之外最大的可口可乐市场。而在部分基础设施落后、缺乏装瓶体系的国家及地区，可口可乐还会保持原有的商业模式，直接进行投资以培植市场。

可口可乐的这次转型，实现了海外市场的快速拓展，再次成功营造了一波全球碳酸饮品风潮，使“Coca Cola”成为全球最具价值的商业品牌之一。1980年，可口可乐销售额接近60亿美元，利润达到4.22亿美元，其中65%来自海外市场。

第二次商业模式转型

但是进入20世纪70年代中期，一方面由于百事可乐的逐渐赶上，另一方面由于7Up（七喜）、Nehi、Canada Dry（加拿大的软饮品牌）等果味碳酸饮料不断挑战辛辣焦糖口味碳酸饮料（可乐）的市场份额，可口可乐面临的外部竞争变得更加激烈。这使得特许装瓶商模式内在的问题和缺陷渐渐暴露：第一，特许权主要在家族企业中传承，这些企业规模大小、技术实力、管理水平不一；第二，作为独立经营实体，特许装瓶厂在盈利水平可以接受的情况下，缺乏技术改造和产品升级的动力，对于新产品渠道建设和营销的兴趣不高。

彼时，可口可乐主要的销售渠道——食品零售店，也受到了迅速流行的大型超级市场连锁店的冲击。由于特许装瓶商相互独立运作，具有不同的成本结构和利润水平，它们常常难以达成统一价格，且不愿向超市低价供货，因此在遵循相邻市场统一定价的超市连锁市场上，可口可乐输给了主要竞争对手——百事可乐。

在新的市场环境下，可口可乐再次开启商业模式转型。1985年起，可口可乐投入30亿美元，收购装瓶厂，回购特许权，对被收购的装瓶厂进行投资和现代化改造，增强管理和市场营销能力，以建立一个集中统一的可口可乐系统。为应对大规模收购带来的债务问题，可口可乐公司（The Coca-Cola Company，TCCC）于1986年将其在美国收购的大型装瓶厂分拆出去，成立了可口可乐企业（Coco-Cola Enterprise, CCE），继而实现将收购产生的30亿美元债务移出报表，随后将可口可乐企业51%的股权公开上市，回收约12亿美元现金。

剥离了大部分装瓶业务的可口可乐公司重新定位成了一个品牌和产品公司，专注于饮料开发和开展市场营销活动。除原有的饮品浓缩液销售外，可口可乐公司还可以通过股权分享装瓶厂的利润。可口可乐公司成为一家业务更清晰、更现代化和更高效的公司。

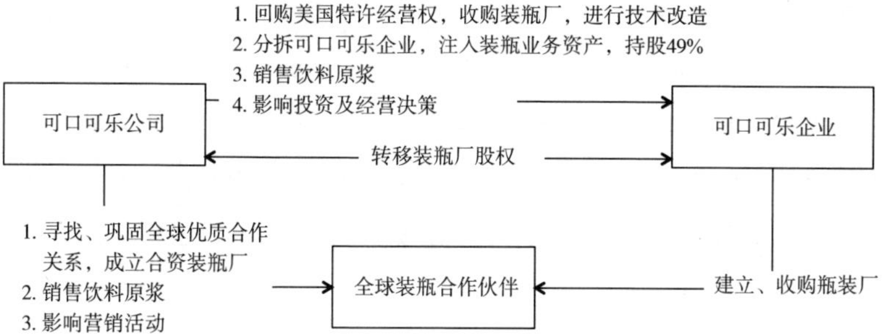

图 3–6　可口可乐的二次转型

在海外，可口可乐公司继续寻找并巩固与优质合作伙伴的关系，新的合作方式要求装瓶合作伙伴“专营”可口可乐，并通过持股影响装瓶企业的经营决策，同时输出自身的管理和营销能力，帮助装瓶企业提升生产效率并开拓当地软饮市场。在装瓶厂进入稳定运营后，可口可乐公司会选择将那些不具备战略意义的装瓶厂的股权出售给合作伙伴、可口可乐企业或者独立第三方，仅保留那些业务分布广泛、有较强财务资源的装瓶商（anchor bottlers），以作为长期的战略投资和管理资源的来源。

作为世界上最大的装瓶商，可口可乐企业从可口可乐公司分拆出去后，在全球范围内收购、建立或合作兴建装瓶厂。对于可口可乐企业的经营与发展，可口可乐公司一直给予指导、协助，除了原浆销售交易之外，可口可乐企业和可口可乐公司还会有市场营销、广告等方面的合作，可口可乐公司也会从可口可乐企业手中收购或出售一些装瓶厂，作为可口可乐企业对某些装瓶业务进行暂时持股、重组改造策略的退出机制。

调整后的双重分成模式（原浆销售＋股权收益）使品牌商和装瓶商的利益充分绑定，取得了显著成效。到 2008 年，可口可乐建立的庞大生产和销售系统包含全世界近 300 家装瓶厂、超过 2 000 万个销售终端，使得可口可乐的产品几乎触及世界的每一个角落。并且，可口可乐公司的效率大幅上升，相对原有商业模式下的装瓶合作商，可口可乐企业专注于装瓶厂运营效率的提升和营销渠道的巩固，与可口可乐公司形成了良好的协同。财务数据显示，可口可乐公司的税后经营利润率保持了稳定上升的态势，加上较高水平的资产周转效率，投入资本回报率达到较高水平（见图 3–7）。

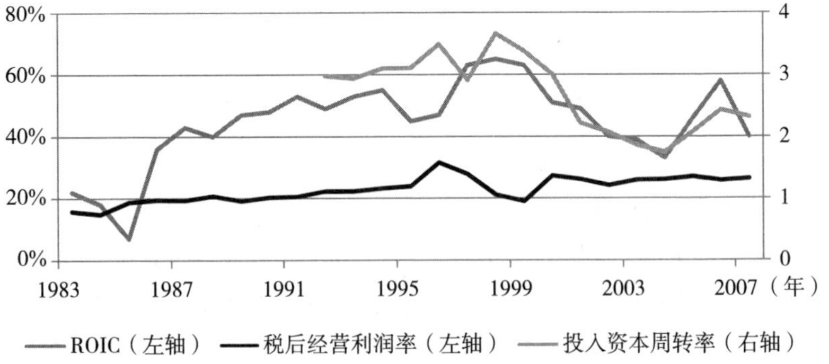

图 3–7　可口可乐公司回报趋势

1. 基本数据来自可口可乐公司年报 1993—2008；
2. 1991 年以前的资产数据无法获得，1997 年以前的经营收益数据未经调整。

与可口可乐企业相比，可口可乐公司作为品牌公司，具有一定的轻资产性质，分拆后也一直有较显著的回报水平优势（见图 3–8）。而品牌含有的巨大溢价，也体现在资本市场对于两家公司的估值水平中（见图 3–9）。

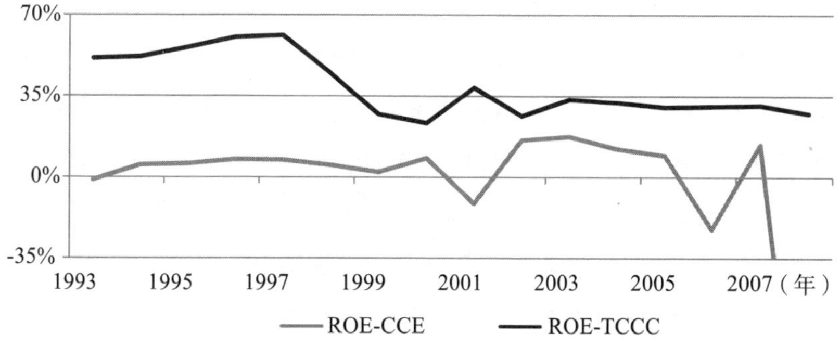

图 3–8　可口可乐公司与可口可乐企业净资产回报水平比较

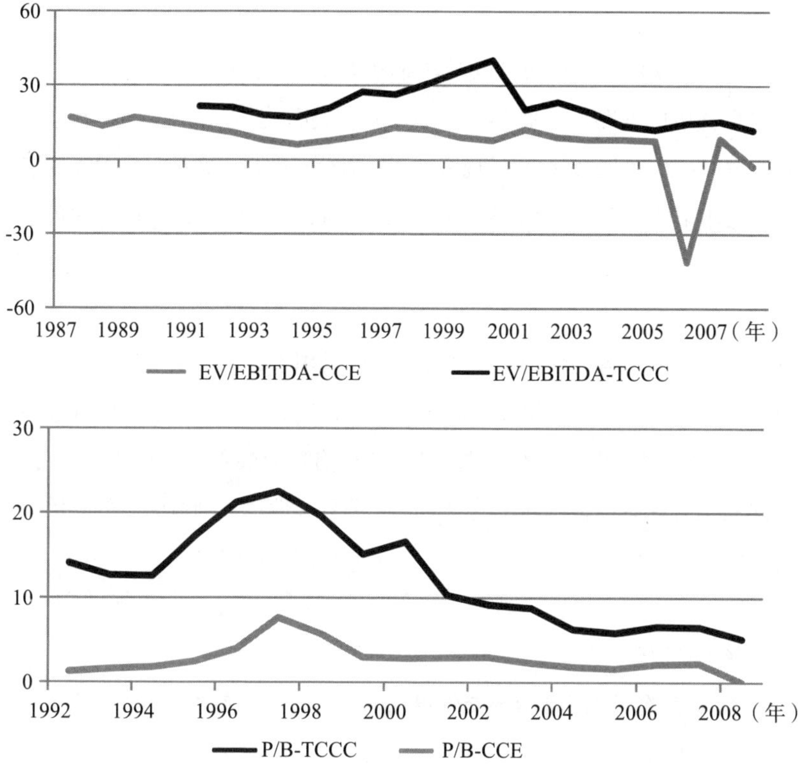

图 3–9　可口可乐公司与可口可乐企业估值水平比较

可口可乐公司将产业价值链上的利益重新分配，通过将重资产的装瓶业务剥离，成功转型为一家轻资产的品牌企业，与相对重资产的可口可乐企业比较，呈现出了更好的经营获利能力，也因此在资本市场上实现了更高的公司价值。不仅可口可乐如此，很多国际知名的消费品公司也采用了类似的做法，例如：运动品牌耐克（Nike）采取特许经营、战略联盟等方式，将一些需要重资产投入的产业链中间环节如生产制造等外包，把自身的重点放在整合产业链两端，成为一家主攻设计开发和市场推广的轻资产品牌型公司，从而获得了更高的盈利能力和更长久的增长能力。可见，商业模式的优化对于公司现金创造能力的提升有重要作用。

在管理实践中，公司可以对自身的经营获利能力进行细化分析，通过与自身历史表现、行业标杆进行比较，分析产生差异的原因，制订改善方案。ROIC 是公司盈利性现金创造能力分析的核心指标，反映为一定投入资本下的税后经营利润率（recurring after-tax EBIT margin），并可进一步分解为毛利率、销售及管理费用率、有效所得税税率，还可再进行细化，结合行业特点及业务流程，按照产品品类、区域或客户群等，深入分析影响公司盈利性现金创造能力的驱动因素，包括相应的定价、销量、成本、费用的执行情况和运营效率等，使公司更易识别经营管理中存在的问题和需要改善的关键环节，从而有针对性地进行优化和改善，以达到提升税后经营利润率的目的。有关盈利性现金创造能力的具体分析方法，可参见附录 3A。

管理指标：

税后经营利润率 = 经常性息税前利润 ×（1– 有效所得税税率）/ 销售收入

税后经营利润率反映公司盈利性现金创造能力，表现为一定时段内销售收入扣除成本、销售及管理费用及有效税负后的利润率。

税后经营利润率是公司产品定价及成本费用控制能力在财务上的综合体现，并受到公司税负的影响。税后经营利润率较低反映公司的产品结构及成本结构有待优化，销售及管理费用率较高反映公司的市场营销及内部管理的有效性需提升，有效税率较高时公司可考虑通过税务筹划等方式降低税负水平。

还需要指出的是，**一定投入资本回报率下的收入增长可以给公司带来更多的经营利润和经常性自由现金流，是提高公司价值的关键驱动因素**。引起收入增长的原因可能是多方面的，例如市场需求增长、市场份额增加、价格提升等，公司对于不同原因带来的收入增长需要有不同的关注点。若公司的收入增长是源于市场需求的增加，则公司需要在分析导致需求增长根本原因的基础上，关注自身的市场份额的变化，分析收入增长的可持续性；对由于降价而获得的收入增长，公司应将经营利润率、资产周转率等指标与行业标杆比较，分析低价竞争的可持续性；对由于价格提升而获得的收入增长，公司应分析自身的经营获利能力的可持续性，并可通过加大营销力度等提升企业的品牌认知度和客户忠诚度，同时采取措施强化产品或服务差异，以获得持续的产品溢价能力与成本转嫁能力。例如，根据公开信息，华润医药集团保健品企业东阿阿胶（000423.SZ）在2005—2016年，提价十余次，产品出厂价涨幅达到20倍。在中国消费升级的大背景下，东阿阿胶定位高端保健品，通过持续产品升级以及品牌和渠道建设，建立起业内最具价值的品牌形象，并成为行业标准的制定者。而提高定价与产品形象相匹配，进一步深入巩固了品牌的高端定位，使其品牌影响力和忠诚度持续提升。尽管市场份额有所下降，但是东阿阿胶的利润在10年间涨幅达到15倍，并且随着公司产品群的丰富和升级，其经营获利能力也获得了可持续增长的基础。

第三节　提升营运资本效率

管理心得

营运资本对现金的占用在公司经营期间长期存在，公司应将营运资本需求视为一项长期、动态的资本投入，以降低整体营运资本需求为目标，提高投入资本回报率，提升公司价值。

采购、库存、销售是营运资本管理的核心环节，公司应通过系统管理采购、生产、销售流程，优化供应链管理并充分利用商业信用等，加快营运资本周转，降低其所占用的现金。

营运性现金创造能力（即营运资本管理能力）是影响公司现金创造的另一主要因素。营运资本是公司正常经营活动所产生的流动资产与流动负债，通常包括应收 / 预付账款、应付 / 预收账款以及存货等与公司日常经营相关的项目。由于营运资本是在公司经营过程中持续存在的，需要长期、动态的资本投入，所以可以视作永久性流动资产。我们在前面资本结构的财务弹性中有过探讨，长期的资本投入通常需要以长期负债或者权益资本去支持，以保持公司的财务稳健性。从股东的角度来看，要提高公司的投入资本回报率，一方面要提升盈利水平，另一方面就是要减少资本占用，以减少股东投入或融资需要。因此，在长期资产已经确定的情况下，公司可以通过提高营运资本周转效率，将经营利润快速转化为现金，改善经常性自由现金流，从而减少营运资本对资金的占用，提升公司价值。营运资本是将利润转化为现金的关键环节，这在本章第一节中已有详述。接下来，我们将以一般工商企业为背景，对如何提高营运资本管理效率进行进一步探讨。

管理指标：

营运资本需求（working capital requirement）= 应收 / 预付账款 + 存货 – 应付 / 预收账款

营运资本是公司正常经营活动所产生的经营性资产与经营性负债，通常包括应收 / 预付账款、应付 / 预收账款以及库存等与公司日常经营相关的项目，不含与固定资产及长期股权投资相关的其他应收应付款项（应归入相应的长期资产）。

若营运资本需求是正数，意味着公司必须为满足营运资本需求而进行融资；若营运资本需求是负数，意味着公司可以占用上下游资金，公司的经营周期成为现金的来源而非现金的占用。

营运资本管理与公司所处的行业和业务特点密切相关，例如前面所列举的医药流通行业和零售行业经营性现金流的差异，很大程度上是由行业产业链中各环节的交易惯例所决定的。尽管受到行业特征、宏观环境等外部因素影响，但是公司还是可以在不违背行业惯例且平衡营运资本占用成本和收入增长关系的基础上，通过对营运资本进行主动的精细管理，达到提高营运资本效率、缩短资金占用周期、增加现金流的目的。公司的业务经营均存在一定周期，包括经营周期（operating cycle）和现金周期（cash conversion period），二者相互对应，而在现金周期期间占用的现金就表现为营运资本需求。一般而言，公司的经营周期是从采购原材料开始，然后将原材料转化为产成品，并销售产品实现现金收回。其中，应付账款付款日和应收账款收款日之间的时期为公司的现金周期（见图 3–10）。在此过程中，采购、库存、销售是核心环节，营运资本管理可以从这三个核心环节入手，关注财务成本与经营利润的相互转化，通过系统性管理采购、生产、销售流程，优化供应链管理，并充分利用商业信用及相对低成本的供应链融资等，在缩短现金周期的同时，平衡财务成本与经营利润。在这其中，还需要遵循确保交易各方共赢的原则，以实现营运资本效率改善的可持续性。

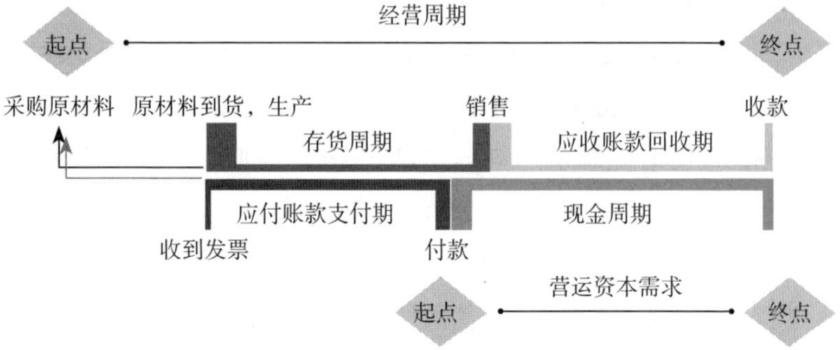

图 3–10　经营周期和现金周期

营运资本与销售收入的比例关系可反映营运资本需求的行业特征和公司营运资本的管理水平。在日常管理中，公司可定期将营运资本占用率、投入资本周转率等指标与自身的历史表现及行业标杆进行比较，分析营运资本管理效率，寻找营运资本效率变化和差异的根本原因。具体可从营运资本占用率和现金周期两个维度入手，再分别细化到销售、生产、采购的各个环节，具体对各个环节的资本占用以及应收账款、存货、应付账款、预收 / 预付账款周转天数等进行详细分析，从而找到营运资本周转效率改善的着力点。有关营运性现金创造能力的具体分析方法，可参见附录 3A。

管理指标：

营运资本占用率 = 平均营运资本需求 / 销售收入

营运资本占用率反映公司的营运性现金创造能力，表现为一定时段内单位销售收入对应营运资本的占用，受行业特征及公司管理水平的共同影响。营运资本占用率的另一种表现形式就是营运资本周转率。

按对现金的占用周期长短，营运资本需求可分为长期持续的经常性需求和短期随季节波动的季节性需求。若营运资本占用率长期保持较高水平，除分析行业因素外，公司也需检讨自己的营运资本管理效率。

投入资本周转率 = 销售收入 / 平均投入资本

投入资本周转率表现为一定期间内（一般为年度）公司投入资本的平均周转次数，与税后经营利润率共同影响投入资本回报水平。投入资本周转变慢通常反映公司整体运营效率的下降。营运资本管理效率是公司投入资本周转率的重要影响因素。

此外，投入资本周转率还受到固定资产及其他长期资产周转率等的影响，而固定资产及其他长期资产周转较营运资本周转在各期间之间会相对稳定。

在现实中，由于行业和商业模式的不同，公司提高营运资本周转效率的措施也多种多样。但归纳而言，在营运资本管理的采购、生产、销售的核心环节，还是有一些一般性的原则和方法可以遵循。

采购环节：主要涉及的是应付账款和预付账款的管理，应付账款是公司对供应商资金的占用，而预付账款是供应商对公司的资金占用。在不影响公司声誉和日常经营的前提下，公司可通过选择合适的供应商并优化供应商管理模式（如集中管理、分类管理等），建立和维护稳定的供应商队伍；在采购谈判和执行的过程中，选择对公司最有利的信用条款和结算方式及时点（可参考附录 3B 进行采购信用条款收益成本比较），原则上不以预付账款的方式进行采购；并建立健全应付账款管理体系和内控制度，还可借助自身商业信用，协助供应商通过供应链融资提前获得资金，争取进一步延长应付账款账期。

库存和生产环节：主要是保持合理的库存水平，加快存货周转[①]。在不影响正常业务经营活动的前提下，通过平衡存货成本和收益，将存货规模控制在最优水平，例如：可利用存货经济订货批量模型，在科学预测产品需求的基础上，考虑实际生产需要、市场价格变化及市场供需情况变化等因素，合理确定最佳采购量和最佳订货次数，在保障业务经营持续性的同时，有效控制存货对营运资本的占用（可参考附录3C）；通过优化采购、生产、销售环节的管理效率，加快存货周转，同时加强对存货管理制度的建设和考核评价，如可制订年度采购计划并进行滚动预测、实行区域集中管理、关注分销点数量对库存量的影响、关注滞销品的事前管理等。此外，公司也可利用存货进行供应链融资，而信息化程度较高的公司还可考虑实现“零库存”管理（just-in-time，JIT）等，以尽可能降低存货的占用水平。

销售环节：主要涉及的是应收账款和预收账款的管理，应收账款是客户对公司资金的占用，而预收账款是公司对客户资金的占用。应收账款一般是由赊销产生，公司应对采用赊销方式的客户进行充分的资信调查和评估，以利用应收账款增强竞争力、扩大销售、最大限度地增加信用收益为目标制定信用政策（可参考附录3D进行销售信用政策的收益成本比较），并可将应收账款账期和周转率、销售回款率等指标纳入绩效考核，建立催收机制和回款问责机制，以及合理利用供应链融资产品[②]，争取提前收回现金。

① 对房地产开发公司而言，如果处在某地域土地通胀阶段，存货周转放慢带来的溢价可能超过存货占压成本的增加，由此可能会出现有意降低库存周转速度的现象，但此种市场判断已超出一般管理范畴。

② 有关供应链融资在现金流入流出环节的应用，将在本书第四章现金管理中进行详述。

营运资本管理涉及公司的采购、生产、销售、财务等多个部门，并需要协调外部的供应商、客户、银行等各种利益相关方，是一项综合性的工作，往往需要从公司高层开始自上而下的推动和协调，并配合考核激励等机制。营运资本管理优化的措施，可能涉及业务价值链上的利益分配调整，但也应以多方共赢为目的进行设计和实施，才能建立起可持续的模式。此外，公司还应打开管理视野，定期对同行业竞争者进行现金创造能力的趋势分析，积极借鉴同行业的最佳实践和创新做法，并结合自身的实际特点，不断探索更为有效的管理措施，以提升营运资本效率。下面，列举两家公司改善营运资本的管理实践案例。其中，医药商业公司的营运资本改善主要是通过将营运资本占用的财务成本具体量化并引入考核激励机制中实现，而饮料公司的营运资本改善则是通过对上下游的交易方式进行调整优化实现。

表 3–1　营运资本管理框架

营运资本	应付账款 预付账款	存货 原材料　在产品　产成品	应收账款 预收账款
主要管理举措	供应商管理 信用条款选择 付款条件与结算	存货模型与采购预测 订购点与安全库存 存货水平优化	客户管理 信用管理 账款催收

案例 1：某医药商业公司改善营运资本占用实践

在中国，现金流压力大、医院纯销业务回款慢是医药流通行业普遍存在的问题。中国商务部对 100 家典型药品流通企业的调研显示：2012 年，百家企业的应收账款总额达 1 154 亿元，相当于这些企业同期对公立医疗机构销售总额的 46%；此外，2012 年医药流通企业应收账款周转期平均达到 142 天。如何改善营运资本占用，提高现金创造能力是每家医药流通企业都需要重点解决的问题。对此，某医药商业公司开展了 RCG（route optimizing based on cash-generation，基于现金创造的路径优化）的管理实践。

RCG 的基础工具是“平衡毛利”这一概念。平衡毛利旨在将整个价值链细分到最小单位，量化每个环节对利润的影响。除关注业务进销差毛利外，平衡毛利还关注营运资本占用问题，考虑上下游资金占用成本，并基于此进行绩效评价。采购环节影响因素细分至进销毛利、返利、采购占用资金收益、采购承兑汇票贴息，库存环节影响因素包括库存占用资金成本，销售环节影响因素分解为销售折扣、销售占用资金成本。这些因素经过量化体现在平衡毛利公式中，在计算综合净利润时将会计利润与经营性现金流相结合，并加入了赊销和承兑汇票贴现所占用的资金成本，以及采购延迟付款和使用承兑汇票所节省的资金成本。公司还进一步将平衡毛利与三级成本核算相结合（三级成本核算是将成本划分为公司、部门、个人

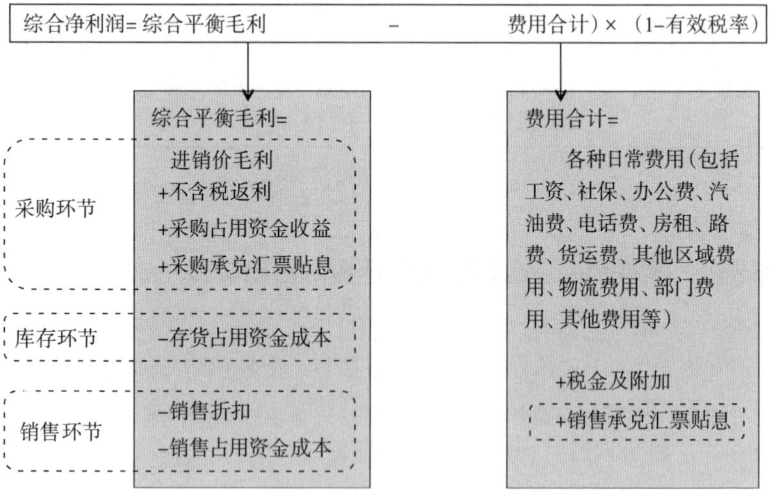

图 3–11　平衡毛利是 RCG 实施的基础工具

三级，将个人作为最小核算单元管理，从而建立业务员个人、部门台账的核算方式），从而可以将平衡毛利、资金利息概念引入业务员考核体系，将资金利息与业务活动紧密关联起来。同时，公司利用信息系统，使RCG工作具备了管理实践的可行性。

从20×3年开始，公司全面推行RCG工具。RCG要在公司上下真正得以有效执行，需要销售、采购、业务及财务等各个部门的投入和协作。

采购部门利用历史数据，计算各上游供应商、品种盈利能力等信息，统计各品种的付款时间、付款方式等变量因素，在“综合盈利能力更高、回款更快”的指导思想下统筹供应商及品种比例，量化指导采购人员在不降低净利润、不损坏客户关系的同时争取最大限度的优惠条件；并在药品进货环节，分品种确定最优库存量，少量多次进货，使到货天数的变动风险可控，降低存货资金占用。

销售部门利用历史数据计算每个品种、每个客户的盈利状况，进而寻找机会调整销售给客户的产品结构，以利润率高的产品替换利润率低的产品，加大对回款好、利润高的产品及客户的销售，限制毛利低、回款时间长的客户的销售比例。

财务部门充分利用创新金融工具解决应收账款困境，并按不同客户的情况设计不同的方案。例如，对于进行药房集中配送需缴纳大额保证金的医院或应收账款账期较长的医院，由医院开具商业承兑汇票支付给公司，到期后，该承兑汇票由公司付款（也称解付），医院再另行开具商业承兑汇票，在保证期内如此循环；公司可将此商业承兑汇票质押后转开银行承兑汇票，用于支付货款。对于确实存在资金困难、无法快速回款的医院，公司采取创新性的银医商模式，即允许医院利用公司在银行的授信开具银行承兑汇票，以支付公司回款，由于银行承兑汇票的期限一般不超过6个月，短于医院自身超过1年的回款期，从而缩短了应收账款账期；同时公司还可将此银行承兑汇票支付给上游，降低资金付款压力。对于条件较好的医院，公司可利用其银行关系资源，协调银行给合作医院授信，医院可向公司开具银行承兑汇票回款。

在推行的过程中：公司在内部对各部门业务骨干及业务员进行理念宣贯和能力培训，以使其充分理解RCG理念，并应用于业务实践，还建立了从公司到部门、大区，再到个人的基于平衡毛利的全面考核体系，推动业务员化被动管理为主动管理，激发员工不断寻找优化的契机；对外积极利用银行关系，创新开发新产品，协同自身和银行资源，对医院客户进行充分的沟通和培训，使其配合相关方式进行回款，在促使更多医院回款的同时，也能优化对供应商的付款。公司还通过与供应商的谈判优化付款方式、增加返利等，打通整个业务链条，从而形成良性循环。整个工作中，采购、销售、财务三个部门实现整体联动、业务无缝衔接，保证了优化措施的顺利推行和落地。

全面推行RCG工具后，该公司20×4年上半年的营运资本周转得到显著改善，医疗纯销应收账款周转天数各月同比减少10~29天，应付账款周转天数同比平均延长10天以上，预付款支付比例同比平均下降0.8个百分点，从而带动整体现金周期较20×3年缩短一半以上，营运资本占用率从12.1%降至10.6%。同时，该公司的产品结构也得到优化，利润率高的产品销售占比提升，综合推动投入资本回报率提升至17.7%。

案例2：某饮料公司采购管理优化

某饮料公司主要生产瓶装水。在饮料行业中，PET（聚对苯二甲酸类塑料）瓶是重要的库存和成本。整个瓶装水的工艺首先是把PET切片注塑生产成瓶胚，其次再将瓶胚吹成空瓶并套标，最后灌装旋盖后即为瓶装水。一只555毫升的瓶装水的总成本中，PET瓶占比达65%。该饮料公司采取轻资产策略，原辅料和瓶子加工均外包，因此产生大量应付账款。通过与行业对标分析，公司管理层发现该公司的应付账款周转天数较标杆落后20多天。经过测算，若公司能将应付账款账期延长20天，预计将多带来经营活动现金流净流入6亿元，足可满足公司因扩大产能、自建工厂所产生的资金缺口。因此，公司开始探讨改善现有采购流程的措施。

该公司原有的采购模式是由瓶供应商向PET供应商采购原材料，加工成瓶后卖给公司。在这一过程中：公司以定金形式向PET供应商支付保证金，以锁定PET原料的价格；瓶供应商以公司确定的原料价格向PET供应商采购原料，并付款给PET供应商；公司向瓶供应商购买加工后的瓶，并按月支付原料款和加工费；PET供应商收齐该批原材料所有款项后退还定金给公司。在该模式下：随着供应商数量增多，管理难度加大，影响供货的保障程度；对供应商的资金占压较多，供应商的怨言增加，如果直接延长付款期限，势必给供应商带来更大的资金压力，会遭到供应商的强烈反对；并且公司也需要重复支付预付定金，定金退还周期长，也加大了对公司的资金占用（见图3–12）。

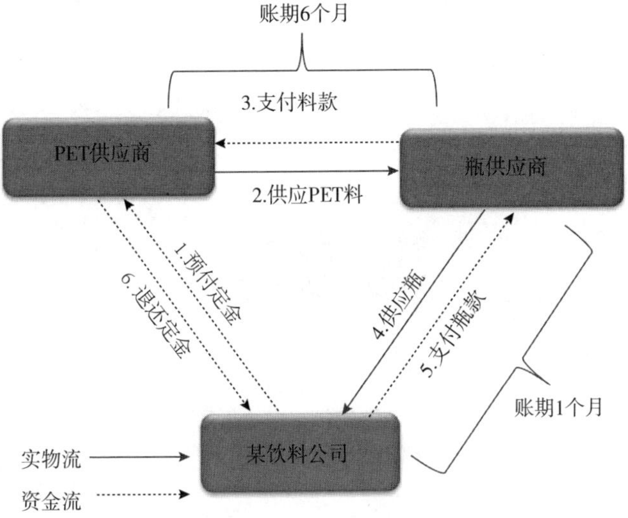

图3–12　原有采购模式下难以直接延长付款周期

在原有采购模式下直接延长对瓶供应商的应付账款周期十分困难的情况下，公司考虑通过交易模式的优化，从本质上改善应付账款周期的管理。经过多部门的讨论，公司制订了新的采购方案，具体是：公司直接向 PET 供应商采购原料，以银行承兑汇票的形式支付原料款，票据到期日为自合同签订日起 60 天；公司将 PET 料销售给瓶供应商，PET 供应商根据指示，直接发货给瓶供应商；公司向瓶供应商购买瓶，仅支付加工费，并将账期由 1 个月延长至 2 个月。采购流程经过优化，一方面解决了公司重复支付定金的问题，并将账期延长了 1 个月；另一方面，解决了旺季占用瓶供应商资金的问题，减少了瓶供应商垫付资金的压力；同时还缩短并保证了 PET 供应商应收账款的回款期。该模式实现了公司、瓶供应商、PET 供应商共赢的局面，得到了供应商的一致支持（见图 3–13）。

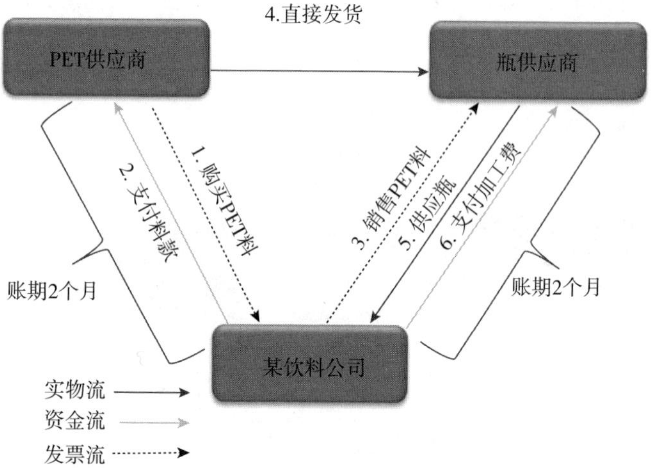

图 3–13　改变支付结构优化采购模式

在公司财务部、采购部、供应商的共同努力下，优化后的采购流程得以实行，且实施后的成果显著。从实施前后的现金创造能力指标对比来看，公司的应付账款周转天数延长了 1 个月，现金周期缩短了约 28 天，经营性现金流净流入增加了 6 亿元，达到了预期的目标。

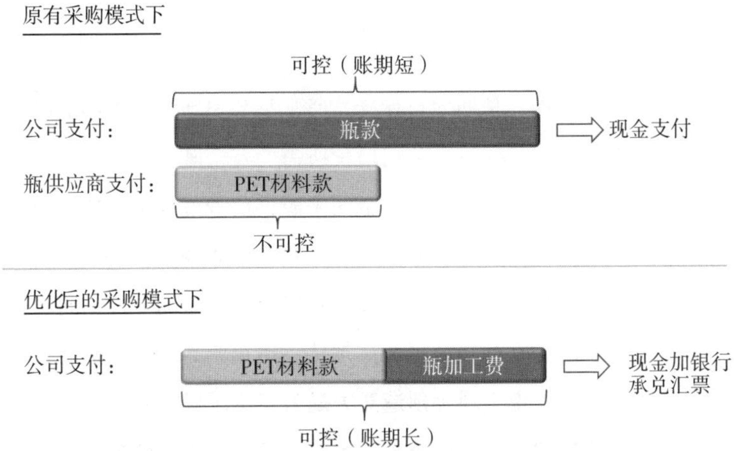

图 3–14　采购模式优化后付款周期延长且可控

在现金创造模块中，对于加快营运资本周转、缩短现金周期，主要是从业务经营的角度进行探讨，聚焦公司的采购、库存、生产和销售等业务活动环节的改进。另外，公司还可以通过银行账户管理，现金流入、流出及留存各环节的收付款方式的选择，以及供应链融资工具的利用，提升现金周转效率，减少经营占用资金，从而加快营运资本周转，缩短现金周期。这将在第四章现金管理中予以详述。

第四节　找到合理的收入增长目标

管理心得

现金创造能力是公司实现收入增长的内在动力。

在设立收入增长目标时，公司应充分考虑收入增长所需资金与其自身现金创造、资金筹集能力的平衡。

> 公司还应结合回报关注增长对公司价值的影响，合理预计回报的变化趋势，避免在回报长期低于资本成本的情况下收入增长所导致的价值减损。

设定短期、中期、长期增长目标，通常是公司经营管理中的必然行为，而增长需要资金的支持。公司增长所需的资金既包括内生的，也包括外部的：现金创造是公司内生资金的来源，或者说现金创造能力是实现收入增长的内在动力；与之相对应，5C 的另一模块资金筹集是公司实现增长的外部资金来源，是公司从外部获取资金能力的体现；同时公司现金创造所产生的经常性自由现金流是持续增长所需外部融资的根本保障。因此，从根本上说，**现金创造能力是公司实现增长目标的基础，在设定收入增长目标时，公司应充分考虑收入增长所需资金与其自身现金创造、资金筹集能力的平衡**。合适的增长目标既要契合公司的使命愿景和战略方向，又要基于对市场的合理预期，并符合自身的现金创造能力和资金筹集能力，这才可使增长目标具备可实现性，能使其有效发挥对资产配置的指导作用。

若公司的增长目标过于激进，远远超过了自身实际的现金创造能力，进而影响公司的再融资能力，可能导致公司的资金链出现问题，甚至最终造成严重后果。例如，远洋集团（3377.HK）在 2009 年、2010 年连续拍下北京的“地王”，但随后政府提出“遏制”房价过快上涨、加强对房地产市场的调控力度的政策，使市场陷入低谷，“地王”项目的毛利率和销售回款能力受到压制，再加上同时期二、三线城市项目的盈利能力不足，拖累了远洋地产的整体业绩，极大加重了公司的资金压力，远洋地产只好通过出售合资公司、CBD（中央商务区）地块股权来缓解资金压力，直到 2014 年才逐步消化完“地王”项目的负面影响。还有很多类似的案例，虽然导致问题出现的原因可能多种多样，但用公司价值的逻辑归纳，都可以总结为公司追求过于激进的增长目标，但实际上缺乏足够的现金创造能力支持，导致公司现金流压力陡增，结果引发持续经营的危机。

公司的收入增长可以分为内涵式增长和外延式增长。其中，内涵式增长是公司通过增加研发、营销、运营管理投入以及技术升级、设备更新改造支出等方式获得的，外延式增长是公司通过收购、兼并、新建等方式获得的。内涵式增长和外延式增长均需要公司增加现金投入，进而可能产生现金余缺。在实际管理中，公司可以采用**自我维持增长率（self-sustainable growth rate）和财务战略矩阵（financial strategy matrix）**工具对公司的收入增长目标以及不同目标下的现金余缺进行管理。自我维持增长率是在不增加外部股权融资，不改变资本结构、派息政策及经营效率等条件下所能达到的销售收入最大增长率[①]。这种增长所需的资金来源主要是现金创造所产生的经常性自由现金流，并考虑付息派息支出，可以反映公司现有的现金创造能力对收入增长最大的支持程度。通过比较公司的目标销售收入增长率和自我维持增长率，可以判断公司现金的余缺情况：**当收入增长目标超过自我维持增长率时，公司将出现现金短缺，反之公司则存在现金盈余。**若公司处于现金短缺状态，且短缺为短期情况，可以通过提高总有息负债率、降低派息率等方式予以缓解；如判断短缺将长期存在，将影响增长的可持续性，当判断无法通过提升现金创造能力予以改善时，应检讨增长目标的合理性，即考虑是否应该调低增长目标或增加权益资本。若公司处于现金盈余状态，但盈余为短期情况时，可通过持有现金或安排短期理财，支持长期战略性资本支出的需要；当出现长期的现金盈余时，同样应检讨增长目标的合理性，即考虑是否应该调高增长目标，或采取优化资本结构、提高派息率、回购股权或减少资本金等方式提高现金使用效率。

---

① 自我维持增长率 =ROE ×（1– 派息率）。

在运用自我维持增长率的基础上，财务战略矩阵进一步将回报与增长结合起来。回报差量是投入资本回报率与加权平均资本成本的差额，相当于单位投入资本的经济增加值（economic value added, EVA）。经济增加值是一定投入资本产生的税后经营利润扣除总资本成本（包括债权资本成本与权益资本成本）后的差额。正的回报差量意味着正的EVA，负的回报差量意味着负的EVA。在公司价值中，回报与增长所起的作用密不可分，不应孤立看待，**当回报高于资本成本的时候，EVA为正值（EVA>0），当期销售收入增长会使公司价值增加；当回报低于资本成本的时候，EVA为负值（EVA<0），当期销售收入增长会使公司价值减少。**

因此，财务战略矩阵将自我维持增长率作为增长的参照基准，将加权平均资本成本作为回报的参照基准，从增长差量（目标销售收入增长率－自我维持增长率）以及回报差量（投入资本回报率－加权平均资本成本）两个维度，将公司分为价值增加且现金盈余型、价值增加但现金短缺型、价值减损但现金盈余型、价值减损且现金短缺型四类，从而综合考虑收入增长导致的现金余缺及回报对公司价值的影响（见图3–15）。

（1）当公司的回报差量大于零且增长差量小于零时，即为价值增加且现金盈余型，当期收入的增长会增加公司价值且其产生的现金流在满足自身发展需要后仍有盈余。

（2）当公司的回报差量和增长差量均大于零，即为价值增加但现金短缺型，当期收入增长会增加公司价值，但其产生的现金流不足以支持业务增长。

（3）当公司的回报差量和增长差量均小于零，即为价值减损但现金盈余型，公司虽然能够产生足够的现金流维持自身发展，但当期收入增长会减少公司价值。

（4）当公司的回报差量小于零且增长差量大于零，即为价值减损且现金短缺型，公司当期收入增长会减少公司价值且其产生的现金流不足以支持自身发展的需要。

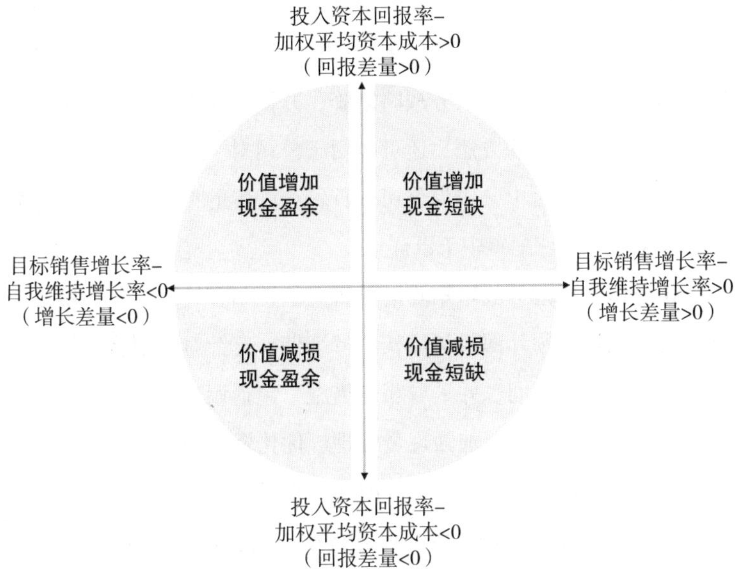

图 3–15 财务战略矩阵

并且，**财务战略矩阵只是静态分析在现有经营情况及资源与能力的基础上，公司当期价值创造与收入增长的情况，但公司价值同时还受到回报与增长持续性的影响。**因为公司价值是预计未来回报与增长持续性所产生的自由现金流的折现值，其相对于投入资本的价值增加可以用预计未来回报差量的折现值衡量。具体而言，如果预计未来 EVA 折现值为负，公司的增长越高，实际价值减损就越大；反之，预计未来 EVA 折现值为正，公司的增长越高，公司的价值创造就越大[①]。公司应结合外部市

① 公司未来 EVA 用 WACC 折现的现值被称为市场增加值（market value added, MVA）。MVA 也是衡量价值创造的相关指标：若 MVA 为正，说明创造了价值；若 MVA 为负，说明损毁了价值。MVA 实际上体现的是现金流折现法所得公司价值相对于账面占用资本的增加部分。

场环境与公司组织能力的变化，在客观预计回报与增长持续期的基础上，将回报与增长情况分为长短期进行分析，区分当期回报与长期可持续回报对公司价值的不同影响，关注未来回报预期改善带来的价值。这种将回报与增长结合起来建立财务战略矩阵，并同时考虑当期和未来持续性进行综合分析的理念和方法，还可应用于公司对下属各业务资产的定期价值分析和价值检讨中，作为公司进行资产配置的重要依据。这部分内容还将在第六章资产配置中予以详述。

公司可以运用财务战略矩阵的分析方法，结合外部竞争环境以及公司核心能力，客观预计回报与增长的持续期，有针对性地将销售收入增长目标调整至合理区间，并采取相应措施，包括调整资本结构、改善运营效率、提升盈利能力、加强现金管理、优化资产配置等，以改变自我维持增长率，为销售收入增长目标的达成提供现金支持。对应财务战略矩阵区分的每类业务资产，应如何进行增长目标调整和现金余缺管理，详细可参见附录3E。

小　结

现金创造强调自由现金流是公司价值之源。现金创造能力表现为一定营运资本占用下的投入资本回报率，决定公司可获得的经营利润和自由现金流水平，自由现金流折现后得到公司价值。

影响自由现金流的因素可以分为经营获利能力和营运资本管理能力两类。经营获利能力更多反映在利润表上，受行业结构、商业模式、竞争优势与核心能力等内外部因素影响；营运资本管理能力体现在资产负债表中，是将利润转化为现金的关键，可以分为采购环节、库存环节和销售环节，各个环节形成公司的现金周期，导致营运资本需求变化。公司的税后经营利润和营运资本需求变化，形成经营性现金流，再抵减资本支出，形成自由现金流。从投资决策管理的角度，还需要区分经常性资本支出和战略性资本支出对自由现金流的影响。对于某一期间，应关注经营性现金流抵减经常性资本支出后的经常性自由现金流；而从长期来看，采用的是同时考虑经常性资本支出和战略性资本支出的自由现金流。自由现金流越大，公司的价值越高。

投入资本回报率是经营获利能力的核心衡量指标，营运资本占用率反映营运资本需求的行业特征及公司营运资本管理水平。在实践中，公司可建立现金创造的定期分析机制，通过与自身历史表现、行业标杆的比较，发现产生差异的原因和薄弱环节。公司可通过在一定投入资本下提高盈利水平，或在一定盈利水平下降低投入资本等方式提高盈利性现金创造能力；通过优化采购、库存、销售等环节，改善营运资本效率，降低营运资本占用，将盈利快速转化为现金以提高营运性现金创造能力。

现金创造能力是公司收入增长的内在动力。公司在制定收入增长目标时，应充分考虑收入增长所需资金与自身现金创造、资金筹集能力的平衡。公司可运用财务战略矩阵，并结合回报与增长的持续性，合理调整收入增长目标并对现金余缺进行管理。

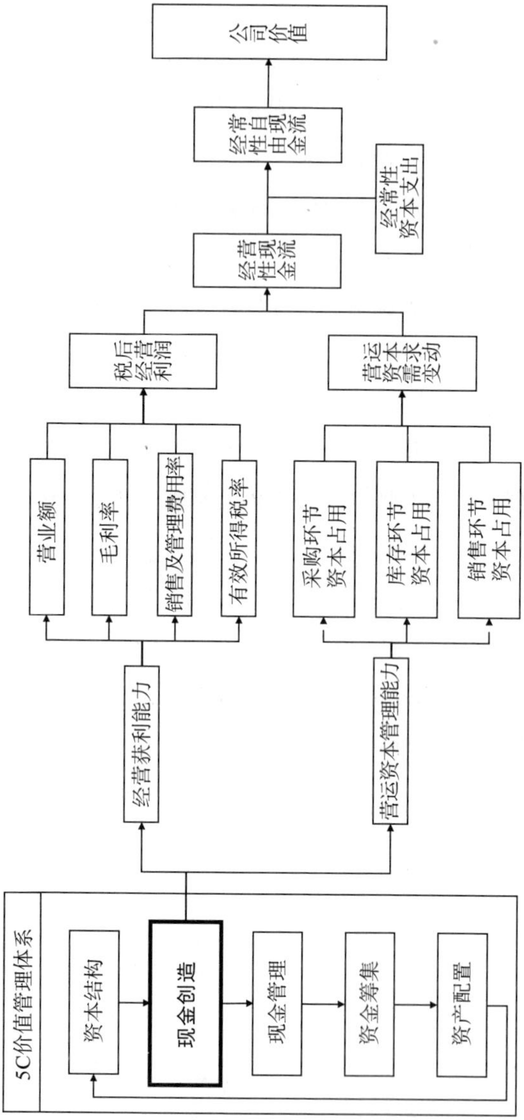
5C价值管理体系
资本结构
现金创造
现金管理
资金筹集
资产配置
经营获利能力
营运资本管理能力
营业额
毛利率
销售及管理费用率
有效所得税率
采购环节资本占用
库存环节资本占用
销售环节资本占用
税后经营利润
营运资本需求变动
经营性现金流
经常性资本支出
经常性自由现金流
公司价值

图 3–16　现金创造小结

附录 3A：现金创造分析方法

现金创造受公司盈利性现金创造能力与营运性现金创造能力共同影响，表现为一定营运资本占用下的投入资本回报率。现金创造分析是从盈利性现金创造能力与营运性现金创造能力两个维度进行：投入资本回报率反映税后经营利润与投入资本的比例关系，是公司盈利性现金创造能力的核心指标；营运资本占用率反映营运资本需求的行业特征及公司营运资本管理水平。公司需根据自身实际情况，明确各相关指标的具体计算口径，以真实、客观地反映公司的现金创造水平。

一、盈利性现金创造能力分析

盈利性现金创造指公司通过经营活动获取利润的能力，通常表现为一定投入资本产出经营利润的回报水平，投入资本回报率是其核心衡量指标。在投入资本周转水平一定的情况下，投入资本回报率主要反映为税后经营利润率，综合体现公司产品定价及成本费用控制能力，并受到公司税负的影响，还可分解为毛利率、销售费用率、管理费用率以及有效所得税税率。公司还可进一步根据业务流程将成本费用分摊至相应的产品品类、区域或客户群，深入分析影响公司盈利性现金创造能力的驱动因素。

1. 毛利率

毛利率是销售毛利与销售收入的比率，反映公司产品定价能力以及原材料、人工等生产要素的使用效率。公司可从销售收入与销售成本两方面分析导致公司毛利率波动的驱动因素，并研究其对毛利率影响的持续性，为制订下一步生产经营计划提供决策支持。

（1）销售收入分析。

一定投入资本回报率下的收入增长是公司价值的关键驱动因素。公司销售收入变化由各类产品的销量以及平均售价决定，而产品销量受市场总需求、市场份额共同影响。公司可从区域、客户群以及产品品类等维度对市场需求与市场份额进行分析。产品定价策略对销售收入的影响具有不确定性，公司可通过分析产品的需求价格弹性进行判断（见图 3–17）。

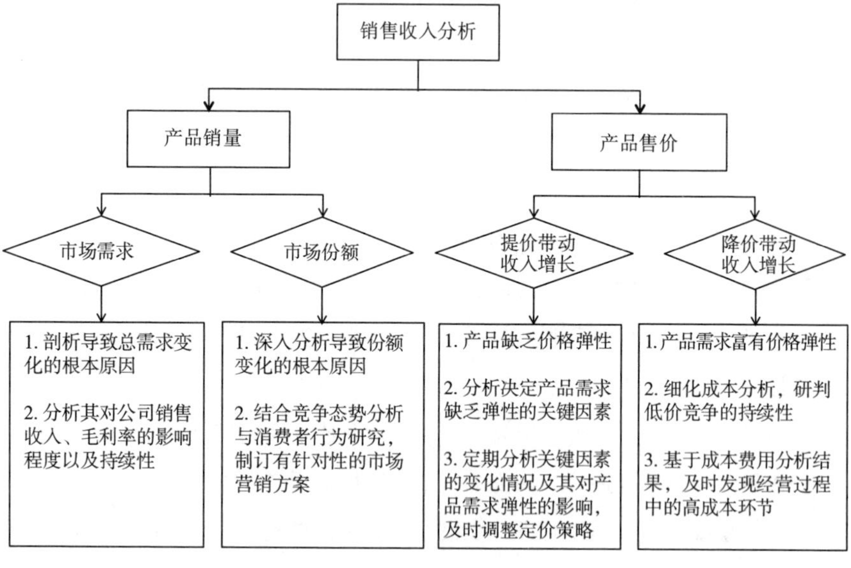

图 3–17　销售收入分析

（2）生产成本分析。

产品生产成本是生产制造型公司销售成本的重要组成部分。产品生产成本主要包括直接材料、直接人工以及制造费用。公司可分析单位产品所耗的主要原材料以及直接人工在产品成本中的占比，确定成本控制重点。公司还应制定合理的制造费用分摊方式，提高产品生产成本信息的真实准确性，以利于产品结构和产品定价的优化，提高资源配置的有效性（见图 3–18）。

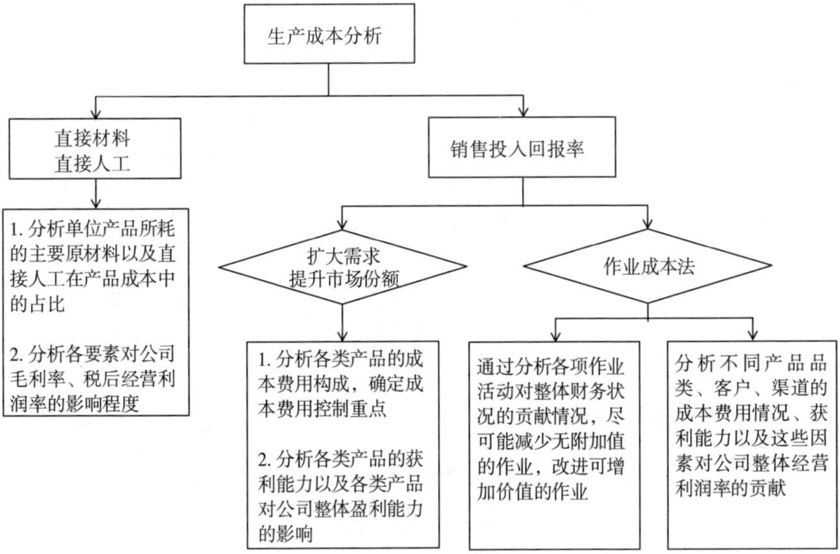

图 3–18　生产成本分析

2. 销售费用率

销售费用率是销售费用与销售收入的比率，反映公司营销策略的有效性。公司可对销售费用进行专项分析，计算各类产品的销售边际贡献和销售投入回报率，评估不同产品的营销投入效率。公司还可对销售边际贡献进行要素分解，分析不同市场营销方案对公司经营利润的影响（见图 3–19）。

3. 管理费用率

管理费用率是管理费用与销售收入的比率，反映公司职能设置的合理性以及工作流程的有效性。公司可在作业成本法的基础上，将管理费用分摊至主要作业活动，深入分析各项业务成本构成，及时发现成本较高的管理环节，结合改善方案所需的时间与成本，确定成本费用改善措施，通过优化管理流程提高管理效率。

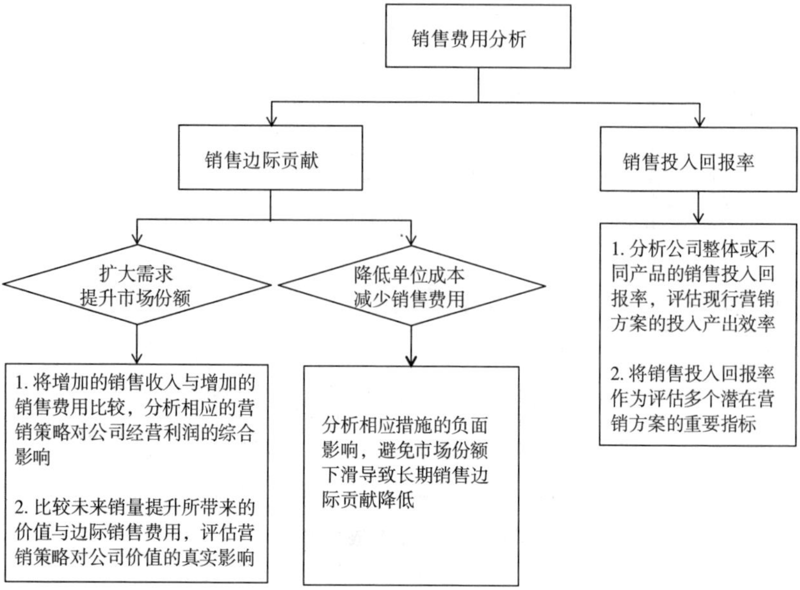

图 3–19　销售费用分析

4. 成本费用综合分析

成本费用可分为固定成本、变动成本，公司可利用本量利分析方法计算盈亏平衡点，以确定销售目标，合理预计未来成本情况，并科学评估产量变化、生产设备更新以及生产环节外包等经营决策对公司利润的影响。

公司还可通过分析整体经营杠杆判断公司的经营风险。如果公司的固定成本占比较大，经营杠杆较高，经营风险较大，可考虑通过扩大销售规模、充分利用经营杆杠提高经营获利能力，或考虑将相关生产环节外包，降低经营杠杆。如果公司的变动成本占比较高，经营杠杆较低，经营风险较小，公司可关注采购生产流程的优化、加大研发力度等，降低关键变动成本，以推动经营获利能力的改善。

5. 有效所得税税率

有效所得税税率是考虑了优惠税率、不可抵扣费用、税务亏损、税盾效应、合并纳税政策等直接影响税负的因素后公司的实际整体所得税税率。公司应通过争取优惠税率、减少不可抵扣费用和盈亏不平衡、充分发挥税盾效应、合理利用税务亏损等方式，合理降低有效所得税税率。

二、营运性现金创造能力分析

营运资本对现金的占用在公司经营期间长期存在，并与现金相互转化，是公司一项长期的、动态的资本投入。公司可通过对营运资本占用率和现金周期指标的分析，寻找导致公司营运性现金创造水平变化的根本原因。

1. 营运资本占用率

营运资本占用率是营运资本与销售收入的比率，反映公司整体营运资本管理效率。营运资本占用率越低，通常说明公司的营运资本管理效率越高。公司可将营运资本占用细分为销售环节营运资本占用、生产环节营运资本占用和采购环节营运资本占用，以分析各环节的营运资本占用率及其对公司整体营运资本效率的影响，深入研究影响营运资本效率的关键环节及根本原因，并将相应的管理及改善责任直接落实到对应的部门。

2. 现金周期分析

现金周期是指应付账款付款日和应收账款收款日之间的时间间隔，是衡量营运资本效率的指标之一。通常现金周期越短，营运资本效率越高。现金周期主要包括应收账款周转天数、存货周转天数以及应付账款周转天数。

（1）应收账款周转天数。

应收账款周转天数是公司从取得应收账款的权利到最终收到现金所需要的时间。应收账款周转天数越少，公司将收入转化为现金的速度越快。公司可进一步通过账龄分析以及逾期账款的周转天数分析等方法，研究逾期账款对公司应收账款资金占用的影响，改进收款流程，加强催收力度，防范坏账风险。

（2）存货周转天数。

存货周转天数是公司从取得存货开始至消耗或销售为止所经历的时间。存货周转天数越少，存货转化为销售收入的速度越快，存货管理效率越高，存货占用资金越少。公司可进一步将存货周转天数细分为原材料周转天数、在产品周转天数、产成品周转天数以及备品备件周转天数，以分析采购、生产、销售等环节的管理对存货周转的影响。

（3）应付账款周转天数。

应付账款周转天数是公司从采购库存到最终支付货款所占用供应商货款的时间。应付账款周转天数越多，公司利用供应商所提供的无息商业信用的时间越长，营运资本占用越少。公司还可将对各供应商的应付账款账期与合同所约定的信用期比较，分析导致公司提前支付或拖延支付的原因，减少因货款提前支付所增加的营运资本占用，防范因货款延付损害供应商关系和企业信誉而产生的经营风险。

（4）预收 / 预付账款周转天数。

预收账款余额较大的公司，在分析营运资本管理效率时还可使用预收账款周转天数分析公司的销售管理效率。预收账款周转天数越多，公司占用下游客户所提供的无息商业信用的时间越长，营运资本占用越少。

存在预付账款余额的公司，在分析营运资本管理效率时可使用预付账款周转天数分析公司的采购管理效率。预付账款周转天数越多，公司向供应商提供无息商业信用的时间越长，营运资本占用越大。

三、现金创造分析方法

公司可利用内部数据资源，分析不同产品品类、客户、渠道、区域的获利能力与营运资本占用情况，并对相应指标进行敏感性分析，通过提高关键产品、客户、渠道或区域的盈利能力与营运资本管理效率，快速提升公司的整体现金创造能力。

公司可将相应的分析数据与自身历史数据进行纵向比较，检讨导致现金创造能力变化的关键原因及其对现金创造能力影响的持续性，为改善内部管理效率提供依据。

公司还可将现金创造分析指标与标杆企业进行横向比较，分析同行业竞争者的核心优势，及时发现自身经营管理的薄弱环节，并制定相应对策。此外，公司也可建立标杆数据库，通过定期对同行业竞争者现金创造能力的趋势分析，总结归纳标杆企业的最佳实践，为逐步提升公司现金创造能力提供借鉴。

多业态的公司还可进一步分析各业务板块的盈利能力与营运资本效率，将不同板块的现金创造指标与公司整体进行比较，评估各业态对公司整体现金创造能力的影响，将现金创造能力偏低、对公司影响较大的业务板块作为改善重点。

需要关注的是，若多业态公司旗下包含地产业务，由于地产业务的行业特殊性，其营运资本需求波动较大，因此在进行整体现金创造能力的历史纵向分析时，应剔除地产业务营运资本需求的影响，以更为合理地进行不同期间的比较，而对于地产业务的营运资本需求分析应单独进行。

附录 3B：采购环节信用条款收益和成本比较

表 3–2　采购环节信用条款收益和成本比较

信用条款	收益	成本
信用账期	信用账期内所节约的应付账款资金成本（注 1）或短期投资收益	放弃现金折扣所增加的采购成本
现金折扣	享受现金折扣所节约的采购成本	放弃信用账期所需承担的资金成本或机会成本
预付款	锁定供应，保障生产经营正常开展适用的商业折扣所节约的采购成本	提前付款所承担的资金成本（注 2）
商业折扣	单笔大额采购享受价格折扣所节约的采购成本	超出实际生产需求所带来的超额采购资金成本（注 3）、库存贬值风险、原材料价格下跌风险、仓储管理成本或仓库租用成本等

注 1：信用账期内所节约的应付账款资金成本 =（加权平均资本成本 / 365）× 信用账期天数。

注 2：预付款资金成本 = 预付账款总额 ×（加权平均资本成本 / 365）× 预付天数。

注 3：超出实际生产需求的超额采购的资金成本＝超额采购总金额 ×（加权平均资本成本 / 365）× 提前采购天数。

附录 3C：存货环节最佳采购量和订货次数预测

采购量是影响存货成本的主要因素。存货成本包括采购成本、持有成本、订购成本和缺货成本。通常情况下，存货订购数量越大，单位采购成本、订购成本和缺货成本越低，但持有成本越高。可通过对存货需求进行科学预测，优化存货采购管理，将订货量维持在最优水平，进而有效控制存货成本。例如，公司可利用经济订货量（economic order quantity，EOQ）模型，确定订货成本和储存成本之和最小时的单次订货数量。

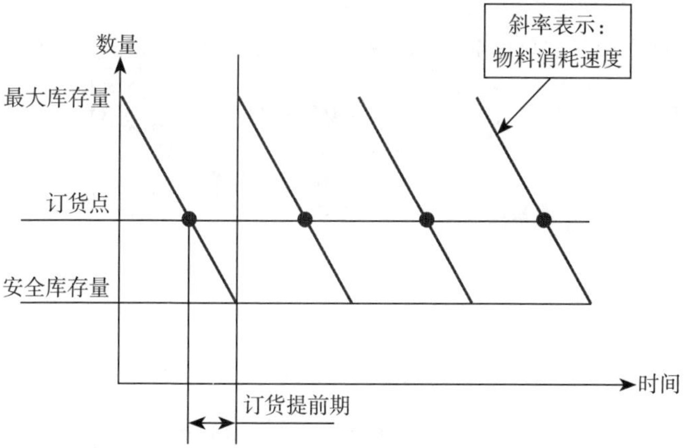

图 3–20　确定最佳订货点

EOQ 模型假设某种物资单位时间的需求量为 D，库存量经过一段时间消耗后降至零，此时开始订货并随即到货，库存量由零上升为最高库存量 Q，然后开始下一个存储周期。EOQ 基础模型如下：

$$T_c=T_{c1}+T_{c2}+T_{c3}=\frac{Q}{2}\times C+\frac{D}{Q}\times S+D\times U$$

其中：T_c—— 存货总成本，T_{c1}—— 持有成本，T_{c2}—— 单次订货成本，

T_{c3}——全年采购总成本；

Q——每次订货数量；

C——单件存货的存储成本，通常指存货持有期间占有资金的利息、仓储费用、保险费用、存货破损和变质损失及保险费用等各项支出，可根据有效的财务核算进行估算；

D——某种存货年总消耗用量（年订购总量），可根据市场需求的科学预测得出；

S——每次订货成本，即处理订单发生的费用，通常包含办公费、差旅费、谈判费、邮资、验货费等支出，可根据有效的财务核算进行估算；

U——采购单价。

因此，使存货总成本 T_c 最小的最佳订购量和最佳订货次数为：

最佳订购量 $Q^*=\sqrt{\frac{2\times S\times D}{C}}$　最佳订货次数 $=\sqrt{\frac{S\times D}{2\times D}}$

附录 3D：销售环节信用政策收益和成本比较

表 3–3　销售环节信用政策收益和成本比较

收益（注 1）	通过赊销扩大销售所获得的增量收益，通常表现为赊销收入所提供的边际贡献
成本	应收账款所带来的增量成本，包括持有应收账款的机会成本、坏账成本和管理成本 **机会成本**：资金投放在应收账款上所损失的潜在收益（注 2） **坏账成本**：应收账款无法收回而带来的损失（注 3） **管理成本**：管理应收账款的成本，如对客户的资信调查费用、应收账款簿记费用、收账费用以及其他相关费用等

注 1：信用收益=赊销收入净额 × 边际贡献率。

注 2：机会成本=维持赊销业务所需要的资金 × 投资回报率。

注 3：坏账成本=赊销收入净额 × 预期坏账损失率。

附录 3E：收入增长目标调整与现金余缺管理

公司可根据财务战略矩阵，从回报与增长维度对业务资产进行分类，针对以下每类资产采取相关措施，合理调整销售收入目标以及进行现金余缺管理。

价值增加且现金盈余型：

若业务资产持续产生高回报且现金盈余为短期现象，公司可通过短期理财的方式提高现金资产的回报，并为支持未来战略性资本支出、推动公司收入增长提供支持。

若业务资产的高回报可持续且现金盈余长期存在，即收入增长目标将长期低于自我维持增长率，表明该资产增长动力不足，公司应从市场需求增长潜力、市场份额以及产品定价等角度分析收入增长受限的根本原因，并研究公司核心能力对收入增长的支持程度。

若公司的核心能力可以持续支持收入的进一步增长，公司可将盈余现金有针对性地投资于产品研发和市场营销，通过提高产品易用性、优化产品定位、提升产品认知度、加强产品渗透度或引导消费习惯等方式吸引新客户进入市场，增加老客户重复购买次数，进而将目标销售收入增长率调整至合理水平。公司还可考虑将盈余现金用于外部并购以增加市场份额，沿产业链扩大经营深度和广度，或进入新的市场，以推动公司收入持续高速增长。

若产业链上下游较强的议价能力限制了收入增长或产业链延伸有助于建立市场壁垒或强化产品定价能力，公司还可考虑利用长期盈余现金通过新建、并购、战略联盟等方式纵向扩张，以突破收入增长瓶颈，缓解公司整体增长乏力的问题，提升公司成长性。

若公司核心能力无法支持收入的进一步增长，且沿产业链扩大经营深度和广度的机会有限，公司可通过理财等方式提高短期盈余现金使用效率，通过制订有针对性的资本结构调整方案，将长期盈余现金用于偿还债务本金、提高派息率、回购股权或减少资本金等，以优化资本结构，降低投入资本规模，改善投入资本回报，提升公司价值。

若公司预计业务资产的高回报不可持续，应考虑在业务资产的回报仍高于资本成本时将其转让，避免回报下降至资本成本以下而导致的价值减损。此外，公司还可通过资金集中或派息的方式，将盈余现金配置于其他业务资产或用于资本结构优化。

价值增加且现金短缺型：

若业务资产回报长期高于资本成本，则销售收入增长可以提升公司价值，公司应优先通过处置非核心和低效资产满足收入增长的需要。

若现金短缺为短期现象，公司可优先考虑降低派息率，将大部分现金盈余留存于业务资产；还可考虑通过增加有息负债的方式，缓解短期现金短缺的问题。

若公司预期现金短缺将持续较长时间，应考虑增加权益资本满足收入增长的需求。公司应关注业务资产现金创造能力的持续提升，通过产品创新、流程优化、客户结构调整等方式提升产品溢价，改善经营效率，降低运营成本，使其自身所产生的现金流足以满足收入增长的需求。

此外，公司还可考虑引入战略投资者，通过建立战略联盟或成立合资公司等方式，分担技术升级、固定资产投入以及研发营销等大额费用支出。公司还可考虑引入财务投资者扩充资金来源，缓解快速增长带来的现金短缺问题。

若公司因资本结构或外部融资环境因素而无法提供支撑业务增长所需现金，应考虑通过适当调低收入增长目标，以减少现金缺口，降低公司财务风险。

若公司的核心能力无法维持业务资产的高回报，且高回报在可预见的未来将会下降至资本成本以下，公司应考虑在业务资产的回报依然高于资本成本时处置该资产，避免其回报下降至资本成本以下而导致的价值减损。若该类资产因销售收入增长高于自我维持增长率而存在现金短缺，公司应及时将该类预出售业务资产销售收入增长目标调低至自我维持增长率以下，以避免公司为满足该资产收入增长需要而持续投入财务资源。

价值减损但现金盈余型：

若业务资产短期低于资本成本但未来有改善趋势，公司应重点关注回报的改善。若现金在一定时期内有盈余，公司可通过将长期盈余现金用于产品研发、提高营销策略有效性来提升产品溢价，或将长期盈余现金投资于作业系统改善、设备更新等优化生产业务流程，提高资产效率，降低产品成本费用，进而缩短回报低于资本成本的持续期，尽快实现公司价值增值。

公司还可考虑利用盈余现金通过并购或者战略联盟的方式获取成本协同、先进的产品技术、专业的营销以及企业管理经验等，以提升公司的现金创造能力，改善回报水平。

若公司预期业务资产的回报将长期低于资本成本，说明持有该业务资产将长期减损公司价值，公司应考虑尽快出售该资产。在资产尚未出售之前，公司可考虑通过资金集中或者提高派息率的方式将盈余现金用于满足其他业务资产的增长需求或用于资本结构优化，弥补该类资产对公司整体价值的负面影响。

价值减损且现金短缺型：

若业务资产为价值减损且现金短缺型，说明该类资产在一定期间内的收入增长不会带来公司价值的提升，反而会带来价值减损。公司应及时分析资产回报低于资本成本的根本原因，客观预计回报低于资本成本以及现金短缺的持续期。

若未来回报仍有改善趋势，从长期角度看，该类资产将为公司带来价值增值。公司应将管理重点集中于回报的改善，缩短减损持续期。此外，公司还应关注增长目标的合理性，优先通过调整销售收入增长目标缓解长短期现金短缺问题，避免因过分追求收入增长引发公司整体资本结构恶化。公司还可考虑引入财务投资者解决资金短缺问题，或引入战略投资者以提升管理能力，获取专业经验，分担技术升级、固定资产投入以及研发营销等大额费用支出，改善回报。

若公司预期业务资产的回报将长期低于资本成本，说明持有该类资产将减损公司价值。公司应及时将业务资产的销售收入增长目标调低至自我维持增长率以下，以避免为满足收入增长需要而持续投入现金。公司还应考虑尽快进行资产处置，以提高资本使用效率，避免该类资产减损公司价值。

上述内容可以简化归纳如下（见表 3–4），供公司在进行收入增长目标调整和现金余缺管理时参考。

表 3–4　收入增长目标调整和现金余缺管理

	价值增加（回报差量 >0）		价值减损（回报差量 <0）	
	暂时	长期	暂时	长期
现金盈余	• 集中盈余资金投于其他资产 • 增加派息以优化资本结构 • 考虑转让资产	• 如为短期现金盈余，可通过短期理财提高收益 • 如为长期现金盈余，可通过增加内部投资、上下游扩张、进入新市场等推动收入增长 • 如核心能力无法支持收入增长或无投资机会，可通过增加派息、还贷、回购股份等优化资本结构	• 可通过投入研发与营销、扩大规模、提高资产周转等改善回报 • 通过并购或战略联盟获取先进技术、营销及管理经验等，提高盈利能力	• 尽快处置资产 • 资产处置前，可集中盈余资金投于其他资产，或派息以优化资本结构

（续表）

	价值增加（回报差量 >0）		价值减损（回报差量 <0）	
	暂时	长期	暂时	长期
现金短缺	• 合理调低收入增长目标，避免持续财务资源投入 • 考虑转让资产	• 如为短期现金短缺，可通过降低派息率、增加有息负债等解决资金问题 • 如为长期现金短缺，可通过提高自身现金创造能力、增加权益资本、引入财务投资者、战略投资者等扩充资金来源 • 可考虑处置非核心及低效资产 • 如无法获取增长所需资金，应合理调低收入增长目标	• 关注回报改善，缩短减损持续期 • 合理调低收入增长目标，缓解短期资金短缺 • 引入财务投资者、战略投资者等以扩充资金来源	• 尽快处置资产

第四章

现金管理：

资金效率带来价值提升

公司通过持续的现金创造活动产生现金流后，就面临着如何对经营活动所得的现金流进行管理的问题。现金是公司资产负债表上的一项重要资产，但公司的价值来源于通过业务经营获得的回报与增长，而非现金的保留，如果现金只是留存在公司的账面上，不可能给公司带来高额回报，因此如何从现金的流入、留存和流出的各个环节，通过对现金的合理分配及有效运用，提高资金效率，降低资金成本，减少资本占用，就显得十分重要，这也就构成了现金管理的根本目的。本章将系统性梳理公司现金周转的全流程，介绍应如何在现金周转的各个环节对公司的经营成果进行安排，让现金更加高效地发挥作用。

第一节　现金管理打通公司的“血脉”

管理心得

现金管理是对公司动态现金流的管理，其核心目标是在满足债权人和股东对现金回报要求的基础上，通过现金周期、资金集中和现金持有量的管理提高现金周转效率和使用效率，以降低资本占用，提升公司价值。

正如第三章所说，现金流相当于公司的“血液”，现金创造则可比作公司的“自我造血”，以此类推，作为现金创造的延伸，可以说现金管理的作用就好比打通公司的“血脉”。通过对现金创造过程中产生的动态现金流进行合理分配，以及对其他影响现金周转的资产进行有效安排，使得公司的“血液”，即现金的流入、流出以及在公司内部的循环流动更加通畅，现金使用更加高效，从现金周期（cash conversion period）的角度直接为公司创造价值。

现金管理通常被视作公司财务人员的一项基本功，传统的现金管理可能就是要求财务人员管理好资金的账户开立和收付结算，记录好公司现金的流入流出，保障资金使用的安全等，但是在宏观经济以及融资环境更加复杂多变的情况下，随着公司的规模扩大及竞争加剧，现金效率的问题进一步突出，公司需要更加关注现金流动带来的风险和收益的平衡。例如，2008 年全球金融海啸时，信贷危机进而引发严重的流动性危机，多个大型金融机构倒闭，股市严重下挫，失业率攀升，实体经济遭受重创，很多企业都发生了严重的流动性风险，能否获取足够的现金是当时企业度过危机的关键。然而，企业拥有的现金也并非越多越好。假设一年期银行贷款利率为 6%，减少银行贷款 100 万元可带来财务费用一年节省 6 万元；而同时假设公司的投入资本回报率达 10%，也就是投资 100 万元一年可赚 10 万元；如果公司保留 100 亿元现金在账上，在不考虑利息收入时，按照 6% 的贷款成本和 10% 的投入资本回报率，就相当于白白承担了 6 亿元的利息或者少赚了 10 亿元的利润。因此，如何在兼顾可控风险和合理收益的基础上，科学规划现金的存量和使用，成为公司现金管理的核心命题，并由此带来一系列需要明确的问题：公司保留多少现金最为合适，现金流入、流出和留存的周期是否可能进一步缩短以减少日常经营占用的现金，如何在规模较大、层级较多的集团化企业中提升现金效率，如何更为科学地做好现金的使用计划，等等。这些问题要求现金管理需要具备更深层次的价值创造内涵，也需要更加精细化的管理方式和方法。

现金管理的重要性在大型企业中更为凸显，许多跨国企业都建立了非常成熟的现金管理体系，例如先前的全球啤酒公司巨头 SABMiller（后被并入 ABInBev，即百威英博）就以资金集中和派息管理作为现金管理的主要手段：在资金集中方面，在欧洲及南非建立资金池，对欧洲、南非的业务单元实行每日零余额归集，对没有区域资金池的业务单元实行不定时留余额归集，且不允许业务单元进行存款以外的流动性管理，如年营业额超过 55 亿美元的北美公司，每日只需保留 2 000 万美元的现金余额，其余都归集到欧洲总部的资金池；在派息管理方面，原则上要求各业务单元将当年利润或者免税可分配留存收益（两者较低者）全部派发，并鼓励其尽量频繁地派发股息，但具体的派息政策还需由集团总部根据各业务单元资本支出情况制定。这种做法有利于将分散低效的现金集中利用，提高了资金的使用效率，并可更好地发挥集团的规模优势，有利于增强融资优势，降低资金成本。

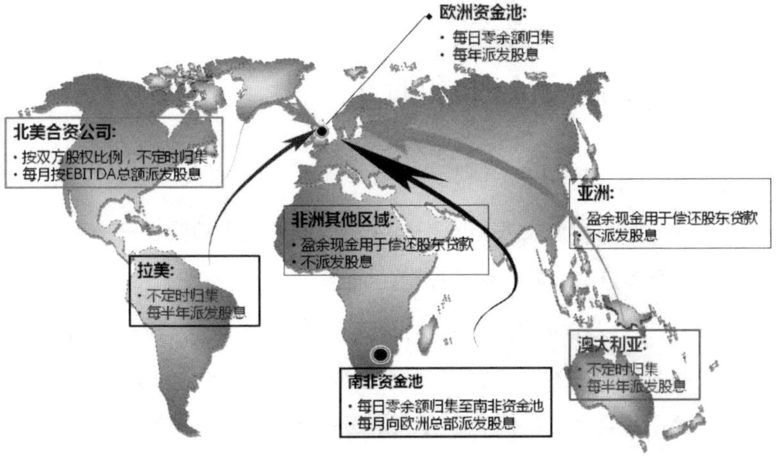

图 4–1 SABMiller 现金管理体系

一个高效的现金管理体系是如何发挥价值创造作用的呢？这可以按现金在公司的整个周转流程来看。首先，现金是公司的经营成果，需要满足债权人和股东对公司占用资本的受益权要求，即按时付息以及建立合适的派息政策，以维护债权人和股东的利益，保障公司资本来源，这是提高现金使用效率的基础；其次，在现金的流入、流出及留存的管理中，重点在于提高现金周转效率，即缩短现金从投入经营活动到最终转化为现金的占用时间，以减少经营所需现金，同时公司的现金流动还涉及固定资产及其他长期资产、长期股权投资等会计资产，通过运用多种管理工具，对各项资产进行有效安排，达到资产轻量化的效果，以降低资本投入；在现金周期管理的基础上，集团化企业可通过实行资金集中管理，进一步提升现金周转效率；同时对于现金持有量，公司可采用分类动态管理的办法，将现金存量分为受限现金、最佳现金持有量以及盈余现金，根据不同类型现金的特点进行有效安排，降低现金总量的持有比例，以提升存量现金的使用效率。以下各节将按照现金周转的流程对现金管理各环节内容予以详述。

第二节　回报债权人和股东

管理心得

支付利息和派发股息分别是公司对债权资本和股权资本提供回报的基本方式，属于融资性现金流出。

公司应以现金预算为工具，做好付息相关资金安排和税务筹划工作，以确保按时足额支付利息，同时争取优化资金成本。

公司应合理安排派息，在满足股东现金回报要求的基础上兼顾未来发展的资金需要，并使资本结构趋向最优，从而实现公司价值最大化。

公司的资本来源于债权人和股东，因此现金管理首先是满足债权人和股东现金回报的要求，从而产生融资性现金流出。债权人的现金回报要求就是收取利息，股东的现金回报要求就是收取股息。其中，按时支付利息是公司经营活动维持正常的表现，是履行合同义务、维护公司信用的基本要求，属于公司约定的刚性支出，关注点在于按时、足额支付；而合理派发现金股息，有利于向外部传递公司盈利能力、财务状况等积极信息，维持投资者对公司的信心，并有利于提高公司对投资者的吸引力。派发的时点、金额、形式等需符合派息政策要求，但可在股东层面进行适当的沟通，具有弹性空间，关注点在于依法分配、兼顾长短期利益以及有利于资本结构优化。

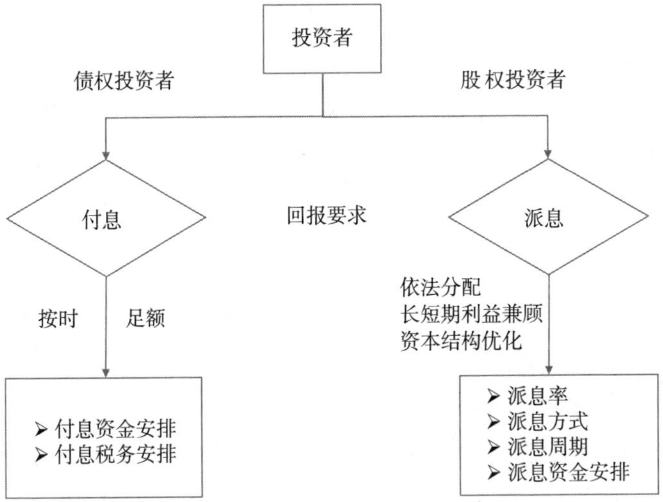

图 4–2　公司付息与派息管理要点

利息实质上就是债权资本成本，公司付息往往是一种履约行为，需要满足事先签订的合同要求，因此付息管理需要考虑的因素可以分为在合同签订前以及合同生效后。在债权合同签订前，公司应考虑的是使得抵减实际所得税后的利息成本最低，即关注利息费用可否发挥税盾效应，尽可能降低税后债权资本成本从而降低公司的加权平均资本成本，同时对于内部贷款的计息政策，还需综合考虑税务风险及税务成本；在债权合同生效后，公司应持续关注自由现金流、盈余现金状况及资本结构约束指标（如利息保障倍数）对现金付息安排的影响，将付息纳入公司现金预算进行管理，保证按时足额支付。

相对于利息管理，派息管理是一个更为宽泛和灵活的话题，总体而言既要满足股东的现金回报要求，同时又要兼顾公司未来发展的资金需要，并利于资本结构的优化。在进行分红派息时，资本结构独立公司和资本结构非独立公司分别会有一些不同的考虑因素和所需达到的目的。对资本结构独立的上市公司而言，分红派息可能存在一些外部法律法规的要求。因为一些资本市场监管者为培育资本市场的长期投资理念和投资者结构的稳定，促进资本市场的健康发展，会对公司分红派息制定具体要求。例如我国《上市公司证券发行管理办法》中就有规定，上市公司申请在境内发行证券，需满足最近 3 年以现金方式累计分配的利润不少于最近 3 年实现的年均可分配利润的 30%。除了可能有一定的法律法规约束外，上市公司的派息政策还是影响公司股价的重要因素之一，公司的现金派息额应与长期业绩增长相适应，并传递有关公司发展前景等积极信息，以利于资本市场形成合理预期，维持股价稳定，维护公司价值。例如作为全球科技公司标杆的苹果公司（Apple Inc.），业绩增长和盈利能力保持良好，但是从 1995 年开始却长期不派发股息，账面上积累的现金超过 1 000 亿美元，一直到 2012 年 3 月 20 日，苹果公司才宣布 17 年来的首次派发股息计划，每股季度派息 2.65 美元，并承诺在未来 3 年向股东返还约 450 亿美元现金，其中包括用于回购股票的 100 亿美元。对苹果公司而言，此时分红派息的行为可谓是一举两得：一方面满足了投资人的现金回报要求，提高了公司股票的吸引力，同时回购股票导致流通股数量减少，但意味着股东持有的实际股份增加，有利于推高股价；

另一方面，由于账上现金充裕，即使派息但公司仍拥有大量的现金储备，不会影响公司未来的投资和并购计划，依然能继续保持经营上的灵活性和发展机会。苹果公司公布派息政策后，资本市场反应积极，股价很快突破 600 美元 / 股，创上市后新高。

更值得关注的是，**派息安排还是优化公司资本结构的重要方式，在这过程中可以主动实施现金管理、提高资金效率，达到为股东创造价值的目的。**例如，在进行股权转让交易或者控股股东进行资产注入安排的时候，若标的公司的负债率低于市场可接受的水平，转让方可以在交易之前安排公司将杠杆率提高至市场可接受的水平，或可利用借债资金进行派息，这样使得转让方能提前收回资金，真正的交易价格实际上就变成交易本身的作价再加上提前派息实现的资金回收，从而可以充分实现股权价值。再如，对于现金充裕、资本结构独立的上市公司，母公司无法直接调动其资金，但可以通过派息安排，达到资金归集的目的，使闲置资金在集团范围内得到有效运用，从而发挥价值创造作用。举个实际例子，某上市公司账面有大量现金，但受到上市公司条例的限制，盈余现金无法为上级母公司使用，母公司在安排孵化项目注资时，可由项目公司增加银行贷款向母公司派息，提高项目公司的有息负债占比，使项目公司的资本结构接近上市公司的水平，这样在注资完成后，即可利用上市公司总部的盈余现金偿还项目公司因派息安排产生的银行贷款，间接实现了将上市公司的资金集中到集团母公司的目的，提升了现金的使用效率（见图 4–3）。

对于资本结构非独立的全资公司，派息的重要作用包括降低整体税负成本以及实现资金归集。例如：某投资性公司 A，全资控股一家项目公司 B：A 公司现金充足，上年有税务亏损 2 亿元，B 公司一直盈利，上年有税前利润 1 亿元，负债率较低，假设所得税税率为 25%，在未安排 B 公司派息的情况下，A 公司和 B 公司总税负为 2 500 万元；若 B 公司向 A 公司派息 1 亿元，再从 A 公司借入股东贷款 1 亿元，利率为 6%，这样的安排可以使得 B 公司的税前利润减少 600 万元，同时节约所得税 150 万元，虽然 A 公司需要缴纳取得利息收入的相关增值税 36 万元，但整体上税负可以节约 114 万元。通过该种安排，实现了亏损企业利用利息收入抵减亏损，盈利企业在税前扣除利息支出的目的，从而降低了整体税负。

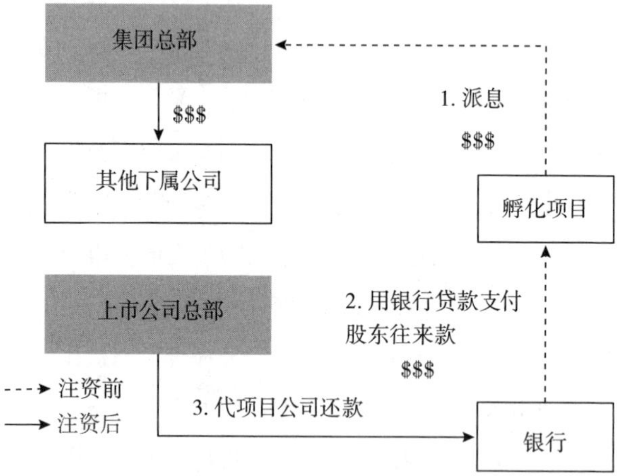

图 4–3　某集团化企业资产注入交易的派息安排

案例：某集团性公司的派息管理

某集团为香港上市公司，主要投资甲、乙、丙三大业态，其中，甲业态为集团的战略发展重点，乙、丙业态属于当年新投资业态，丙业态现在的盈利状况较好。集团多年来通过新建、并购等方式取得了快速发展，但股权架构复杂，通过不同的投资平台持有的项目公司所处的发展阶段各不相同，资金需求各异。经过前期的股权梳理和优化，目前股权集中在境内外几个较大的持股平台，形成的股权架构如下：

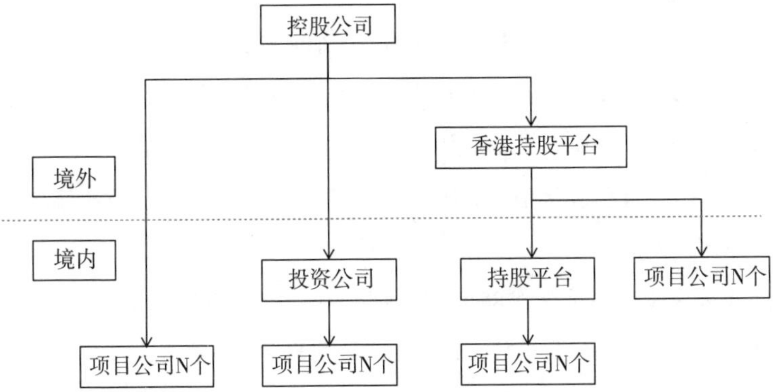

图 4–4　某集团股权架构

其中，投资公司是经监管部门批准的外商投资性公司，负责境内项目的投资、建设、运营等管理，同时也是集团在境内的资金集中管理平台和融资平台，目前投资公司略有盈利。

派息管理背景

由于集团是香港上市公司，需要保持相对稳定的派息率，根据香港公司条例和公司章程约定，上市的控股公司每年派息需要使用其单体公司账面的未分配利润，而不能使用单体报表的其他储备或合并报表的未分配利润。因此，集团每年都需要下属项目公司做出实际的利润分配决议，以满足上市公司派息的需要。

除了上市公司派息需求以外，集团还要考虑其余盈余现金的分配和管理问题。集团预计近年业绩会保持平稳增长，同时为保持快速发展，战略性资本支出也将维持高位，总有息负债率处于较高水平。由于当时向香港派息及境外资金向境内企业贷款收息分别需要代扣代缴预提所得税，而境内的持股平台每年有大量的战略性资本支出需求，需要以资本金或内部贷款的形式在境内运转。那么应如何利用派息管理，对境内外的资金进行最优的分配和管理，实现整体融资成本和税负成本最低？

派息管理实践

集团总部汇总整理了当年各附属公司的未分配利润情况、内外部贷款和账面资金情况，并根据集团的派息办法，初步制订了派息方案：对盈利情况好、外部融资能力也强的附属公司，安排派息；但目前有A、B、C、D、E五个附属公司和丙业务的项目公司情况有些特殊，均提出暂不派息或者推迟派息。对此，公司进行了专门考虑。

A公司（本公司持股85%，其他外部股东持股15%），现正进行固定资产更新改造，资本支出较大，账面资金实现集团资金集中管理，目前从资金平台取得内部贷款。当年融资形势偏紧张，A公司申请不派息，先把资金用于归还股东贷款。

B公司（投资公司持股51%，其他外部股东持股49%），环保压力大，为化解后期政策风险，现正积极进行技术改造，但由于B公司自身融资能力不强，现金流紧张，B公司希望不派息，将资金用于归还贷款，降低负债率。

C公司（本公司持股19%），资金被外部大股东归集，派息不及时。

D公司（本公司持股5%），盈利状况好，大股东提出不派息，计划将资金用于二期项目，但二期项目尚未得到核准。

E公司（本公司持股51%，第二大股东持股49%），这两年盈利状况好，账面有大量未分配利润和现金，没有银行贷款和股东贷款。但由于与对方股东因股权转让问题存在分歧尚未解决，对方股东不同意派息，也不同意集团对E公司进行资金集中管理。

丙业务的项目公司基本都是集团100%控股，盈利状况良好，持股结构主要包括两种：一种是境外平台直接100%控股；另一种是境内平台持股51%，境外平台持股49%。由于项目公司投产时间不一样，各公司正处的税务优惠期也不同，目前有免税的、税率减半的，还有优惠到期进入正常税率期的。丙业务单个规模小，虽然盈利能力不错，但想取得利率较优惠的银行贷款比较困难。

针对这些不同情况，集团最终形成如下意见：

A、B公司这种情况需要结合公司的负债率高低、未来盈利能力、经营风险及融资能力来综合考虑。A公司自身经营情况良好，融资能力强，派息有利于增加税盾效应，也符合集团进行资金集中管理、提升整体价值的目的；但要监控控股股东提供的内部贷款的安全性，根据A公司的经营情况、盈利能力、资本支出和外部融资形势的变化评估企业的偿债能力，特别是评估股东发放的内部短期贷款是否超出其流动负债的合理区间，在确保股东贷款资金安全的前提下，做出是否派息的决策。B公司虽然经营业绩不错，但自身融资能力较弱，派息后企业发展所需资金较难通过银行信贷解决，要依靠股东方支持，在这种情况下，不派息有利于企业的后续发展，还可以优化企业资本结构，降低负债率。

C、D两个参股项目公司盈利状况和现金流都很强劲，由于是参股项目，控制权和管理权都属于大股东，从战略投资角度考虑，还是希望尽快取得现金回报，用于自身的投资发展。建议项目公司董事多与大股东沟通，争取按时派息。由于D公司二期项目尚未核准，建议其先取得派息，可承诺项目核准后按股权比例同等条件出资。

E公司账面存在大量资金沉淀，如果不能尽快分红，对双方股东利益都有损害，与对方股东的股权转让谈判要加快，要站在双赢的立场上考虑问题，和对方股东积极沟通利害关系，以尽快促成股权转让和派息。

丙业务的项目公司经营状况良好，作为资本结构非独立的子公司，派息要考虑整体税后融资成本最低的原则，处于税收优惠期的公司可以推迟派息，以最大化利用税盾效应；同时考虑控股上市公司派息的需要，看上市公司是否有足够的可供分配利润用于支付股息。集团要进行统筹考虑，首先安排适用正常所得税税率的公司派息。由于对控股公司的派息还涉及跨境资金安排，集团要考虑预提所得税、境内外融资成本差异、境内外资金需求及购汇付汇成本等因素的影响，既要满足上市公司派息需要，又要降低整体融资成本，优化资金安排。

以上案例揭示了公司在进行派息管理实践时需要考虑的多种因素。为了有效利用派息工具，发挥其提升公司价值的作用，公司在进行派息管理的时候需站在全局的角度进行统筹考虑。**派息既要满足股东对当期现金回报的要求以及总体战略性资本支出的需要，又要综合考虑资本结构、资金成本和税盾效应等因素，通过优化资本结构、最小化融资成本及税负来实现公司整体价值最大化。**归纳而言，资本结构独立公司和非独立公司进行派息安排时需分别考虑。

资本结构独立公司的派息：应综合考虑股东派息预期、收入增长及投资机会、盈利能力及持续性、盈余现金及融资能力、公司发展阶段及宏观环境等影响因素，并关注资本结构及债务限制条款对股息派发的约束，同时还需要兼顾公司少数权益股东的意愿。并且，由于派息减少了股东权益，因此相应减少了公司可融资空间[①]或可用于业务增长的现金，从而对公司价值产生影响。若是上市公司，还需综合考虑公司历史派息率、派息频率与每股现金股息金额、行业标杆派息情况，以及市场和投资者预期等因素，制定与公司长期业绩增长相适应的派息政策，并维持相对稳定。

资本结构非独立公司的派息：应考虑资本结构设置及外部融资成本等因素，其派息安排由所归属的上级资本结构独立公司根据整体税后融资成本最低的原则确定，例如，集团总部需要对全资附属公司即资本结构非独立公司进行派息管理。此外，公司对下属资本结构非独立公司安

① 可融资空间是在一定时期内公司的资本结构所能支持的最大新增融资额度，同时受制于静态资本结构和动态资本结构的约束。此概念还将在第五章资金筹集中予以详述。

排出售股权或引入外部投资者时，可在考虑市场接受程度及估值方法影响等因素的基础上，通过提前派息将资本结构和现金余额调整至合理水平，以充分实现股权价值，并降低转让方股东税负。

表 4–1　派息管理考虑因素

<table>
<tr><th colspan="2">资本结构</th><th>考虑因素</th><th>派息形式</th></tr>
<tr><td rowspan="2">资本结构
独立公司</td><td>上市
公司</td><td>原则上应维持派息政策相对稳定，并综合考虑：
√ 派息政策对股价的影响
√ 公司历史派息率、派息频率与每股现金股息金额
√ 行业标杆派息情况、市场和投资者预期等</td><td>现金、股权、实物、股权回购</td></tr>
<tr><td>非上市
公司</td><td>应综合考虑：
√ 各方股东的派息意愿
√ 宏观经济及公司发展阶段
√ 现金盈余及融资能力
√ 资本结构约束及债务条款限制等</td><td>优先选择现金派息，原则上不考虑其他形式</td></tr>
<tr><td colspan="2">资本结构
非独立公司</td><td>由其上级资本结构独立公司，根据整体税后融资成本最低原则确定</td><td>现金派息</td></tr>
</table>

第三节　加快周转，减少占用

管理心得

公司应在加强营运资本管理的基础上，通过银行账户管理和现金流入、流出及留存各环节的周期管理提升现金周转效率，缩短现金周期，并对与现金流相关的资产进行轻量化安排，从而减少资本占用，提升公司回报。

在满足了债权人和股东现金回报的基础上，如何提高现金在公司日常经营中的周转效率是现金管理的另一重要目标。现金周转效率的高低体现在现金周期的长短上，现金周期是指公司在经营周期中从支付采购款项而产生现金流出至收回货款而产生现金流入的这段时间。现金周期越短，意味着现金周转效率越高，经营环节所占用的现金就越少。现金周期管理和前一章现金创造中介绍的营运资本管理的目的一样，都是为了降低营运资本的占用资金，提升现金周转效率，在经营利润率相同的情况下减少投入资本，从而提升投入资本回报率；但二者角度有不同，营运资本管理是从业务的角度，而现金周期管理则主要是从财务角度，在现金的流入、流出及留存环节，通过银行账户管理、收付款的方式和工具的选择以及库存现金和银行存款管理，还有供应链融资工具运用等方式，实现现金的提前回收或延迟支付，提升现金周转的安全性和效率性，从而减少资本占用，提升回报水平。

我们可以从会计资产的视角来看现金周期管理的作用。其中：银行账户管理、收付款的方式和工具的选择、库存现金及银行存款管理，主要与账面留存现金相关，目的是要尽量减少低回报的现金资产占用；而供应链融资工具运用则主要与应收、应付账款以及存货（预付、预收账款与之相联系）相关，目的是减少营运资本占用；抵质押、租赁或外包、处置等方式与固定资产及其他长期资产相关，可减少相应的现金净流出。也可以这样理解，加强现金周期管理是对账面现金和营运资本需求的资本占用进行轻量化处理的一种方式。

银行账户管理是现金周期管理的基础。**“精简、集中”是账户管理的原则**。在精简方面，公司应按照功能对不同银行账户实行分类管理，根据业务情况和资金管理模式控制日常结算账户数量，提高收付款效率，避免由于资金过于分散而降低资金使用效率。对于集团化企业，总部可对附属公司的日常结算账户数量进行核定，附属公司的纳税、社保、政府补贴、贷款、验资等具体业务需要开立的专用或临时账户需经由总部核准，并在相关业务结束后及时将账户注销，总部还应定期梳理银行账户数量、开户银行、银行账户资金留存分布和流入流出等信息，及时发现并撤销使用频率较低且无实质性作用的银行账户。在集中方面，公司应在银行服务需求得到保障的基础上，结合银企关系、银行服务意愿和能力等情况在主要合作银行范围内实现开户银行的相对集中，这有利于利用整体合作资源的优势保障银行服务水平。

现金流入和流出环节的管理原则是“提前回款、延迟支付”。公司可通过争取即期收款或远期付款的方式，有效利用供应链融资实现提前收回或延迟支付，从而缩短现金周期，降低资本投入。在一般情况下，公司对于收款应优先考虑即期收款方式，若需接受远期收款方式，要关注资金占用成本、交易对手信用风险等，进行综合衡量；对于付款应最大限度地利用商业信用延缓支付，在同等条件下优先采用远期付款方式。

供应链融资是现金流入流出环节的重要管理工具。作为供应链核心企业，公司可通过利用银行的供应链金融产品，为自身的上下游提供金融支持，从而加快收款或延迟付款。供应链融资包括多种多样的产品，较为典型的有：银行承兑汇票，是由银行承诺到期付款，通常可背书转让或者通过贴现融资提前收回现金；商业承兑汇票，与银行承兑汇票类似，但是由银行以外的付款人承兑；保理（factoring），将应收账款转让给提供保理服务的金融机构以获取融资，通常又分为有追索权保理（resource factoring）和无追索权保理（non-resource factoring），采用无追索权保理可以达到应收账款出表的效果；资产支持证券（asset-backed securities, ABS），是一种债券性质的金融工具，可以将如应收账款等的金融化资产（基础资产池）信托给受托机构，由受托机构发行、以该基础资产池所产生的现金流或剩余权益支付本息，ABS 也可以帮助公司将应收账款等金融化资产转移出表等。这些供应链融资产品不仅有利于减少公司的营运资金占用，还有利于减少公司对表内融资的依赖，优化资本结构。

以现金周期较长的医药商业公司为例。在现金流入环节，医药公司可以利用应收账款保理业务，即在完成药品销售后，将对下游医院的应收账款转让给银行，从而提前获取现金；或是将应收账款质押给银行，获得质押贷款；也可采用保理池方式，银行授予一定期限内的应收账款保理额度，应收账款可以以旧换新，保理额度循环使用；另外，还可以利用ABS，以应收账款为基础资产发行债券，将应收账款出表，并提前收回资金等。在现金流出环节，公司可借助自身良好的商业信用和较低的融资成本，以到期日较长的银行承兑汇票或商业票据支付给上游融资能力较弱的中小型供应商，为其建立在银行办理商票贴现的融资渠道，这样既降低了供应商的融资成本，又可以使自身的付款账期延长至相应的商票期限，同时也不会增加自身的负债率，从而达到公司与供应商双赢的结果。实际上，很多商业银行都会为有需求的公司量身定制具体的供应链融资产品，产品设计上的创新也层出不穷，公司可通过与银行的合作、同时与上下游加强沟通，从多赢角度出发争取各方配合，发挥供应链融资产品的作用，尽可能加快现金周转。

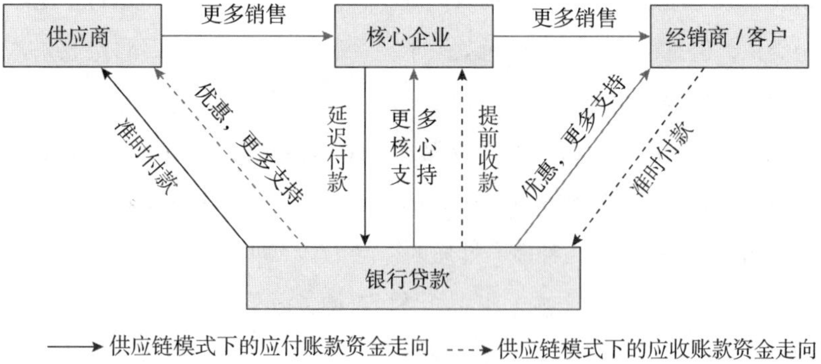

图 4–5　供应链融资的基本模式

案例：华润医药商业发行资产支持票据（根据公开信息整理）

华润医药商业集团有限公司是华润医药（3320.HK）旗下的医药商业板块，通过积极并购国内优质医药流通企业，快速形成了全国网络布局。截至2016年年末，其经营规模位居全国医药商业企业第二位，在全国19个省、直辖市、自治区拥有147家子公司，营销网络覆盖全国31个省、直辖市、自治区，与62 000多家下游客户建立了稳定的业务关系，包括二级以上医院4 200多家，其中三级医疗机构占比74%。

在中国医药流通行业，对下游医院终端的销售产生的应收账款通常具有较长的回款周期，超过对上游供应商药厂的采购货款的支付周期，因此给医药流通企业造成较大的现金流压力。随着华润医药商业销售规模的扩大，销售收入增加导致结算占款逐年上升，同时一些地区也加大了医院保证金的比例，导致近年来公司应收账款大幅上升。为减少营运资本占用、降低应收账款增速、改善经营性现金流，华润医药商业于2017年5月启动了资产支持证券项目（ABS）。

ABS是一种债权性质的金融工具，其向投资者支付的本息来自基础资产产生的现金流或剩余收益。华润医药商业所发行的ABS属于动态现金流资产支持票据，资产池中入池的基础资产是应收账款，共包含52户付款义务人对应的50 598笔应收账款，初始余额为人民币10.2亿元，付款义务人全部为国内公立三级甲等医院，分布于8个省及直辖市，期限18个月，固定利率，利息按年支付，本金到期一次性支付。

此次ABS发行的交易结构是华润医药商业将其合法拥有、依法可以转让并且符合合格标准的应收账款信托给受托机构，设立信托财产。受托机构以该信托财产为基础发行优先级和次级资产支持票据。资产支持票据采用固定利率的方式在银行间债券市场向机构投资者发行。交易采用循环购买的模式，频率为每三个月一次，委托人提供用于循环购买的基础资

表 4–2　交易主要要素

产品	华润医药商业应收账款一期资产支持专项计划优先级资产支持证券 01	华润医药商业应收账款一期资产支持专项计划优先级资产支持证券 02	华润医药商业应收账款一期资产支持专项计划次级资产支持证券 01	华润医药商业应收账款一期资产支持专项计划次级资产支持证券 02
发行量（人民币亿元）	17.614	1.468	1.468	0.42
期限（天）	549	549	549	549
计划起息日	2017/5/18	2017/5/18	2017/5/18	2017/5/18
到期日	2018/11/18	2018/11/18	2018/11/18	2018/11/18
年收益率	5.29%	5.50%	0%	无
利息种类	付息式固定利率	付息式固定利率	零息式	如果相应兑付日是优先级资产支持证券的预期到期日，在支付完税收、执行费用、专项计划费用、优先级资产支持证券的本金和收益、次级 01 资产支持证券的本金和收益后，根据剩余资金及其他专项计划剩余资产现状支资产支付给次级 02 资产支持证券持有人
付息方式	按年付息	按年付息	无	到期一次还本付息
发行价格（人民币元）	100	100	100	100
信用等级	AAA	AA	无	无
信用等级评定机构	中诚信证券评估有限公司			
委托人	华润医药商业集团			
受托机构	华润信托			
资产服务机构	华润医药商业集团			
资金保管机构	中信银行			
主承销商	上海浦东发展银行股份有限公司和中信银行股份有限公司			

产，受托人以资产池产生的回收款进行持续购买，对每笔应收账款以公允价值进行交易。

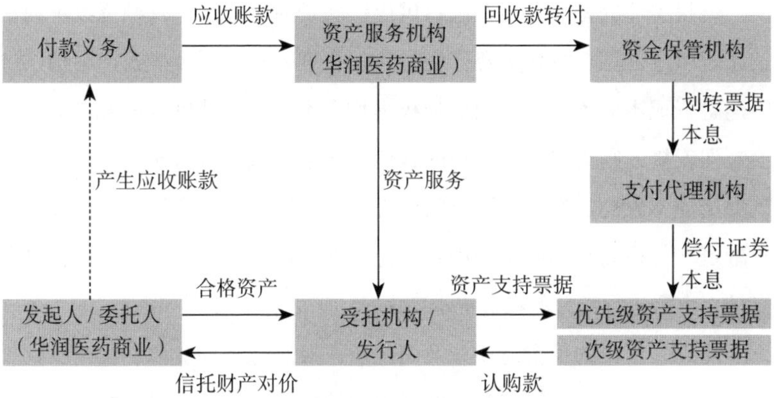

图 4–6 华润医药商业 ABS 交易结构

华润医药通过发行资产支持证券的直接融资方式，在融资成本可接受的范围内，实现了应收账款出表，减少了账面应收账款规模，达到了改善经营性现金流的目的。

此外，供应链融资还包括与存货相关的融资安排，或称为货权质押融资，简单而言，就是公司将其所拥有的货物作为融资担保，从而获取可用于经营活动资金周转的短期融资，包括仓单融资（公司以存货仓单作为质押，经过专业的第三方物流企业的评估和证明后，获得金融机构融资）、未来货权融资（公司尚未收到现货，但以拥有对存货的未来货权申请融资，以支付上游供应商的货款，这通常与公司的预付账款相关）等模式。公司以存货作为抵质押从而获得融资支持，是盘活存货的一种有效方式，有利于加快存货周转速度，降低存货对营运资本的占用。此外，与存货相关的融资安排，在不动产行业是一种更为常见的方式，如地产开发公司在获取土地存货后，可将土地使用权质押给银行，获取贷款资金后，再把资金投入开发建设，日后利用预售开发物业，回笼资金、归还贷款。

值得关注的是，公司在进行供应链融资时，还需进行融资成本的比较。若供应链融资将作为资产轻量化的长期安排，即改变资产结构，供应链融资成本应不高于公司的加权平均资本成本；若供应链融资只是作为短期安排，则需将其与公司的其他债权融资成本进行比较，如果供应链融资成本较高，在可融资空间允许的情况下，公司应优先选择其他债权融资。公司如利用固定资产及其他长期资产和长期股权投资进行融资安排，也需进行类似的融资成本考虑。

此外，公司的现金流还涉及固定资产及其他长期资产、长期股权投资等会计资产。对于固定资产及其他长期资产，公司根据需要可以采用抵质押方式获取融资，将增加融资性现金流入；也可进行融资租赁，或采用短期性经营租赁，还可调整商业模式，如将产品制造等环节外包，以减少投资性现金流出；并且对于其中的低效、非核心的固定资产，公司还可通过及时处置实现资金回笼，实现投资性现金流入，并间接减少融资性现金流入。这些都是增加现金流的有效方式。其中，短期性经营租赁、产品制造等环节外包等方式还可不用将相关资产纳入表内，从而减少投入资本占用。

对于长期股权投资，虽不参与公司日常经营周转，但也会对公司的现金流产生影响，包括进行投资时的资金投放、处置投资时的资金回收，都直接影响公司的投资性现金流，并间接影响融资性现金流；公司还应从自身整体现金流状况考虑，约束投资标的的派息政策，并在持有股权投资期间尽可能影响其派息安排，或合理关注投资标的的价值变动，维护其价值增加，以利于日后需要处置时实现资本利得，获取尽可能高的现金回报，从而增加投资性现金流入；公司根据需要还可将持有的股权投资进行质押以获取融资，增加融资性现金流入。由于长期股权投资不参与公司日常经营周转，因此在现金周期管理中不做重点讨论。

公司不仅要关注现金流入流出的动态效率，还要关注现金的留存环节。留存的现金包括库存现金和银行存款，公司应对留存现金的规模有合理控制，在保障资金安全性和流动性的基础上，尽可能减少留存现金并提升资金收益。公司可以采取的管理措施包括：规范库存现金的收付范围，核定附属公司的现金留存限额；综合考虑资金来源和使用计划、资金规模、融资关系管理需要等因素，合理确定银行存款种类和相应规模，以及存款机构、期限、利率等；并定期分析银行存款分布和流入、留存信息，加强对银行存款的监督和管理；还可分析现金余额占营业额的比率，通过与行业平均水平及标杆的比较，评价公司现有的现金余额是否合理。为了提高对留存现金的有效管理，除了以上日常管理措施外，在集团化企业中，一种有效方式是将资金集中起来进行统一调配或使用，即资金集中管理，这将在下一节中进行详述。

第四节　集中管理，放大效益

管理心得

资金集中管理是提高整体现金周转效率的重要途径。

通过资金集中管理，实现总部对附属公司现金的统一调配和运用，有利于增强资金保障能力、降低资金风险、提高资金使用效率。

将分散的低效现金资产集中利用所带来的效益放大作用，可以用蚂蚁金融服务的支付宝之类第三方支付模式来直观理解。简单来说，支付宝就是在网上连接买卖双方之间支付和收款行为的独立第三方，发挥信用担保和代收代付的作用。买方购买商品后先将款项汇到支付宝这一第三方账户上，待买方收到商品确认无误后，支付宝才会将款项汇到卖方账户完成整个交易。在此过程中，买方实时付款，但是支付宝支付给卖方的款项则存在滞后或者按一定周期结算。换句话说，支付宝是将分散在各个买方用户的资金集中起来并占用一段时间，虽然单笔金额可能不大，但是集中起来的资金沉淀可以说是惊人的。假设有 2.3 亿的买家用户，人均日交易额 18 元，年交易量就可达 15 420 亿元，同时卖家的收款账期假设为 10 天，那么支付宝的日均资金流量就大约有 43 亿元，日均沉淀资金将超过 300 亿元规模。倘若只是将这些沉淀资金存在银行，按一年定期存款利率 4.35% 计算，其产生的利息收入约有 13 亿元。因此可见，资金集中后可以创造相当明显的直接收益。

对公司而言，尤其是有较多附属公司的集团化企业，如果资金分散在各个附属公司，除了无法实现资金集中带来的规模收益外，还可能会造成哪些问题呢？首先，可能各个附属公司的现金余缺不均，有的公司虽有现金盈余但自身缺乏发展机会，只能让现金留存在账面上，同时有的公司却资金偏紧、融资困难，但这些公司彼此之间缺乏有效调配资金的手段；其次，若总部有大量贷款，但集团的资金却主要沉淀在附属公司，总部无法调用，那么对集团整体来说，就可能造成存贷双高以及财务成本高企的现象；还有，可能造成银行账户众多的问题，导致管理难度加大，总部对附属公司的资金信息缺乏准确和实时的掌握，增加了管理风险；此外，由于资金无法统筹调配，也就无法制订有效的资金计划或现金预算等。这些问题都会对集团整体的资金使用效率造成较大影响，降低整体的资金保障能力，并增加资金风险。

由于实行资金集中管理可以显著改善资金分散状态下产生的一系列问题，并能产生明显的效益，因此集中化已经成为集团化企业资金管理的基本模式。例如在本章第一节中所举的 SABMiller，在全球不同区域建立资金池，对区域内的业务单元实行定时或不定时、零余额或留余额的归集，就是跨国公司进行资金集中管理的典型方式。资金集中包括现金及与现金相关的结算、票据和理财的集中管理。其中，**现金集中管理是资金集中管理的核心，在现金集中的基础上还可进一步实现结算、票据和理财的集中**。由于不同公司所处行业和业务特点不同，管控要求、人力资源配置以及银行关系和对银行服务依赖程度等管理要素也存在差异，因此适用的现金集中管理模式也会有不同。例如：对于库存现金量较多、对当地银行上门收款、零钞配送等服务依赖较高的公司，则可能需要采用不定时归集、不定时下拨的管理模式；对于资金业务量不大、对银行服务依赖程度较低的公司，可以采用定时归集、定时（或不定时）下拨的管理模式；对于与供应商单笔交易金额较大、资金操作风险较高、总部要求对附属公司有较高管控力度的公司，可以采用定时归集、代理支付的管理模式；对于有条件实现较高的资金集中程度，而同时对于付款效率又有较高要求的公司，则可以采用实时归集、联动支付的管理模式见图 4–7。在设计现金集中管理模式时，公司需要考虑**现金集中平台公司的选择、账户设置、归集下拨方式、计息管理**等内容。有关如何确定现金集中管理模式，以及如何进行理财集中、票据集中和结算集中的基本方法，可以参考附录 4A。

对于存在跨境资金业务，或是同时拥有多个资本结构独立公司（如上市公司）和资本结构非独立公司（如全资企业）的集团化企业，资金集中管理在基本的归集下拨等方法基础上，还可以在不同层面上采取措施，达到提高资金集中度的目的。关于跨境资金业务，由于存在一定资本管制约束，总部可以通过搭建境内、境外资金集中管理平台，分别实现境内、境外资金集中，并在条件许可时实现跨境资金集中。对于资本结构非独立公司，可以搭建统一的资金管理系统平台，由总部直接负责集中管理；对于资本结构独立公司，则可以争取少数权益股东的支持实现跨公司的资金流动，或是采取本章第二节中介绍的派息管理方式实现资金归集；对于资本结构独立的上市公司，还可争取建立跨上市公司互贷机制，打通上市公司之间的资金壁垒，实现资金跨上市公司的调配。

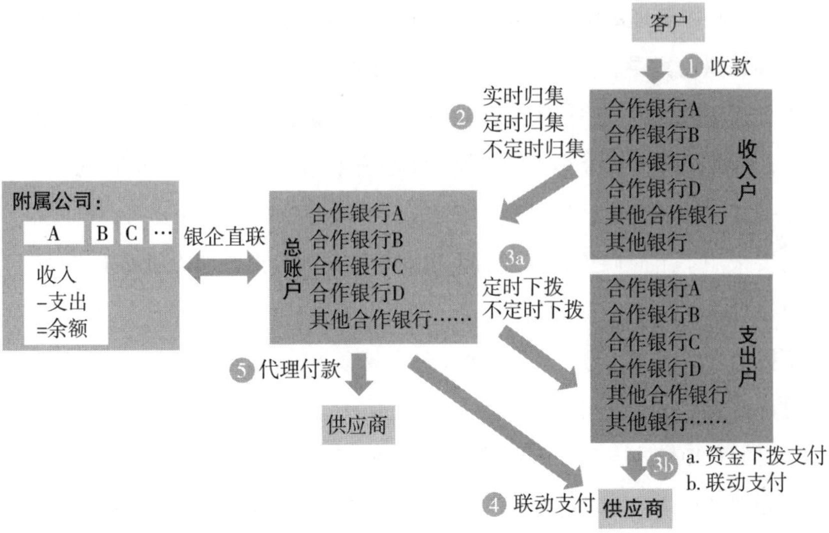

图 4–7　资金集中管理基本模式

管理指标：

资金集中度 = 附属公司在资金中心的存款余额 /（附属公司在资金中心的存款余额 + 附属公司未归集至总部的银行存款余额）

资金集中度反映公司的现金周期和资金集中管理效率。现金是回报较低的资产，总部对现金的统一调配和运用能力不足，资金在下级附属公司沉淀较多，无法快速投入公司的日常运营和投资活动，将降低资金使用效率，增加资金风险，影响资金保障能力。

资金集中管理通常需要依托信息系统进行，因为信息系统可以极大地提高资金归集所需要的上收、下拨等大量工作的效率。而建设资金管理系统，同时也是对资金业务管理流程的梳理和规范，有利于改进资金管控模式、防范资金风险、提升资金管理水平。资金管理系统一般包括资金监控、账户管理、资金计划、信贷管理、票据管理、资金结算、资金对账、存款管理等功能（见图 4–8）。根据公司规模大小、业务复杂程度等情况的不同，公司建设资金管理系统有不同的路径选择：对于规模相对较小、业务不是很复杂的公司，可以寻找合作银行，直接依托银行的技术、系统和人员进行资金集中管理，或者向第三方专业公司购买合适的产品；对于规模较大，业务较为多元化和复杂、且也有能力和意愿投入成本和人力的公司，则可以结合自身的信息系统架构和业务需求，采用个性化的系统实施方案，以自建为主的方式更好地满足自身特殊的管理需求。

案例：A 集团资金管理模式

A 集团自 2001 年实业转型后，实现了业绩的高速持续增长。由于业务的快速扩张需要投入资本的持续增加，集团对现金流的需求一直保持高位。在 2009 年之前，A 集团的资金管理处于分散状态，随着规模的不断增大，内部资金分散管理造成的整体存贷双高、资金效率低下、资金信息不透明、缺乏有效风险管控手段等问题越加突出，资金管理的模式、水平和力度无法与业务的快速发展、组织架构及经营地域的扩大相匹配。鉴于此，A 集团于 2009 年正式启动资金集中项目，并根据集团组织架构及行业特点，先后实施了业务单元内部资金集中管理、跨上市公司互贷、跨境资金池项目，有效提升了资金管理效率及资金风险管控水平，直接为公司创造了价值。

推进资金集中管理

2009 年，A 集团启动资金管理项目。由于业务多元化且主要业务单元

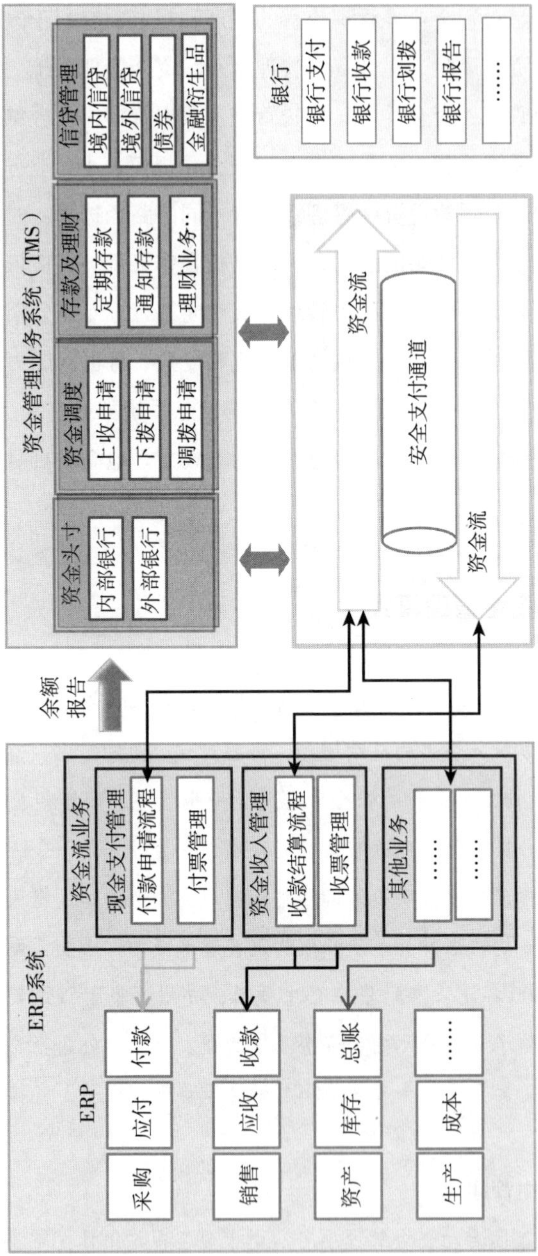

图 4-8 资金管理系统技术架构示例

为独立上市公司，因此A集团采取“统一规划、分步实施”的策略，集团总部整体统筹规划推动，以业务单元为主体推进实施。在2009—2014年的建设过程中，A集团主要以资金系统为抓手，分别实现了业务单元境内、境外资金的集中管理，在业务单元层面共建立了22个境内资金池和14个境外资金池；在资本结构独立业务单元实现资金集中管理的基础上，进一步实现集团总部对非上市的资本结构非独立业务单元的资金集中管理。

通过资金集中管理项目，A集团整体资金集中度和使用效率有了明显提升。截至2015年年末，集团整体资金集中度接近90%，内部贷款余额达900多亿港元，若按一年期存贷利差2%粗略估算，每年可节约财务费用约10亿港元。同时，集团利用资金系统实现了各层级企业、全部资金关键业务（现金、信贷、票据、理财）的全覆盖，2 600多家实体企业、12 000多个银行账户上线资金系统，公司及银行账户上线率均达99%以上，现金、信贷、票据、理财等资金业务数据定期完整录入到资金系统，通过资金系统可实时查询各层级公司多层次、多维度的资金信息，实现了资金信息的全面集中；并且，资金支付环节的逐级审批流程和不相容岗位的分离要求等规范化的资金支付管理流程被固化入资金系统，有助于提升风险监控水平和资金决策效率。

建立跨上市公司互贷机制

虽然上市公司内部实现了资金集中，但上市公司间仍存在资金壁垒，无法实现资金自由调配流动，资金使用效率仍然受限。2010年，A集团启动了为期三年的跨上市公司互贷资金安排，其在香港的几家主要上市公司于2010年年底获批互贷安排，可在互贷限额内向同系公司拆借或存放资金，实现了跨上市公司之间的资金余缺调配，以及上市公司通过A集团下属的银行、信托公司进行存款及理财业务。

通过互贷安排，A集团打通了下属各上市公司之间的资金壁垒，实现了资金的跨上市公司流动，总部和各业务单元之间资金可相互应急备用、相互支持、灵活调动，相当于拓宽了融资渠道，化解了总部及业务单元的流动性风险，并提升了集团整体抵御风险的能力。自跨上市公司互贷机制建立以来，业务单元互贷业务累计拆放资金超过200亿港元，累计节约财务成本约1.8亿港元。

搭建跨境资金池

受制于国家对资本项下跨境资金调配的管制，A集团的境内外资金管理处于割裂状态。在人民币汇率双向波动幅度加大、贬值风险加剧以及集团整体人民币现金、外币有息负债余额逐年上升的背景下，跨境统筹管理现金及融资的重要性尤为突出。2014—2015年，集团总部及业务单元的7个跨境人民币资金池和1个跨境外币资金池陆续全部获批，为实现境内外现金和融资的统筹管理奠定了基础。

借助跨境资金池的建立，业务单元得以在核定的额度范围内跨境自由快速调配资金，统筹安排境内外现金头寸和融资，有利于合理控制现金余额及有息负债规模，缓解存贷双高的问题，并为境内外一体化流动性管理提供了有效手段，降低了币种错配带来的汇率风险；并且，业务单元可以改变过往境内外融资相对独立的做法，能够统筹考虑境内外融资，以涵盖利率、汇率和税盾因素的综合融资成本，有利于提升融资的有效性。

在管理实践中，在一个附属公司较多的集团化企业中推行资金集中管理其实面临诸多挑战，需要公司自上而下强有力的推动，其中有一些超越了现金管理本身，涉及打破公司组织壁垒和强化管控力度，以及转变管理理念和文化等更深层次的问题。集团规模越大，越是需要克服既往个体权责范围的观念，要能站在更高层面，从价值创造的角度来看待现金管理，对整体利益和局部利益、当前利益和长远利益、业务政策和财务政策等进行统筹考虑与协调。因此，在推行资金集中管理的过程中，除了从财务管理角度选择合适的模式和手段外，还需要配合充分的理念宣贯和培训，通过积极沟通争取内外部利益相关方的支持与配合，以实现对业务流程进行有效调整，并将资金集中管理的要求变成公司内部的制度规范，同时加以必要的考核评价手段，真正使得资金集中管理在各层级公司落地操作，实现现金管理的价值创造作用。

第五节　存量现金分类管理

管理心得

公司持有的现金是公司投入资本的组成部分，应对现金持有量进行积极管理，提高现金使用效率，降低现金占用水平。

公司的现金持有量通常由受限现金、最佳现金持有量和盈余现金构成，公司应持续降低受限现金，合理安排盈余现金，以优化现金持有量，提高现金使用效率，减少现金占用和投入资本，提升公司价值。

在资金集中的基础上，公司需要考虑存量现金的管理。公司持有的现金余额是否合理，对现金效率也会有较大影响。现金是公司投入资本的组成部分，其本身回报率不高，若现金持有量过高，会降低现金使用效率，增加公司占用资本，影响公司的回报水平；若现金持有量过低，则会增加公司的经营风险和流动性风险，并可能错失投资机会。现金持有量是否合理，影响公司的投入资本和风险水平，从而影响公司价值。因此，如何确保公司持有合理的现金余额，是公司价值管理的一个重要议题，需要有全面的考虑和科学的规划。

假设一家公司账面上有 5 000 万元现金，如何判断这个现金余额是否合理？一个有用的思路是，可以把这些现金余额按照性质和用途进行分类。例如：这家公司有 200 万元的专项资金或受监管资金，以及 100

万元的承兑汇票保证金，这部分现金是公司在一定时期内无法自由支配的，可以称之为**受限现金**；公司还有 1 200 万元用于日常经营活动、100 万元用于支付固定资产更新改造等经常性资本支出、300 万元用于支付到期利息，以及持续保有 800 万元现金随时应对计划外支出，这些合计 2 400 万元的现金，在一定时期内能满足公司正常经营需要的最低现金余额，可以称之为**最佳现金持有量**；此外，公司还持有的其余 2 300 万元现金，计划用于股息支付（假定之前并无约束性规定）和战略性资本支出，这些现金不参与公司的经营活动，可以称之为**盈余现金**。在明确受限现金、最佳现金持有量、盈余现金这三类现金持有量余额的基础上，就可以根据其各自的影响因素和管理需求分别评估合理的余额范围，针对性地采取管理措施，以达到优化现金持有量的目的。下面将分别介绍这三类存量现金的管理思路。

	现金组成	金额（百万元）	占比
受限现金	专项资金或受监管资金	2	4%
	承兑汇票保证金	1	2%
最佳现金持有量	生产经营现金	12	24%
	经常性资本支出	1	2%
	利息支付	3	6%
	预防性需求	8	16%
盈余现金	股息支付	14.5	29%
	战略性资本支出	8.5	17%
	合计	50	100%

图 4–9　某公司账面现金余额分类

受限现金

受限现金主要是因监管政策、行业特性、融资条件等影响因素而形成。受监管政策影响而产生的受限现金包括银行对资金用途实行监管的贷款资金、外汇管理部门对境外资本金实行监管的未结汇资金、支出用途受限的政府补贴款；受行业特性影响而产生的受限现金有地产行业的受监管销售回款、拆迁保证金、按揭保证金，煤炭等矿产行业的安全生产保证金，零售行业的发售预付卡保证金等；受融资条件影响产生的受限现金主要包括开立银行承兑汇票、信用证、保函等需要缴纳的保证金。由于受限现金主要是以收益率较低的活期存款或定期存款形式存放在公司账上，属于低效资产，会对公司价值产生负面影响，因此公司**应尽量降低受限现金**。

为了尽可能降低受限现金余额，公司应对受限现金进行统一管理，可以以管理台账的形式定期统计整体受限现金的金额、种类和受限解除条件等信息。在此基础上，对于受不同因素影响而形成的受限现金，公司可在监管允许的情况下，通过具备更高议价能力的统一谈判以加强与相关外部机构沟通，争取一些可能的替代性措施（如采用银行保函），减少受限现金规模或放宽受限现金的使用条件，同时，在内部管理中提高资金计划的匹配度，积极准备受限现金限制解除条件，及时将受限现金转化为可自由支配的现金。对于实在无法解除的受限现金，公司在合规的情况下，还可考虑将受限现金投资于收益率相对较高的银行产品，以提升受限现金收益率。

最佳现金持有量

在受外部因素影响而不得不保留一定受限现金余额之外，公司持有现金最重要的目的就是满足正常经营活动的需要，包括由公司经营活动、经常性资本支出和利息支付而产生的经常性需求，以及公司在正常经营活动中为应对计划外支付而产生的预防性需求。当公司的现金持有量恰好满足经常性需求和预防性需求时，现金效率是最高的，因此被称为最佳现金持有量。在实际中，最佳现金持有量通常会根据业务情况上下波动，从而形成最佳现金持有量区间。**合理确定现金持有量余额，对于公司准确评估盈余现金规模，合理安排盈余现金，提升现金使用效率都有积极意义。**

最佳现金持有量受一系列内外部因素的影响，内部因素包括行业的季节性、现金预算水平、现金集中管理的效率以及现金收付款的时间适配性等，外部因素包括宏观经济环境、融资环境及银企关系等。公司可以建立一定的测算方法和机制，定期测算最佳现金持有量水平。例如：现金预算法，即利用现金预算工具，制定合适的预测期间、预测周期以及滚动预测频率，根据收支需求确定期间内合理的最佳现金持有量；现金周期法，即可根据测算期现金需求总量和现金周期测算最佳现金持有量；历史余额法，即参考历史现金余额的规模及构成，测算当前的最佳现金持有量；行业标杆法，即可选择在公司治理、现金管理等方面表现优秀的企业作为标杆，参考标杆企业的现金持有量水平测算最佳现金持有量（这几种现金持有量测算方法的适用情形及优缺点可参考附录 4B）。公司应定期检讨最佳现金持有量区间并根据影响因素变化进行动态调整，同时通过提高现金预算准确性、加强资金集中管理、缩短现金周期、提升收付时间的匹配程度、利用内外部流动性支持机制、增强对融资环境变化的应对能力等管理提升措施，持续降低最佳现金持有量水平。

此外，若公司已经实现资金集中管理，从整体的角度，附属公司原则上不需要为应对预防性需求保留现金，而应由总部进行统筹考虑。在一些集团化企业中，集团总部应建立短期流动性支持机制，附属公司发生流动性风险时可以向总部申请临时资金支持，从而可以从整体上减少预防性现金余额。

盈余现金

公司持有的现金在明确了受限现金余额和最佳现金持有量余额之后，其余部分就属于盈余现金余额。盈余现金没有投入公司日常经营活动，若长期停留在公司账面上最多只能产生一次性的理财收入，不能反映公司的经营获利能力且不可持续，还增加了投入资本，影响公司的资本结构和投入资本回报水平的真实反映，对公司价值的提升没有帮助。

原则上，公司应尽量减少盈余现金，避免因现金使用低效而降低公司价值。因此，**当存在盈余现金时，公司应及时对其进行合理安排，以提高现金使用效率**。在短期内，公司应对盈余现金进行统一管理，或经授权购买短期理财产品以提高现金收益。长期而言，盈余现金可为优化资本结构及资产配置提供资金来源，例如：用于发放内部贷款，可以调节集团内的资金余缺；用于偿还债务本金、派发股息、回购股权或减少资本金，可以优化资本结构；用于战略性资本支出，可影响公司未来的自由现金流等。可见，盈余现金的合理使用，可以对公司价值产生提升作用；反之，若不对盈余现金进行有效使用，只能获得低回报，则相当于损毁公司价值。

既然盈余现金会影响公司价值，那么公司在进行并购或出售股权时，就需要关注盈余现金对交易估值的影响。在收购股权时，若被收购的公司账面上有大量超过正常经营需要的现金，收购后相当于把现金收回，实际降低了交易对价。例如，根据公开信息，2000 年 11 月，华润创业以 23.9 亿港元私有化香港上市食品公司五丰行（0318.HK，后退市）46.6% 的股份，收购价定为 4.9 港元 / 股，参考市场接受度较五丰行最近前一个交易日收盘价溢价约 30%，较 1999 年 12 月 1.86 港元 / 股的账面值溢价 155%，对流通股股东而言，这样的收购价无疑是相当有吸引力的。但实际上，当时五丰行账面上有 23.8 亿港元现金，华润创业利用过渡性资金进行收购，私有化完成后，五丰行的现金可以全部由华润创业自由调动。华润创业几乎无须动用太多资金就可以完成私有化。换言之，该交易可以说是一宗零资金投入的交易。在出售股权时，公司应考虑按照市场接受程度及估值方法影响等因素，将现金余额调整至合理水平，以充分实现股权价值，如在本章第二节中提到某资产注入交易中的派息安排，就属于该种类型的做法。

对现金持有量进行分类管理，是降低现金余额的有效方法。公司可以根据实际情况，建立合适的现金持有量优化的评价机制，利用受限现金比率、最佳现金持有量对营业额比率、盈余现金对现金余额比率等指标，对各类现金持有量的规模进行持续监控和分析，不断提升现金持有量管理水平。

管理指标：

现金余额对营业额比率 = 现金余额 / 营业额

现金余额对营业额比率反映公司现金持有量管理水平，表现为一定时段内公司现金存量占营业额的比例。

现金余额通常由受限现金、最佳现金持有量和盈余现金构成。由于现金是低效资产，原则上，现金存量过高会降低现金使用效率，增加公司投入资本，影响公司回报水平。公司应在考虑受限现金的基础上，合理安排盈余现金，并动态调整、优化最佳现金持有量，以提升现金存量的使用效率。

盈余现金对现金余额比率 = 盈余现金余额 / 现金总额

盈余现金对现金余额比率反映公司现金持有量管理水平，表现为一定时期内不参与经营活动的现金占现金总额的比例。

盈余现金不参加公司经营活动，影响资本结构和资产回报的真实反映，其用于理财产生的收益也不反映可持续的经营获利能力，不能持续增加公司价值。从长期来看，公司应尽量减少盈余现金；短期内存在的盈余现金，可用于资本结构优化或资本性支出，也可进行集中统一管理。

第六节 用好现金预算工具

管理心得

现金预算是公司业务战略的落实工具，用于支持行动计划的执行。

现金预算反映公司预算期内现金创造的实现过程和现金管理产生的资金效率，以及资产配置与资金筹集的实施方案。

公司的持续经营伴随着现金的持续流动。随着业务规模的扩大，现金流的变化会越来越大且越来越复杂，如何系统地把握好现金流入、流出和留存的节奏，平衡业务战略资金需求与财务资源约束，有效防范流动性风险的问题也就越加突出。现金预算是公司从管理能力角度应对这些问题的有效工具，公司可以通过应用现金预算，实现财务决策的有效制定和财务资源的优化配置，防范资金风险，从而支持公司业务战略的执行，提升公司价值。

价值管理体系中的现金预算较传统预算的最大不同，在于更加强调作为公司业务战略落实的工具。**公司通过将业务战略细化为战略目标和评价指标，同时为评价指标确定目标值，并针对阶段性目标值拟订相应的行动计划，进而依托行动计划进行财务资源分配，形成现金预算**。具体来说，为支持行动计划的执行，公司需要分别编制经营预算（operating budget）和资本预算（capital budget）。经营预算属于公司的经常性预算，或称为内涵式预算，是假定现有的业务战略、运营能力等未发生重大变化，公司继续维持正常经营的财务资源分配及相关的财务影响，这就与公司的历史形成可比。资本预算又可以分为经常性和战略性：经常性资本预算实际上就是指公司的经常性资本支出，属于内涵式预算的延伸，公司应视同经营预算进行管理；战略性资本预算是公司根据战略导向所进行的财务资源分配，属于外延式预算，包括投资、并购、资产重组或显著提高经营能力等所需要的战略性资本支出及其所产生的相关财务影响，这里既要考虑项目单体（stand alone）的预期经营情况，也要考虑在市场、成本、融资等方面预期可能产生的协同效应（synergy）。经营预算和资本预算综合起来就形成现金预算，最后以此为基础编制预计财务报表，即预计利润表、预计资产负债表和预计现金流量表。可以说，编制现金预算的过程实际上是公司主动进行战略细化、价值管理和相应资源分配的过程，而预计财务报表则是现金预算形成之后公司预计的经营成果、财务状况和现金流量。

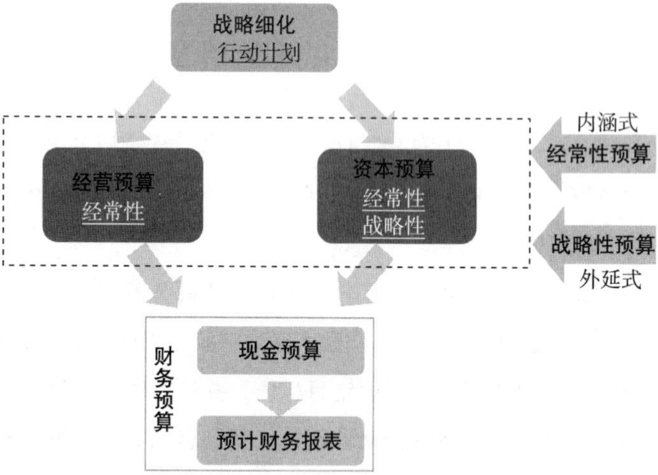

图 4–10　现金预算是公司业务战略的落实工具

现金预算虽然是以财务数据的形式呈现，但一个好的预算体系却应该是公司看业务、讲战略、重过程、促执行的一体化管理体系，能比其他管理工具更好地细化战略，将有限的财务资源分配到具体的行动计划中，为行动计划的落地提供保障，发挥以业务战略驱动资源分配、以资源分配促进计划执行的作用。预算体现公司面向未来的管理思路，而价值是公司未来现金流的折现值，因此预算与公司价值的各个关键驱动因素都有密切关系，反映公司预算期内现金创造的实现过程和现金管理产生的资金效率，以及资产配置与资金筹集的实施方案，在保证资本结构合理的前提下有效结合融资安排和战略性资本支出，实现业务战略和公司财务资源约束的动态平衡。在预算体系中，预计财务报表是制定预算过程最终的呈现结果，现金预算则是预算形成过程中的管理工具，以季度、年度及中长期现金预算和现金滚动预测方式持续对公司未来一段时间内经营活动和财务资源分配进行预测和分析。

编制现金预算的基本思路体现公司的资本结构、现金创造、现金管理、资金筹集及资产配置相互影响并形成资金流动的完整循环过程。进行年度及中长期现金预算的主要目的是通过预测公司现金创造能力和资金筹集能力，将经营、投资及融资活动有效结合，在财务资源约束条件范围内，防范财务风险，使业务战略得以落地并及时调整；季度现金预算主要用于公司的流动性管理，以平衡现金收支、调剂现金余缺；现金滚动预测是公司根据现金预算的实际执行情况和客观影响因素的变化，定期对预算实施滚动更新的过程。现金预算是在经营预算和资本预算的基础上编制，编制步骤包括：

（1）根据公司的受限现金和最佳现金持有量情况预计合理的期末现金余额；

（2）根据经营预算和经常性资本支出预算，确定预算期内的现金收入、现金支出和经常性资本支出净额，预计预算期内经常性自由现金流；

（3）根据公司预算期内经常性自由现金流，在考虑期末预计与期初实际现金余额差异的基础上，并在满足现金付息和现金派息之后，预计公司的可自由支配资金；

（4）根据公司的业务战略与行动计划，结合融资环境和可融资空间的约束，拟定预算期内可支持的战略性资本支出；

（5）根据可自由支配资金、到期债务规模和战略性资本支出需求，考虑融资环境及可融资空间的约束，确定融资活动现金流入与流出；

（6）根据业务战略和行动计划执行过程中实际情况的变化，对现金收支情况进行更新 / 滚动预测，以预测总有息负债率、总有息负债对息税折旧摊销前利润比率等指标，并通过主动管理资本结构，使其维持在最优区间。

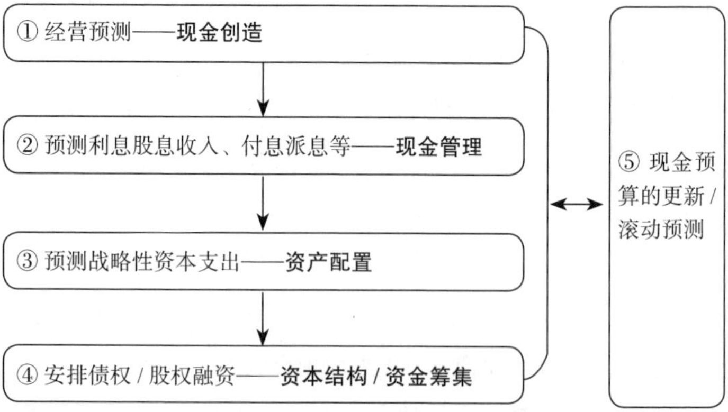

图 4–11　现金预算编制步骤

有关年度及中长期现金预算和季度现金预算编制模板可参考附录 4C。

价值管理下的预算体系是以战略细化的评价指标之目标值为出发点，为达到阶段性目标值所拟订的行动计划提供财务资源支持，从而保障业务战略的落实。通过这个过程最终形成的财务预算实际突破了传统的范畴，体现了鲜明的战略导向，形成了完整的行动计划体系，并在战略细化中发挥关键作用，相关内容在本书第八章有关战略导向的部分中还将有所阐述。

因此，价值管理下的预算不仅是一般性的财务安排，还是战略细化的重要环节，是业务战略的具体落实；预算不再是业绩评价的直接主体，而是行动计划的执行保障，是战略驱动的资源分配；预算也不再是框住业务部门进取行为的静态目标，而是战略导向的过程控制，是公司整体各个部门、各个层次不断思考业务战略和校准行动计划的动态过程。在此过程中增进沟通学习，激励问题解决和提高整体适应性，以此推动战略执行与目标值达成。预算体系所承载的业务战略与行动计划及其所反映的执行思维和价值追求，是一个企业成长的重要助力。因此，**一套行之有效的预算机制，不仅有助于公司更好地达到预定的战略目标，更重要的是有助于增强公司的执行力，为公司的可持续发展打下坚实的管理基础。**

小　结

现金管理是一个持续的管理过程。满足债权人和股东现金回报的要求，是现金管理的基本行为。公司应按时足额支付利息，并合理安排派息。其中，派息政策需要兼顾股东现金回报要求和公司未来发展需要，具备一定的市场信息传递作用，派息同时也是优化公司资本结构的一个有效工具，能对公司价值的提升直接产生影响。

现金周期管理和资金集中管理是现金管理的核心。现金创造环节的营运资本管理与现金管理环节的现金周期管理，都是为了减少资本占用，提升现金周转效率。营运资本管理更多是从业务角度，通过商业条款上的设计，以管理应收账款、应付账款和库存；而现金周期管理更多是从财务角度，对与现金流相关的资产进行有效安排，通过利用金融工具等达到缩短现金周期的目的。二者结合起来是完整地从业务与财务的角度，对投入资本进行轻量化管理，以提升公司回报水平，进而提升整体价值。

资金集中管理是对公司现金、票据和理财的集中，是对公司存量现金的有效管理方式。通过资金集中既能获得集中带来的规模效益，也能显著改善资金分散状态带来的现金余缺不均、存贷双高、预算不准确等问题，对减少公司资金沉淀、提升资金使用效率、防范资金风险都有积极意义。搭建资金集中池、增强派息管理、建立互贷机制等都是公司可以用于提升资金集中度的手段。

对现金持有量进行分类管理，是对公司存量现金的另一种有效管理方式。现金持有量分为受限现金、最佳现金持有量和盈余现金。公司的管理目标是在满足日常经营需要的前提下，尽可能降低现金占用水平，因此需要争取降低受限现金的金额，测算并实施最佳现金持有量区间，保持现金的合理余额。对于其余不参加公司经营活动的盈余现金，通过合理安排可以用于减少外部融资，作为公司优化资本结构和资产配置的资金来源。

现金预算是现金管理的过程工具，核心作用在于推动业务战略细化及行动计划执行。公司运用预算机制，完整把握资金流动的循环过程，动态平衡业务资金需求和财务资源约束，并增强公司的学习与沟通，提升对内外部变化的适应性，体现公司面向未来的管理能力。

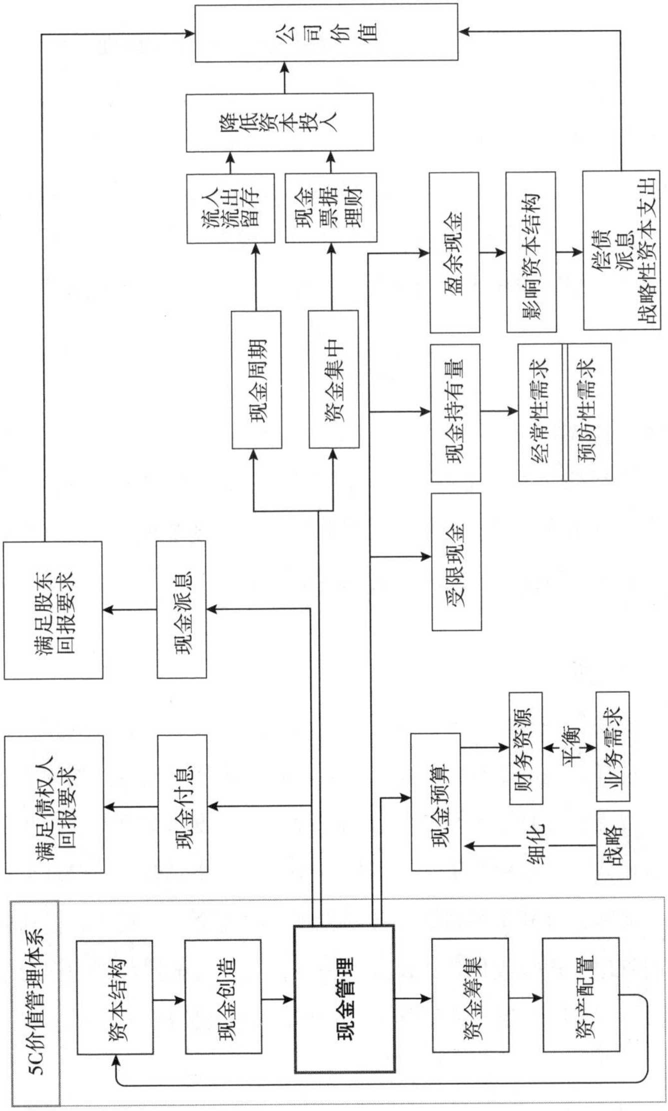
公司价值
降低资本投入
流入
流出
留存
现金
票据
理财
现金周期
资金集中
盈余现金
影响资本结构
偿债
派息
战略性资本支出
现金持有量
经常性需求
预防性需求
受限现金
满足股东
回报要求
现金派息
满足债权人
回报要求
现金付息
现金预算
财务资源
平衡
业务需求
细化
战略
5C价值管理体系
资本结构
现金创造
现金管理
资金筹集
资产配置

图 4–12　现金管理小结

附录 4A：资金集中管理工具与方法

资金集中管理的方法分为现金、理财及票据的集中管理。

一、现金集中

公司应在充分考虑行业特点、管控要求、人力资源配置、银行系统功能等管理要素的基础上确定现金集中管理模式。公司在设计现金集中模式时应关注现金集中平台公司选择、账户设置、归集下拨方式、计息管理等内容。

1. 平台公司选择

公司应在综合考虑税务优化、融资功能等因素的基础上选择合适的现金集中管理平台公司，用于开展对附属公司的现金集中管理。平台公司原则上应为境内投资性公司和境外融资主体公司。

2. 账户设置模式

公司应根据现金归集下拨方式确定收支分开或收支合一的账户设置模式，并选择合适的银行账户用于平台公司与附属公司之间的现金归集与下拨。收支分开是指附属公司分别开设收入及支出结算账户用于现金收付款的模式。在该模式下，公司银行账户数量相对较多，但现金流入流出信息清晰，有利于加强资金计划管理。收支合一是指附属公司银行账户可同时用于现金收付款的模式。在该模式下，虽然公司的银行账户数量相对精简，但不利于对现金流入流出信息进行监控。

3. 归集下拨方式

（1）资金归集。

①归集方式：可分为银行自动归集和公司主动归集。公司应优先选择银行自动归集方式，以减少业务差错、防范操作风险、提升归集效率。

②归集频率：银行自动归集按频率可分为实时归集与定时归集。在实时归集频率下，附属公司现金收入除保留事先设定的留存余额外实时归集至平台公司，归集效率最高，但平台公司与附属公司对账及会计处理的工作量较大。在定时归集频率下，附属公司现金按日内固定时间、日、周、旬等周期归集至平台公司。归集周期较短的方式下，现金归集效率较高。定时归集时，公司可根据附属公司对当地银行服务的依赖程度选择日终归集或日初归集。在日初归集方式下，附属公司账户在当地银行账户保留一日的现金余额。

③留存余额：附属公司归集后留存余额可根据银行系统功能选择零余额、限额或固定比例余额。公司应根据业务特点和管控要求，选择合适的留存余额。

（2）资金下拨。

①下拨方式：可分为按计划下拨、按申请下拨、联动支付下拨及代理支付。

按计划下拨是指总部以附属公司提交的资金计划为依据，将资金下拨至附属公司。对于计划外付款需求，附属公司应重新提交资金计划向总部报送下拨申请，总部审批后将资金下拨至附属公司。

按申请下拨是指总部以附属公司提交的下拨申请为依据，将资金下拨至附属公司。采用按申请下拨的公司应加强资金计划管理与考核，以利于总部开展流动性管理。

联动支付下拨根据附属公司的每次付款申请将现金下拨至附属公司账户并实时完成对外付款。

代理支付是指附属公司在资金管理系统内向总部发起用款申请，经审批后由总部直接向供应商支付款项，同时系统自动将总部的付款账户信息替换为附属公司账户信息。在代理支付模式下，总部统一管理附属公司现金付款业务，可加强总部管控力度，降低资金操作风险，且附属公司无须另行开立支出账户。但在该模式下，总部应强化人力资源配置，以保障附属公司支付时效。

②下拨频率：可分为实时下拨、定时下拨、不定时下拨。

实时下拨是指采用联动支付模式的公司，总部在收到附属公司下拨申请后，实时下拨现金并对外付款。

定时下拨是指总部根据资金计划按日、周、旬等周期，定时将现金下拨至附属公司。

不定时下拨是指总部根据附属公司的下拨申请，不定时下拨资金。

公司应提高资金计划的准确性，尽量减少计划外的不定时下拨，以避免影响总部流动性管理。

4. 计息管理

现金归集与透支业务产生的利息收入涉及所得税和增值税等。公司应加强现金集中的计息管理，合理设定计息规则。通常，现金集中计息规则有以下三种。

（1）归集存款、透支均不计息。

总部对附属公司的归集存款以及对附属公司的透支均不计息，采取挂往来账的方式进行账务处理。若归集存款及透支余额较大或挂账时间较长，公司需适当关注可能引起的税务风险。

（2）归集存款、透支分别计息。

公司可参考市场存贷款利率水平，对附属公司的归集存款、透支分别计息。

（3）归集存款和透支轧差计息。

为降低税务成本，公司还可对归集存款和透支轧差计息。公司每日计算附属公司的归集存款和透支余额，按月度或季度轧差归集存款和透支余额，并对轧差后的余额按照存款或贷款利率计息。公司应在综合考虑税务风险及税务成本的基础上制定现金集中计息政策。归集存款、透支余额较大且有闲置资金的公司，可考虑在年末清理往来款项，以降低税务风险。

二、理财集中

在实现现金集中管理的基础上，总部可以统一安排理财业务，通过理财集中加强总部对理财产品、期限、利率、合同文本的统一管理，有效提升资金收益，降低法律风险和操作风险。

三、票据集中

公司应全流程集中管理附属公司票据信息，并综合考虑业务需求、管理水平和银行服务能力等因素，选择不同的应收和应付票据集中管理模式。

1. 应收票据集中

应收票据集中管理包括信息管理、贴现审批和实物票据的集中。

（1）信息管理集中：可利用资金管理系统，汇集各附属公司已收取票据及后续办理背书、贴现、托收等业务的信息，实现总部对附属公司票据业务的全流程信息监控。

（2）贴现审批集中：在实现票据信息集中管理的基础上，总部可利用资金管理系统统一审批附属公司应收票据的贴现业务。附属公司将拟贴现票据的贴现利率、贴现银行等关键信息录入系统后上报总部审批，并根据总部审批意见办理贴现。

（3）实物票据集中：总部应利用与附属公司的贸易往来，推动附属公司优先使用已收取的票据支付总部货款，实现票据实物集中。与总部无贸易往来的附属公司可通过内部背书或内部贴现的方式将票据转让至总部，并由其集中办理票据的背书转让、到期托收或总部代理贴现业务。

2. 应付票据集中

应付票据的集中管理包括开票信息、开票审批和代理开票的集中。

（1）开票信息集中：可利用资金管理系统，汇集各附属公司开票银行、费率、用途、保证金等相关信息，实现总部对附属公司票据业务的全流程信息监控。

（2）开票审批集中：总部可利用资金管理系统对开票进行统一审批，待总部审批通过后由附属公司在当地银行办理开票业务，并及时录入相关信息。

（3）实物票据集中：在附属公司与供应商协商同意由总部代理开票付款的基础上，总部可通过与附属公司签订代理开票协议，以总部名义向供应商签发票据支付货款，在票据到期后由总部垫付票据款，并与附属公司内部结算。通过集中代理开票，公司可利用整体议价能力降低开票保证金。

附录 4B：最佳现金持有量测算方法

表 4–3　最佳现金持有量测算方法的适用情形、优点和不足

测算方法	适用情形	优点	不足
现金预算法	实行资金集中管理且现金预算准确率较高的公司	1. 与现金预算管理紧密结合 2. 现金预算准确率较高时较为合理	1. 对现金预算准确性要求较高 2. 测算过程较为复杂
现金周期法	能够根据产销计划准确计算测算期现金需求总量的公司	1. 与现金周期管理紧密结合 2. 简单易行	1. 假设企业的生产经营在一个测算期内较为平稳 2. 对于现金周期为负的公司不适用
历史余额法	处于经营平稳期、业务模式基本稳定的公司	1. 测算得到的现金余额较为稳定 2. 简单易行	未考虑企业当前经营情况、外部环境等因素的变化
行业标杆法	考虑资本市场预期的公司	借鉴标杆企业优秀管理经验，提升现金管理水平	1. 可能难以获取标杆企业的现金分类信息 2. 与标杆企业的现金余额分类可能存在差异

附录 4C：现金预算编制模板（样表）

表 4–4 年度及中长期现金预算

	20××									
	第一季度		第二季度		第三季度		第四季度		全年合计	
	预测数	实际数	预测数	实际数	预测数	实际数	预测数	实际数	预测数	实际数
期初实际现金余额（1）										
期末预计现金余额（2）										
期末预计、期初实际现金余额差异（3）=（2）–（1）										
经营活动现金流入（流出）净额（4）										
经常性资本支出净额（5）										
经常性自由现金流（6）=（4）–（5）										
现金利息及相关费用支出（7）										
现金股息支出（8）										
其他投资活动现金流入（9）										
可自由支配资金（10）= 经常性自由现金流（6）– 现金利息支出（7）– 现金股息支出（8）+ 其他投资活动现金流入（9）– 期末预计、期初实际现金余额差异（3）										
战略性资本支出（11）										
内部存款、跨业务单元贷款及理财产品现金流入（流出）净额（12）										
资金筹集活动前现金余（+）/ 缺（–）（13）=（10）–（11）+（12）										
资金筹集活动现金流入（流出）净额（14）=（16）–（15）										
筹资活动现金流出（15）										
筹资活动现金流入（16）										
关键财务指标：										
息税折旧摊销前利润（EBITDA）/ 利息费用										
总有息负债对息税折旧摊销前利润的比率（Debt/EBITDA）										
总有息负债率 = 总有息负债 /（所有者权益 + 总有息负债）										
净有息负债 / 有形净资产										

表 4-5　季度现金预算

项目名称	20×× 年第 × 季度现金预算表												
	第 1 周							第 2 周	第 3 周	第 4 周	本月合计	第二月	第三月	本季合计
	周一	周二	周三	周四	周五	周六	周日							
期初现金余额（一）														
预算期间内现金流入（二）														
经营活动现金流入														
其他经营现金流入														
投资活动现金流入														
取得投资收益														
处置资产收入														
其他投资收入														
预算期间内现金流出（三）														
经营活动现金流出														
投资活动现金流出														
购建固定资产、无形资产等支出														
对外投资支出														
融资活动现金流出														
利息支出														

（续表）

项目名称	20×× 年第 × 季度现金预算表													
	第 1 周							第 2 周	第 3 周	第 4 周	本月合计	第二月	第三月	本季合计
	周一	周二	周三	周四	周五	周六	周日							
其他筹资支出														
预算期间内需下拨款项（四）														
期初归集至总部现金余额（五）														
资金缺口（六）														
融资活动现金流入（七）														
吸收投资														
取得借款														
银行贷款														
内部借款														
期末归集至总部现金余额（八）														
期末现金余额（九）														

第五章

资金筹集：

用低成本资金支持价值创造

公司的债权资本存在期限约束，需要通过再融资加以维持。同时，当需要进一步发展，而内生资金又不足以满足时，公司必然需要从外部寻求资金。资金筹集通过从外部获取资金为公司的成长提供支持和保障。如何获取充足且成本较低的资金，并将公司的财务风险维持在合理范围内，是公司在进行资金筹集时关注的核心问题。不同的融资策略会对公司的资本结构和资本成本产生不同影响，进而影响公司价值，因此公司需要进行一系列细致的考虑。随着金融创新和融资渠道的拓展，公司可利用的融资方式也越来越多元化。但无论如何，其中都有一些基本的要素和原则可以把握。本章就将对资金筹集的基本原则进行详解。

第一节　资金筹集为业务增长“输血”

管理心得

资金筹集为公司的发展提供资金支持，影响公司的增长能力，同时动态改变公司的资本结构和加权平均资本成本，从而影响公司价值。并且，资金筹集也受到现金创造、现金管理、资产配置等其他公司价值关键驱动因素的影响。

资金筹集需要关注融资规模和融资成本，公司的融资规模应在可融资空间下进行，并以综合融资成本最优为原则制订资金筹集方案，以维持最低的加权平均资本成本。

如果说现金创造是公司的“自我造血”，那么资金筹集就可以看作是对公司的“输血”。从外部筹集资金往往是每家公司在成长和可持续发展过程中都需要解决的重要问题。例如当进行项目并购、工程建设、产品研发及投产、市场拓展、到期债务偿还等事项时，往往需要大笔现金支出，若自有资金不足以支付，公司就必须依赖外部资金来解决资金缺口。由此可见，资金筹集影响公司的增长能力，通过资金筹集获得外部财务资源是公司资产规模和经营业绩快速增长的一个重要支持因素。梳理优秀企业的成长历程，不难发现它们总资产、营业额、经营利润等财务指标的增长，都离不开外部债权或股权形式的财务资源的有效支持。

资金筹集和前几章介绍的资本结构、现金创造、现金管理以及后面与之衔接的资产配置都存在紧密联系。从对公司价值的影响上来说，资金筹集与资本结构实质上是一致的，主要包括规模和成本两个维度。

在规模维度上，资金筹集的过程实际也是扩充公司资本来源或运用财务杠杆的过程，其基本方式包括债权融资和股权融资。因此除了债权资本的再融资以外，公司进行资金筹集会改变债权资本和权益资本的构成比例即静态资本结构，融资所支持的战略性资本支出改变公司的盈利能力，从而影响动态资本结构。

在成本维度上，资金筹集产生的债权资本成本和股权资本成本，构成公司的加权平均资本成本，由于债权资本成本一般低于股权资本成本，通过资金筹集，适度提高杠杆水平，将有利于降低加权平均资本成本，提升公司价值。但若杠杆水平过高，导致财务危机成本上升，反而会抬高加权平均资本成本，损毁公司价值。若债权资本成本低于投入资本回报率，适度运用杠杆还将有利于提升权益资本回报水平。同时，债权资本内部的期限结构也会对加权平均资本成本产生影响，因为若债权资本的期限结构相对于资产较短，意味着公司采取了较为进取的融资策略，会增加再融资风险，进而提高风险系数以及股权资本成本，加权平均资本成本可能随之上升，对公司价值产生负面影响。此外，加权平均资本成本还受公司股权结构的影响，例如存在战略股东且其资本实力雄厚、或股权结构分散而公司治理较为完善，都会有利于降低公司风险。

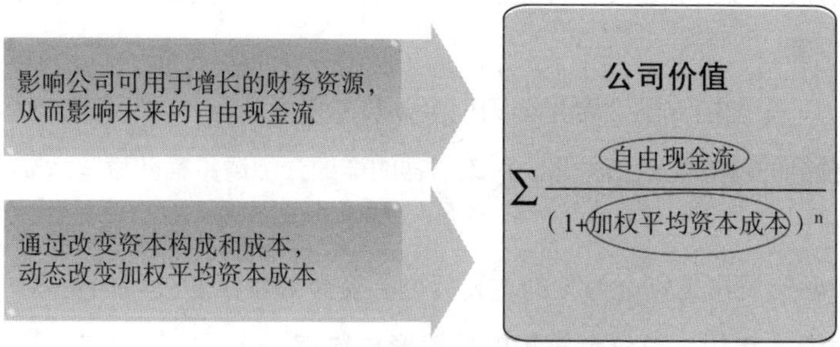

图 5–1 资金筹集对公司价值的影响

资金筹集是在公司现金创造活动和现金管理行为的基础上，为满足资产配置需要而进行的。现金创造聚焦的是内生现金，是通过自身的经营活动为公司经营发展提供财务资源；现金管理考虑如何对公司在现金创造过程中产生的现金流及其他影响现金周转的资产进行有效管理，通过动态分配财务资源，提升财务资源的使用效率。现金创造和现金管理最终形成了公司的内部资金，即**可自由支配资金**。若可自由支配资金无法满足公司资产配置活动的需要，也就产生了资金筹集的需求。因此，公司的资产配置方向对融资方案制订有重要影响，在公司的资产配置规划中，资金筹集必然会是其中的重要部分。

管理指标：

可自由支配资金 = 经常性自由现金流 + 盈余现金 − 付息 − 派息

可自由支配资金指公司一定时期内现金创造活动产生的自由现金流在考虑期末预计、期初实际现金余额差异，满足支付债权人利息和派发股东股息的需求后，可用于偿还债务和支持战略性资本支出的内部资金。

资产配置过程中处置资产的现金收入和少数股权投资的现金股息收入等投资性现金流入，也应视为公司可自由支配资金的来源。

可自由支配资金是公司现金预算的重要项目，体现编制现金预算的基本逻辑和思路。对该内容的详细介绍请见第四章第六节。

融资规模是资金筹集的首要问题。**资金筹集改变公司的资本结构，同时资本结构也对资金筹集的规模形成约束**，这可以用第二章资本结构中举过的个人办理住房按揭贷款的例子来通俗说明。银行在决定个人住房按揭贷款的额度时，往往是根据两个主要的影响因素，一个是首付比例，另一个是收入水平。引申到资本结构的理念，首付比例是自有资金占抵押资产价值的比例，类似于静态资本结构指标（总有息负债率），而收入水平则是要考察贷款人在未来贷款期间内的收入水平对今后按揭还款的偿付能力，这其实就是动态资本结构指标（总有息负债对息税折旧摊销前利润的比率）。对应这两个因素，银行都有一定的量化标准，只有符合这些标准，银行才会批准发放贷款人申请的房贷额度。公司在进行融资时也是类似，总有息负债率、总有息负债对息税折旧摊销前利润的比率等静态/动态资本结构指标也通常包含在信用评级机构的评价指标中，或是列为银行贷款的财务约束指标。通过这些评价指标的基准要求，结合公司的财务数据，可以倒算出公司所能获得的最大融资额度。也就是说，公司最多能融资的规模即**可融资空间，是由一定时期内公司的资本结构所能支持的最大新增融资额度**

决定。例如，一家公司的年末投入资本为 100 亿元，总有息负债为 60 亿元，股东权益为 40 亿元；预计下一年度股东权益将增加 10 亿元，预计息税前折旧摊销前利润为 18 亿元。若该公司的静态资本结构约束为总有息负债率不超过 60%，即有息负债与权益比例不超过 3 ： 2，根据预计年末 50 亿元的股东权益，可得出有息负债上限是 75 亿元；若动态资本结构约束为总有息负债对息税折旧摊销前利润的比率不超过 5，根据预计 18 亿元的息税折旧摊销前利润，可得出有息负债上限是 90 亿元。综合静态 / 动态资本结构指标，该公司的总有息负债上限是 75 亿元，而现有的有息负债为 60 亿元，因此公司的可融资空间就是 15 亿元，即公司还可增加 15 亿元的债权融资。若公司还存在新增股权融资，可融资空间还包括新增股权融资及其按目标资本结构所能支持的债权融资。当然，由于实践中融资环境差异等的影响，公司实际能获得的新增融资有可能会低于可融资空间。

融资成本是资金筹集的另一个关键问题。根据上述资金筹集与资本结构的相互关系，**降低融资成本不仅从长远角度可以通过降低公司加权资本成本、提升回报水平来增加公司价值，在当期也可以通过节约财务费用直接体现出明显的价值创造作用**。例如，根据华润置地与万科的 2013 年年报披露：华润置地的平均有息负债余额折合人民币 508 亿元，加权平均有息负债利率为 3.8%；而万科的有息负债余额为人民币 741 亿元，加权平均有息负债利率却高达 8.3%，大幅高于华润置地的有息负债成本水平。倘若万科也可获得如华润置地一样低的有息负债成本，其一年节约的利息支付将达人民币 38 亿元，占当年净利润的约 20%。华润置地和万科均属于中国当时实力较为雄厚的大型地产公司，但为何二者的债权融资成本会有如此大的差异？这背后的原因涉及二者在融资渠道、融资主体、融资币种、融资期限等多方面的差异，并由此对公司价值产生很大影响。为了追求价值最大化，公司在考虑自身融资能力以及融资环境的基础上，必然要以综合融资成本最优为原则制订资金筹集方案，这构成了公司进行资金筹集活动的核心。围绕这个核心，公司可以从资金筹集的各个相关要素入手，进行综合性的考虑，以选择合适的融资策略和融资方案。

第二节　资金筹集的核心要素

管理心得

公司在制订资金筹集方案时，应结合对融资环境的判断，在考虑资本与资产的期限结构适配性、资金筹集对加权平均资本成本影响的基础上，以综合融资成本最低为原则，确定融资规模、期限、利率、币种以及主体、渠道等核心要素。

公司在开始进行资金筹集活动之前，最关心的问题通常是这几个方面：公司需要借多少钱？能够借到多少钱？应该找谁借钱？能借多长时间？借钱的成本是多少？其中，需要借多少钱和能够借到多少钱指的是融资的规模问题，能借多长时间是融资的期限问题，借钱的成本就是融资的利率，若涉及境外业务还有融资的币种选择问题。因此，**融资的规模、期限、利率、币种构成了公司在制订资金筹集方案时需要考虑的核心要素，同时还需要兼顾融资主体和融资渠道的问题**。总体而言，公司在制订资金筹集方案时，应综合考虑债权融资和股权融资的比例以及资金筹集的核心要素，以综合融资成本最优为原则，确定融资主体和融资渠道，以维持最低的加权平均资本成本。公司在考虑各个融资要素时，首先要结合公司当前的资金需求、融资能力、所处的融资环境，以及对未来一定时期内融资形势的研判决定，之后还需要结合实际情况的变化，持续动态地对各个融资要素进行及时优化，才能达到在控制财务风险的基础上满足公司融资需求并降低债权融资成本的目的，这其中包含许多专业性的安排。

规　模

一定时期内公司的融资规模可以理解为公司的资金供需缺口，由现在可动用的资金金额和偿还到期债务或进行资本支出的资金需求之间的差距决定。公司可以利用现金预算机制，制订债权融资计划，确定期间融资需求（可参考本章附录5A）。正如在前一节中提到的，**公司的融资需求受到目标资本结构产生的可融资空间的约束**，当融资需求超过可融资空间时，公司就需要平衡战略性资本支出项目的回报和短期偏离目标资本结构的风险：若决定维持战略性资本支出，就要承担资本结构偏离最优区间的风险，或者考虑引入股权资本，改善资本结构；若资本结构偏离的风险过大，就要考虑缩减或推迟资本支出。

管理指标：

融资需求 = 到期债务 + 战略性资本支出 − 可自由支配资金

新增融资需求 = 融资需求 − 到期债务

融资需求是公司预计可自由支配资金不足以偿还到期债务和支持战略性资本支出的金额，需要通过资金筹集活动满足。

如融资需求超过到期债务规模，公司将产生新增融资需求，并可能导致资本结构的改变。

债权融资和股权融资是资金筹集的两种基本形式，确定融资规模的时候也就分别涉及确定股权融资规模和债权融资规模的问题。**一般而言，由于债权资本成本低于股权资本成本，公司应优先考虑债权融资，以降低加权平均资本成本**。这主要是由于两点原因：一是债权的求偿权次序高于股权；二是债权资本成本可以在税前抵扣，产生税盾效应。此外，若是上市公司，通过资本市场进行股权再融资还会受到一定限制，大多数时候债权融资会更加便利。当然，公司也会面临一些情形，使得采用股权融资形式更为有利，例如，有息负债率过高，超过了既定的财务约束边界，进行股权融资有利于降低公司的有息负债率，保持较优的资本结构；再如，很多公司在发展壮大的过程中会引入战略投资者，这主要是基于预计之后将产生显著的协同效应，促进公司更好更快的发展；还有，对于存在一定风险的项目，公司在项目层面也常常会引入财务投资者，这有利于减少项目的资本投入，减少资金占用，并可以分担项目风险。

在确定一定期间内债权融资需求的基础上，公司可综合考虑融资环境、融资费用、到期再融资风险、存量债权融资规模以及贷后管理成本等因素，确定单笔债权融资的规模及时点。对此，公司可参考本章附录5B的问题清单进行考虑确定。

期　限

融资的期限也会对融资成本产生重要影响。通常情况下，短期债权融资成本低于长期债权融资成本。但不可忽略的是，**短期借款会增加再融资的需求，频繁的短期融资、借新还旧将增加公司的财务风险，**一旦融资环境发生变化、借款出现困难，就有可能使公司陷入危机，体现在加权平均资本成本上，就会提高风险系数（Beta），增加权益资本成本，从而抵消短期债权融资带来的成本节约，甚至最终提高公司的加权平均资本成本。相反，若公司进行长期债权融资，虽然利息费用增加，但由于再融资风险下降，财务弹性增加，风险系数降低，权益资本成本下降，最终可能反而会使得公司的加权平均资本成本降低。例如，根据上市公司公开信息，2012年华润燃气（1193.HK）发行7.5亿美元的10年期债券，发行利率是 LIBOR+260bps[①]，虽然发行债券造成华润燃气当期的财务成本上升，使得其税后债权资本成本上升约 20 个基点至 3%，但由于长期债权资本比重上升，财务弹性增加，财务风险下降，其权益资本成本降低了 10bps，最终，华润燃气整体的加权平均资本成本在发债前后保持不变（见图 5–2）（该案例还将在本章第三节中有详细介绍）。因此可以说，以短期债务为主的公司，其财务政策属于相对进取型；以长期债务为主的公司，其财务政策属于相对稳健型；若公司的债务期限与资产的期限结构相匹配，其财务政策则属于匹配型。许多专业能力强的公司都善于在低利率周期发行长期债券，以锁定长期低成本资金，避免短期借款再融资以及利率波动的风险。

	发行债券前	发行债券后
风险系数	0.8	0.78
权益资本成本	10.2%	10.1%
税后债权资本成本	2.8%	3.0%
最优资本结构（静态）	45%	45%
加权平均资本成本	6.9%	6.9%

图 5–2　华润燃气发债前后加权平均资本成本变化

那么，公司应该如何管理融资的期限结构？主要的考虑因素是资本与资产的适配性。如同在第二章资本结构的财务弹性中所提及的，公司的经常性营运资本需求、固定资产及其他长期资产、长期股权投资，主要用长期性的债权资本或权益资本与之相匹配，公司的现金、季节性营运资本需求，可用短期性的债权资本与之相匹配。实际上，公司长短期融资的安排和公司的业务性质有很大关系：如果公司的投资项目回报周

① LIBOR（London interbank offered rate）为伦敦银行同业拆借利率，常常作为贷款或浮动利率票据的利率基准。此处表示债券利率为伦敦同业拆借利率上浮 260 个基点（basis points，bps）。

期较长，如电力、燃气等公用事业行业，若使用短期借款过多，再融资的风险就会很大，所以针对重资产业务主要使用长期资本；如果公司的业务周转较快，如快消品行业，就可以多使用短期借款。因此，不同行业性质的公司在进行融资安排的时候应有不同的考虑。公司在短期债权资本明显超出现金和季节性营运资本需求时可优先安排长期融资，在短期债权资本规模明显低于现金和季节性营运资本需求时可优先安排短期融资。对于具体融资期限长短，公司可以结合已有债务的期限结构，并考虑总体有息负债规模与现金盈利的比例关系即动态资本结构指标，对整体资本与资产的适配性进行动态调整。

在保持资本与资产期限结构整体适配关系的基础上，公司还应维持合理的长短期债权资本到期分布。若债务在某一时间段集中到期，会使得当期资金缺口过大，偿债风险或再融资风险上升，若无法在债务到期前安排新的融资，公司就可能陷入危机。例如，比亚迪（1211.HK）在2011 年、2012 年就发生了类似的经营危机。根据 2011 年年报披露，比亚迪一年内需要偿还的有息负债高达 113.63 亿元，而同期经营利润的下降幅度接近 50%，净利润下滑 45%，经营利润率从上年的 5.7% 下降至 2.9%，净利润率从上年的 3.4% 下降至 0.5%，公司的流动性风险显著上升，股价连续下挫，公司价值明显下降。2012 年年中，比亚迪的市值一度才相当于 2009 年 11 月最高点时的约八分之一。

为了合理管理债权资本的到期分布结构，公司可以利用现金预算提前明确长期债务的到期分布。处于初创期或成长期、现金流较不稳定且再融资不确定性较高的公司，可侧重安排期限较长的负债以减轻前期还款压力；处于成熟期、现金流较为稳定的公司，应尽量平滑债权资本的到期分布，以避免有息负债于某一时间段集中到期。此外，公司还应考虑不同期限的利率差异，在长短期利率差异较小且利率处于低位的时候，优先选择较长期限的债权融资。公司可以采用有息负债加权平均年期指标衡量公司债权资本期限结构的合理性，对债权资本的期限结构进行量化管理。

管理指标：

有息负债加权平均年期 =（∑单笔有息负债年期 × 单笔有息负债余额）/ 有息负债总额

有息负债加权平均年期反映债权融资期限结构，表现为一定时点存量债权融资的平均到期年限。通常情况下，短期借款成本低于长期借款成本，但短期借款比重过高可能增加公司再融资风险，从而提高公司风险系数和权益资本成本，抵消短期借款比重增加的成本节约效应，甚至提高公司的加权平均资本成本。

利　率

有息负债利率结构是指公司固定利率有息负债和浮动利率有息负债的比例关系。不同的利率结构在不同的利率走势下有不同的有息负债加权平均成本，进而对公司价值会产生一定影响。若预期未来利率上涨：对固定利率负债而言，会计利润保持不变，但负债的市场价值会下降，使得股东价值上升；对浮动利率负债而言，当期财务费用上升，会计利润下降，但负债和股东的市场价值都将保持不变。因此，**若预期未来利率上升，公司可更多地利用固定利率负债；反之，若预期未来利率下降，利用浮动利率负债则更为有利。**

管理指标：

固定利率有息负债占比 = 固定利息有息负债 / 总有息负债

固定利率有息负债占比反映债权融资利率结构，表现为一定时点固定利率借款占总借款余额的比例。

公司在合理确定一定期间内浮动利率负债与固定利率负债比

例的基础上，还应具体参考融资时点的收益率曲线和利率水平。在利率水平处于低位且收益率曲线较平坦时，公司应优先选择固定利率或通过利率掉期实现固定利率融资；在收益率曲线较陡峭时，公司应优先选择浮动利率。

公司可根据盈利对利率变动的敏感性和市场利率走势，并参考行业标杆最佳实践，确定一定期间固定利率负债与浮动利率负债的比例，并根据融资时点的收益率曲线和利率水平，动态调整固定利率有息负债与浮动利率有息负债的比例。若浮动利率有息负债比例过高，公司可增加固定利率有息负债；若公司判断市场利率正处于历史低位，也应更多地利用固定利率有息负债；若公司的新增债权融资缺少市场公认、普遍使用的市场基础利率，公司同样应首先考虑使用固定利率的计息方式。

利率风险管理是资金筹集活动中的一项重要内容。市场利率变化对公司的现金流和盈利能力，以及所持有的资产和负债价值都会产生直接或间接的影响。市场利率的不利变动可直接增加负债利息或减少投资收益；市场利率的波动也可能间接抑制市场需求，影响公司现金流及盈利能力；利率长期趋势性的不利变动，还会提高公司自身的加权平均资本成本，影响资产配置决策和公司负债价值。为了避免市场基准利率波动带来的不利影响，公司需建立一定的利率风险监控机制，合理设置利率风险监控指标和管理目标值，定期通过敏感性测试、压力测试等评估公司的利率风险。还可以运用利率衍生金融工具，锁定未来短期内的融资或再融资利率，以优化有息负债利率结构，将利率风险控制在可承受的范围内。有关利率风险管理的具体方法，可参考附录5C。

币　种

融资币种与功能货币的匹配度是公司在安排资金筹集方案时需要考

虑的另一要素。一般而言，**公司应优先采用经营活动中收入及费用支出使用的币种即功能货币进行融资**。但是当非功能货币融资在对冲汇率风险后的融资成本显著低于功能货币融资时，公司也可考虑以该非功能货币筹集债权资本。

管理指标：

外币有息负债占比 = 外币有息负债 / 总有息负债（假定人民币为功能货币）

外币有息负债占比反映债权融资币种结构，表现为一定时点外币有息负债占总有息负债的比例。

公司应关注债权融资币种与功能货币的匹配度，关注外币融资币种占比过高的风险。在外币可比融资成本显著低于功能货币时，可考虑筹集外币借款。

例如，2006—2012 年，人民币汇率呈现明确的升值趋势，且境外融资利率水平明显低于境内，若公司有境外融资平台，可更多地利用境外外币融资支持人民币资产配置，以获得境外融资成本较低以及负债外币相对贬值的双重利好，降低融资成本；但是随人民币汇率出现拐点并预期未来贬值压力增大，汇率波动将更加剧烈，境内外利差也呈缩小趋势，功能货币与融资货币错配的风险会逐渐显现，公司应及时调整融资币种，减少外汇风险敞口，降低汇率波动对盈利的影响。

这里可以回到本章第一节中提及的万科与华润置地融资成本存在差异的例子。2013 年，万科的融资成本显著高于华润置地，其中一个重要原因就是，万科的境外融资比例大幅低于华润置地。根据两家公司 2013 年的年报，万科境外融资占比为 9%，而同期华润置地境外融资占比高达 69%，当时境外的低利率环境和人民币的升值趋势，使得华润置地在融资能力上具备了明显优势。但是之后，由于境内货币政策的持续宽松和人民币贬值等原因，到 2015 年，万科的债权融资成本的降低至 5.7%，华润置地的债权融资成本则升至 4.6%，万科和华润置地债权融资成本差距缩小。

在融资币种与功能货币明显错配的情况下，汇率风险的监控就显得十分必要。公司应设置汇率风险监控指标和管理目标值，定期通过敏感性测试、压力测试等评估公司的汇率风险，并考虑采用提前偿还特定币种债权资本，运用汇率衍生金融工具对冲等措施优化债权资本币种结构，将因币种错配而导致的汇率风险控制在可承受的范围之内。有关汇率风险管理的具体方法，可参考附录 5D。

主体与渠道

在考虑以上融资要素的基础上，公司还需要关注融资主体的安排与债权融资渠道的选择。有关融资主体的安排，尤其是对于集团化企业或存在资金跨境情况的公司，应在综合考虑不同融资主体成本差异、总部借款后转贷税务成本、信用风险、信贷监管政策及资金跨境限制等因素的基础上灵活确定。例如：若总部融资平台公司的信用状况和融资成本优于下属公司，在成本差异较大且信贷政策允许的情况下，公司可采取“统借统还”的方式，以总部融资平台公司作为融资主体，根据下属公司的需要，通过内部贷款转贷给下属公司使用，以降低融资成本；若总部融资平台公司与下属公司融资成本差异不大、下属公司关联方贷款利息无法税前抵扣、合资公司股东无法以同等条件按股份比例提供股东贷款且不同意提供增信，或信贷监管政策不允许等情况下，公司需考虑选择实际使用贷款资金的下属公司作为融资主体。对于境内外融资主体的选择，需要考虑的因素包括资金最终使用主体所在地域、资金跨境限制以及包括跨境税务成本在内的境内外总部融资成本差异等。

有关债权融资渠道的选择，对于有较多附属公司的集团化企业，应优先考虑通过内部贷款满足融资需求，调剂资金余缺，提高资金的使用效率。对于内部贷款无法满足的部分，公司可选择银行贷款、商业票据、债券、信托贷款等外部债权融资渠道。有关外部债权融资渠道的选择在下一节中还将进行专门介绍。

此外，公司的债权融资成本也与公司的信用状况密切相关。公司的信用状况通常可以用信用评级衡量，受到所处行业、市场地位、股东潜在财务支持、资本结构、盈利能力及公司治理等因素的综合影响。合理的资本结构、良好的现金创造能力以及较高的资产配置效率，意味着良好的信用状况，可以让公司获得较低的融资成本，有利于提升公司价值。

并且，公司还可建立债权融资要素管理的定期分析评价机制（见图5–3），重点从融资风险和融资成本两个维度定期分析公司融资要素的管理水平。

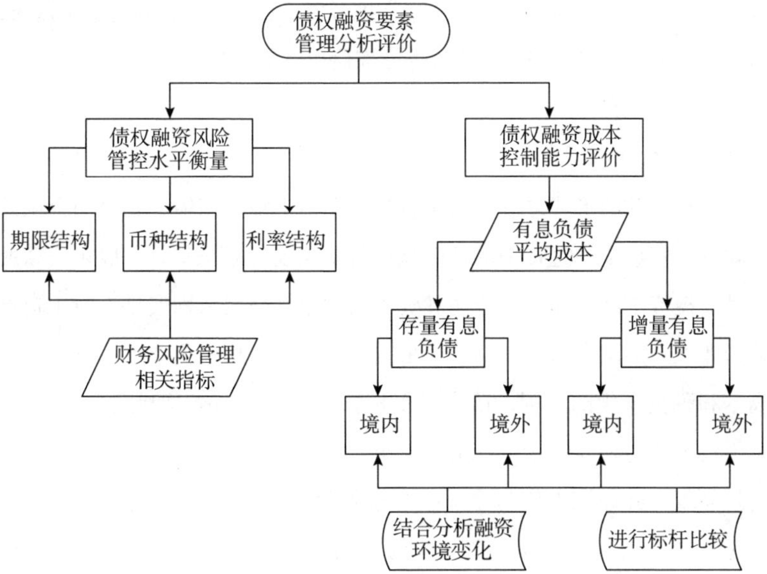

图 5–3　债权融资要素管理分析评价机制

第三节　如何安排债权融资

管理心得

公司安排债权融资时，应优先考虑通过内部贷款满足融资需求，不足部分再安排外部债权融资，以提高整体资金使用效率。

内部贷款安排的原则是借贷双方整体税负最优。

在选择外部债权融资时，公司应综合考虑融资成本差异、融资便利程度、信息披露成本、融资规模等因素，灵活选择银行贷款、商业票据、债券、信托贷款等融资渠道。

债权融资是公司获取发展所需资金的重要渠道，也是优先考虑的融资方式。债权融资涉及内部贷款、银行贷款、债券、担保等。在安排债权融资时，由于内部贷款是调配内部资金余缺的一种有效手段，从提高整体资金使用效率的角度，公司应优先考虑通过内部贷款满足融资需求，不足部分再安排银行贷款、债券等外部债权融资。

内部贷款

内部贷款的形式之一是股东贷款，即由上级股东给下属公司提供的贷款，在资金集中过程中的往来款通常也表现为股东贷款。股东贷款的安排需视资本结构非独立公司和资本结构独立公司区别安排：对于资本结构非独立的全资附属公司，应根据整体资本结构优化要求及整体融资成本和税负最优的原则，确定股东贷款的期限、利率及利息支付方式；对于资本结构独立的非全资附属公司，应根据其经营与财务状况等核定贷款额度，并原则上应与合资股东按照股权比例以同等条件提供贷款，同时参考借贷各方整体税负最优的原则与合资股东协商确定贷款的期限、利率及利息支付方式；若资本结构独立的非全资附属公司为上市公司，在实现资金集中管理或合资股东提供有效担保的情况下，原则上可以按照市场融资条件，经内部批准后向其提供超股权比例的股东贷款。在管理上，股东贷款作为外部银行贷款的替代，实质上体现了股东财务能力和附属公司财务风险的相互转移，应视作股权资本进行管理，计算项目回报要求时，可类同于权益资本合理评估项目的回报水平。

案例：某地产项目股东贷款安排

Z集团为全国性地产公司，在境内外均设有融资平台。20×1年3月，Z集团在国内某二线城市获取城市广场项目，项目包含购物中心、酒店和公寓等业态，20×2年开盘预售。该城市广场项目于20×1年12月按境外持股架构引入H投资集团，双方按照6∶4的股权比例共同出资开发。

在城市广场项目开发过程中，A公司一共提供过两笔大额股东贷款。一笔是在项目缴纳地价保证金的时候，由Z集团在国内的投资性公司提供了5亿元人民币无息股东贷款，之所以将利率定为无息，是因为贷款主体的投资性公司为税前盈利，而城市广场项目的盈利水平一般，所以不计息属于合理安排。后续与H投资集团合作时，按照同股同权同比例出资原则，H投资集团应承担该笔贷款的40%，但由于H投资集团缺乏人民币资金，于是双方商定由H投资集团境外公司向Z集团境外公司提供对应人民币5亿元的40%的境外美元贷款，且贷款的偿还以境内项目公司的贷款偿还为前提条件，从而规避了Z集团超股权比例贷款的风险。

同时，考虑到该项目当时已成为Z集团的合资项目，双方将原有人民币5亿元无息贷款转为利率为7.2%（相当于当时一年期基准利率上浮10%）的委托贷款，并根据协议约定及税务建议，决定境外美元贷款按照年利率 4.7% 计算（按此利率，股东双方的贷款税后净收益率相同）。

另外一笔股东贷款发生在项目第二笔地价支付前。由于项目公司资金紧缺，而合作方无法及时筹集到人民币资金，当时根据双方股东协商决定，由 Z 集团提供一笔 8 亿元人民币的单方股东贷款，且向项目公司收取高额利息（一年期基准上浮 25%）。同时，为降低 Z 集团单方面提供股东贷款的风险，Z 集团要求双方境外合资持股公司在境外向银行申请了一笔三年期 12 亿港元的贷款，成本为 HIBOR+243bps[①]，并全部归 Z 集团使用。

虽然上述两笔股东贷款解决了城市广场项目的资金缺口，但是站在 Z 集团的角度，第二笔股东贷款的交易架构设计仍然存在一些风险。首先，境外借款主体虽为双方的合资公司，但是控股方是 Z 集团，根据境外贷款合同中普遍约定的交叉违约条款，Z 集团对全部贷款的偿还负有连带责任，因此该交易架构并未降低 Z 集团向境内项目公司提供超股权比例贷款的风险；其次，该笔境外贷款的成本为 HIBOR+243 bps，高于 Z 集团在境外的融资成本，对 Z 集团而言有一定的损失。

内部贷款的另一种形式是在集团内不同公司之间安排贷款，其重要作用是可有效调剂集团内部的资金余缺，实现整体资金使用效率的最大化。对多业态的公司而言，不同业态的资金需求存在差异，例如：零售业务如不发生战略性资本支出，通常现金流较为充沛；但地产业务的融资需求往往较大。若公司同时拥有这两个业态，它们彼此间就可以在一定程度上进行资金调剂。若集团化企业下属多家上市公司，可以利用跨上市公司互贷机制安排内部贷款。通过跨上市公司互贷，可打破上市公司之间的资金壁垒，该方式可作为资金集中管理机制的补充举措，进一

① HIBOR（Hongkong interbank offered rate）为香港银行同业拆借利率，也可作为贷款或浮动利率票据的利率基准。此处表示贷款利率为香港银行同业拆借利率上浮 243 个基点（basis points，bps）。

步发挥资金集中效益。根据公开信息，在 2010 年年末通过的华润集团跨上市公司互贷机制下（见表 5–1），华润创业、华润置地和华润水泥在未来三年可为系内其他上市公司提供一定额度的贷款，而系内另外两家上市公司华润电力和华润燃气，虽然未获独立股东投票批准为系内其他上市公司提供贷款，但仍然可以作为借款方参与互贷机制。从资金使用角度而言，这种方式可以算是突破常规的内部贷款安排。

表 5–1　2010 年年末获批的华润集团上市公司互贷安排

港币（百万）	上市代码	向系内公司放贷年度最高总额		
		2011 年	2012 年	2013 年
华润创业 *	0291.HK	6 000	6 600	7 200
华润电力	0836.HK	×	×	×
华润置地	1109.HK	1 500	1 700	1 900
华润水泥	1313.HK	400	500	600
华润燃气	1193.HK	×	×	×
合计		7 900	8 800	9 700

* 华润创业是华润旗下的消费品业务，包括零售、啤酒、食品、饮料等业务，现已重组剥离为华润啤酒。

通过内部贷款调节资金余缺还有另一种情形。若同一家公司内部存在不同季节性特征的业务板块，可以利用旺季错开的时间进行资金调度。以零售和啤酒为例：零售板块常常受节日等因素影响，冬季是销售和收款的高峰季节，现金流较为充裕；而啤酒板块的销售和收款旺季是在夏天，冬天则是淡季。那么，公司就可以在冬季安排由现金流较为充裕的零售板块贷款给处于收款淡季的啤酒板块，使啤酒板块获得充足资金为旺季销售做准备；而在夏季就安排啤酒板块贷款给零售板块，满足其开新店或准备销售旺季等资金需求。

外部债权融资

外部债权融资的方式更加多样，以银行贷款和发行债券最为常见。总的来说：银行贷款的程序相对简便，条件也较为灵活；而发行债券的融资期限长、规模较大，通常是作为长期债权资本的主要来源。此外，公司还可以采用商业票据、信托、租赁等其他债权融资方式。

银行贷款一般是企业最为主要的外部融资渠道。相较债券而言，银行贷款的优势在于灵活度高、条款可商议，获取的周期相对较短，成本相对较低，且不需要公开公司的重要信息；而劣势就在于通常期限相对较短，且通常有财务指标的约束等。在市场化程度越高、金融越发达的环境中，银行数量会更多，银团贷款更为普遍，银行产品更为丰富，贷款利率完全市场化，并且贷款协议和财务约束指标也更为复杂。例如：2009 年，汇源果汁（1886.HK）订购了十余条果汁奶生产线，总投资额超过 10 亿元，各生产线于 2010 年 3 月陆续投产；为解决新生产线的资金缺口，2010 年 4 月，汇源果汁与工银亚洲等 18 家银行签订 2.5 亿美元的三年期贷款，财务约束条款包括有息负债与净有形资产的比率小于 0.65、有息负债与 EBITDA 的比率小于 5；但到 2010 年 9 月，汇源果汁就因为新生产线产品销售不理想，中期业绩亏损，违反了财务约束条款，导致其于 2010 年 9 月 10 日宣布临时停牌；最后经过协商，汇源果汁取得贷款违约豁免，约束条款修改为有息负债与净有形资产的比率小于 0.7、有息负债与 EBITDA 的比率小于 7.5，并且汇源果汁还需要向贷款银行支付 125 万美元豁免费、提前偿还 2 500 万美元，同时贷款利率上调 50 bps。汇源果汁因违反财务约束付出了较大的代价。

发行债券也是许多公司可利用的主要外部债权融资渠道之一。发行债券的优势在于融资金额较大，期限选择多，期限可以长达 30 年甚至无到期日（永久债，perpetual bonds），投资者范围广，且一般无财务约束指标；但同时，发行债券也存在一些劣势，包括：法律文件烦琐、境内发债需要审批或登记、境外发债的发行成本较高，以及信息披露的要求也会更高。由于债券相对于银行贷款期限可以更长的这个突出优势，一些项目投资期较长的公司会更倾向于采用发行债券的方式筹集资金。例如香港的和记黄埔（原上市代码为0013.HK，已于2015年与长江实业重组为长江和记实业有限公司）就多次发行债券进行融资。根据和记黄埔2014年的年报，其票据及债券占期末有息负债余额的64%，其在2009年之后发行的债券和票据均为期限在5~20年的中长期债券，债权资本的较长期限与和记黄埔同期主要以公用事业资产为投资标的相匹配，提升了其财务弹性。并且，和记黄埔还十分注重对其永久债的利用，永久债占有息负债的比例由2010年年末的3%持续提升至2014年年末的14%。虽然永久债的融资成本较高，但由于其在会计处理上可被完全认定为权益，在评级上当满足一定条件时还可被部分或全部视为权益处理，因此通过永久债融资可有效减少对有息负债余额的影响，有利于公司控制有息负债率，维持良好的信用评级。但同时也需注意的是，发行永久债需要每隔若干年上调利率基点，这会不断提高债券成本。公司选择发行永久债，往往是在特殊情况下做出的决策，或是在发行永久债时约定可赎回的期限，并在利率重置前提前偿还。因而，虽然永久债在会计处理上是作为权益核算的，但从公司管理的角度，仍应将其作为外部债权融资进行管理，以防止低估公司实际负债水平而引发财务风险。此外，附回购计划的股权融资也与永久债有类似性质，同样应作为外部债权融资进行管理。

除银行贷款和发行债券外，公司还可结合自身业务特点，充分利用贸易融资成本通常较低的特点，根据自身真实的贸易背景及业务需要采用打包贷款、进口押汇、出口押汇等贸易融资方式，或可在综合考虑资产的安全性、使用权稳定性、租赁成本等因素的基础上，采用租赁方式取得机器设备等固定资产，以延迟现金流出，减少融资需求并改善资本结构。公司在选择外部债权融资的具体方式时，应全方面考虑融资规模、利率、期限、币种、便利程度、费用、监管要求等因素，以综合融资成本最优为原则，确定合适的债权融资方式。

案例：华润燃气发行长期美元债券融资（根据上市公司公开信息整理）

华润燃气（1193.HK）从2008年开始，通过从华润集团注入首批7个燃气项目，成为华润集团内城市燃气分销业务的上市板块。在随后的4年间，华润燃气持续获得华润集团注入相当数量的优质城市燃气项目，同时加快外部并购速度。截至2014年年末，公司城市燃气项目数量由2008年年初的7个大幅增加至205个，分布于22个省、3个直辖市，年销气量由13.7亿立方米增加至133.2亿立方米，接驳用户数量由220万户增加至2 074万户，成为中国最大的城市燃气分销商之一。

由于华润燃气每年都进行大规模的并购，资金需求庞大，因此华润燃气确定了“业务融资同步增长”机制：首先，通过股权融资，提供足够股本金以满足初期业务投资资金需求；其次，在此基础上，进行债权融资以满足业务发展的资金需求，并利用财务杠杆提高股东回报率；待业务发展产生回报，公司便可再次进行股权融资，增厚股本金基础，释放出更大债权融资空间；之后重复执行，使公司整体融资能力不断扩大，为业务发展及公司规模不断提升提供所需资金。

在2012年之前，华润燃气的债权融资偏重于传统银行贷款。由于单个燃气项目所需投资金额较少，资金投入的时间较为分散，加之银行贷款较其他融资方式成本较低，因此成为公司主要的融资渠道。2009年，华润燃气的债权资本占比达到了58%，远高于内部确定的最优资本结构区间，公司的财务弹性处于较为紧张的状态。之后，华润燃气进行了较大规模的股权融资以改善财务弹性。到 2011 年年末，其有息负债率降至 38%，已较最优资本结构留有余地，从而为大规模并购提供了融资空间。

发债准备

面对大规模项目并购带来的巨大资金需求，华润燃气于 2010 年开始探讨发债融资的可行性。尽管长期债券的成本较高，但发行长期债券可减少再融资风险，改善财务弹性，起到降低权益资本的 Beta 系数及权益资本成本的作用。同时，财务弹性的改善也可以提升公司把握未来投资的能力，从而增加未来现金盈利，动态优化公司未来的资本结构。2011 年 8 月，华润燃气取得穆迪（Moody's）Baa1 及惠誉（Fitch）BBB+ 投资级别评级，在同业中评级最高，为公司发债工作打下基础。

融资环境和融资窗口

从 2011 年开始，境内外融资形势呈现全面紧张态势，贷款成本高企。当时受欧债危机和金融市场波动的影响，香港银行体系资金持续紧张，银行内部资金核算成本上升，因此银行对贷款客户的挑选十分谨慎。而反观境外债券市场，在失业率持续高企、经济复苏前景较不理想的背景下，美国自 2010 年 11 月开始了第二轮量化宽松政策（QE2），将直接购买长期国债的数量由第一轮量化宽松的 3 000 亿美元增加至 6 000 亿美元，推动美国国债收益率明显下降，为企业提供了较好的发债窗口（见图 5–4）。

然而，城市燃气分销业务作为公共事业，其商业模式防守性高（即在面临不确定性和商业衰退时，盈利下降风险相对较低），在经济环境不理想的情况下，仍能保持稳定的现金流。华润燃气在当时融资环境全面收紧，债券投资者异常谨慎的情况下，反而凸显其优势，能够满足债券投资者对于防守性高、现金流稳定的企业的投资倾向。华润燃气凭借独特的行业优势也获得了发债融资的良好时机。

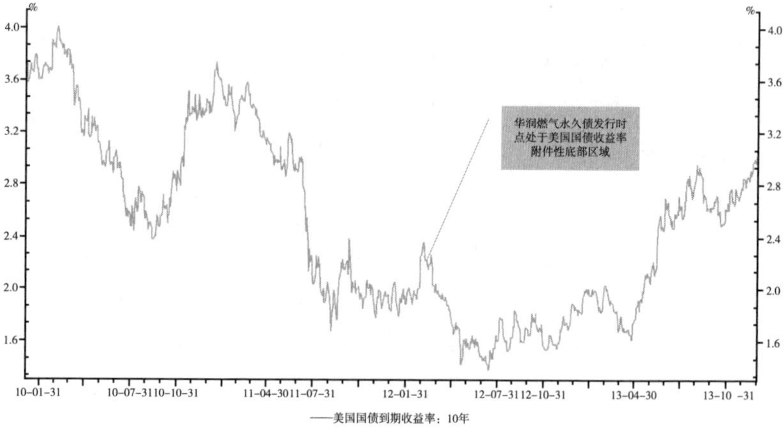

图 5–4　境外债券市场提供了较好的发行窗口

数据来源：Wind 资讯。

发行债券

在 2012 年 3 月公布 2011 年全年业绩之后，公司立即开展全球发债工作。发债结果十分理想，公司以票息率 4.5%、实际收益率 4.76%（+260bps）发行了 7.5 亿美元的 10 年期债券，为同期中国城市燃气分销公司中发债成本最低。

表 5–2　华润燃气主要发行条款

债券评级	Baa1（穆迪）/BBB+（惠誉）
起息日	2012 年 4 月 5 日
到期日	2022 年 4 月 5 日
票息	4.50%
买价	97.95（实收 7.3 亿美元）
收益率	4.76%
总订单	46 亿美元
付息期	6 个月
上市地点	新加坡股票交易所

本次债券发行最终获得了超额倍数 6.1 倍认购，认购总金额 46 亿美元。最终投资者分布统计见图 5–5。

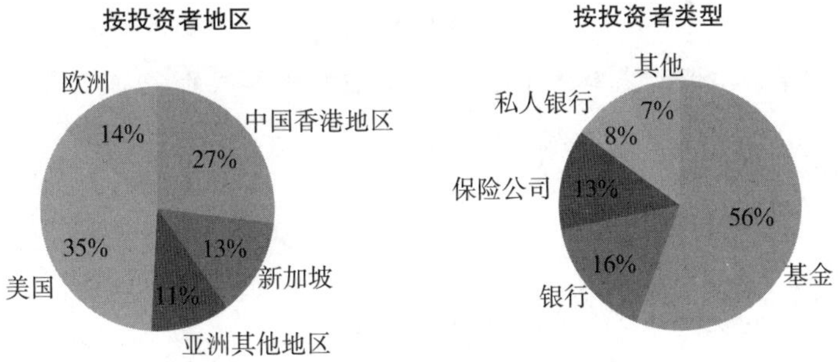

图 5–5　最终投资者分布统计

发债效果

通过发行债券，华润燃气获得了发展需要的充足资金，在 2012 年爆发式并购了 78 个项目，为历年之冠。其中包括从天津燃气集团获得的天津项目、完成私有化的郑州燃气、从美资 AEI 集团收购的 29 个项目等。另外，公司亦于当年从华润集团注入 16 个项目，2012 年全年并购项目投资总金额达 85 亿港元。

不仅如此，选择发行长期债券也极大地改善了华润燃气的财务弹性。首先，资本资产期限更加适配。由于燃气项目产业的投资周期一般为 25~30 年，银行贷款作为短期债权资本（最长不超过 5 年），与资产的投资周期匹配度存在较大差距。华润燃气于 2012 年发行 10 年期债券后，5 年期以上的借贷从过去只占不到 5% 大幅增加至 40% 以上，资本资产匹配度提升。

其次，华润燃气的资本结构得到优化，未来融资能力提升。经过此次长期债权的发行，华润燃气的股权债权占比亦于 2012 年年末调整至接近 50% 对 50% 的均衡状况，较 2011 年更加接近华润燃气最优债权资本占比 45%。与资本结构的变化相对应，华润燃气的加权平均资本成本从 2009

年的 3.63% 一直上升至 2011 年年末的 7.73%。到 2012 年发债后，由于发债的规模较大，债权资本期限结构变化会产生重大影响，使得财务弹性明显改善，风险系数降低，权益资本成本下降，尽管债券利率高于短期银行借款，但加权平均资本成本明显回落至 2012 年年末的 6.23%，并在 2013 年到 2014 年间维持在 5.8%~6.8% 的水平。

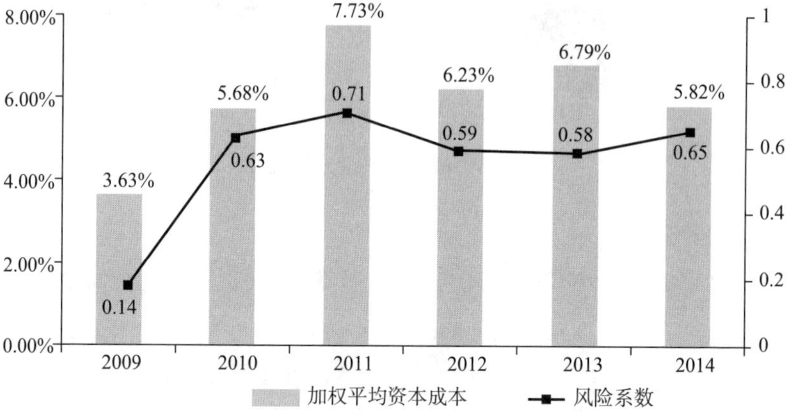

图 5–6　华润燃气加权平均资本成本（WACC）及风险系数（Beta）变化

表 5–3　华润燃气各年资本成本对比

	2009	2010	2011	2012	2013	2014
债权资本成本	1.80%	1.60%	1.27%	3.21%	3.72%	3.73%
权益资本成本	8.69%	8.70%	11.68%	9.13%	9.07%	7.30%

数据来源：权益资本成本来自 Bloomberg，债权资本成本及 WACC 的计算数据来自华润燃气年报。

与此同时，由于华润燃气充分把握了债券融资市场窗口，在合适的时间进行发债，对准了债券市场投资者的偏好，本次长期债券的发行获得了资本市场投资者的认同，并在股价中得到全面反映（见图 5–7）。

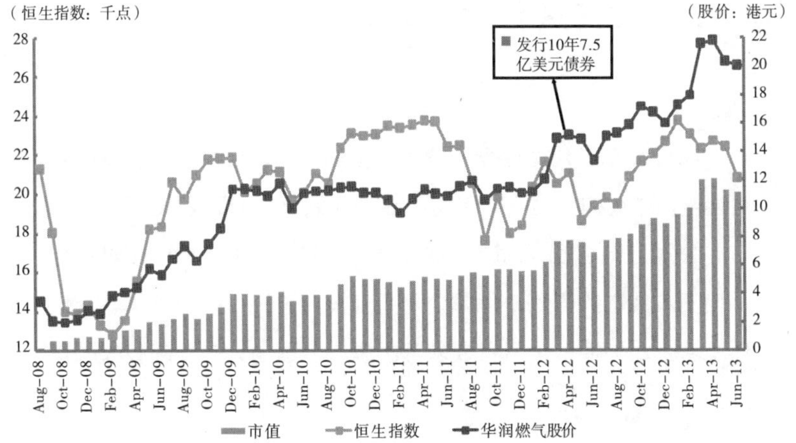

图 5–7　华润燃气发债前后股价变化

此外，公司还需要关注债权融资中的担保和承诺事项。担保是公司以自身信用或资产为他人提供的保证、抵押或质押，是担保人财务能力和被担保人财务风险的相互转移；承诺是公司根据已生效的合同或约定而必须履行的未来付款义务，通常包括资本支出承诺、经营租赁承诺等。担保和承诺实质构成了公司的或有负债，公司应关注其对资本结构和财务弹性带来的潜在影响，并对担保和承诺进行统一管理，避免因或有负债过多引发债权人、信用评级机构或投资者对公司财务状况的负面评估。尤其是在为非全资的资本结构独立公司提供担保时，原则上应与合资股东以同等条件提供，不应提供超股权比例的担保，并要在合同中明确担保性质和责任限额；而在对有股权出售计划的持股公司提供担保时，应尽可能在担保合同中约定股权转让时担保自动解除或一并转出。总部应定期汇总分析担保情况，结合信用评级和债权限制条款等要求，统一控制公司提供担保和承诺的总额度，以防范财务风险。

第四节　如何进行股权融资

管理心得

股权资本是公司存续和债务扩张的基础，公司通过股权融资可调整资本结构，为业务持续发展提供保障，从而提升公司价值。

公司应结合目标资本结构，根据股权资本成本及其对加权平均资本成本的影响，考虑公司所处发展阶段、融资需求、市场环境、公司估值、投资者要求等因素，合理制订并实施股权融资方案。

从资本成本的角度，由于股权资本要求的回报高于债权资本要求的回报，再加上若引入外部股东，还会降低原有股东的控制权，因此在资金筹集考虑的优先次序中，股权融资排于债权融资之后。但在一些情形下，公司需要通过股权融资，达到快速发展、分担风险、优化资本结构、改善公司治理等目的。股权资本是公司存续的基础，既是外部法律法规和监管的要求，也是公司内部最优资本结构管理和外部债权人的要求。股权资本能为公司提供长期的资金来源，同时股权资本的增加可以提升公司的资信水平，增强公司举债的能力，在一定的资本结构约束下，为公司获取更多的发展资源。

运用股权融资，首先需要充分理解股权融资的成本。股权资本成本体现的是股东对其所提供资本的期望回报，由于股东承担的风险比债权人大，因此股权资本成本比债权资本成本要高；但是债权资本比例高到一定程度，会增大企业的财务风险，使股权资本成本和债权资本成本都升高，因此保持合理的资本结构和加权平均资本成本是公司在进行资金筹集时需要持续关注和加以考虑的。正如第二章资本结构中关于加权平均资本成本的介绍，股权资本成本受无风险利率（R_f）、市场风险溢价

（R_m-R_f）和风险系数（Beta）等因素的影响。其中，无风险利率和市场风险溢价主要受外部宏观经济因素影响，而风险系数则反映公司对系统性风险的敏感程度，主要由公司所处行业、发展阶段、经营规模、资本结构等因素决定。公司主要通过降低风险系数控制股权资本成本，例如：优化业务区域和业态的组合，提升资产配置效率，降低风险系数；或提升内生性财务资源的规模和稳定性，提升现金创造能力，进而提高企业的偿债能力和长期发展潜力；或提高自身市场地位，增强定价能力和抗风险能力；还可通过优化资本结构，在财务杠杆过高的情况下适度通过股权融资，降低杠杆程度，进而降低风险系数；上市公司还需与投资者进行有效沟通，引导资本市场对公司的认知以降低风险系数。

公司应结合目标资本结构，根据股权资本成本及其对加权平均资本成本的影响，考虑公司所处的发展阶段、融资需求、市场环境、公司估值、投资者要求等，合理安排融资主体和融资方式，确定股权融资规模和方案。股权融资包括公开市场股权融资和非公开市场股权融资两种基本形式，具体方式则多种多样。公开市场股权融资包括上市融资及再融资，上市融资又包括首次公开发行（IPO）及借壳上市，再融资包括配售、供股、发行优先股及发行可转换债券等方式。非公开市场股权融资包括引入财务投资者（如个人、信托、风险投资基金、私募股权基金、保险公司等）或引入战略投资者（如产业基金、业务合作伙伴等）。以下通过 5 个案例（根据公开信息整理）说明股权融资的具体形式。

案例 1：华润医药 2016 年 IPO

华润医药主营制药、医药分销以及医药零售，是中国最大的综合性医药集团之一，旗下拥有华润三九（000999.SZ）、华润双鹤（600062.SH）、东阿阿胶（000423.SZ）三家 A 股市场上市公司。2016 年，华润医药启动上市项目并于10月28日在香港联合交易所主板成功挂牌上市（股票代码：3320.HK），超额配售后发行数量约为16.6亿股，发行价格为9.1港元/股，募集资金总规模达150.6亿港元，成为2016年港股市场规模最大的非金融类IPO。华润医药通过此次IPO募集的资金，将用于打造研发平台、发展生物医药、更新生产设备和工艺、完善全国性医药分销渠道网络、拓展新业务等多重发展战略，并可利用港股机制，显著提升再融资效率，这有助于华润医药将来及时募集资金，把握行业发展机遇，同时也扩大了华润医药的国际影响力，有利于其开拓全球化业务。

案例2：华润燃气2012年配售融资

2012年11月21日，华润燃气（1193.HK）宣布进行1.6亿股的配售，共筹资约27亿港元，配股价为16.95亿港元，较11月19日的收市价18.46港元折让约8%，当时股价正处于历史高位。此次配售所筹的集资金为华润燃气业务的进一步扩展提供了支持，同时令华润燃气的有息负债率有所下降。配售完成后，大股东华润集团的持股比例由68.5%下降至63.57%。

案例3：华润电力2009年供股融资

2009年6月4日，华润电力（0836.HK）宣布按10供1的比例进行供股，发行约4.2亿股。供股价为14港元，供股价较6月4日的收盘价折让21.9%。在扣除费用后，供股所得款项净额约为59亿港元，持股约64.8%的华润集团将按比例供股，应付款项为38.5亿港元。供股可降低华润电力有息负债率，所筹集资金用于归还大股东华润集团股东贷款及未来项目支出。当时市场从2008年的谷底恢复元气，华润电力刚刚成为蓝筹股，股价预期仍有上升空间，供股意愿较强。最终，供股获166%超额认购。交易完成后，大股东华润集团持股比例不变。

案例4：华润创业为饮料业务引入战略投资者

2010年，华润创业（0219.HK，为华润集团旗下消费品业务板块，后重组剥离为华润啤酒）为旗下华润饮料引入战略投资者麒麟饮料（KIRIN）。此前，华润饮料虽经历高速增长，但品种单一，从长远来看可能出现增长上的瓶颈，对非水类产品开发能力不足。麒麟饮料是日本上市公司，其饮料工业技术处于世界领先水平，研发中心实力较强，近10年推出77个产品，但进入中国市场近15年，经营业绩欠佳。双方都有强烈的合作意愿，可以产生显著的协同效应：麒麟可以提供其非酒精饮料的产品开发能力，支持华润饮料在饮用水的基础上研发新的产品；华润饮料可以提供在中国区的销售渠道，为日资企业在华拓展业务提供渠道保障。合作通过华润创业与麒麟组成合资公司的形式进行，华润创业占60%的股权，以子公司华润饮料的股权出资，麒麟占40%的股权，以在华的饮料资产及向日后的合资公司输出产品、品牌、基础、研发能力等无形资产作为出资，出资额的差额部分以现金补足。本次合作为华润创业提供了超过30亿元人民币的股权变现，促进了华润饮料未来非水业务的发展，进而带动公司整体业务的增长。

案例5：华润置地在项目层面引入财务投资者

华润置地的某地产项目由华润置地与信托公司合作，信托按其募资情况在40%~49%确认出资比例，以同股同权为原则进行合作。项目的特点包括：第一，合作及退出均同股同权，可以增加项目资本来源并有效控制华润置地的负债率；第二，由于该项目前期自有资金比例较低，负债率高，可能会影响华润置地总体负债情况，经过合作协议的约定，该项目可以做到前期不并表，后期预售或结算时再并表。上述两个方式在增加华润置地资本来源的同时，降低了公司的有息负债率。

制订股权融资方案时，公开市场股权融资和非公开市场股权融资分别有一些需要关注的重要因素：

首次公开发行：应综合考虑行业估值水平、监管环境、市场容量与效率、再融资便利程度、投资者成熟度及上市条例等，审慎选择发行地点、板块市场及发行时间，适时进行上市前重组及整合，并测算融资规模和价格区间等。具体而言：在选择发行地点和板块市场时，应考虑的因素包括监管环境及合规成本、资本账户管制程度、再融资便利度、资本市场容量与交易活跃度、投资者构成及资本市场估值水平；在选择发行时间时，应关注行业所处周期及上市审批时间；首次公开发行还需根据业务战略、财务战略以及上市条例和维持上市地位的监管要求对拟融资主体资本结构、股权架构与业务资产进行优化、重组与整合，形成股权清晰、业务完整、运营独立且可持续发展的拟上市主体；如需缩短上市前准备时间，可考虑借壳上市，选择干净壳资源，并充分评估借壳上市的综合融资成本。

股权再融资：应结合融资需求、资本结构，综合考虑资本市场环境、股票流动性、潜在股东认购意愿、再融资对控股权影响等因素，选择再融资规模、方式和时间，且再融资的价格需满足监管要求。选择再融资方式时，应依据公司的财务杠杆、股权融资需求、融资成本、资本市场环境及估值情况等，审慎选择以配售、供股、可转换债券或优先股作为股权再融资工具进行融资。公司可在首次公开发行、配售、供股的同时发行认股权证以增加融资方案的吸引力，或在派息时发行认股权证以减少现金派息。

非公开市场股权融资：需要关注的关键因素包括公司估值、投资者选择、融资工具选择、出资方式、退出机制等。其中，对投资者的选择尤为关键：在引入财务投资者时，公司应考虑财务投资者的回报要求与公司承受能力，以及潜在财务投资者的投资期限与拟投资项目现金流周期匹配度；在引入战略投资者时，公司应根据战略投资者的财务能力、管理水平、行业地位、市场或渠道优势以及与自身的协同效应等维度，对潜在投资者进行综合评估，并在估值中对协同效应予以反映并作为确定交易作价的参考；在同时存在多名投资者时，公司应尽量引入一致行动人或投票权限较低的投资者，以确保对公司的控制权。

此外，在股权融资的方式下，公司还需关注“名股实债”的风险。例如股权融资附带回购计划，出售项目的一定比例股权，但同时承诺未来回购，并支付对方相关出资的利息，虽然名义上可以将项目转移出财务报表的合并范围之外，但是项目公司的有息负债风险并未转移，最终仍需由公司承担。这种“名股实债”或表外融资，实质并未发挥股权投资者共担风险的作用，反而还会弱化公司管理层的风险意识，著名的安然公司（Enron Corporation）倒闭案例就是由于表外融资所导致的。因此，对于“名股实债”的安排要视同表内债权融资进行管理，纳入现金预算管理，监控回购计划对财务报表的影响，以防止在资本结构中因低估公司实际负债水平而导致财务风险。

随着市场的发展，债权融资和股权融资的手段都在不断创新。其中，基金是一种有效的资金筹集方式。有一定实业基础的公司可以通过建立产业基金，发挥自己的管理优势和品牌优势，在充分利用资金杠杆的同时，还可和其他投资者共担风险。虽然基金的成本较高，但是可以撬动更大规模的资本，也可获得更大幅度的发展。尤其是对于资源优势性、资本密集型业务，基金模式可以为新业务、新模式的积极探索提供有效的资金支持。

第五节 融资权需要集中管理

管理心得

公司应对融资权实行集中管理，由总部统筹协调内外部融资、融资关系管理、融资风险管理、流动性管理等。

融资权集中是指总部统一协调境内外融资，并统筹管理附属公司的重大融资事项，包括商业票据及债券的发行、银团或俱乐部贷款和股权融资等，以及制订和实施下属资本结构非独立公司的资金筹集方案。公司规模越大、管理层级越多，融资权的集中管理就越重要。若内部公司之间的债权融资缺乏协调性，多头与银行或其他资金提供方谈判，会使得融资条款缺乏统一标准，甚至互相竞价，从而有可能增大融资风险，抬高融资成本；而股权融资就更应该属于股东决策的范畴，附属公司无权决定。因此，融资权集中管理应作为集团管控框架的一部分，在各附属公司融资能力建设的基础上，在总部层面进行统一的融资决策、统筹和协调，有利于提升融资管理效率，争取长期、稳定、低成本的资金保障。

总部的融资权集中管理有几种基本的模式，根据集中程度由高到低包括统借统还、总部代理及附属公司自贷三种。其中：统借统还模式、总部代理模式是实行融资权集中管理的优先选择；附属公司自贷模式可作为部分处于整合期或者附属公司融资需求较大公司的过渡选择，但还需将其逐步调整为统借统还或总部代理模式，以加大融资权集中管理力度。

（1）统借统还模式：由总部作为资金中心，统一发行债券或向银行贷款，以考虑税盾效应后的综合融资成本最低为原则，通过股东贷款提供给附属公司使用，在融资过程中，附属公司无须参与。该模式发挥了总部融资平台成本低、效率高的优势，还能规避一些下属公司直接融资的限制。

（2）总部代理模式：由总部资金专业团队代表附属公司，与相关银行统一商定贷款的金额、期限、利率、担保条件等要素，附属公司负责办理具体的银行贷款、提款、还款等操作手续。该方式可通过加强与银行总部的总对总协调，提升谈判效率和整体议价能力。

（3）附属公司自贷模式：由附属公司作为贷款主体，根据总部设定的统一标准及要求，与银行商定贷款要素，总部对银行贷款实行全流程管控，在融资启动阶段、合同签署阶段、项目提款阶段、项目还款阶段，附属公司都需要报总部审批后执行。这种方式可能存在沟通成本高、所需资金管理人员偏多、贷款审批流程长、银行关系管理难度较大等不足。

案例：华润置地资金筹集管理（根据上市公司公开信息整理）

华润置地（1109.HK）是华润集团旗下地产业务旗舰，位列香港恒生指数成分股，主营业务包括房地产开发、商业地产开发及运营、物业服务等。华润置地从2000年开始试水商业地产，此后积极打造都市综合体，实施“双轮驱动”（“住宅开发＋投资物业”）的商业模式：一方面用住宅销售支持商业开发，另一方面利用商业利好带动后期区域和住宅升值。同时，持有物业的租金回报又增强了华润置地的抗风险能力。“双轮驱动”的商业模式给华润置地带来了品牌和行业的优势，但也因投资物业资金初始投入大、回收周期长，令其面临着巨大的资金需求，对资金筹集工作提出了更高要求。

境外融资平台

1996年，华润置地在香港上市，成功募集资金8亿港元，开启了华润置地境外融资之路。置地的境外融资来源主要分为两大类，一是银行贷款，二是境外发债。一般而言，银行贷款相对规模小，期限短（3~5 年），成本低；而境外发债则相对规模大，期限长（5~20 年），成本相对高，并且需要评级。2014 年，华润置地的评级为 BBB+\BBB\Baa1，均为投资级，也是在港上市内地房企最高评级。截至 2014 年 6 月底，外币融资余额为 543 亿港元，约占总有息负债的 70%。由于境外融资成本的优势，华润置地的综合融资成本低于 4%，处于地产行业最优水平。

控股股东华润集团支持

除境外融资具有的优势外，华润置地的低成本融资和高速发展也离不开华润集团的背后支持。华润集团对华润置地的支持主要体现在三个方面：资金支持、增信支持以及孵化模式。

资金支持方面，华润集团内各个战略业务单元之间在一定条件下可以进行境内外互相贷款，使得各个战略业务单元的资金可以灵活使用。比如当年以零售行业为主的华润创业，现金较为充裕，可以在一定程度上把其闲置资金提供给华润置地使用。同时，华润集团可利用自有资金为置地提供流动性支持，减少华润置地应急性资金的占用。

增信支持方面，华润集团的整体实力强大，置地作为其控股的子公司，华润集团对置地有一定信用加强的作用，有利于提升置地的信用评级，提升各家金融机构对置地的支持力度。

孵化模式是华润集团为置地间接提供融资支持的一种方式。置地发展早期资本实力不足，资本市场认可程度较低，融资渠道有限。为更有效利用华润集团的资源和资金，支持置地发展，华润集团孵化模式应运而生。在孵化模式下，由华润集团出资持有并开发项目，在适当时机再将项目注入置地。2005—2016 年，华润集团分十次向置地注入近 700 亿港元的物业、地产项目（包括北京华润大厦、万象城、大连星海湾、海南石梅湾等）。孵化模式不仅有效利用了华润集团的资金，更使得华润置地快速壮大，资产规模迅速增长。

总部融资平台统筹融资

2006年，随着国家限外令的出台，房地产行业的境外资金只能以注册资本金的形式进入境内，入境途径受到严格限制，中国人民银行和银监会也先后出台了多项针对房地产信贷的条款政策，华润置地的资金筹集工作面临一定挑战。在此背景下，华润置地重点推动了搭建总部融资平台、拓展总部代理融资、制定全流程管控制度等几项工作。

总部融资平台搭建后，华润置地利用总部融资平台发行债券，并通过统借统还的方式统筹安排使用。

多家银行通过报备银监的方式，开展对华润置地异地项目的深圳直接贷款模式，同时可以和异地分行组成内部银团，共同对华润置地异地项目发放贷款。各银行深圳分行向华润置地异地项目的直接贷款均由华润置地总部专业融资团队代理下属公司直接开展融资谈判，减少了下属公司的融资工作。

华润置地在融资项目启动、审批、提款、还款等阶段采用全流程管控模式，由大区总部牵头融资项目与省级分行建立合作关系，优先选择省级分行或市级分行开展业务和贷款谈判，原则上避免仅和支行商谈融资业务，以便于后期融资业务的整体协调。

资金筹集工作成效

在华润置地各项资金筹集管理工作的有效推进下，自2011年以来，虽然房地产企业市场融资成本显著上升，但华润置地境内有息负债加权平均成本能一直维持行业较低水平（见图5–8）。

在融资权集中管理下，集团总部在建立融资协调机制、融资关系管理、融资风险管理、流动性管理等方面要发挥主导作用。总部在进行融资协调时，需建立大额融资计划报送机制，由总部直接负责债券发行、贷款循环额度谈判等重要融资事项，并有必要将合作银行的选择限定在一定范围内（如建立战略合作银行机制），以避免合作银行过于分散而不利于发挥规模优势。若通过总对总的统一谈判获取银行授信额度，总部还可以根据业务特点、融资环境等情况，更有效地把握对附属公司的财务资源分配。另外，总部也可定期发布境内外银行贷款指导利率，附属公司应结合总部的指导利率对外协商债权融资条件，在融资成本高于指导利率时事先与总部沟通，以利于整体的融资成本控制。

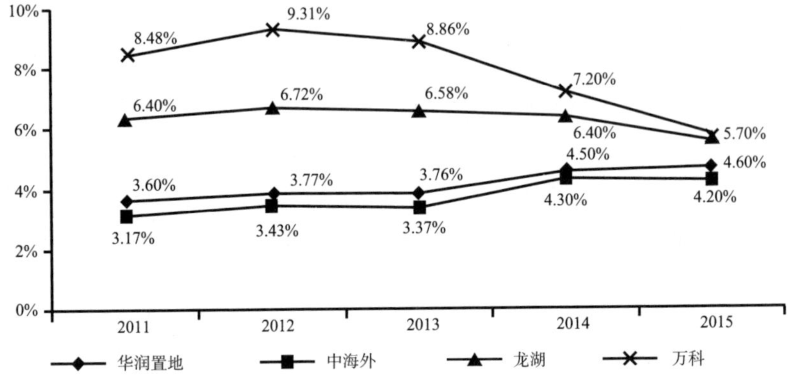

图 5–8　2011—2015 年国内各大房地产企业债权融资成本对比

数据来源：各上市公司年报。

在建立总部融资协调机制的基础上，公司在进行融资关系管理时，由于合作银行更为集中，整体对银行的谈判权增强，集团可以定期对银行服务进行评价，争取银行的优惠服务。在进行融资风险管理时，总部可以提高风险管理的标准化程度，统一融资条款和债权融资的法律文本，尤其是统筹管理财务约束指标和其他限制性条款，在债务存续期内定期监控和预测限制性条款的符合情况，防范债务违约风险，并建立期限、利率、币种的量化风险管控标准。为了减少整体的预防性现金，避免资金沉淀导致的回报低效，总部可以建立流动性支持机制，主要由总部进行流动性准备，充分利用总部的财务资源应对附属公司的流动性风险。

第六节　融资关系维护的重要性

管理心得

良好的债权和股权投资者关系有利于公司扩大融资规模、降低融资成本。

通过融资关系管理，可以增进融资相关方对公司的了解、认同和支持，提高机构投资者决策效率，从而协助公司获取长期、稳定、低成本的资金来源。

融资关系是连接资金需求方和资金提供方的纽带，融资关系的处理是否恰当，会影响融资规模及融资成本，在融资活动中有举足轻重的作用。《世界是平的》（*The World Is Flat*）的作者、著名经济学家弗里德曼（Thomas L. Friedman）在《纽约时报》的专栏文章中说过这样一段话："我们生活在两个超级大国的世界里，一个是美国，一个是穆迪。美国可以用炸弹摧毁一个国家，穆迪可以用债券降级毁灭一个国家；有时候，两者的力量说不上谁更大。"穆迪、标准普尔和惠誉是全球三大信用评级机构，弗里德曼之所以这么说，是因为这三大评级机构的话语权实际达到了影响国际金融秩序、国际政治秩序和国家主权的高度。例如，2009年的希腊债务危机就是以全球三大信用评级机构相继调低希腊主权信用评级为开端的。信用评级机构对公司的评级结果，可以极大地影响公司的融资能力和融资成本。2011年6月14日，中国最大的纸板制造商玖龙纸业（2689.HK）被标准普尔以缺乏渠道接触公司管理层为由，撤销其BB级长期企业信贷评级，尽管标普并未提及公司存在的过错，但此举还是引起了投资者的恐慌，玖龙纸业的股价于14日大跌17.4%后停牌。这是港股中首次有上市公司被评级机构撤销评级。玖龙纸业的这次股价暴跌充分体现了公司与信用评级机构之间的关系恶化，会在资本市场上对公司股价造成重大利空。

不仅如此，信用评级结果也会对公司的融资规模和融资成本产生重要影响。例如，根据上市公司公开信息，2012 年 9 月，星展银行（DBS）为华润水泥（1313.HK）成功完成 4 亿美元、5 年期债券的定价，通过星展银行的备用信用证实现了信用增级（即债券由星展银行担保）。由于星展银行备用信用证是无条件、不可撤销的信用证，因此该交易获得了穆迪 Aa1 评级，与星展银行的高级债券评级相同（高于中国主权评级 Aa3）。经过信用增级，这次发行债券的票息为 2.125%，发行价为 99.75 美元，收益率为 2.178%，高于美国国债 155bps，在市场上获得了投资者的积极反响。最终，连同支付给星展银行的备用信用证费用（即担保费），华润水泥需要支付的总融资成本不到 4%，低于华润水泥依靠自身信用发债的成本。

信用评级机构属于公司融资相关方中的一类，为了能及时筹集到充足的、低成本的资金，公司不仅要保持自身健康的财务状况和信用状况，还需要与各类融资相关方保持良好的关系。公司的融资相关方包括债权投资者（如银行、债券投资者）、股权投资者，以及其他如信用评级机构、外部分析员、新闻媒体等影响公司融资业务合作方的资金供给意愿和要求收益的相关方面。与它们保持良好的沟通和互利合作，能协助公司拓展融资空间、降低融资成本、获取优质服务。因此，公司有必要建立融资关系管理机制，与融资相关方建立良好顺畅的合作关系，并进行定期评估、持续维护、按需调整，以达到增进融资相关各方对公司的了解、认同和支持，提高机构投资者决策效率的目的，从而协助公司获取长期、稳定、低成本的资金来源。

融资关系管理的基本原则是在遵循法律法规、保守商业秘密的前提下，就公司的业务战略、经营管理、财务政策、企业文化等与融资相关各方保持良好的沟通，合理引导其对公司业务发展和财务表现的预期，维护公司形象。并且，公司要注意在融资活动中形成融资业务合作方在服务质量和价格上的相互竞争态势，以实现公司利益的最大化，并借助融资合作方的选取实现培育长期合作关系的目的。此外，公司还应关注融资相关各方对公司的意见或者建议，考虑择优采纳以完善公司治理。

融资关系管理主要包括银行关系管理、评级机构关系管理及投资者关系管理，不同类型的融资关系管理在方式方法上有一定差别。

银行是公司重要的融资业务合作方。在融资权集中管理的模式下，总部统筹银行关系管理，并从信贷合作、现金管理、分析咨询、银行服务等方面定期评价银行服务水平（可参考附录5E进行合作银行评价），根据评价结果与银行进行沟通以促进银企合作质量，增加与合作较好的银行的业务合作，在日常银行关系维护中，履行信息披露义务，并定期开展银企交流互动。

表5–4　主要类型融资关系管理要点

银行关系管理	评级机构关系管理	投资者关系管理
管理主体： ■ 在融资权集中管理下，总部牵头与银行建立总对总合作关系，并统筹管理银行关系 **评价机制：** ■ 从信贷合作、现金管理、分析咨询、银行服务等方面定期评价银行服务水平 **非授信业务的银行选择：** ■ 对于外汇及现金管理业务，优先与评价较高的银行合作 ■ 对于资本市场业务及财务风险管理业务，综合考虑银行评价结果和专业能力 **日常银行关系维护：** ■ 履行信息披露义务 ■ 开展银企交流互动	**基本要求：** ■ 保持良好沟通、及时信息披露 **信息披露：** ■ **定期披露：** • 年报、半年报 • 流动性调查表 • 重点管理信息 ■ **重大事项：** • 尽早沟通可能引发公司经营风险和财务风险的重大事项 **其他管理要点：** ■ 设专人管理 ■ 定期监控和预测评级约束指标	**管理范围：** ■ 债券及股权投资者（包括机构及个人投资者、在册与潜在投资者）、新闻媒体、外部分析员、其他相关机构与个人 **沟通要素：** ■ **渠道：**多渠道、多层次 ■ **方式：**电话、年报、信函、网站、路演、业绩说明会、投资者见面会、现场调研等 ■ **内容：**发展战略、法定披露信息、经营管理信息、依法可以披露的重大事项等 **其他管理要点：** ■ 通过指定方式及时披露包括关联交易在内的重要信息，避免选择性披露信息 ■ 制定完善投资者关系管理细则

信用评级是债券融资的重要组成部分，与信用评级机构保持良好沟通、及时披露必要信息是公司信用评级机构关系管理的基本手段。公司需理解并满足信用评级要求，适时、准确地进行信息披露，并就公司发展战略、业务特点、财务状况和内部管理等与评级机构主动沟通，以实现并维持目标信用评级，并在经营业绩、财务表现有明显改善时，主动与信用评级机构沟通，争取信用评级上调以实现目标信用评级。

投资者关系主要是指公司与债券及股权投资者、新闻媒体、外部分析员或其他机构与个人的沟通互动。公司需通过专业规范的投资者关系管理，多渠道、多层次地与投资者进行交流，按规范及时披露重要信息，维护公司在资本市场上的良好形象，协助公司按需扩大融资规模并优化融资成本，同时通过全面及时地获取、传递外部市场反馈与评价，为公司重大决策提供依据。

公司还需建立融资关系危机管理机制。当出现影响公司融资关系的重大不利事项时，及时制定融资关系危机应对预案，迅速整理银行、信用评级机构及投资者等的反馈信息，评估事件负面影响程度。而后根据事项严重程度，确定负责与融资相关各方沟通的主体，制定口径统一的信息披露内容，以恰当形式与融资各方沟通，维护公司形象。在2011年6月的玖龙纸业信用评级危机中，在标普公布撤销其信用评级的第二天，玖龙纸业发布公告，对于标普称“缺乏渠道接触管理层”予以澄清，称没有接到过标普的任何书面查询而不回复，并表示未来将改为聘用穆迪作为评级代理，且已收到穆迪的有关建议书，短期内将落实委聘，当日下午复牌其股价迅速走高，上涨13.81%。玖龙纸业在紧急情况下的积极应对，对缓解事件产生的不利影响起到了关键作用。

小　结

资金筹集是公司获取外部资金的过程，受资本结构约束，同时与公司产生内生资金的现金创造和提升现金流效率的现金管理，以及资产配置活动密切相关。同时，资金筹集还会通过融资成本以及所引起的再融资风险与财务危机成本，影响公司加权平均资本成本，进而影响公司价值。资金筹集应在公司的可融资空间下进行，可融资空间是由公司的静态和动态资本结构决定。在一定的资本结构约束下，再考虑由公司现金创造活动和现金管理活动形成的可自由支配资金，结合资产配置活动需要的战略性资本支出，以及当期需要偿还的到期债务，形成公司的融资需求。

资金筹集包括债权融资和股权融资两种形式。债权融资管理的核心原则是使得有息负债综合成本最优，主要运用规模、期限、利率、币种等融资要素进行安排。融资规模影响公司的占用资本，改变公司的资本结构；融资期限影响公司的财务弹性以及加权平均资本成本；融资利率和融资币种与融资成本直接相关，其中还包含利率风险和汇率风险，需要公司建立相应的财务风险管理机制。债权融资的工具有内部贷款、银行贷款以及发行债券等。在债权融资工具选择上，内部贷款优先于外部债权融资，公司同时还要考虑规模、期限、成本等融资要素的比较，并关注对外担保和承诺事项可能带来的财务风险。

股权融资可以为公司提供长期资本，构成公司债务扩张的基础。在一定的发展阶段、市场环境、融资需求等条件下，公司可选择股权融资以获取更多发展资源。股权融资包括公开市场股权融资和非公开市场股权融资两种主要类型：公开市场股权融资包括 IPO、借壳上市、再融资等；非公开市场股权融资包括引入财务投资者或战略投资者。在公司、项目等不同层面，还有更加灵活的具体安排方式。

此外，公司还需关注融资关系的管理。与金融机构、信用评级机构、投资者、外部分析员等融资相关方的良好沟通和互利合作，有助于公司获取长期、稳定、低成本的资金保障。

资金筹集涵盖债权融资、股权融资的核心理念。资金筹集改变资本结构，资本结构又决定了资金筹集的安排。因此，资金筹集可以被视为资本结构的延伸，通过直接影响公司的加权平均资本成本，影响公司价值。

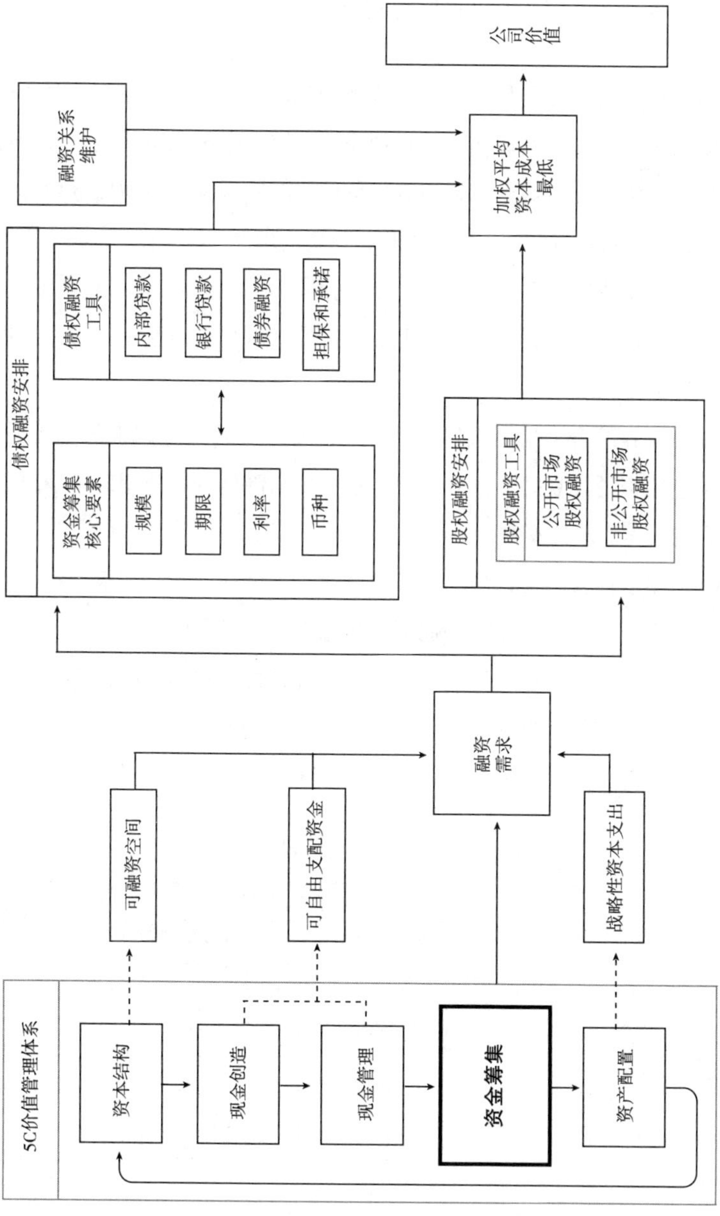
5C价值管理体系
资本结构
现金创造
现金管理
资金筹集
资产配置
可融资空间
可自由支配资金
战略性资本支出
融资需求
债权融资安排
资金筹集核心要素
规模
期限
利率
币种
债权融资工具
内部贷款
银行贷款
债券融资
担保和承诺
股权融资安排
股权融资工具
公开市场股权融资
非公开市场股权融资
融资关系维护
加权平均资本成本最低
公司价值

图 5–9　资金筹集小结

附录 5A：制订债权融资计划

制订债权融资计划是债权融资管理的基础工作。公司在年度财务预算的编制过程中，根据资本结构管理需要，综合考虑境内外经营活动现金净流入、资本支出需求、到期有息负债情况等因素，借助现金预算管理工具，确定可融资空间以及年度债权融资需求。

制订年度债权融资计划可参考以下原则：

（1）安排债权融资时，优先考虑通过内部贷款满足融资需求，以提升整体资金使用效率；

（2）应在综合考虑资金需求时点、外部融资环境等因素的基础上，确定单笔融资的计划时点，以避免因过早融资降低资金使用效率或延迟融资影响公司流动性安排；

（3）年度债权融资计划应进一步细化至季度或月度，并根据经营活动现金净流入、资本支出、实际融资情况定期滚动更新；

（4）当新增债权融资可能导致公司偏离目标资本结构时，公司应平衡资本支出项目的回报和短期偏离目标资本结构的风险，决定是否需要减少或推迟资本支出，并动态调整债权融资计划。

表 5–5　境内债权融资计划（样表）

单位：亿元	上年末余额	20×× 年境内融资计划					20×× 年末余额
		本年预计提款				本年到期及提前还款	
		一季度	二季度	三季度	四季度		
境内							
1. 银行贷款							
其中：再融资	—					—	—
新增融资	—					—	—
2. 债券							
3. 集团内部贷款							
4. 其他							

表 5–6　境外债权融资计划（样表）

单位：亿元	20×× 年						
	一季度	二季度	上半年合计	三季度	四季度	下半年合计	全年合计
境外							
1. 银行贷款							
（1）上年已签约贷款额度提款							
（2）本年计划新签约贷款额度提款							
其中：已批未签							
审批中							
未落实							
2. 发行债券							
3. 发行股本							
4. 自境内项目公司 / 投资公司取得的股息收入							
5. 境内下属企业向境外偿还的股东贷款本息							
6. 境内公司向境外该公司提供的跨境人民币放款							
7. 取得集团股东贷款或集团内部互贷							
8. 其他融资							

附录 5B：单笔融资规模确定工具

表 5–7　单笔融资规模确定工具

考虑方面（包括但不仅限于以下）	回答
1. 融资金额是否需要拆分为几笔融资或者单笔融资是否可以满足？	
2. 目前的融资环境及其趋势如何？包括银行的放贷意愿、放贷手续周期长短等。请评估如提前融资，资金短期闲置成本以及贷后管理成本的高低。	
3. 新增融资获得的资金在使用上是否存在较大不确定性？金额约为多少？如战略性资本支出。	
4. 因使用的不确定性导致在可能的提款期内无法按时提款的概率多大？是否选择承诺性的贷款额度？承诺费成本是否高于贷款额度的一定比例（如：20pbs）？	
5. 比较安排多笔融资的总融资费用与单笔的融资费用孰高？融资费用占融资金额的比例为多少？	

附录 5C：利率风险管理

在公司持有较少利率敏感性资产的情况下，利率风险管理重点关注有息负债的利率结构，目标是在考虑成本的基础上，优化浮动利率负债和固定利率负债的比例，将市场利率波动对公司盈利及相关财务指标造成的负面影响控制在可接受的范围内。公司采取的利率风险应对措施应与投机活动严格分离，以避免因过度追求盈利而带来额外利率风险敞口。有息负债利率风险的管理是公司利率风险管理的重点内容。

一、核心监控指标与管理目标值

利率敏感性比率测算基准利率变动 100 个基点对盈利的影响，是利率风险的核心监控指标，其计算公式为：

$$\text{利率敏感性比率} = \frac{\text{浮动利率负债本金总额} \times 1\%}{\text{经常性 EBITDA}}$$

其中：

（1）浮动利率负债本金总额为所有采用浮动利率的负债本金之和，包括采用浮动利率的银行贷款、债券（含永久债）、股东贷款和集团内部互贷、其他有息负债（如信托贷款）等，但不包含已利用衍生金融工具对冲的部分。

（2）即将到期再融资或者利率需要定期重新商定的固定利率负债，与浮动利率负债所面临的利率风险可能相同，应在赋予一定权重后计入浮动利率负债本金总额，例如：

① 6 个月内到期的固定利率负债或 6 个月内利率需要重新设定的固定利率负债，本金全部纳入浮动利率负债本金总额计算；

② 在 6 至 12 个月内到期或 6 至 12 个月内利率需要重新设定的固定利率负债，其本金的 50% 纳入浮动利率负债本金总额计算。

（3）经常性 EBITDA 是公司预计的当年经常性息税折旧摊销前利润，

不含一次性损益和投资物业重估等。

（4）分子、分母应以同币种计量。

公司可根据风险偏好、市场基准利率形成机制和历史变动特点、债权融资财务约束指标、信用评级指标等因素，以市场基准利率变动导致的浮动利率负债利息支出增加不超过经常性 EBITDA 的一定比例为原则，设定并定期检讨利率风险核心监控指标的管理目标值。

例如，设定的利率敏感性比率管理目标值以市场基准利率变动 100 个基点时，浮动利率负债利息支出增加不超过经常性 EBITDA 的一定比例来表述。目标值可以动态资本结构指标为基础，参考市场最佳实践和偿债能力风险管理相关要求来设定。计算公式如下：

$$a \geqslant (1-k) \times \frac{\text{总有息负债}}{\text{经常性 EBITDA}} \times 1\%$$

其中：

（1）a 为利率敏感性比率管理目标值；

（2）k 为公司固定利率负债占总有息负债的比例，根据对市场最佳实践的研究，公司通常应维持至少 20% 的固定利率负债；

（3）1% 表示市场基准利率变动 100 个基点；

（4）公司的总有息负债与经常性 EBITDA 比率应根据偿债能力风险管理相关指标要求设置。

举例说明：若总有息负债与经常性 EBITDA 比率的限值为 4，则利率敏感性比率管理目标值 a 为 3.2%。

二、利率风险评估

1. 监控指标测算

公司应定期（例如每半年）计算公司的利率敏感性比率，并在大额浮动利率融资前测算融资后利率敏感性比率的可能变化，从而确保维持指标值不突破管理目标值。同时，公司还应关注利率变动对其他利息相关约束指标的影响。

2. 压力测试

公司在重点监控利率敏感性比率的同时，还应在市场环境发生重大变化时进行压力测试，在给定压力情景下，估算基准利率上升对公司盈利、债权融资财务约束指标、信用评级指标和其他财务风险监控指标值的影响。

三、利率风险评估

在利率敏感性比率指标值超出管理目标值时，公司应在考虑成本的基础上适当增加固定利率负债规模以降低利率风险。

公司可选择金融市场常见的衍生金融工具实现存量负债由浮动利率向固定利率的转化，或新增固定利率负债置换浮动利率负债。公司使用衍生金融工具实现的固定利率水平原则上不应高于直接采用固定利率融资的利率成本。

在市场基准利率处于历史低位时，公司还可以考虑增加固定利率融资以锁定较长期的融资成本。当新增债权融资缺少市场公认的、普遍使用的市场基准利率时，公司也应优先考虑使用固定利率融资。

公司还可通过衍生金融工具锁定未来短期内的融资或再融资利率，以防范利率水平不利波动的风险。

附录 5D：汇率风险管理

公司汇率风险管理目标是控制汇率风险敞口，从而将汇率波动对盈利、权益资本及财务指标造成的负面影响控制在可接受的范围内。公司采取的汇率风险应对措施应与投机活动严格分离，避免因以追逐盈利为目标而带来额外的汇率风险敞口。同时，公司还应考虑采取汇率风险应对措施所要付出的成本，避免以完全锁定汇率为目标片面追求降低汇率风险。公司通常面临的汇率风险包括交易类汇率风险和折算类汇率风险。

一、交易类汇率风险的评估与应对

1. 风险敞口评估

交易类汇率风险是指公司在以非功能货币计价的收支交易中，因汇率波动而导致以功能货币计价的收入减少或支出增加的风险。产生交易类汇率风险敞口的收支交易主要包括使用非功能货币的日常运营收支、融资本息收支、资产配置收支等。

交易类汇率风险敞口自交易合同签订时或交易合同尚未签订但交易金额及时间可合理预期时产生，包括确定敞口和预期敞口两部分。

（1）确定敞口包括：

①已入账的、金额和结算时间确定的非功能货币应收、应付款项；

②虽未入账但金额和计算时间确定的承诺性非功能货币收支，例如承诺性采购付款、债权融资还本付息、确定的处置资产收款等。

（2）预期敞口包括根据经验、预算等预期未来很有可能发生的非功能货币收入或支出，例如预计的销售收入、费用支出、资本支出等。

公司可根据实际情况选择在每月或每季度末滚动预测未来一年或超

过一年的各月或各季度汇率风险敞口情况，预测时需关注：

（1）分别预测不同币种的风险敞口；

（2）对每一币种分别评估确定敞口和预期敞口；

（3）任一月或季度内同一币种收支相抵，仅需评估净敞口。

2. 风险应对措施

为应对交易类汇率风险，公司应优先使用功能货币进行交易结算。当使用非功能货币进行交易时，公司应在不影响商业利益的情况下通过获取有利的商业条款转嫁汇率风险，以避免产生或尽量缩小汇率风险敞口。公司还可优先寻求内部自然对冲，例如保留非功能货币现金收入以用于支付未来短期同币种贷款利息等。自然对冲之后的剩余交易类汇率风险敞口，公司可按照相关内部管理要求，利用衍生金融工具进行对冲。

公司利用衍生金融工具进行交易类汇率风险管理，应根据敞口类型和结算日期远近，确定每一币种敞口的对冲比例，例如以下情况。

（1）对于确定敞口：以实际收支交易日期为限，对冲比例可高至100%。

（2）对于预期敞口：

①对未来六个月内的敞口，对冲比例不高于75%；

②对未来六至十二个月的敞口，对冲比例不高于50%；

③对十二个月以上的敞口，对冲比例为0。

公司可选择针对每一交易敞口进行逐笔对冲（主要针对确定敞口），也可选择针对每月或每季度的敞口进行一次或几次的组合对冲。公司可根据自身风险偏好、交易成本、可操作等因素制定最低对冲比例要求。公司还可根据相关财务风险管理人员对衍生金融工具交易的专业与经验程度，确定日常交易操作策略。

二、资产负债折算类汇率风险的评估与应对

1. 风险监控指标与限制

汇率敏感性比率是公司衡量资产负债折算类汇率风险的核心监控指标，计算公式为：

$$汇率敏感性比率 = \frac{资产负债折算类汇率风险敞口}{经常性\ \text{EBITDA}}$$

若公司持有很少非功能货币资产时，汇率敏感性比率计算公式可简化为：

$$汇率敏感性比率 = \frac{非功能货币债权融资本金总额}{经常性\ \text{EBITDA}}$$

其中：

（1）非功能货币债权融资本金总额包含银行贷款、债券（含永久债）、股东贷款等，但不包含已利用衍生金融工具转换为功能货币的部分；

（2）经常性 EBITDA 是公司预计当年的经常性息税折旧摊销前利润，不含一次性损益和投资物业重估等（若经常性 EBITDA 为零或负数，则指标比率为正无穷大）；

（3）分子、分母应以同币种计量。

当公司持有的与负债币种相匹配的非功能货币资产超过总资产的 5% 时，汇率敏感性比率计算公式为：

$$汇率敏感性比率 = \frac{|\ 非功能货币债权融资本金 - 非功能货币总资产\ |}{经常性\ \text{EBITDA}}$$

公司可根据风险偏好、汇率波动率、汇率形成机制等因素，设定并定期检讨资产负债折算类汇率风险敏感性比率管理目标值。

例如，可以采用风险价值（value at risk，VaR）的方法监控资产负

债折算类汇率风险并设定汇率敏感性比率管理目标值，目标是控制在95%置信度的情况下，一年期风险价值（即一年内由货币贬值造成的汇兑损失有95%的可能性小于等于该值）不超过当年预计经常性EBITDA的一定比例。95%置信度下的一年期风险价值的计算公式为：

$$VaR=1.645\times\sqrt{1}\times\sigma\times P$$

其中：

（1）1.645是正态分布函数单边概率为95%时的标准方差个数。

（2）$\sqrt{1}$表示一年期。

（3）σ代表一年期汇率波动率，为历史汇率波动率和市场隐含汇率波动率的算术平均数，具体方法可参考：

①计算历史波动率时，可选用每日年化波动率，计算过去半年的算术平均数；

②计算市场隐含波动率时，可选用一年期At the Money期权（平价期权）的每日隐含波动率，计算过去半年的算术平均数；

③汇率波动率可每半年更新一次，在汇率发生显著变化时，应对汇率敏感性比率管理目标值进行调整。

（4）P代表非功能货币债权融资本金总额（未对冲部分）。

举例说明，若要求一年期风险价值不超过经常性EBITDA的5%，当σ≥2.2%时，则：

$$VaR\leq 5\%\times EBITDA$$

$$1.645\times\sqrt{1}\times\sigma\times P\leq 5\%\times EBITDA$$

$$\frac{P}{EBITDA}\leqslant\frac{5\%}{1.645\times\sqrt{1}\times 2.2\%}$$

$$\frac{P}{EBITDA}\leqslant 1.4$$

即，当要求在95%置信度下的一年期风险价值不超过经常性EBITDA的5%时，在汇率波动率为2.2%的情况下，公司非功能货币债权融资本金总额不应超过当年预计经常性 EBITDA 的 1.4 倍，即汇率敏感性比率管理目标值为 1.4。

2. 压力测试

公司在重点监控汇率敏感性比率的同时，还应关注汇率波动对自身的信用评级指标、债权融资财务约束指标或其他财务风险监控指标的影响，通过压力测试实现对各项指标的监控。压力测试包括两类。

（1）定期压力测试：定期（如每半年）测算外币汇率贬值 5% 后，公司的信用评级指标、债权融资财务约束指标或其他财务风险监控指标是否符合相关约束。

（2）临时压力测试：在汇率市场出现异动时，应估算在给定汇率贬值幅度下盈利、权益资本、信用评级指标、债权融资财务约束指标或其他财务风险监控指标的变动情况，并在必要时制定和实施风险应对措施。

汇率波动常常伴随着宏观经济的变化，宏观经济变化直接影响公司经营状况。公司在评估汇率变动对盈利的影响时，既应评估汇率变动对收入、支出的直接影响（例如本币贬值增加公司进口原材料成本和现金流出），还应评估导致汇率变动的宏观经济环境对公司盈利能力的间接影响（例如在以汇率贬值为主要表现的经济衰退环境下，公司盈利可能受到经济衰退和汇率贬值的双重不利影响）。

3. 风险应对措施

针对资产负债折算类汇率风险，公司应优先以功能货币作为融资币种，并合理计划非功能货币债权融资，逐步改善资产、负债币种结构。

当采用非功能货币进行新增债权融资时，公司可优先选择美元；对于其他非功能货币债权融资，公司可在融资初期通过衍生金融工具将其转化为功能货币融资，或者当市场缺乏此类工具或转化成本较高时，将其转化为美元融资。对于已有的非功能货币债权融资，公司可选择适当时机（例如功能货币对美元远期升水缩小甚至贴水，并且对冲后的综合功能货币融资成本仍低于直接功能货币融资成本），利用衍生金融工具减小资产负债折算类汇率风险敞口。

若压力测试结果显示公司盈利或权益资本将受汇率波动影响大幅减少，或者信用评级指标、债权融资财务约束指标或其他财务风险监控指标将严重超出限值，公司原则上应停止新增非功能货币债权融资，并制定应对措施以降低汇率风险敞口。

附录 5E：银行合作关系评价（示例）

一、信贷业务合作情况

（1）截至某一日期，各银行给予公司的授信总量、授信品种、贷款余额、可用授信总额、平均利率水平等情况；

（2）各银行近一年来为公司提供贷款的利率要求高低水平；

（3）各银行授信业务审批的效率情况（可按如下等级进行评价）：

A. 授信申请所需资料明晰、简单，通常提交资料后一个月内能够完成授信审批

B. 授信申请所需资料较简单，提交资料后一到两个月完成授信审批

C. 授信申请所需资料较多，提交资料后一到两个月可基本完成授信审批

D. 授信申请所需资料较繁杂且需反复补充，提交资料后至少两个月以上才能完成授信审批

（4）各银行信贷资金用途是否受限（可按如下等级进行评价）：

A. 严格执行专款专用和受托支付

B. 大部分贷款需受托支付，小部分信贷资金可采取变通方式允许企业归集使用

C. 用款条件相对宽松，大部分信贷资金可与银行协商后根据需要在一定范围内灵活提用

（5）信贷紧张时期或存在应急贷款需求时给予公司贷款支持情况（可按如下等级进行评价）：

A. 信贷规模紧张或存在应急贷款需求时给予公司较多贷款支持

B. 信贷规模紧张或存在应急贷款需求时可以给予少量贷款支持

C. 信贷规模紧张或存在应急贷款需求时难以给予公司贷款支持

二、结算及现金管理业务合作情况

（1）公司在各银行日常结算业务（收、付款）占总结算量的大致比例情况；

（2）各银行在账户开销户管理、日常收付款结算（含同城、异地及国际收支结算）操作等方面的效率、便利性情况（可进行高低打分）；

（3）各银行对公司开立银行承兑汇票、信用证等业务需求的满足情况（可进行高低打分）；

（4）各银行对公司开立银行承兑汇票业务保证金的比例要求情况；

（5）各银行向公司提供相关业务结算回单、对账单的及时、准确性情况（可按如下等级进行评价）：

A. 该行会定期将回单、对账单按时间顺序整理完备后及时提供给公司

B. 该行会定期将回单、对账单整理完备后及时提供给公司

C. 该行会定期提供回单、对账单给公司，但是完整性一般，偶尔需要补制

D. 该行回单、对账单的提供经常不够及时，且时常发生单据遗漏问题

（6）各银行对公司相关结算业务（汇款、开票、开证、询证函等）的手续费减免情况（可按如下等级进行评价）：

A. 该行给予公司的结算手续费整体减免幅度可达 60% 以上

B. 该行给予公司的结算手续费减免幅度达 40% 以上

C. 该行给予公司的结算手续费减免幅度不到 40%

D. 该行对于公司的结算手续费基本没有减免

三、银企关系及银行服务情况

（1）银行对监管规定及相关政策的执行相对灵活，针对公司特殊情

况有一定的变通机制（可进行高低打分）；

（2）银行与公司的日常业务交流互动频繁，向公司提供了明确的银行各级（总行－分行－支行）服务支持团队名单，以便日常工作的顺利开展（可进行高低打分）；

（3）公司对该银行配备的客户经理及相关服务人员的服务水平及工作质量的满意度情况（可进行高低打分）；

（4）各银行的业务网站登录或电话客服热线接入顺畅情况和提供服务的满意度（可按如下等级进行评价）：

A. 该行电子服务渠道较为顺畅，可提供较满意的自助服务

B. 该行电子服务渠道较为顺畅，但是网站操作界面不够友好，业务办理手续较烦琐，也难以借助电子客服解决实际业务问题

C. 较少使用该行电子渠道，遇到问题基本通过客户经理解决

（5）各银行对公司业务办理过程中可能存在的相关风险进行提示，协助公司有效控制资金风险的情况（可进行高低打分）；

（6）各银行采取相应措施对提供的服务进行监督和管理，并对出现的问题或公司提出的意见、建议进行处理和反馈的及时、有效性（可进行高低打分）；

（7）各银行内部协调及银企间沟通的及时、顺畅性，以及银行提供信息反馈的效率情况（可进行高低打分）；

（8）各银行就公布的各项新业务、新政策通知公司，并提供专业、明晰的咨询和业务操作建议情况（可进行高低打分）；

（9）各银行为公司提供新的银行产品和服务的技术支持及业务培训情况（可按如下等级进行评价）：

A. 每年一到两次主动向公司提供结算产品服务、操作方面的培训

B. 不定期根据公司要求对结算产品服务、操作提供培训

C. 从未提供过相关培训

（10）各银行利用内部资源积极协助公司处理与各级外汇管理部门及相关政府监管部门沟通的情况（可进行高低打分）；

（11）各银行对公司提供的相关业务资料和信息保管良好，未出现资料遗失或未经允许向任何第三方泄露公司商业机密的情况（可进行高低打分）。

第六章

资产配置：

资产组合实现更大价值

当公司获得资金，包括通过经营活动产生的内生资金和通过对外筹措取得的外部资金，为了最大化价值创造的作用，公司需要对所获取的资金进行有效分配和利用，包括投放到现有的业务中，或对外购买新的资产和并购新的业务，从而支持公司的可持续发展，这个过程就是资产配置。资产配置有效与否决定公司资产组合的优化程度，资产配置决策影响公司未来的增长及其质量，是持续的价值创造中承上启下的核心环节。本章将基于公司价值的关键驱动因素，介绍资产配置决策的主要依据和重点步骤，以及如何通过资产配置推动财务资源从低效资产向高效资产转移等内容。

第一节　资产配置“基本法”

管理心得

资产配置连接业务战略和财务战略，通过投入资本的分配、检讨与优化，动态影响公司回报、增长及持续性，从而影响公司价值。

业务战略、财务资源、组织能力、回报、增长及风险，是资产配置决策的主要依据。

在资本市场上，一家公司是否值得投资，成长性是其中极为重要的考量因素。成长性就是分析公司的持续发展速度，可以用营业额或增长率进行衡量。也就是说，即使公司当期的回报很好，但若未来收入增长率不被看好，也不能很好地吸引投资者。这也可以用公司价值的现金流折现公式来理解，公司价值是未来自由现金流的折现，公司未来的增长率越高，带来的自由现金流也会更多，公司价值也就越大。公司的增长通常来源于外延式增长和内涵式增长，外延式增长通过并购或新建增量资产获得，内涵式增长来自现有的资产组合。因此，为了确保公司价值的持续增长，如何将财务资源投放到优质的项目中并定期优化资产组合，就显得十分关键了，这需要通过资产的有效配置实现。

资产配置实际上是公司一项持续性的管理活动，只要公司获得资金，包括内生资金或外部资金，就需要考虑资产配置的问题。也就是说，从资本结构开始，就伴随着资产配置，并始终贯穿在公司的价值创造过程中。资产配置是指在有限财务资源的约束下，资本在不同资产形式间的分配，体现为资产组合。资产组合又包括业务资产组合和会计资产组合，这两种资产组合是从不同维度反映投入资本的分配。**业务资产**就是投入资本在不同行业、业态或区域等资产间的分配，在财务上表现为管理资产负债表上构成左边投入资本的现金、营运资本需求、固定资产净值等**会计资产**。例如：对多元化的集团来说，旗下有诸如消费品、医药、地产、能源、金融等不同业务板块；如果是单一地产业务，可能旗下还会有商业地产、住宅地产等业态，并且还可能按地域划分为不同区域作为经营单位；若是单一的饮料业务，产品可能区分为不同的类型，有不同的品牌定位，在销售上也会划分区域，这些都构成了业务资产组合。业务资产与会计资产相互影响：业务资产是会计资产配置的依据，业务资产的决策运营决定会计资产的配置；会计资产是业务资产配置的表现，并动态影响业务资产的进一步配置。因此，结合业务资产和会计资产两个维度，**资产配置与公司的业务战略密切相关，并连接财务战略，是在既定的业务战略下，依托组织能力，通过资本结构、现金创造、现金管理与资金筹集等财务战略的实施，对公司的投入资本进行动态分配、检讨与优化的过程。**

资产配置的作用在多元化集团中显得尤为明显。李嘉诚旗下的企业就是这方面的突出代表。作为其中的多元化控股平台，和记黄埔（原上市代码：0013.HK，已于2015年与长江实业重组为长江和记实业有限公司）旗下拥有港口、地产与酒店、零售、基建、能源及电信6项核心业务，梳理其发展历程，灵活的资本运作、有序的资产进退，对维持其长期以来稳定的盈利能力和增长能力起到了关键作用。例如，2008年金融危机后，资产价格处于低位，和记黄埔把握时机增加了对欧洲地区的资产配置，包括2010年收购了英国电网公司（UK Power Networks），2011年购入自来水供应及污水处理公司（Northumbrian Water Group，NWG），2012年收购英国天然气公司（Wales & West Utilities，WWU），三项投资额约1 100亿港元。在资产处置方面，其采取的运作方式则更加多样，除简单出售和资产置换外，还充分利用资本市场，采用上市、配售、私有化等不同方式，对预期前景看淡的业务，适时把握资产价格高点，整体退出或部分退出。据统计，2003—2014年，和记黄埔通过资产处置累计获利约2 330多亿港元（有关和记黄埔资产退出的案例还将在本章第五节中进行详述）。而到了2015年1月，和记黄埔与同属长江集团的长江实业（长实）重组，分拆地产与非地产业务，在释放多元化控股企业价值的同时，将财务资源由地产业务重新分配至未来投资需求较多的非地产业务，增强了非地产业务的财务能力和抗风险能力。这些频繁的资产组合优化举措，已经成为长江系标签式的价值创造方式（见图6–1）。

资产配置的最终目标是通过对业务资产和会计资产持续的配置、检讨与再配置的循环，形成价值发掘、价值培育及价值增长能力，实现公司整体资产的最优配置。公司价值是未来可持续自由现金流的折现值，其中自由现金流是价值的基础，主要取决于现金创造能力，表现为一定营运资本占用下投入资本产生的经营利润回报，即投入资本回报率。而当投入资本回报率受市场竞争等限制难以持续改善时，收入增长可相应增加自由现金流。同时，公司价值还受到业务资产的关键风险因素的影响，风险因素会带来自由现金流的稳定性和持续性的变化。归纳而言，资产的回报与增长构成了公司价值的主要驱动因素，而风险主要通过作用于加权平均资本成本以及回报与增长的持续性影响公司价值，资产配置就是要通过动态调整资产的组合以实现回报与增长的持续性。

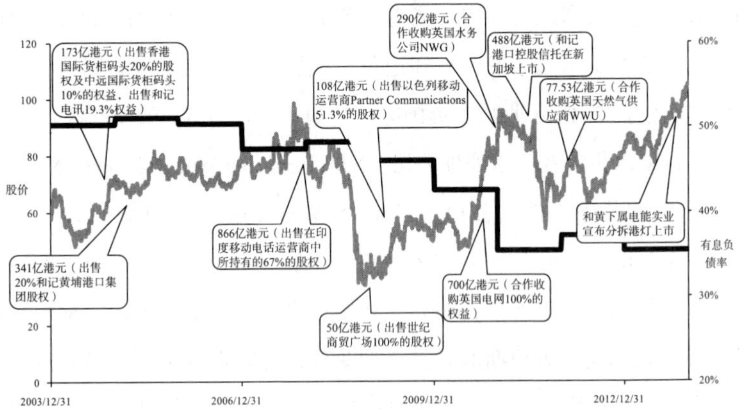

图 6–1　2004—2014 年和记黄埔资产进退

资产配置是基于公司价值最大化，并综合考虑公司外部环境及内部资源与能力等关键要素而进行的战略决策。在资产配置决策的过程中，围绕公司价值，有一些基本的原则可以遵循，或者可以称之为资产配置的“基本法”。首先，业务战略是起点，资产配置应符合整体的业务战略，以集中资源构建公司的竞争优势与核心能力，这构成资产配置的前提；其次，财务资源与组织能力是资产配置决策的支撑，资产配置总是在一定的财务资源约束下进行的，与公司的资本结构和资金筹集能力、现金创造和现金管理能力等相关的财务资源相匹配，公司现有的组织能力、组织发展潜力及过往执行能力是资产配置预期目标实现的关键动力；最后，回报、增长及风险等因素是公司价值的关键驱动因素，构成了评估资产价值的维度，可以根据整体回报与增长目标动态优化资产组合，实现回报、增长与风险的平衡。因此，**业务战略、财务资源、组织能力、回报、增长、风险构成资产配置的主要依据，也可以被称作资产配置决策的六要素。**

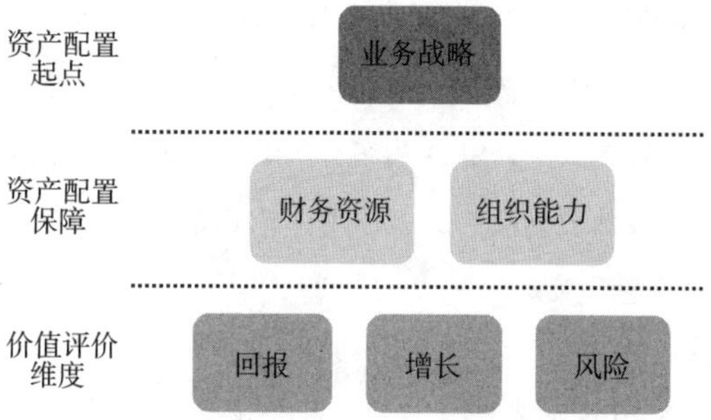

图 6–2　资产配置主要依据

案例：万洲国际收购史密斯菲尔德的资产配置决策（根据上市公司公开信息整理）

万洲国际（0288.HK）前身为双汇国际（2014 年 1 月，双汇国际改名为万洲国际），从 1958 年的漯河市冷冻厂逐步发展为中国市场上领先的生鲜猪肉及肉制品生产营销商，并通过 2013 年收购美国最大的生猪养殖企业史密斯菲尔德（Smithfield，SFD），一跃成为涵盖中国业务（双汇发展）、美国业务（SFD）及欧洲业务（Campofrio，一家西班牙食品企业）的全球性一体化猪肉加工及销售企业。继旗下双汇发展于 A 股上市后（000895.SZ），2014 年 8 月，万洲国际于香港整体上市成功。

SFD原先是纽交所上市公司，业务涉及生猪养殖、生猪屠宰、肉制品加工及国际业务，在美国市场份额排名第一，也是美国最大的生鲜猪肉出口商，年出口总量占美国猪肉出口总量的35.7%。同时，SFD也持有Campofrio约37%的股权，Campofrio为一家在西欧专营肉制品业务的公司。此外，SFD还拥有墨西哥两个生猪养殖及肉类加工公司的股权。

万洲国际于2013年5月向SFD发出收购要约，收购价为每股34美元，较5月28日SFD收盘价25.97美元溢价31%，总对价为71亿美元，收购资金包括47亿美元现金收购及承担其24亿美元债务，最终于2013年9月完成收购，并购完成后，SFD从纽交所退市。该交易成为截至当时中国企业在美最大规模的收购项目。以下用资产配置主要依据分析万洲国际收购SFD的资产配置决策。

业务战略

万洲国际和SFD的合并是双方战略扩张的结果。万洲国际旗下的双汇发展是中国最大的肉制品企业，品牌优势明显，经过多年深耕，拥有完善的销售渠道以及配送网络。中国是世界上最大的猪肉生产国和消费国，消费量略大于生产量，但市场集中度较低，国内业务整合风险较高，且国内猪肉价格远高于国际，若实现国际化布局，万洲国际可以从中外猪肉价格差中受益。并且，万洲国际的财务投资者鼎晖以及持股的管理层也有强烈的境外二次IPO需求，而通过收购SFD，可以在内地A股市场之外丰富境外业务布局，提升现有估值，为万洲国际整体上市打下基础。

SFD一直在进行战略聚焦，例如2009年退出肉牛养殖业务，并在2011年处置了火鸡加工企业Butterball, LLC.49%的股权，希望聚焦于猪肉业务；国际扩张也是SFD的一贯主张，积极谋求全球布局，早在2002年，它就与比利时ARTAL集团在中国合资成立了万威客食品有限公司，该公司在2009年被中粮集团以1.94亿元的价格收购。2009年，SFD开始与双汇接触。

财务资源

经过多年经营，双汇的资产负债表情况良好，现金余额较高，财务弹性充足，有较好的财务能力。相比之下，尽管SFD的负债率接近45%，但由于其盈利能力尚佳，动态资本结构仍在合理区间，投入资本中生物资产占比较大，由于美国通用会计准则下的核算相对审慎，因此其流动性及可实现价值较有保障。

但万洲国际海外收购资金主要来自银行贷款，为完成SFD要约收购的直接资金支出47亿美元，万洲国际获得了由中国银行等8家银行提供的高达40亿美元的银团贷款，几乎是以全债务的方式完成收购。收购完成后，万洲国际的总有息负债率（静态资本结构指标）大幅上升至70.3%，总有息负债对EBITDA的比率（动态资本结构指标）也显著上升至6.48，偿债压力较大。

	双汇 2012年12月 亿元人民币	SFD 2013年4月 亿美元
现金及存款	40.75	3.11
营运资本需求*	−5.13	21.71
固定资产及长期资产	92.01	26.02
长期股权投资	1.69	5.32
投入资本	**129.32**	**56.16**
流动性比率	N/A	0.83
EBITDA	37.70	7.40

	双汇 2012年12月 亿元人民币	SFD 2013年4月 亿美元
短期借款	2.00	6.76
长期借款	1.78	18.42
少数股东权益	8.17	0.01
股东权益	117.37	30.97
占用资本	**129.32**	**56.16**
总有息负债率	2.9%	44.8%
有息负债/EBITDA	0.10	3.40

*由于商业模式的差异，SFD集养殖、屠宰、加工及分销全产业链于一体，存货余额高达23.48亿美元，其中11.14亿美元为生猪，而双汇的养殖比例很低，存货中消耗性生物资产的金额仅为7 300万元人民币。

图6–3　双汇与SFD部分数据对比

资料来源：上市公司年报。

组织能力

万洲国际时任董事长万隆于1968年入厂，1984年，当双汇的前身

"漯河肉联厂"在河南十大肉联厂中排名倒数第一、公司不得已实行改制时，他被推选为厂长，成为漯河肉联厂首位民选厂长，此后一直担任公司"一把手"。1992年，双汇品牌建立，在同业纷纷进行多元化转型的同时，双汇专注于猪肉食品加工业，并在1999年提出销售冷鲜肉，改变了中国生鲜肉类没有品牌的历史。1998年，"双汇实业"A股市场上市时年营业额约21亿元人民币，14年后营业额增长到394亿元，年复合增长率超过23%，而同期经营利润年复合增长率高达28%。在管理层的领导下，双汇从一个地方性小型肉联厂发展成为国内猪肉市场的龙头企业。

回报及其持续性

国内生猪养殖波动性较大，回报偏低，而深加工及销售面向客户端，回报水平高。因此，双汇较早启动资产组合优化，一方面压缩上游养殖业务占比，另一方面启动下游冷链物流建设，同时保持对品牌及渠道的投入。在万洲的整体业务中，肉制品是第一大业务，也是贡献主要利润来源的业务。2015年，肉制品收入占比53%，却贡献了近96%的毛利。

SFD擅长肉猪养殖及加工环节，在美国的发展已经十分成熟，集约化程度高，企业之间生产效率接近，不存在超额利润。由于美国规模化、专业化的养殖屠宰，生猪养殖成本仅为每斤4元至4.5元（中国养殖成本为每斤6元），这使得美国的猪肉价格大大低于中国，即使算上汇率、运费等因素，其猪肉价格仍然低于中国。

通过合作，双汇可以获得高质、优价和安全的美国产品，相当于拥有了美国大规模的生猪养殖，控制了具有成本优势的原料，并减少了由于中国生猪养殖分散而造成的上游波动性，而双汇的合并可以帮助当时业绩低迷的SFD促进贸易，并提升盈利水平。

增长及其持续性

据统计，猪肉在中国肉类生产结构中占62%~65%，按照全国年人均消费肉食60公斤估算，猪肉消费量超过5 000万吨，同时猪肉产量略低于消费量。作为行业龙头，1998 年双汇年销售火腿肠及猪肉制品 25 万吨，2012 年销售猪肉制品 155 万吨，随着中国猪肉市场集中度的提升，国内市场仍有较大挖掘空间，加上近年来受到食品安全问题的影响，品牌猪肉制品前景广阔。

美国猪肉产品供应量保持小幅增长，消费量相对稳定，猪肉价格一直保持低水平。美国出口中国的猪肉产品占总出口量比重较小，2011—2013 年，美国出口中国的猪肉产品占总出口量的比例分别为 0.3%、0.29%、0.23%，有较大成长空间。SFD 在肉制品的主要种类培根、香肠、火腿的市占率均排名第一，也是肉制品主要渠道零售商和餐饮业的最大供应商。

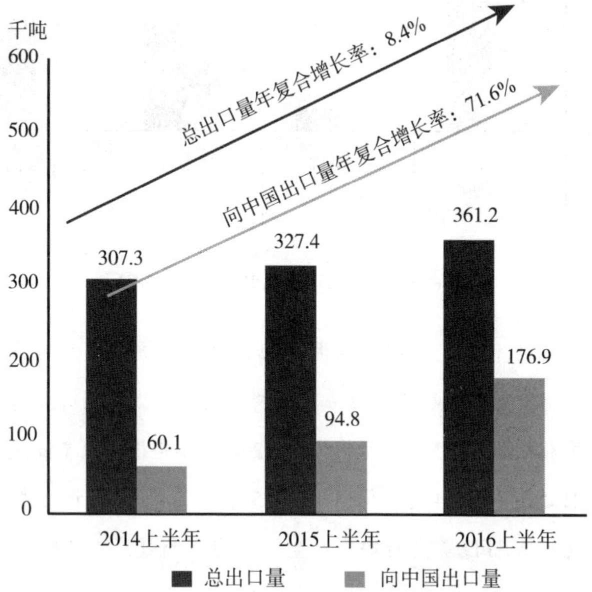

图 6–4　SFD 生鲜猪肉出口量

通过合作，万洲国际在中国和美国都拥有了龙头优势地位：中国猪肉行业相对分散，给了龙头企业巨大的提升空间；美国总需求稳定，但 SFD

仍能凭借龙头优势地位继续受益。

万洲国际收购SFD后，SFD先进的产能与双汇完善的渠道产生了显著的协同效应。SFD对中国的出口量显著提升，在美国对中国生鲜猪肉出口中占比超过90%，两国猪肉成本及售价的差异推动SFD的利润水平显著上升。尽管2016年中国国内猪价升幅超过两成，但市场认为，长期来看，低价的原料、引进的自动化设备及SFD擅长的低温肉制品研发能力，将持续提高双汇发展肉制品业务的利润水平。

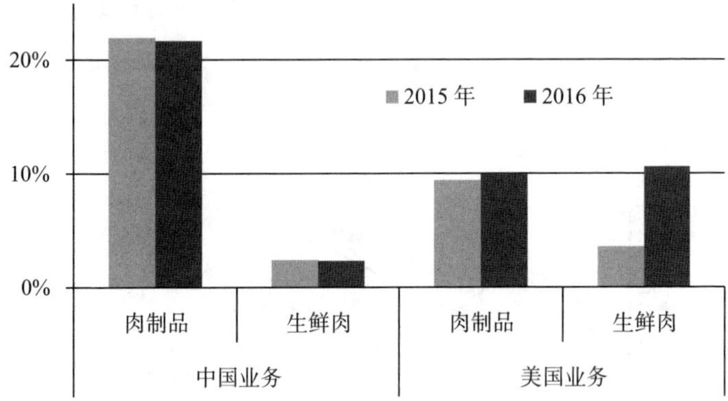

图6–5　万洲区域业务经营利润率

在资本市场上，自2014年8月上市以来，由于担忧并购带来的巨大负债包袱以及担心鼎晖等财务投资者减持旧股，资本市场开始对于万洲的估值水平并不看好，IPO时市盈率不到12倍，不但低于双汇发展的17倍，也低于SFD之前的13.4倍。但随着2015年处置Campofrio股权聚焦中美业务，以及年末SFD美式猪肉产品生产线在郑州投产，2016年，品牌在中国得到推广。并购带来的协同效应初步释放，资本结构快速改善，上市前财务投资者逐步顺利完成减持，至2017年12月末，万洲的市盈率估值水平升至16倍，股价表现优于大市。2017年8月，万洲国际获纳入港交所恒生指数成分股，实现资本市场的重大跨越。

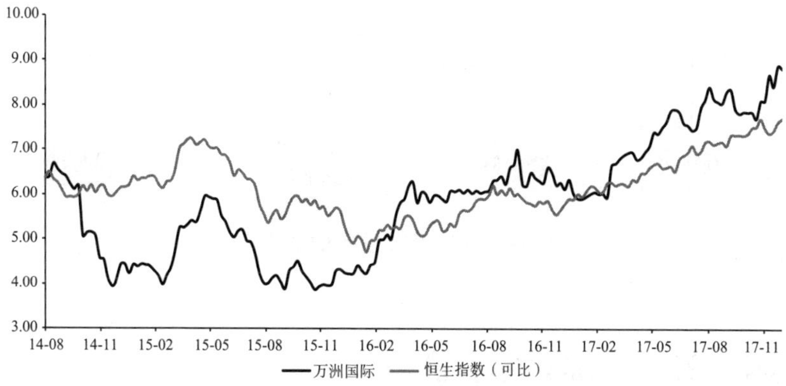

图 6–6　2014 年 8 月末至 2017 年 12 月末万洲国际股价表现

资料来源：Wind 资讯。

价值分析、价值评估及价值检讨是业务资产配置过程中直接影响资产配置效率与公司价值的关键环节，这三个环节直接影响资产配置效率与公司价值。资产配置决策又可以分为增量业务资产配置决策和存量业务资产配置决策。增量业务资产是指当期新增的业务资产，存量业务资产为过往增量业务资产的积累。增量业务资产的配置通过资本支出活动实现，存量业务资产的配置通过对行业、业态或区域等业务资产的检讨与优化实现。在增量业务资产配置决策中，应先对增量业务资产进行系统的价值分析，作为价值评估的基础；而后通过价值评估分析其价值创造情况，进行增量业务资产配置决策；当增量业务资产运营一段时间之后，需对其实际运营结果进行价值检讨，从而防范资产配置风险，并提高资产配置决策效率。对于存量业务资产，公司要对资产配置进行持续动态调整，定期通过价值分析及价值评估，从回报、增长及风险三方面检讨当前存量业务资产的配置效率，进而制订相应调整方案及目标，从而不断优化存量业务资产组合的效率。接下来，本章将按照资产配置决策流程的关键环节，分别具体介绍相关的方法和工具。

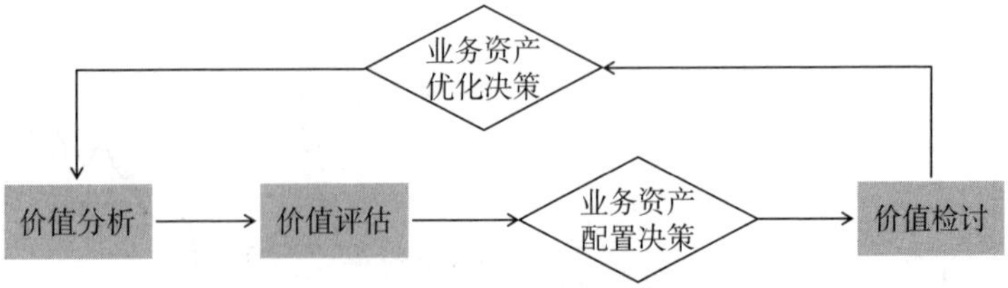

图 6–7　资产配置决策的主要流程

第二节　三维立体看价值

管理心得

价值分析是业务资产配置的起点，是价值评估的基础。

回报、增长及风险，构成价值分析的基本框架，通过分析业务回报、增长的历史趋势与现状，并进一步研判风险因素对回报与增长的影响，对业务资产未来回报与增长的持续性做出判断。

资产配置决策是否可行，以最终是否有利于公司价值创造为决策依据。公司在进行资产配置决策时，首先要对资产进行价值分析，为接下来的价值评估和价值判断提供基础，推动合理的资产配置决策。如上一节所述，公司价值是公司未来自由现金流的折现值，并可进一步聚焦到回报、增长及风险三个核心驱动因素。这可以按现金流折现公式来看：回报与增长体现在分子的公司未来自由现金流中，回报是未来产生的自由现金流，增长所带来的是未来更大的自由现金流，回报与增长水平越高，公司的价值就越大，同时回报与增长也会影响公司价值的持续性；风险主要影响分母中的加权平均资本成本，风险越低，加权平均资本成本就越小，公司价值就越大，并且风险也影响回报与增长的持续性，这体现在公司价值的折现期（n）中，回报与增长的持续性越强，公司价值的折现期就越长，未来自由现金流折现值的加总也就越大。由此，回报、增长及风险构成了进行价值分析的三个维度，如同棱镜一样，立体透视资产的价值创造情况。

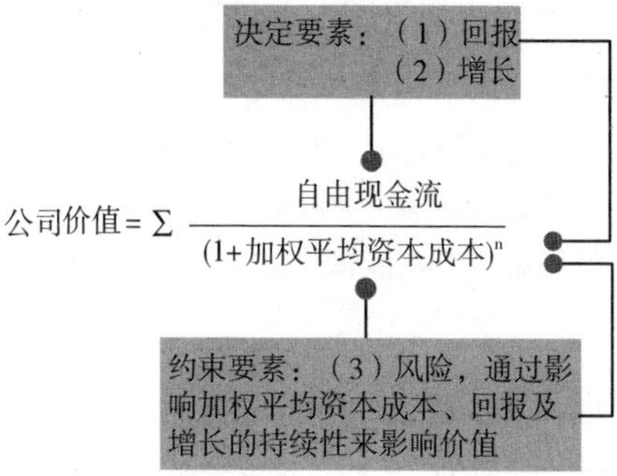

图 6–8　公司价值关键驱动因素

回报与增长是价值分析中的决定性因素，公司在进行价值分析时可结合标杆对比分析业务资产的回报与增长的历史趋势和现状。回报的基础是公司的现金创造能力，可以用投入资本回报率（ROIC）衡量，ROIC 又可以分解为以基于持续性主营业务的税后经营利润率（recurring after-tax EBIT margin）和投入资本周转率（invested capital turnover rate）；增长主要体现为一定 ROIC 水平下的收入增长率，在 ROIC 受限且难以改善时，收入的增长可相应增加公司经营利润与自由现金流，促进公司价值提升，增长可以用销售收入增长率衡量，可从不同业态、不同区域、不同产品等维度进行区分，并根据收入的驱动因素（如平均售价提升及销量的增长）着手分析。

管理指标：

投入资本回报率 = 经营利润率 ×（1– 有效所得税税率 *）× 投入资本周转率

投入资本回报率反映资产回报，表现为一定时段内税后经营利润与投入资本的比例关系。投入资本回报率是公司价值创造的关键驱动因素，在其他条件相同的情况下，投入资本回报率越高，公司价值越大。若投入资本回报率长期低于加权平均资本成本，将损毁公司价值。

* 有效所得税税率（effective tax rate）是指考虑了优惠税率、税务亏损、税盾效应、合并纳税政策等直接影响税负的因素后，公司实际整体所得税税率。

销售收入增长率 =（本期销售收入 – 上期销售收入）/ 上期销售收入 *

销售收入增长率反映公司增长，表现为一定时段内本期销售收入相对上期的增加比例。在受市场竞争等限制而难以持续改善回报水平时，收入的增长可相应增加公司经营利润与自由现金流，从而成为公司价值创造的关键驱动因素。在其他条件相同的情况下，收入增长越高，公司价值越大。

* 上期销售收入可取评估年度起前三个年度的算术平均值，以平滑个别年度高增长的影响。

同时，公司的价值还会受到风险因素的约束。风险体现为公司加权平均资本成本的高低，会影响回报与增长的持续性。尤其是在加权平均资本成本既定的情况下，公司需要关注的主要是回报与增长的持续性。而对于回报和增长的持续性的判断，主要从政治、经济及社会环境宏观因素变化等不可分散的系统性风险（公司对系统性风险的敏感程度反映为风险系数 Beta），以及公司经营、财务及管理等可分散的非系统性风险两方面进行分析。例如，经营利润水平可能受行业政策等系统性风险与公司经营管理等非系统性风险影响，投入资本周转效率可能受行业景气周期等系统性风险及公司自身销售策略等非系统性风险影响等。以下以华润电力对旗下新能源业务的价值分析为例，具体来看回报、增长及风险在价值分析过程中的体现。

案例：华润电力对风电业务价值分析（根据公开信息整理）

华润电力（0836.HK）为中国第六大发电集团，是香港恒生指数成分股，旗下业务以火力发电为主，主要布局在国内上网电价较高的地区。得益于良好的成本控制水平，整体盈利状况较好。该公司于2006年进入风电行业，但发展并不快，截至2010年，风电业务仅占总投入资本的6%，风电装机比重较同行业其他标杆相对落后。到2011年，随着火电业务预计内涵式和外延式增长空间受限，而同行业标杆的风电业务板块纷纷登陆资本市场、对风电业务加大投资的同时，华润电力对自身是否也应该对风电业务加大资产配置进行了详细评估。

通过剖析风电业务的经营利润构成（见图6–9），并与火电业务相比较，可以看出二者存在明显不同，尤其在成本方面，火电的最大成本构成为燃料，在总成本中占比为67%，而风电的最大成本构成为折旧费用，占比为43%（见图6–10）。并且，由于风电装机容量主要受核准及风资源情况影响，影响风电项目建设营运期回报与增长的关键驱动因素主要是项目的上网电价、利用小时、风机造价及CDM（clean development mechanism，清洁发展机制）收入。

图6–9　风电业务经营利润主要构成

回报

在营业额方面，国内风电上网电价从2009年开始实行全国范围的四级上网标杆电价制度，使风电上网电价根据区域配置保持相对稳定和透明，而公司的风场主要布局在广东、山东等上网电价较高的风区。在折旧摊销方面，虽然当前阶段风电建造成本较高，风机成本占风电项目总建设成本的60%（2010年国内风机价格约为每千瓦4 900元，外国风机约为每千瓦6 000元），但由于风机国产化率的不断提升以及建设运营经验的不断积累，风机采购成本及风场建设成本预计将逐年下降，标杆龙源电力（0916.HK）2009—2011年的风机造价按年下降12%。根据高盛等投行预测，未来风机价格仍有下降空间。经测算，相比火电、风电项目投资可减少10%，项目投资回报率（IRR）提高2.3个百分点。在其他收入方面，根据对京都协议书到期及碳减排交易价格下降趋势评估，未来CDM收入将持续下降，因此公司在决策时不将CDM纳入收入预测中。

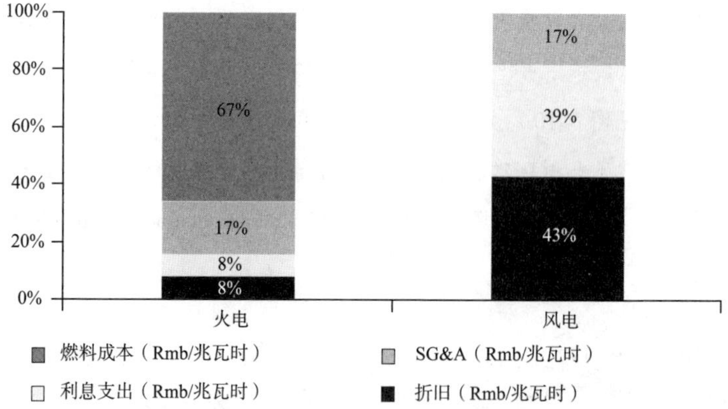

图6–10 风电火电单位成本构成比较

当前，华润电力的新能源业务板块的ROIC为6.5%，调整在建项目后实际回报超过WACC。考虑未来电价与利用小时相对平稳，风机造价下降以及不考虑CDM收入，风电项目回报仍有上升空间。并且，公司在高效经营方面拥有优势，有能力通过统一采购、集中运维等管理措施，从产业链各个环节降低造价和控制成本，有能力保持较同业更高的千瓦经营利润水平。

增长

2010年时，国内装机结构较为单一，火电独大，截至2010年年底，火电装机占比高达73%。为优化能源结构，减少二氧化碳和其他污染物的排放，国家出台新兴能源产业发展规划，风电、太阳能等可再生能源规模在一次性能源消费中的比重将会提高，预计2010—2015年，风电装机年复合增长率将达20%，到2020年，风电装机接近1.5亿千瓦，发展空间巨大（见图6–11）。由于公司的风场布局于经济较为发达的地区，利用小时数处于行业较高水平，且拥有最高的上网电价。当前的项目储备装机容量约为运营项目装机容量的11倍，足以支持业务的高速增长。

根据中国政府新兴能源发展规划，风电未来可以获得快速发展

		热电	水电	风电	核电	太阳能	其他
2010年	2010年装机容量	707GW	213GW	31GW	11GW	比重较小	比重较小
	装机容量%	73.4%	22.2%	3.2%	1.1%	比重较小	比重较小
	发电量%	80.8%	16.2%	1.2%	1.8%	比重较小	比重较小
	2010—2020年的预测装机年复合增长率	5%	8%	20%	21%	N/A	N/A

图6–11　预计未来风电发展空间较大（2010—2020年）

风险

随着经济发展水平的提高和对环境保护的越加重视，提升可再生能源消费占比将成为国家能源战略的主要目标。与其他可再生能源技术相比，风电技术相对更加成熟，减少了项目运营中的不确定性。由于上网电价的相对稳定和成本结构中固定成本（折旧摊销）占比较高，相对于火电业务以燃料变动成本为主的成本结构，风电的回报波动性大大

降低。

与此同时，公司也关注到风电行业的一些不确定性：一是发电动力取决于风力大小，属不可控因素，如果风速较低，利用小时数就将下降；二是内涵式增长空间不大，增长只能靠加大资本投入；三是并网消纳问题，由于电网接纳能力不足，电场会产生弃风，导致部分风电场风机暂停的现象。

基于以上对风电业务在回报、增长及风险三个维度的价值驱动因素的全面权衡，华润电力决定自2011年起加大对风电业务的投入。2013年年初，国家进一步出台了一系列相关的行业刺激政策，风电业务的价值关键驱动因素得到明显提振，带动风电行业经营业绩的大幅改善，资本市场对风电的估值水平大幅提升（见图6–12）。华润电力通过增加对风电行业的投入，较好地把握了行业的发展前景，促进了公司价值的提升。

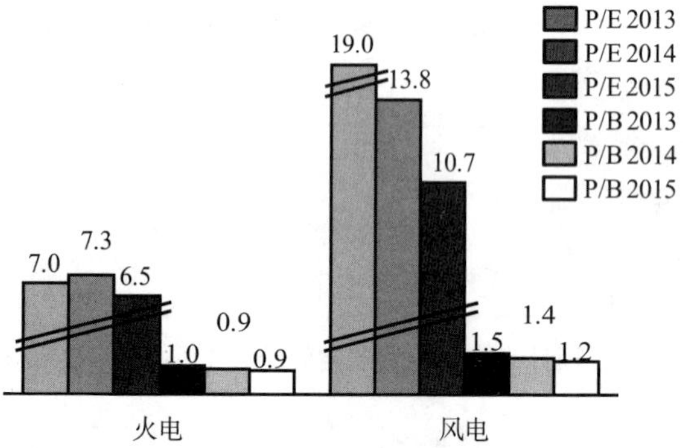

图6–12　2013年风电受益于国家政策估值显著提升

在上述案例中，上网电价、利用小时、风机造价、CDM收入等构成了风电业务的价值关键驱动因素。公司进行价值分析的思路，可以从ROIC和销售收入增长率这两个分别衡量回报与增长的核心指标出发，逐步进行细化，在不同的行业里得到不同的价值关键驱动因素。有关回报与增长的价值驱动因素分析思路框架，可参考附录 6A。

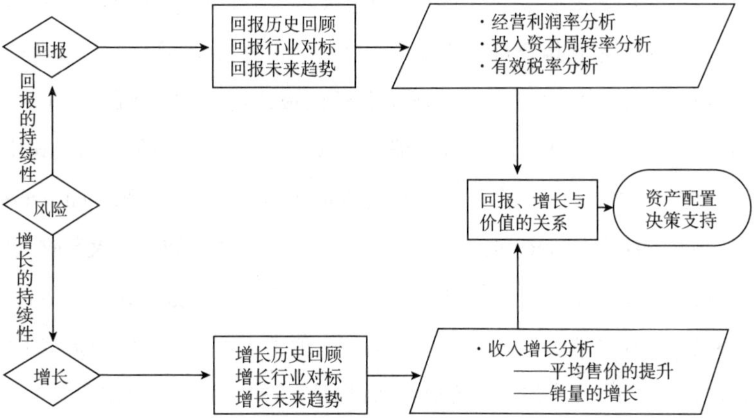

图 6–13　价值分析框架

为提升公司价值，还需要关注回报与增长之间的平衡，这包含两个层面：一个层面是在不同发展阶段中，另一个层面是在不同业务资产之间。处于不同发展阶段的公司，会有不同的短期回报与增长目标，回报与增长之间的相对重要性可能会随着公司发展阶段的演进而动态变化，即在某一阶段可能回报较增长更为重要，而在另一阶段可能增长比回报更为重要。例如一些成长性较强的互联网公司，在发展的初期主要关注销量的增长或市场份额的扩大，在盈利方面则是处于亏损状态，但投资者之所以会投资这类公司，主要是基于高增长能在未来实现回报的预期，也就是说当规模增长到一定程度，回报的改善就显得更加重要，若预期回报最终无法实现，公司价值就会受到损毁。再例如凭借某个创新产品获得较高回报的公司，若没有持续创新而导致增长乏力，在竞争激烈的市场环境下，公司更容易受到市场波动和竞争对手的负面影响，持续的价值创造也就难以实现，因此对高回报的公司而言，提高增长会更为重要。

管理咨询公司麦肯锡（McKinsey）曾经对270家1995年市值在20亿美元以上的美国非金融类上市公司（这些公司上市时间至少在12年以上）的回报和增长情况进行研究，将这些公司分为高回报公司（1995年的10年平均ROIC大于等于20%）和低回报公司（1995年的10年平均ROIC大于等于6%但低于9%）。研究表明：属于高回报的78家公司中，收入增长速度快且维持高回报的公司所创造的价值（这里用total returns to shareholders，即TRS来衡量，包含股息收入和资本利得）大于收入增长缓慢但回报水平不断提升的公司；属于低回报的64家公司中，增长水平不高但回报改善较大的公司所创造的价值大于增长较快但回报水平没有改善的公司[①]。这种公司价值与回报、增长的关系还可以用图6–14表示，公司价值随着ROIC水平的提高而增加，回报与公司价值正相关；当ROIC高于WACC时（如图中为8%），增长越提升，公司价值越大，增长与公司价值为正相关关系；但当ROIC低于WACC时，增长的提升则会使公司价值减少，增长与公司价值呈现负相关关系。这里可以得出结论：**对于高回报的公司，提升增长创造更多价值；对于低回报的公司，改善回报可创造更多价值**。因此，公司在进行资产配置决策时，对高增长但短期回报低的业务资产，需要更加侧重在回报改善方面提出要求；对低增长但预期回报高的业务资产，则应在提升增长方面提出要求。

在多个业务资产组合中，不同资产回报与增长之间的关系，对于实现整体可持续发展也有重要作用。通常来说，**公司可以根据整体回报与增长目标动态优化资产组合，利用高回报的资产支持预期高增长的资产，实现公司行业、业态或区域等业务资产组合的有效配置**。例如，在一家既拥有医药制造又拥有医药分销的医药集团中，一般来说，制药业务的回报水平会高于医药分销业务，这使得制药业务的有息负债率较低，财

① Bin Jiang, Timothy Koller,How to Choose between Growth and ROIC, *Mckinsey on Finance* [J],No.25,Autumn 2007.

务资源较为充足；而医药分销行业回报水平较低，规模的大小显得尤为重要，需要通过扩大销售渠道、提升市场份额获取更多的增长，才能实现更大的价值创造。在这样的商业模式下，就可以利用高回报的制药业务获取更多的财务资源，支持短期回报不高、但增长要求较高的医药分销业务。在前面华润电力对风电业务资产配置的案例中，华润电力也是借助了现有火电业务的高回报，支持对风电等新能源业务的投入，以实现更为稳定的增长。

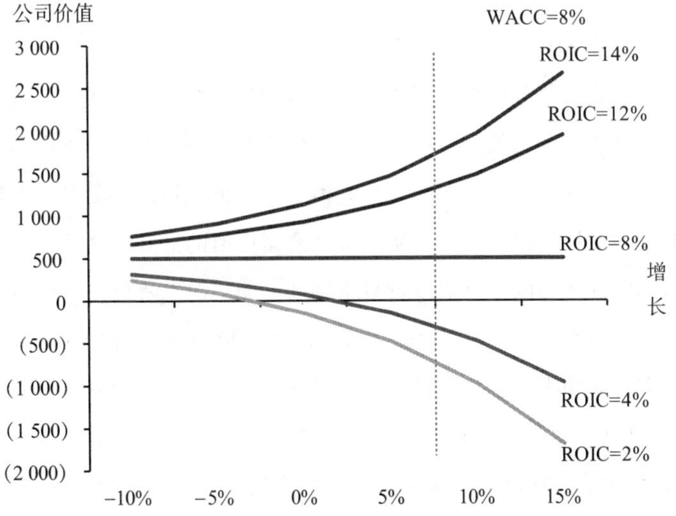

图 6–14　公司价值与回报、增长的关系（示意）

回报、增长及风险构成公司进行资产价值判断的完整视角。在进行增量业务资产配置时，基于回报、增长及风险的分析，对估值涉及的关键财务假设进行合理分析；在进行存量业务资产配置优化时，定期监控与业务资产相关的主要风险对公司回报、增长及其持续性的影响，检讨目前存量资产配置的有效性，判断未来价值趋势，为资产配置决策提供参考依据。

第三节　估值时要讲方法

管理心得

价值评估是资产配置决策的核心环节，公司价值是未来自由现金流的折现，反映公司整体资产价值。

价值评估以现金流折现法为基本方法，并辅以可比公司法或可比交易法及其他方法作为参考与检验。

如果说价值分析是公司透视资产价值的三维棱镜，那么价值评估就是直接衡量资产价值的一把量尺，为资产配置决策提供量化依据。在资产配置的过程中，公司花的钱到底值不值？也就是说，资本支出是否能带来收入增长与现金流入，从而带来公司价值的提升？这可以通过价值评估得出资产的内在价值进行科学判断，如果严重背离公司价值进行的资产配置决策，就是非理性的决策。例如，2000 年中国石油（0857.HK）在港交所成功上市，发行价为 1.27 港元 / 股，2002—2003 年沃伦 · 巴菲特累计斥资 4.88 亿美元以每股 1.6~1.7 港元的价格买入中石油股票，到 2007 年出售，净赚 36 亿美元，总回报率高达 720%，此次投资被认为是巴菲特最为成功的几笔投资之一。巴菲特之所以做出这样的投资决策，主要是基于对中石油内在价值的评估：2003 购入该股票时，巴菲特估计中石油价值为 1 000 亿美元，但当时中石油的市值仅为 370 亿美元，市盈率约为 6 倍；而到 2007 年出售时，中石油的市值高达 2 750 亿美元，市盈率约为 16 倍，巴菲特认为这与当时其他石油巨头相比是较为合理的价格。然而，2007 年中石油登陆 A 股市场时（601857.SH），却给投资者带来了一场噩梦。当时，中石油发行价高达每股 16.7 元，市盈率约为 22 倍。2007 年 11 月 5 日上市时，中石油股价大幅高开至 48.6 元，市盈率竟高达 65 倍左右，甚至成为当时全球市值最大的上市公司。但随后，其股价一路走低，长期在 7~8 元之间，不仅上市当天买进股票的投资者损失惨重，就是按照发行价买进股票的投资者如果不及时抛售，同样也处于深度套牢的状态。中石油登陆 A 股市场时的价格，远远超过了其内在价值，如果投资者不看内在价值而只是盲目跟风，注定会遭受亏损。

公司若进行并购、重组或资产处置等活动，就必然需要开展价值评估工作。但在实践中，许多公司在做估值时，往往会陷入过于关注战略部署的实现，而对回报、增长及风险等价值关键驱动因素关注不足的误区。例如对价值评估方法表面化的理解，一些经理人惯常使用市盈率（P/E）、市账率（P/B，也可称为市净率）、市销率（P/S）及息税折旧摊销前利润倍数（EV/EBITDA）等可比公司法或可比交易法，对并购及新建项目进行估值，但由于强调单一参数且趋于静态取值，相对忽略了价值关键驱动因素可能变化对估值的影响，而其后在并购整合及投入运营中相关问题的浮现，如经营行为存在不规范等，造成实际与预期的差异。又如忽视并购溢价的研究，并购决策常常以业务战略为基础，虽然关注并购后对双方的整体增值，但未能有效量化并购带来的协同价值，使得对并购溢价底线的把握不准，在交易中未能最大化价值增值。再如财务尽职调查不充分，在 P/E 估值法下，对作为估值基础的净利润的持续性分析不够，包括未考虑一些非经常性因素及可能的环境变化、低估后续经常性资本支出或营运资本需求的金额、忽略并购后会计政策统一的影响等，即使有的在并购中使用简单的价格调整条款保障自身利益，但往往由于并购整合期间财务监控措施不到位等原因，造成价格调整条款在发挥保障作用方面面临一定的困难。

作为直接影响资产配置决策的核心环节，**价值评估是通过将公司资产或资本支出项目未来可产生的自由现金流进行折现，并辅以其他方法作为参考与检验的估值过程。**由于未来的自由现金流是价值的本源，离开了这个基础，公司价值就成了无本之木、无源之水。具体而言，运用现金流折现法可以检验有关回报、增长以及不同资本结构等各种假设对公司价值的影响，也可预计未来加强整合和协同等特定经营管理行为可创造的潜在价值。因此作为一种思维方式或管理方式，现金流折现法应成为公司进行价值评估的基本方法，如宝洁、可口可乐、SABMiller（后被并入ABInBev）等世界一流企业都将现金流折现法作为估值的首选方法。现金流折现法能够充分反映对未来回报、增长及风险（持续性）的预测及其对价值的影响，从而有利于对价值的充分挖掘并做出有效的资产配置决策。而其他的一些估值方法，如可比公司法、可比交易法等相对估值法，则主要作为参考与检验，用于确定估值区间并提高估值的准确性。即使在一些情况下，可能会直接采用相对估值法进行估值，但也应同时以现金流折现法作为补充，以便未来进行价值检讨。而由于某些行业有其特殊性，也会以一些其他的估值形式呈现，例如：地产开发行业的价值评估通常使用净资产价值估值法，是以项目为基础进行现金流折现，但其本质也是现金流折现法；金融业的价值评估则更多使用剩余收益法，实际也可视为现金流折现法（有关金融机构的估值方法，在本书第七章中将有介绍）。

根据现金流折现法，公司价值是未来产生的自由现金流以加权平均资本成本（根据长期目标资本结构即最优资本结构计算）为折现率的折现值，反映了公司整体回报、增长及风险的总资本价值，其加上现金余额（可简化理解为盈余现金）并扣除债权价值与少数股东权益价值后即为公司股权价值。自由现金流是由经营性现金流扣除维持正常经营活动所需经常性资本支出净额及战略性资本支出所得（详见第三章现金创造），加权平均资本成本（WACC）即公司税后债权资本成本和权益资本成本的加权平均（详细可见第二章资本结构）。债权价值受利率变动等因素影响，如债权平均利率接近当前市场利率，可将有息负债账面金额视为债权价值；股权价值由公司经营业绩及增长预期等因素决定，在不考虑市场环境等外部因素影响的前提下，股权价值可视为股权的市场价值。少数股东权益由其对应子公司股权价值及其外部少数权益股东持股比例决定。此外，在某些股权价值更能反映价值创造实质的行业（如金融业），股权价值也可直接采用股权自由现金流以权益资本成本折现得到。其中，股权自由现金流指归属于股东可自由支配的现金流，是在公司自由现金流的基础上扣除包含净负债和税后利息支付的负债相关现金流影响后得到的（详见第七章价值管理在金融机构的应用）。

价值评估的流程可分为四个步骤（见图 6–15）：第一，选定合适的估值方法并确定价值评估所需的关键假设变量；第二，基于价值分析，对关键假设变量进行预测；第三，建立公司利润表、资产负债表及现金流量表的财务预测模型，如果是用相对估值法，则需要根据目标公司以财务数据与可比上市同行或历史交易进行比较，确定项目估值折让或溢价比例，并注意排除资本结构不合理等因素对估值的影响；第四，运用估值模型获得估值结果，并对估值结果进行敏感性分析（sensitivity analysis）或情景分析（scenario analysis），通过对影响资产或项目的某个或多个关键假设变量单独或同时调整，观察估值结果的变化程度，确定估值结果的合理范围，并购项目则根据最终确定的估值区间与目标公司进行并购对价的谈判。下面，我们通过华润饮料与日本麒麟公司合作的案例，来看看价值评估在股权交易中的运用过程和作用。

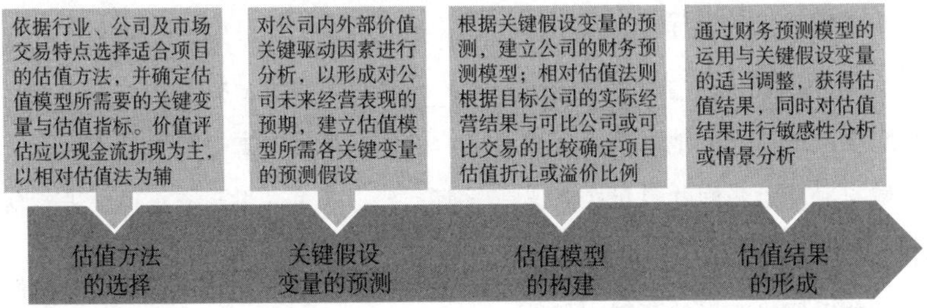

图 6–15　价值评估的基本流程

案例：华润饮料与日本麒麟合资（根据公开信息整理）

华润怡宝饮料（中国）有限公司（以下简称“华润饮料”）隶属华润集团旗下消费品板块华润创业有限公司（以下简称“华创”），是国内最早专业化生产包装饮用水的企业之一。1996年，华润雪花啤酒以人民币1 500万元从万科手中收购了怡宝67%的股权；1999年，通过其他途径以人民币1 300万元收购了其余33%的股权。2007年，华创从华润雪花啤酒中以3 500万美元（相当于2.4亿元人民币）置换出华润饮料。从2007年开始，华润饮料年销售收入增长率均超过行业平均水平。如果不考虑华润饮料的组织能力，只是简单按照市场化水平估值，2010年运用EV/EBITDA法，华润饮料的股权价值约为27.5亿元人民币，而运用市盈率法估值约为22亿~30亿元人民币。

并购十多年来，华润饮料虽然取得了较快的业绩增长，但业务变革并不深刻，始终主要靠单一产品发展，曾经尝试开发过非水类产品，但投放后市场反应不佳。从长远来看，过于依赖单一产品容易出现增长上的瓶颈，对非水类产品开发能力的不足也会影响回报的持续性。因此，2010年华润饮料引入战略合作方日本麒麟公司（KIRIN），借助对方强大的研发能力，推动华润饮料成长为多品类的全国领先者。这其中，就涉及对华润饮料的价值评估，以合理确定双方的出资对价。

估值方法的选择

在公司持续高增长的情况下，现金流折现法估值高于市场法，因为现金流折现法能更好地反映公司快速增长预期，市场法主要体现未来1~2年的增长。鉴于华润饮料仍在高速增长期，公司采用以现金流折现法进行估值，并以较长年限（5年或10年）充分反映未来增长和规模效应。

关键假设变量的预测

现金流折现法的关键假设包括销售额（销量、售价）、费用率等。

1. 销售额

2007—2010 年，中国饮用水行业均保持高于 15% 的年增速，华润饮料销售额基本保持高于中国饮用水行业整体水平的增速。2007—2009 年，华润饮料销售额复合增长率达到 22.6%，高于康师傅、旺旺、蒙牛、汇源、统一等主要竞争对手的平均水平 11.9 个百分点。同时在体量上，华润饮料与中国饮料行业其他的竞争对手相比规模较小，有很大潜力进一步赶超。根据以上分析，基于销量和售价的预测：对于 2009—2014 年的销售额，华创方预测年复合增长率可以接近 30%，高于麒麟方不高于 25% 的预测水平；对于 2015—2020 年的销售额，华创方预测年复合增长率可以接近 25% 水平，而麒麟方则认为会降到 10% 以下。

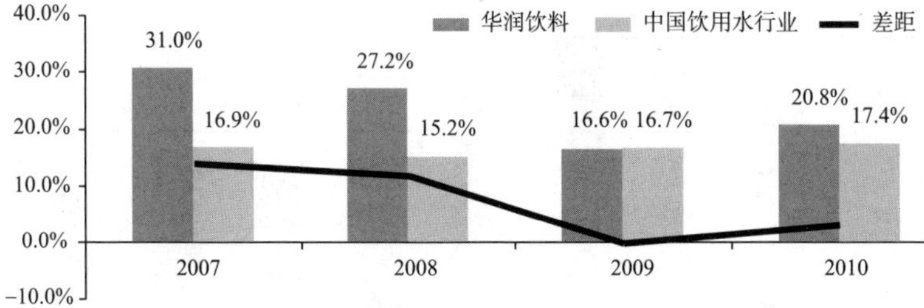

图 6–16　2007—2010 年华润饮料销售额增长持续高于行业水平

资料来源：根据上市公司公开信息整理。

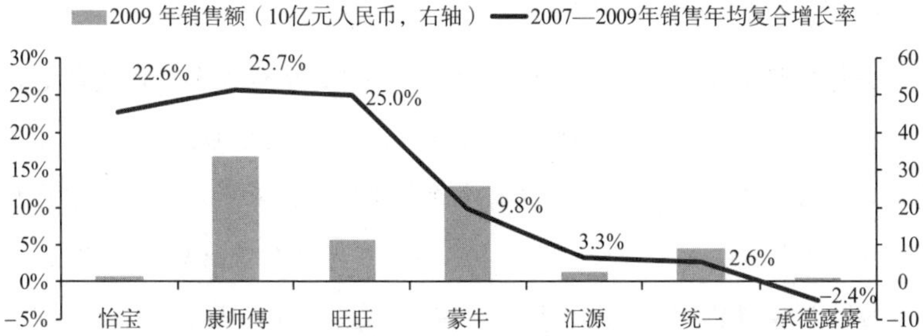

图 6–17　2009 年销售规模和 2007—2009 年年均复合增长率

资料来源：根据上市公司公开信息整理。

2. 销售费用率

饮料企业为支持新区域与新产品扩张，销售费用率高于行业平均水平，但随着新区域与新产品不断成熟，销售费用率会逐年下降；同时受规模效应影响，管理费用率也会逐渐下降。当时，行业主要竞争对手的平均销售及管理费用率为25.9%。基于对未来规模扩大的判断，对于2010—2020年新产品和新区域的销售费用率，华创方预测将保持在25%左右的水平；而麒麟方认为，2010—2015年新产品和新区域的销售费用率约为40%，2015—2020年新产品和新区域销售费用率分别约为30%和40%，均高于华创方的预测水平。

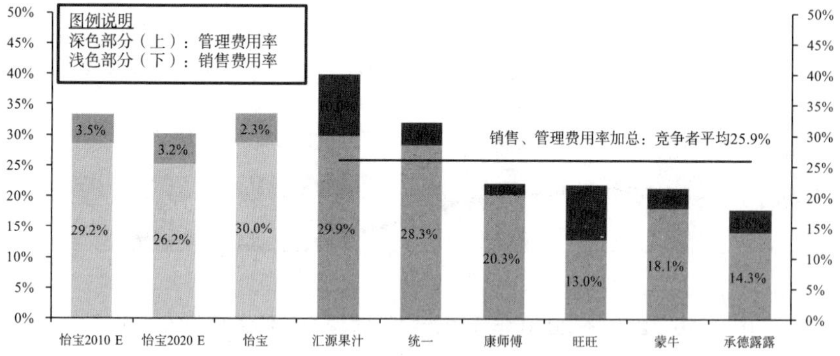

图 6–18　华润饮料销售及管理费用率与竞争对手比较

资料来源：根据上市公司公开信息整理。

关键假设变量除得到行业标杆数据支持外，华创业务团队过往的执行力也提供了重要支持。华创通过强化组织能力与专业化管理，各项业务的区域拓展及市场地位提升均卓有成效。2001—2009年，华创在零售和啤酒业务上均取得强劲增长：零售业务的销售额复合增长率达27.2%，啤酒业务的销售额复合增长率达29.4%。华创过往的业务表现体现了华创的业务整合能力和推广能力，为华润饮料水的发展和价值提升提供了必要的保障。

在此次交易过程中，华创团队能够借助对行业及中国市场更深的了解，提出更为进取也更为合理的假设。在多轮沟通后，麒麟方接受了华创方关于估值方法、未来增长率的观点，最终华润饮料的股权价值确定为73.8亿元人民币，明显高于麒麟方之前的报价。华创与麒麟按照6：4的股权比例合资，其中华创以华润饮料业务资产出资，麒麟以在华资产及向成立的合资公司输出产品、品牌、技术、研发等无形资产作为出资，双方出资差额以现金补足。

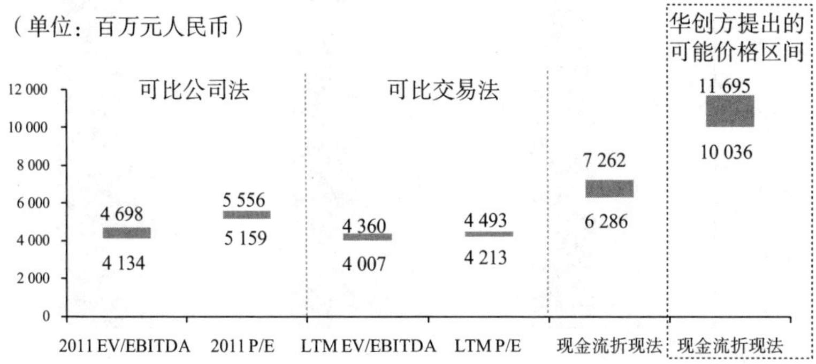

图 6–19　华润饮料股权价值评估

合资后，华润饮料销售额继续保持了以往的竞争优势，销售额持续高速增长，显著高于合资谈判时财务预测的销售额增速（见图6–20），国内包装水市场占有率也逐年提升，由2010年的约6%上升至2013年的13%，位列中国市场第三位。截至2017年上半年，华润饮料的市场占有率已上升至20.2%，位列中国市场第二位。

在以上的案例中，华润饮料最终能获得一个高出当时市场水平但符合实际情况的股权估值，与其对价值评估过程的合理把握密不可分。一方面，华创方正确选取了现金流折现法并采用了10年的预测期，较大程度地反映了华润饮料的高增长能力；另一方面，华创方通过详尽的标杆对比分析，以及凭借自身过往超出同行的业绩，为关键假设变量预测提供了有力支持，为谈判争取合理估值奠定了基础。而合资之后的业绩也超出了当初估值的预测，为麒麟方创造了额外的价值，从而达到了双赢的局面。

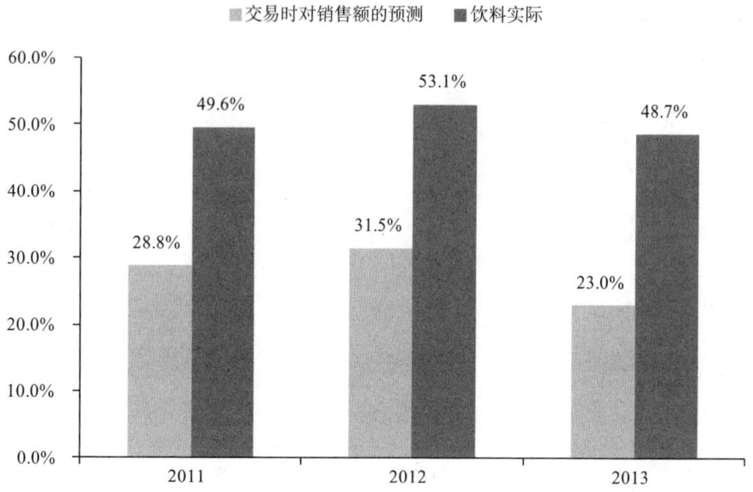

图 6–20　合资后华润饮料取得了较预测更高的销售额增长

上述案例充分体现了现金流折现法相对于相对估值法的优势：更加重视对回报、增长及风险等价值关键驱动因素的评估，从而能够更加准确地体现标的的内涵价值。现金流折现法要求对标的的商业模式及发展规划有较深入的了解，需具备较强的财务预测能力和价值关键驱动因素分析能力，例如需依据历史数据以及管理改善、市场变化等情况，对销售收入、毛利率、销售及管理费用率、营运资本占用率、有效所得税税率等关键变量建立合理假设，据此估算预测期内的税后经营利润与营运资本需求变动等主要财务数据，从而得到标的公司单体（stand alone）自由现金流。而可比上市公司法或可比交易法等相对估值法只是强调单一参数取值，不够重视实际情况差异对于估值的影响，可能会导致对并购整合及投入运营中的变化应对不足，从而造成实际与预期的差异。但也需注意到的是，由于现金流折现法只关注内涵价值，对于市场估值水平可能考虑不足，因此需要运用相对估值法进行补充，在实践中可测算项目内涵价值区间并推算出相应的估值乘数，与市场乘数结果进行对比验证，分析估值差异原因。在选择相对估值法时，要关注参照公司或交易的可比性，并以目标公司合理的资本结构与可比的持续经营获利能力作为估值基础，排除资本结构不合理、会计处理方法不一致以及非经常性损益等因素对公司估值的影响。常用的相对估值法指标包括 P/E、P/B、P/S、EV/EBITDA 等。关于各类估值方法的选择和运用，可参考附录 6B。

在并购交易的价值评估中，还应重视对并购溢价的研究，因为目标公司的估值包括其单体自由现金流折现价值与并购溢价。并购溢价也需要分解到价值关键驱动因素中，因为溢价的基础在于未来有协同效应（synergy）：从现金流的角度就是并购可能产生的管理改善及规模经济所带来的增量现金流折现价值，从利润表的角度则体现为收入的增加或成本费用的节约，从资产负债表的角度体现为资本结构的改善和加权平均资本成本（WACC）的降低。协同效应的产生有几种来源，例如：并购后目标公司的成本和投资能够减少，管理、生产、营销和分销等活动能够通过花费更低的成本费用执行，这些可称作**成本协同（cost synergy）**；为增加销售收入，可以通过使用买方公司的销售渠道来销售目标公司的产品，从而实现**市场协同（market synergy）**；另外，买卖双方也可能实现先进技术在更大范围内的应用，促进产品或服务的竞争力提升，或管理效率改善，带来收入或成本结构的优化，从而对成本协同和市场协同产生叠加效应；并且，目标公司可能还可以使用买方公司更低成本的资金去支持生产经营活动，从而节约财务费用，优化目标公司的资本结构，使其接近或达到最优水平，从而降低

WACC，这是**资金协同**（capital synergy）。在以上的协同效应中，成本协同和市场协同将会给公司带来增量自由现金流，而资金协同带来的是WACC的下降。公司需根据自身与目标公司各自拥有的资源对于增量现金流折现价值的贡献，以判断自身承担并购溢价的合理性和必要性，并将对包含增量现金流折现值作为并购对价的上限，即并购溢价不得超过协同价值。在进行并购支付时，若并购溢价较高或者目标公司经营的潜在风险与预期盈利不确定性较大时，应尽量采用有附带条件的或有支付或者估值调整协议等支付方式（如利润保证条款），以控制溢价收购风险。另外，公司还应关注目标公司当前资本结构、营运资本的额外需求以及预期未来资本支出等，以综合判断并购估值的合理性。

公司价值衡量的另一种方式是公司市场增加值（market value added，MVA），即公司价值相对于账面占用资本的差额，可通过预计未来EVA用WACC折现的现值得到，它更多关注的是公司价值的增加水平。债权价值与有息负债的差额为债权的市场增加值，股权价值与股东权益的差额为股权的市场增加值，二者之和即为MVA。其中，股权的市场增加值可用于评价股东价值最大化目标的实现程度，在市场利率水平与有息负债利率水平相近的情况下，债权价值约等于其账面价值，MVA最大化即为股权的市场增加值最大化。

价值评估是一项专业技术性较强的工作，但为了得到较为准确的估值结果，不仅需要一定的专业技术基础，还需要对行业趋势、业务战略、发展规划、管理改善等方面有深刻理解，才能建立起合理的关键假设变量预测和估值模型，并最终形成相对准确的估值结果区间。这就要求在价值评估的过程中，专业人员要与业务人员进行充分的研讨，形成系统性的价值分析，从而为估值模型提供可靠依据。这中间所包含的考虑因素，也是为测算并购溢价、协助并购定价，以及增量资产配置后的价值检讨与进一步改善工作提供决策支持。因此，公司在估值管理中可建立关键假设变量清单并进行存档管理，形成关键假设变量预测的责任机制，并在日后的价值检讨中进行重点分析，最终对价值检讨结果进行总结、反馈与跟踪，并应用于资产的再配置决策。

第四节 后续检讨不能少

管理心得

对于增量业务资产和存量业务资产，都需要通过定期的价值检讨，持续跟踪和总结业务资产实际运营过程中存在的问题和不足，为后续的改善提出建议与应对措施，并利于提升未来的资产配置效率。

价值检讨是资产配置流程的第三个关键环节，与价值分析、价值评估紧密结合，其目的均在于提升资产配置效率。在价值分析提供对业务资产的价值判断、价值评估得到业务资产价值量化水平的基础上，价值检讨的重点在于通过与一定参照系的对比，找到价值关键驱动因素在业务资产实际运营过程中存在的问题和不足，从而有针对性地制定改善措施，提升运营质量。公司建立系统性的价值检讨机制，能够及时发现并改进管理能力中存在的影响交易价值及资产未来创值能力的问题，同时通过持续积累经验和总结教训，提升未来的资产配置决策效率和运营管理水平。价值检讨又可以分为增量业务资产价值检讨和存量业务资产价值检讨，二者在具体方法上存在不同，并从不同方面对优化公司资产组合、提升资产配置效率发挥作用。

增量业务资产价值检讨

增量业务资产价值检讨，也可理解为投资项目后评价。在战略性资本支出项目（包括并购、新建、扩建等项目）实施后，从回报与增长的维度将项目实际运营结果与价值评估时所采用的主要财务指标预测或之后的滚动预测进行差异对比，并根据价值关键驱动因素受风险影响的前提，进一步分析形成差异的关键假设变动原因。通过价值检讨的过程，公司可以判断项目可行性研究建立假设预测（或滚动预测）的合理性，识别经营管理问题和能力差距，寻找改进措施，以便为提高未来预测准确度、改进效率、防范风险提供最佳实践。

一般而言，价值检讨是基于项目实施后的年度财务数据，可在价值评估所采用的预测期内（如5年）每年进行，或视项目运营实际情况延长检讨周期，并可根据业务特性和管理要求定义一定的百分比作为差异边界（如差异超过25%），对于超过差异边界的项目进行详细分析。在回报方面，可从盈利水平、投资回报、营运效率等维度，将相关指标与可研预测（或滚动预测）对比，对主要的价值驱动假设进行分析；在增长方面，主要是将实际收入与可研预测（或滚动预测）的收入进行比较，并可进一步将其分解为销量及售价等主要驱动因素进行分析；对于造成差异的原因，公司可从系统性风险和非系统性风险两个方面进行梳理和总结（见图6–21）。增量业务资产价值检讨的关键要素可参考附录6C进行运用。

以某啤酒公司的增量资产价值检讨工作为例。某啤酒公司对20×1—20×3年已经投产运营的14个项目进行价值检讨，对比项目实际运营结果与可研预测的主要财务指标，从回报与增长维度，筛选出差异大于25%的项目共6个，对这6个项目的关键变量和主要价值驱动因素变动的原因进行分析；对于其余项目可不分析的原因，但应根据需要，对未来预测进行相应调整，作为次年价值检讨的差异分析对比数。在这6个项目中，我们具体来看两个项目的检讨过程，其中一个项目差于预测 25% 以上，另一个优于预测 25% 以上。

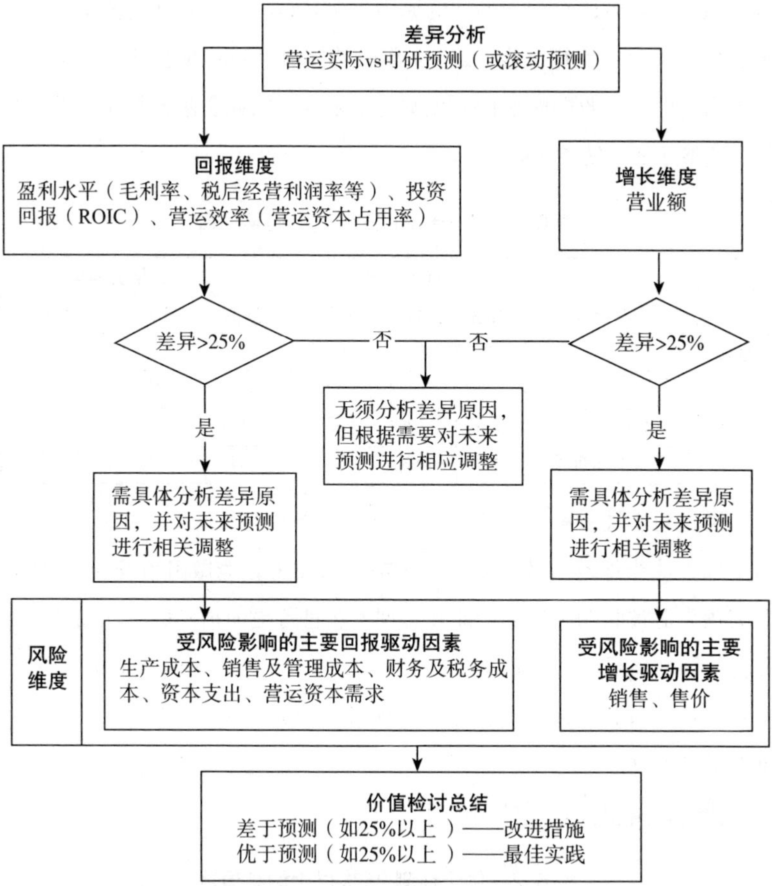

图 6–21　增量业务资产价值检讨流程

差于预测 25% 以上的某项目

在增长维度上，该项目 20×1 年实际营业额与预测相差达 66%；在回报维度上，除 20×2 年上半年毛利率与预测数据差异不大外，20×1 年及 20×2 年上半年实际数据与预测比较，经营利润率与投入资本回报率差异均超过 25%。导致增长低于预期的主要原因是当地政府整顿小煤窑问题导致当地外来打工者大量流失，降低了本地消费需求，这属于系统性风险。导致回报低于预期的原因主要是该项目设备相对陈旧，管理方法单一，成本费用高企；20×1 年收购完成后进行项目改造，但改造见效需要时间，收购时所做的预测过于乐观，因此实际回报水平低于预期，这属于非系统性风险。

表 6–1　差于预测 25% 以上的某项目

维度	单位：百万港元	20×1 年			20×2 年上半年		
		预测	实际	差别	预测	实际	差别
增长	营业额	176	60	–66%	50	43	–16%
回报	毛利率	31%	5%	–84%	23%	21%	–9%
	经营利润率	–27%	6%	–562%	–1%	12%	–109%
	投入资本回报率	16%	–13%	–181%	0%	–1%	–100%

通过对上述差异的原因分析，公司在未来的资本支出项目预测中，需更加关注当地政府政策及发展举措，以便更好地做出市场需求预测；并需预先对被收购工厂的产能和管理方法进行更加精确的尽职调查，以便正确评估项目改造时间及项目预测。20×2 年，公司调整了项目预测，项目改造完成且产品结构优化后，项目盈利提升较快，20×3 年财务数据有了显著改善。

<u>优于预测 25% 以上的某项目</u>

表 6–2　优于预测 25% 以上的某项目

维度	单位：百万港元	20×1 年			20×2 年上半年		
		预测	实际	差别	预测	实际	差别
增长	营业额	160	173	9%	149	153	2%
回报	毛利率	4%	6%	50%	23%	33%	44%
	经营利润率	–20%	7%	–366%	17%	13%	34%
	投入资本回报率	–79%	–78%	1%	9%	34%	278%

该项目在增长方面与可研预测相差不大；而在回报方面的表现，虽然

20×1 年经营利润率低于预测，但到了 20×2 年上半年则都优于可研预测。

使该项目优于预测的主要原因是生产成本和销售及管理费用低于预期。在生产成本方面，20×1 年收购时预计原材料价格将上涨较多，而收购后原材料采购由总部统一进行，原材料价格涨幅低于预期；在销售及管理费用方面，公司在当地已具备地区优势，有一定的定价权，中高端产品推广效率高，项目盈利提升较快，并且得益于与当地政府的良好关系，也降低了经营过程中的不确定性。

该项目表现良好，可以被认为是代表了公司资本支出项目中的最佳实践。该项目充分利用总部统一采购原材料所带来的价格及效率优势，根据产品在当地的市场地位制定合理的营销政策，重视维护与当地政府的关系，这些经验值得公司在未来的战略性资本支出项目实施中加以推广应用。

表 6–3　增量业务资产价值检讨常见问题

问题分类		
系统性风险	行业周期变化	
	外部客观因素	
非系统性风险	a. 运营相关假设	销售预期乐观
		成本 / 费用预测乐观
		销售与成本预测不对称
	b. 关键财务假设	未考虑业务调整 / 持续性问题
		未考虑会计政策统一对估值的影响
		忽略资本结构
		营运资本需求 / 后续资本投入不足
		利润保证条款的设置存在改善空间
	c. 市场竞争	市场竞争预计不足
	d. 投资流程	投资流程不完善
		可研缺乏时效性
	e. 项目整合管理能力	新建 / 并购项目整合预计乐观

同时，价值检讨的这一过程，也可与公司行动计划与财务预算相结合，根据滚动预测更新用于比较的预测值，既是持续跟踪行动计划与财务预算的执行过程，也是从时效性角度对战略性资本支出项目的实施情况进行更为准确、合理的分析及判断。

价值检讨的方法并不复杂，而相对复杂也更为重要的是通过价值检讨发现当时在进行财务尽职调查、项目估值、利润保证条款设置、业务整合，以及行动计划与财务预算制定等方面的不足，及时做出检讨和反思，并有针对性地落实能力提升和管理改善的措施，这对于追求可持续发展的公司十分重要。

存量业务资产价值检讨

存量业务资产由公司的增量业务资产累积而成，也可以理解为是公司现有的业务资产组合。为何存量业务资产也需要进行价值检讨？公司的资产配置决策是在基于一定的业务战略、组织能力、财务资源以及对业务资产回报、增长和风险判断下进行的，但随着政策环境、市场条件、行业周期等因素的变化，现有业务资产的创值能力可能减弱，或与公司的业务战略匹配度降低。因此，公司需要通过定期对存量业务资产进行价值检讨，从整体资产组合的角度对业务资产的创值能力进行衡量，及时识别影响存量业务资产回报、增长及持续性等价值关键驱动因素的管理问题，实施改善措施或进行资产组合调整，从而推动公司业务资产组合的不断优化，实现公司价值的持续增长。

与增量业务资产价值检讨相比，存量业务资产价值检讨所考虑的因素相对更加全面，涵盖资产配置决策的主要依据。在评价存量业务资产的回报与增长水平之前，需首先判断其是否与公司业务战略相匹配：若认为战略匹配度低且协同效应小的非核心资产，应适时进行处置；若符合业务战略，则要接着判断现有的组织能力及组织发展潜力与财务资源是否支持；若相关业务资产符合业务战略，且具备组织能力与财务资源的支持，就可从回报与增长及其持续性的维度，将业务资产运营结果与预期目标进行比较分析，并进行资产分类，识别与预期目标发生差异的原因，以作为资产配置与调整以及管理改善的依据。

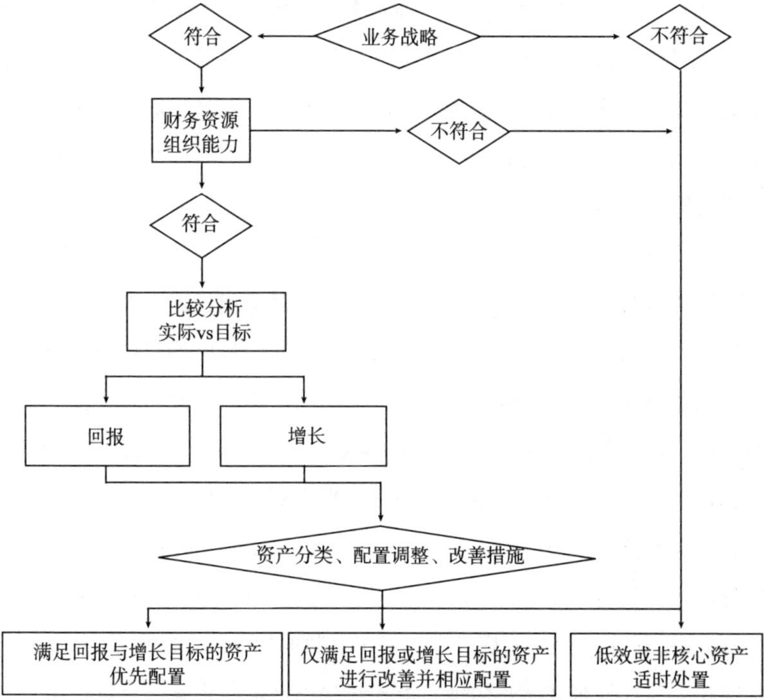

图 6–22　存量业务资产价值检讨流程

公司做出某项业务资产的处置决策，往往是基于充分的价值检讨而进行的。例如，根据公开信息，2015 年华润集团旗下资产管理公司拟以合计人民币 33.35 亿元的挂牌价格，转让其所持的 21 家沃尔玛中国合资公司的股权及部分债权。在中国零售业对外资还没有完全开放时，沃尔玛集团（WalMart）进入中国市场为了取得牌照，需符合持股比例不得超过 65% 的要求，因而沃尔玛与深国投公司成立了合资平台。然而时过境迁，中国零售行业的政策和市场环境已经发生了翻天覆地的变化，华润为何在此时寻求出售沃尔玛合资公司的股权？我们可以用以上价值检讨的方法对华润处置沃尔玛股权的决策思路进行系统性分析。在**业务战略**方面，彼时在宏观环境上，城镇居民可支配收入增长和社会零售总额增长放缓，实体零售占比降低，消费者不断转向网上消费，而传统零售触网效果仍未得到验证，大环境对于传统零售业的发展不甚利好，行业发展与预期可能会有较大差距，风险较为明显；并且华润也一直未直接参与沃尔玛合资公司的管理，仅在合资公司董事会占少数席位，难以对经营决策产生直接影响，华润万家零售与沃尔玛零售业务也无法产生协同效应，同时华润与英国特易购（Tesco）零售合作，并不以沃尔玛合资公司作为零售业配置的主要方向。在**财务资源与组织能力**上，当沃尔玛通过合资公司开店时，沃尔玛会要求华润按照股权比例新增资本金，虽然华润还有支持项目的财务能力，但沃尔玛已经不再通过合资公司开设新店；另外，由于华润对合资公司无直接管理，对其组织能力没有影响。在**回报**上，虽然合资公司本身的回报水平良好，与标杆接近，但是由于华润对合资公司没有控制权，回报只能通过派息水平体现，合资公司股权分红比例仅有 2% 左右，未来预计也不会增加；并且沃尔玛每年还会收取合资公司接近 2% 的管理费，对于少数股权方华润的回报影响较大。在**增长**上，从外延式增长角度，由于沃尔玛已经停止通过合资公司开设新店，也不会有收购或兼并产生，甚至有关店的可能，合资公司已无法通过对外扩张提供增长动力；从内涵式增长角度，分店多属进入成熟期的老店，增长较为乏力，已经低于行业平均水平，同时还存在继续下滑的趋势。通过以上对价值检讨各个维度的分析，也就不难理解华润为何要处置在沃尔玛合资公司的股权了。而与此同时，沃尔玛总部之前也有归集少数股权的意愿，因此最终由其收购了华润所持沃尔玛中国合资公司的少数股权。

存量业务资产分类可以从价值创造的角度进行一个大致的简单划分，包含两个维度：一个维度是当期是否创值，指当期能否有超出加权平均资本成本的回报，可以体现为当期的 EVA 是否为正；另一个维度是未来是否创值，指在未来是否还能持续创造公司价值，可以体现为预计未来的 EVA 是否为正。用一个形象的比喻，假如把行业当作是一片树林，行业里的利润池或现金池假定为鸟：当期能否创造价值，就是看手中是否有鸟；未来能不能持续创造价值，就是看林中是否有鸟。从这两个维度来看，可以把业务资产分为四类。**第一类是“手中无鸟，林中也无鸟”**。也就是说当期回报不好，未来预期的价值创造能力也不足；若已无业务战略需要，对于这类资产可考虑处置。上述华润处置沃尔玛合资公司股权的考虑就与此类似，还有很多进入衰退期的公司也会处于这种状态。**第二类是“手中有鸟，林中无鸟”**。当期的价值创造表现良好，但未来林中的鸟越来越少，未来价值创造能力将持续下降，一些处于成熟期的企业可能会面临这样的局面。**第三类是“手中无鸟，林中有鸟”**。当期的回报水平较低，但预期未来价值会很大；这类资产的不确定性最大，因为资产配置的逻辑主要基于对未来的判断，如果行业趋势与预期发生较大差异，或公司组织能力不足，无法抓住“林中鸟”，价值也就没有了。许多处于成长期的消费品、科技等行业的公司都是如此。关键在于未来的预期最终能否变成现实。**第四类是“手中有鸟，林中也有鸟”**。当期回报高于资本成本，且未来价值创造的空间也很大，这类型资产是质量最好的。例如有产品品牌影响力的公司或有持续创新能力的公司，若组织能力足够支持，则是最应该进行配置的资产。

公司还可以分别从回报与增长的维度设置一定的量化标准，对存量业务资产进行更为详细的分类。公司对各项存量业务资产在一定时期内总是有一定的回报与增长量化目标，这些目标就可构成资产分类的衡量标准；此外，在回报方面，尤其是自身内涵式增长较低、以回报为主要关注目标的业务资产，从价值创造的角度，除公司设定的回报目标外，还可以加权平均资本成本（WACC）作为资产分类的另一个衡量标准。因此在回报维度上，根据高于或低于回报目标（比如设定某一目标值）以及高于或低于 WACC，并结合其预期变化，可以将资产分为四类；在增长维度上，根据高于或低于增长目标（比如行业或标杆的平均水平），并结合其预期变化，可以将资产分为两类。综合考虑回报维度的四类资产和增长维度的两类资产，可以将存量业务资产分为六类，深入分析价值关键驱动因素的改善，提出有针对性的管理建议，推动资产配置向回报领先、增长达标的资产倾斜，对于未来回报与增长改善空间均有限，且无业务战略需要的业务资产，应考虑进行资产处置。

（1）回报领先及增长达标型：实际回报高于 WACC 且高于或等于回报目标，同时实际增长高于或等于增长目标。对于该类资产，应分析其未来回报与增长的可持续性，并考虑优先配置以提升公司价值。

（2）回报领先但增长未达标型：实际回报高于 WACC 且高于或等于回报目标，但同时实际增长低于增长目标。对于该类资产，应研究改善回报的可行措施，并根据其未来增长空间适当配置。

（3）回报良好 / 改善及增长达标型：实际回报高于或等于 WACC 但低于回报目标，以及实际回报低于或等于 WACC 但高于或等于回报目标，同时资产的实际增长高于或等于增长目标。对于该类资产，应研究改善回报的可行措施，并适当配置。

（4）回报良好 / 改善但增长未达标型：实际回报高于或等于 WACC 但低于回报目标，以及实际回报低于或等于 WACC 但高于或等于回报目标，但同时资产的实际增长低于增长目标。对于该类资产，应根据关键价值驱动因素，分析改善回报或增长对公司价值的提升幅度，同时研究各措施的可行性，优先选择对公司价值提升幅度较高的可行措施，并适当配置。

（5）回报偏弱但增长达标型：实际回报低于 WACC 且低于回报目标，但实际增长高于或等于增长目标。对于该类资产，应聚焦改善回报的可行措施并谨慎配置。

（6）回报偏弱及增长未达标型：实际回报低于 WACC 且低于回报目标，同时实际增长低于增长目标。对于该类资产，同样是聚焦回报改善并谨慎配置。

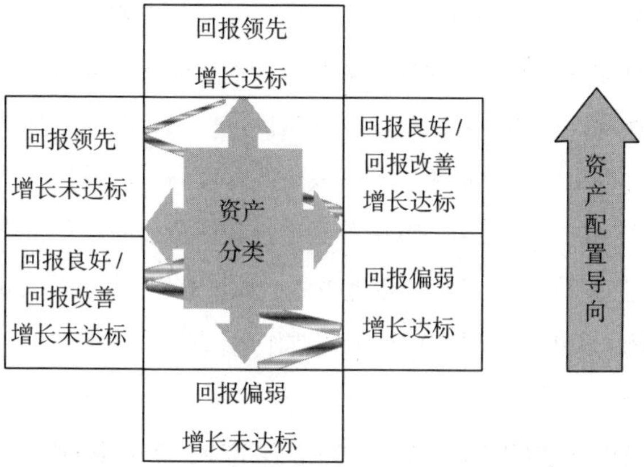

图 6–23　存量业务资产分类及改善建议（参考）

第五节　择机而退也能创造价值

管理心得

公司通过存量业务资产的价值分析、评估和检讨，对战略匹配度低且协同效应小的低效和非核心资产，应适时进行处置。

资产处置应以价值提升为原则，灵活选择转让、置换或证券化等方式，并在合法合规的前提下，在处置资产前通过对标的公司资本结构和股权架构的调整，最大化资产处置收益。

随着外部环境、市场条件以及内部管理能力等因素的变化，公司所拥有的各类存量业务资产的回报、增长及风险等价值关键驱动因素也会发生变化，而公司的业务战略也需要适时调整，并调整优化资产配置，才能实现持续的价值创造。公司通过对存量业务资产的价值分析、评估和检讨工作，会识别出一些与公司业务战略匹配度低、协同效应小、未来回报与增长改善空间预期不大的低效或非核心资产。李嘉诚曾表示过，绝不要对某一项业务情有独钟，这样才能在时机成熟时随时售出。也就是说，对于这些低效和非核心的资产，公司应选择适当的时机、以适当的价格处置，这样一方面可以改善整体资产组合的回报与增长表现，另一方面可以集中财务资源以支持战略匹配度高或回报与增长效率更高的业务资产发展。本章第一节中曾经举过和记黄埔的例子，资产的有序进退是和记黄埔标签式的价值创造方式，以下就以其2003—2014年的资产退出为例，说明资产处置的价值创造作用。

案例：和记黄埔2003—2014年资产退出案例（根据上市公司公开信息整理）

和记黄埔（原上市代码：0013.HK，已于2015年与长江实业重组为长江和记实业有限公司，上市代码:0001.HK）曾是香港资本市场市值最大的多元化企业，资产主要配置于港口、地产与酒店、零售、基建、能源以及电信6项核心业务。尽管自2000年起，和记黄埔采用全球扩张战略和市场先行战略发展3G（第三代移动通信技术）业务并没有取得成功，欧洲及澳洲电信业务曾连年亏损，但其始终坚持价值导向，通过灵活多样的资产处置方式维持了稳定盈利并实现创值。在2003—2014年，和记黄埔不失时机地整体退出或部分退出不同地区的业务，实现创值约2 338.15亿港元。以下，列举了其中几个有代表性的资产退出案例。

表 6–4　和记黄埔 2003—2014 年资产退出清单

年份	退出项目	退出方式	和黄层面创值（亿港元）
2003	欧洲瓶装水业务	出售	16.83
	沃达丰集团和德国电讯集团余下股权	出售	26.27
2004	和记环球电讯（香港固网业务）26% 股权（旧股）	配售	13
	和记电讯国际（2G 移动通信业务）部分股权（旧股）	上市	41
	宝洁 – 和记国内合营公司余下 20% 股权	出售	137.59
2005	和记电讯国际 19.3% 股权（旧股）	配售	74
	香港国际货柜码头 20% 股权，以及中远国际货柜码头（香港）10% 股权	出售	55
	发行和记电讯国际之新股以私有化和记环球电讯	私有化	11.5
	以出售价的 10% 回购英国 3G 业务 35% 股权	N/A	94
2006	港口及相关服务 20% 股权予 PSA 国际港务集团	出售	243.8
2007	印度移动通信业务	出售	358.2
2008	赫斯基能源出售部分能源资产	出售	31.22
	若干港口的少数股权	出售	20.37
	印尼部分移动通信基站资产	出售	14.21
2009	以色列移动通信业务	出售	73.92
	出售国内三间发电厂权益	出售	8.47
	出售若干电讯塔资产所得溢利	出售	5.92
	澳洲 3G 业务	资产置换	36.41
2011	和黄港口业务	上市	556.44
2014	香港发电业务港灯	上市	520*
总计			2 338.15

注：和记黄埔在 2010 年、2012 年和 2013 年无重大资产处置项目，2014 年港灯上市，在和记黄埔联营上市公司电能实业层面创值 520 亿港元。

通过与竞争对手合资逐步退出：和记黄埔澳洲

和记黄埔澳洲由于 3G 业务资本支出庞大而市场竞争激烈，连年亏损，投入资本回报率在 2005 年低至 –20.6%，虽然随着收入增长而逐步改善，2008 年全年仍亏损 1.63 亿澳元。2009 年 2 月 2 日，为改善其运营表现，并为日后整体退出做准备，和记黄埔澳洲宣布与市占率排名第三的竞争对手沃达丰澳洲子公司以 50 ∶ 50 的股权比例成立合资公司 VHA，并将其电信运营资产全部注入该公司。受惠于与沃达丰的成功合并，公司于 2009 年扭亏为盈，实现盈利 4.67 亿澳元。

尽管后期合营公司未能准确把握市场发展趋势，预期的协同效应未能显现，但通过与沃达丰成立合资公司退出澳洲业务仍具备不少亮点：第一，通过交易结果安排，减少了自身现金支出，且利用和记黄埔澳洲盈利改善及资本支出协同的预期，降低了交易对价（两家公司盈利贡献 EBITDA 比例为 3 ∶ 1，实际股权比例为 1 ∶ 1），由于成立合资公司所进行的资产重估，获得账面盈利 36.41 亿港元；第二，未来公司持续发展所需的资本支出由和记黄埔与沃达丰共同支持，减轻了和记黄埔的财务负担；第三，50 ∶ 50 的股权比例一方面可以促使沃达丰重视澳洲业务发展，推动协同效应的实现，另一方面，待三年运营改善后转让剩余股权时，不因丧失控制权而损害议价能力。

通过出售实现退出：印度电信

印度电信回报与增长较优，但自身财务资源无法支持巨额的资本支出，财务资源面临较大压力。受限于印度业务内部重组进度慢于预期和印度政府对于外资持股以及外资流动电信运营商的新监管政策等内外部因素，和记电讯国际未能按原计划在 2005 年 6 月前上市。2005 年，印度监管当局放松管制，允许外资控股电信企业，印度电信由此成为全国运营商，提升了整体战略价值，为溢价出售做准备。2006 年，印度电信成为印度第三大通信商。

政策放松与印度移动通信市场的发展潜力为印度电信吸引了诸多买家的关注。印度的 Reliance 集团、Essar 集团、马来西亚明讯、卡塔尔电信以及沃达丰等五大财团对其进行了报价竞购。2007 年，和记电讯国际将旗下印度电信 67% 的股权售予沃达丰（余下 33% 股权由印度业务合资方

Essar集团持有）。

由于出售时机较佳，和记电讯国际将印度电信以EV/EBITDA 30倍的高估值（857亿港元）出售予沃达丰，实现创值751亿港元（和记黄埔持股49.8%，获利358亿港元），该估值大大高于和记电讯国际2016年平均估值14倍的水平；此外，还将157亿港元有息负债交由沃达丰承担，使和记电讯国际的利息费用与资本支出大幅减少。通过高溢价退出印度业务，一方面以高估值实现了2G（第二代通信技术）投资的增值，另一方面优化了自身及母公司的资本结构，提升了财务弹性，从而使和记电讯国际可以集中资源发展3G业务及开拓其他新兴市场。

分拆上市：港灯

香港电灯集团（以下简称“港灯”）是香港岛及南丫岛唯一的供电商，总装机容量为3 737MW（兆瓦），是世界上最悠久的公用事业公司之一。由于香港特区政府与港灯有签署管制计划协议，时间期限是2008—2018年，在此期间可以保证港灯获得固定资产净值10%的平稳高回报，2010—2012年港灯的投入资本回报率均超过10%。但管制协议将于2018年年底到期，届时特区政府可能因政治压力下调准许回报率，回报持续性存疑。在增长方面，目前香港电力市场竞争格局稳定，港灯未来增长主要来自行业整体的用电量增长，而香港作为城市化程度较高的城市，用电量增长空间较小。

尽管港灯在现行管制计划下回报较高且稳定，但业务缺乏增长空间，且面临2018年政府再次下调准许回报的风险。考虑到电能实业作为公用事业股近年因其派息率较高受到市场的追捧，自2010年以来股价涨幅近五成，但未来如果美国加息，股价将直接受到影响，因此电能实业在2013年第三季度宣布分拆港灯上市。

由于电能实业把握了较好的时间窗口挂牌，按港灯挂牌价5.45港元测算，其16.3倍的市盈率及12.9倍的EV/EBITDA均高于电能实业及中电控股，估值理想，集资额达到235亿港元。此外，电能实业通过周密的交易结构设计，回收现金超过500亿港元。

有序进退创造价值：英国Three公司

英国是和记黄埔开展3G业务的第一个国家。2000年，和记黄埔以44亿英镑购得英国3G牌照。当时，由于缺乏2G客户和网络支持，3G市场并不明朗。为降低成本、分担风险，和记黄埔引入战略投资者，与日本NTT DoCoMo（一家日本电信公司）及荷兰的KPN Mobile（荷兰皇家电信）达成战略合作协议，共同经营英国的3G业务，两家战略投资者共持有35%的股权。和记黄埔充分利用科网热潮提高3G牌照售价，以21亿英镑溢价出售35%股权，不仅回收约50%的3G投资成本，同时创值5.6亿英镑。

科网泡沫破裂后，主要电信运营商面临较大风险，前期3G业务价值下降，NTT DoCoMo及KPN Mobile在2002年先后为其英国3G业务进行了6.5亿和7.5亿英镑的减值，并预计3G业务正式运营后将录得亏损，二者均有意退出英国3G业务。但和记黄埔认为3G业务风险期已过，由于正处于增长期，用户将迅速增加，市占率将得到提升，因此于2003年年底和2004年年中市场处于低谷时分别与KPN Mobile和NTT DoCoMo签署回购协议，共以2.1亿英镑回购其英国3G业务35%的股权，较2000年出售价折让90%。交易需分别在2007年年底及2006年年底前完成。

2004年，英国3G业务运营逐步改善，客户数迅速增加，在英国通信市场的占有率由2003年的0.6%上升至2004年的约5%，推动营业额按年增长超过9倍。其盈利能力随客户数增长而上升，规模效益显现，EBITDA在2004年12月转正。由于英国3G业务在2004年改善明显，并预期进一步改善，2005年5月和记黄埔提早回购KPN Mobile和NTT DoCoMo持有的共计35%股权，以按其资产净值的大幅折让价回购35%

的少数股东股权，注销少数股东权益创值94亿港元。

梳理和记黄埔2003—2014年的资产退出案例，不难看出这其中明显的价值导向。**一是凭借资产高回报获得高溢价**。通过优秀的运营管理，使得拟出售资产具有优于同业的高回报。例如上述的港灯分拆上市，由于港灯具备较高的投入资本回报率，所以能获得较高估值从而顺利完成资产退出。**二是把握周期高点出售资产**。出售印度电信的交易充分体现了这一点。通过前瞻性的资产配置，不但可以把握行业估值处于高位区间进行资本运营创值，也可避免核心资产在行业景气周期下行阶段的大幅减值。**三是利用市场预期提升估值**。在退出和记黄埔澳洲的案例中，由于充分把握了交易对手对公司未来回报与增长的预期，将潜在的回报与增长提升反映在公司价值上，从而获得较高估值。**四是把控风险灵活进退**。资产退出是对风险主动管理的有机组成部分，在英国3G案例中，在初期3G市场不明朗时，引入战略投资者分担风险，并回收部分3G投资成本，在战略投资者预期短期亏损有意退出而和记黄埔又认为业务风险投资期已过的时候，果断回购战略投资者股权，不仅获得这一退一进的投资利润，还能最大化分享此后行业上行及运营改善所带来的成果。这些都是公司在进行资产处置时可以借鉴的宝贵经验。

和记黄埔在资产退出中，采用了多种方式，包括资产转让、资产置换、资产证券化等，这些也是资产处置中最为常见的方式。资产转让即转让部分或全部待处置业务资产，对于增长放缓但回报较高的业务资产，可通过对拟转让价格与内涵价值关系的分析，考虑全部转让或者出让部分股权而保留一定比例股权作为财务投资；而对于回报较低但存在增长空间或增长放缓且回报较低的待处置业务，可考虑择机全部转让，对印度电信的处置属于该种方式。资产置换是通过业务资产间的互换或以待处置业务资产换入受让方资产等方式实现业务资产的退出，当资产无法在市场上直接出售，或作价与估值有较大折让，或现金交易承担较大所得税等税务负担时，若受让方持有合适置入的资产，可以采用资产置换的方式，但要关注置入资产的价值情况以及置入和置出资产的估值，对和记黄埔澳洲采用的就是该种处置方式。资产证券化主要是指公开上市，如果待处置业务资产回报或增长情况较好且估值仍有可提升空间，可考虑公开上市以灵活把握未来退出时机，当上市定价较高，在市场可接受的范围内，通过扩大发行股份及出售部分原有股份以实现较大比例的处置；如果待处置业务资产回报较为稳定但增长空间有限，可考虑通过将待处置业务重组为商业信托或注入已经发行的商业信托进行处置，港灯分拆上市是该种资产证券化的典型做法。此外，2011 年，和记黄埔分拆其在香港、珠三角的深水货柜港业务在新加坡上市，募资约 60 亿美元，就是采用了商业信托的结构，息税折旧摊销前利润（EBITDA）在支付必要的资本支出后，可以实现 100% 的派息，对投资者有较大吸引力。资产处置的其他方式还包括委托处置、无偿划转、资产清算等。

为使资产处置收入最大化，公司可在资产转让前对标的公司的资本结构和股权架构进行调整，并进行适当的业务安排与会计处理。例如，以上电能实业通过分拆港灯的一系列交易结构安排，回收现金超过 500 亿港元，除港灯上市募集的资金外，还包括电能实业在上市前安排港灯偿还股东贷款，以及留存收益和 2013 年盈利所对应的派息共计 265.8 亿港元。由于电能实业安排港灯以商业信托形式上市且仅保持 49.9% 的股权，上市前港灯的资产得到重估，新增固定资产及商誉 640 亿港元，巩固了港灯的资产净值，因此尽管港灯被抽取大量现金，上市时市账率仍为 1.01 倍，从资产净值的角度来看不会给市场形成估值过高的印象。此外，电能实业在上市前还安排以 5.3 亿港元购入港灯的 4 处物业，以避免未来因关联交易而需进行的评估及披露，港灯因转让获得的 5 亿港元盈利也以股息的形式派回至电能实业，从而在将物业转至电能实业的同时避免了现金支出。港灯的分拆上市，包含了在资本结构调整、业务安排、会计处理等多方面的配合工作，尽可能提升了和记黄埔的转让利益。公司在转让交易中，应在合法合规的范围内，在保证交易各方利益不受到非合理性损害的前提下，围绕标的资产进行一些适当的资本结构和股权架构调整、会计处理等价值提升的优化工作，以实现自身资产处置收益的最大化，如尽可能多地回收现金并保持一定的估值水平、或降低交易成本、提高交易效率等。关于资产转让前的准备工作，可参考图 6–24 中的措施。

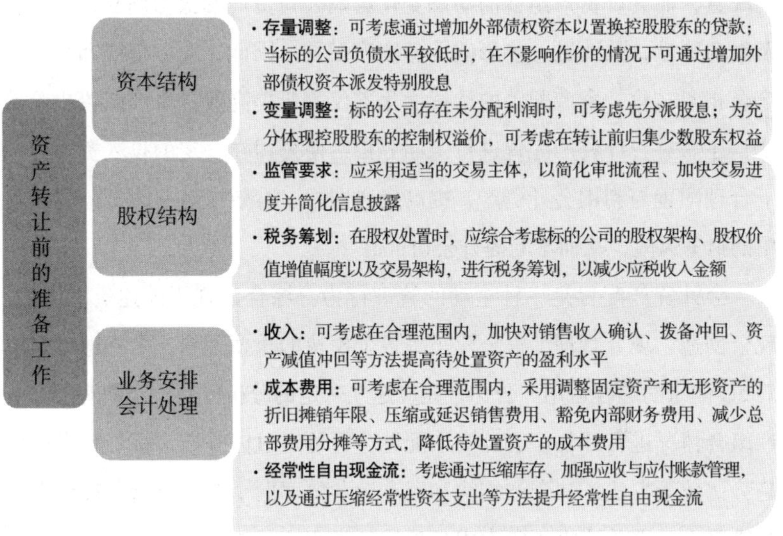

图 6–24　资产转让前准备工作（参考）

第六节　在财务报表上看资产组合

管理心得

会计资产是业务资产配置在财务报表上的表现，会计资产配置的合理性影响公司价值，并进一步影响业务资产配置。

公司应定期评估会计资产结构和运营效率，并进行相应优化，以提高会计资产配置效率。

前面所介绍的价值分析、价值评估、价值检讨以及资产处置等内容，主要针对的都是业务资产，业务资产反映在财务报表上，体现为投入资本在现金、营运资本需求、固定资产等会计资产间的分配。**业务资产配置与会计资产配置构成资产配置的完整视角，业务资产配置决定会计资产配置，而会计资产组合的动态变化影响公司资产回报与增长的持续性及财务弹性，从而进一步影响业务资产配置**。因此，业务资产和会计资产会相互转化，资产配置的持续优化不仅需要提高业务资产配置决策效率，还需对会计资产配置进行定期分析，使公司在一定的投入资本规模下合理配置与利用会计资产，提高资产回报、有效应对并降低经营活动中的财务风险，从而不断提升公司价值。

会计资产配置是一种主动的管理行为，综合体现了前述资本结构、现金创造、现金管理、资金筹集等各个模块的重要理念，是从财务角度对5C体系的综合运用。公司首先应建立一定的分析机制，定期对会计资产组合情况进行评估。会计资产配置分析可通过内外部对标、自身纵向趋势比较等方法，从资产结构和资产运营效率两个维度进行。**在资产结构维度上，**需关注投入资本中各项或各类资产的构成比例，以及各类资产相互之间的比例关系，不同的资产结构对公司业务经营、回报和风险等方面会产生不同的影响。根据各项或各类资产的回报和风险特点，会计资产结构可分为长期资产与短期资产结构、经营性资产与投资性资产结构、有形资产和无形资产结构等组合。

<u>长期资产与短期资产结构：</u>影响投入资本的易变现能力，通过资产结构与资本结构的适配性影响公司的财务弹性和财务风险，这可以运用流动性比率指标衡量（有关流动性比率指标的含义请见第二章资本结构

中财务弹性部分的介绍）。

经营性资产与投资性资产结构：经营性资产反映公司业务经营水平，可结合自身资源与能力优势，如品牌影响、核心技术、管理团队等，进行经营性资产结构分析；投资性资产反映公司的资本运营水平，定期分析战略性投资和财务性投资的价值变化，检讨投资回报，考虑增持或者退出的可行性，提高投入资本的配置效率。

有形资产与无形资产结构：反映公司品牌管理能力、对资源掌控的能力及公司知识化和技术化程度，可用于分析公司的可持续发展潜力以及综合竞争实力。

在资产运营效率维度上，整体上可用投入资本周转率评价公司资产的运营效率，对于各会计资产类别再分别进行单项的效率分析，主要包括资产周转效率和投资回报率两类指标，具体可参考表 6–5。

表 6–5 资产运营效率分析指标

<table>
<tr><th>资产类型</th><th>资产项目</th><th>分析指标</th></tr>
<tr><td>整体</td><td>投入资本</td><td>投入资本周转率 = 销售收入 / 投入资本平均余额</td></tr>
<tr><td rowspan="9">各会计资产类别</td><td rowspan="4">营运资本需求</td><td>营运资本周转率 *= 销售收入 / 平均营运资本需求余额</td></tr>
<tr><td>应收账款周转率 = 销售收入 / 平均应收账款余额</td></tr>
<tr><td>应付账款周转率 = 销售成本 / 平均应付账款余额</td></tr>
<tr><td>存货周转率 = 销售成本 / 平均存货余额</td></tr>
<tr><td>固定资产</td><td>固定资产周转率 = 销售收入 / 平均固定资产余额</td></tr>
<tr><td>无形资产</td><td>无形资产周转率 = 销售收入 / 平均无形资产余额</td></tr>
<tr><td>投资性房地产</td><td>投资回报率 = 公允价值 / 累计投资成本</td></tr>
<tr><td>合营 / 联营公司</td><td>投资回报率 = 投资收益 / 初始投资成本</td></tr>
<tr><td>各项金融资产及其他投资</td><td>投资回报率 =（派息 + 资本利得）/ 初始投资成本</td></tr>
</table>

* 营运资本周转率是营运资本占用率的另一种表现形式，同样体现营运资本周转效率，详见本书第三章现金创造中的介绍。

公司进行会计资产分析，需要综合考虑公司规模、商业模式、经营业态、会计政策等因素，通过与内外部标杆对比和自身历史趋势比较，分析资产结构和资产运营效率的成因，以合理评估对业务资产的回报、增长及风险的影响。下面，我们通过公司 A 的财务报表数据来看一个会计资产分析的具体例子：

表 6–6　公司 A 财务报表数据（部分）

	公司 A			标杆 1	标杆 2
	2014 年	2013 年	2012 年	2014 年	2014 年
利润表摘要					
营业额	1 330	1 136	870	2 534	1 170
经营利润	77	80	60	102	45
净利润	55	51	45	58	38
管理资产负债表					
现金及银行存款	150	162	162	245	147
营运资本需求	205	138	119	389	149
固定资产	180	143	105	108	86
商誉	153	149	80	70	57
股权及其他投资	55	39	31	20	57
投入资本	**743**	**631**	**497**	**832**	**496**
短期贷款	194	193	134	319	101
长期贷款	176	117	127	54	1
股东权益及股东贷款	207	175	112	347	352
少数股东权益	166	146	124	113	42
占用资本	**743**	**631**	**497**	**833**	**496**

在资产结构方面，可以计算公司 A 的流动性比率、现金占营业额比

率和总有息负债率，与标杆进行横向比较，并对流动性比率①的历史趋势进行分析：

表 6–7　公司 A 资产结构与标杆对比（2014 年）

关键指标	公司 A	标杆 1	标杆 2
流动性比率	0.76	1.04	2.07
现金占营业额比例	20%	29%	30%
总有息负债率	50%	45%	21%

图 6–25　历史趋势对比 – 公司 A 流动性比率

从以上对比可以看出：公司 A 的流动性比率低于 1，也远低于标杆水平，表明其长期资本与长期资产（固定资产净值及营运资本需求）的匹配度较差，主要原因是公司 A 是非上市公司，而标杆为融资方式较为多元化的上市公司；同时公司 A 的流动性比率也呈下降趋势，主要是由营运资本需求的持续上升所导致。并且，公司 A 的现金占营业额比率和总有息负债率水平都较高，存在一定的存贷双高情况。

在资产运营效率方面，可以用投入资本周转率、营运资本周转率、固定资产周转率反映（见表 6–8）。并且，由于公司 A 的商誉金额较大，因此还需分析商誉在投入资本中的占比，以评估其对资产运营效率的影响。

由于固定资产周转率较慢，商誉占比较高，公司 A 固定资产周转率

① 流动性比率 =（长期资本 – 固定资产净值）/ 营运资本需求，详见本书第二章资本结构第二节的介绍。

及投入资本周转率均低于标杆，且呈放慢趋势，需提高固定资产运营效率；同时，商誉占比大大超过标杆，商誉是在并购过程中产生的，由于难以独立实现现金创造，较高的商誉会降低会计资产的运营效率，需关注商誉对公司价值的影响。

表 6–8　公司 A 资产运营效率与标杆对比（2014 年）

关键指标	公司 A	标杆 1	标杆 2
投入资本周转率	1.79	3.04	2.36
营运资本周转率	6.48	6.52	7.85
固定资本周转率	7.41	23.5	13.54
商誉占比	20.6%	9.5%	7.6%

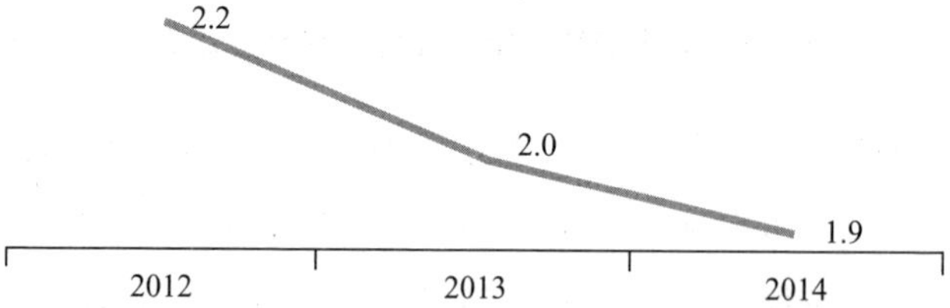

图 6–26　历史趋势对比——公司 A 投入资本周转率

根据会计资产分析结果，公司可采取一些会计资产配置优化措施。会计资产配置优化措施包括会计资产结构优化、单项会计资产运营效率优化、股权结构优化等。

会计资产结构优化是通过调整各项或各类资产占投入资本的比例，实现会计资产间结构的动态平衡，例如：在不改变投入资本总量的情况下，改变各项或各类资产的占比，如适时将回报低的资产处置，并将所得资本配置于回报更高的资产中；也可以加强单项会计资产管理，如营运资本管理，控制单项资产规模对投入资本的影响。这其中还可以通过业务安排或改变经营方式来减少资本占用，如使用供应链融资、固定资产短期性经营租赁等，达到优化会计资产结构的目的。由于资产结构与资本结构密切相关，公司在进行资产结构优化的过程中还应考虑对资本结构的影响，定期检讨长期资产及经常性营运资本需求与长期融资的适配关系。当财务资源受约束时，可考虑通过适时处置非核心资产及低效资产、合理安排股权结构等方式，优化资本与资产结构的匹配度，实现整体资本结构与资产结构的动态平衡。

单项会计资产运营效率优化需要根据各项会计资产的特性和在整个会计资产组合中的作用进行。单项会计资产主要有盈余现金、营运资本需求、固定资产、无形资产、商誉、投资性资产等。对于盈余现金，我们在第四章现金管理中介绍过，公司需在保证最佳现金持有量、充分平衡财务弹性及整体运营效率的前提下，合理使用盈余现金，以提升现金使用效率；对于营运资本需求，主要是加快营运资本周转率，实际上也就是降低营运资本占用率，通过降低应收账款、存货周转天数以及延长应付账款周转天数，并灵活利用供应链融资等工具，缩短现金周期，这在第三章现金创造和第四章现金管理中有过介绍；对于固定资产，主要是提高固定资产利用率，或利用短期性经营租赁等方式，尽量控制固定资产规模；对于无形资产，要关注资产价值的实现和增值；对于商誉，要关注其对会计资产结构、运营效率及回报的影响；对于投资性资产，应根据业务战略进行配置、调整或适时退出。有关主要会计资产运营效率的具体优化措施，还可参考本章附录 6D 中的建议。

股权结构优化则更加灵活，按照业务战略、行业特点及发展阶段，为满足稳定业绩及财务状况等管理需求，可采取合理设置下属公司持股比例、孵化、引入专业的外部投资者等方式，实现对会计资产的优化配置。例如和记黄埔旗下的赫斯基能源，就是合理设置下属公司持股比例的一个代表案例：由于赫斯基的主营业务是以石油为主的综合能源开发，业绩随石油价格波动较大，且重资产行业属性使其资本支出较高，为避免对上市公司业绩的影响，和记黄埔只是持有赫斯基能源34%的股权，在会计处理上采用权益法，其负债不反映在和记黄埔整体的资产负债表中；但同时李嘉诚个人还持有赫斯基36%的股权，并通过长实集团控制和记黄埔，即李嘉诚实质拥有对赫斯基的控制权，因此李嘉诚可以主导赫斯基的派息政策，使其一直维持高于行业的派息率，为和记黄埔提供稳定的现金股息收入，支持和记黄埔的财务能力。孵化是同时拥有上市平台和非上市体系的集团化公司可采取的方式，当新增业务受监管限制、对资本结构影响较大或投入与产出期限不匹配时，可先将项目公司股权安排在非上市体系，不并入上市公司财务报表，待项目成熟后再注资上市公司，从而提升股东价值。引入具有专业背景的外部投资者，适用于规模较大、总风险和总有息负债率较高及强周期性行业的投资项目或业务，这样可以分散风险并增强项目的运营和管理能力。例如前一节中提及的和记黄埔英国Three公司，在成立初期，引入日本NTT DoCoMo及荷兰的KPN Mobile并使其占35%股权，也是有出于分担风险的考虑。

回到上面的例子，根据会计资产分析所发现的营运资本周转率下降、固定资产和无形资产利用率不足、商誉过高、存贷双高等问题，公司A从上面介绍的三个方面采取了会计资产配置优化措施。在会计资产结构动态平衡方面：公司A在后续年度加快了对低效和非核心资产的处置，并将所得资本配置于回报更高的资产中；对于部分所需新增的非生产经营性的固定资产（如办公楼及车辆等），公司A通过短期性经营租赁方式获得，从而降低长期资产，并适当调整与之匹配的长期债权资本。在单项会计资产效率优化方面：对于营运资本需求，公司A通过加强供应链管理、加大使用票据业务、灵活使用供应链融资等方式，提高营运资本管理水平；对于固定资产，主要是提高产量和利用效率，合理降低购置成本，尽量控制固定资产规模，降低固定资产在投入资本中的占比；对于商誉，进一步加强价值分析和评估，控制并购作价。在调整股权结构和业务安排方面：公司A将其全资持有的子公司B，以收取“现金＋股票”的方式注入其控股的上市公司，公司A在获得了自身发展所需的资金、缓解存贷双高问题的同时，加强了对上市公司的持股比例。

小　结

资产配置是实现价值创造的最后一环，与公司的可持续增长能力密切相关。资产配置可以从会计资产和业务资产两个维度去看：会计资产是指资产负债表的现金、营运资本需求、固定资产等，业务资产是指各个行业、业态、区域和各种产品或服务等；业务资产配置决定会计资产配置，会计资产配置反过来又会影响业务资产配置，好的业务资产配置一定会带来动态平衡、运营效率较高的会计资产配置，二者相互转化影响。

业务资产包括增量业务资产和存量业务资产。增量业务资产通过战略性资本支出实现，存量业务资产为过往增量业务资产的积累。价值分析、价值评估及价值检讨是业务资产配置过程中的关键环节：价值分析聚焦价值的关键驱动因素；价值评估通过将未来自由现金流折现判断合理的价值区间；价值检讨是对资产配置过程的回顾，持续跟踪和监控业务资产价值变化，从而优化资产组合，提升公司价值。

资产配置决策依据包括业务战略、财务资源、组织能力以及回报、增长、风险六个要素。资产配置决策是以符合业务战略为起点，同时具备财务资源和组织能力的支撑，并最终根据对回报、增长及风险等价值关键驱动因素的判断而做出。回报与公司价值是正相关关系。增长与公司价值的关系主要取决于回报相对加权平均资本成本的水平，若回报长期低于加权平均资本成本，增长与公司价值就是负相关关系，只有在回报高于加权平均资本成本或预期回报未来能够改善到加权平均成本以上的情况下，增长与公司价值才会有正相关关系。因此，低回报的公司价值创造更多来自回报的改善，高回报的公司主要通过增长创造更多价值。风险引起加权平均资本成本的变化，与公司价值是负相关关系；同时，风险也影响自由现金流的持续性，而持续性与公司价值正相关。回报、增长及风险都会转化为自由现金流折现模型中的关键要素。

资产配置影响公司回报与增长的持续性，但回报与增长持续性的根源在于组织能力，强大的组织能力最终必然会转化为回报与增长的良好表现，并驱动公司价值的持续提升。

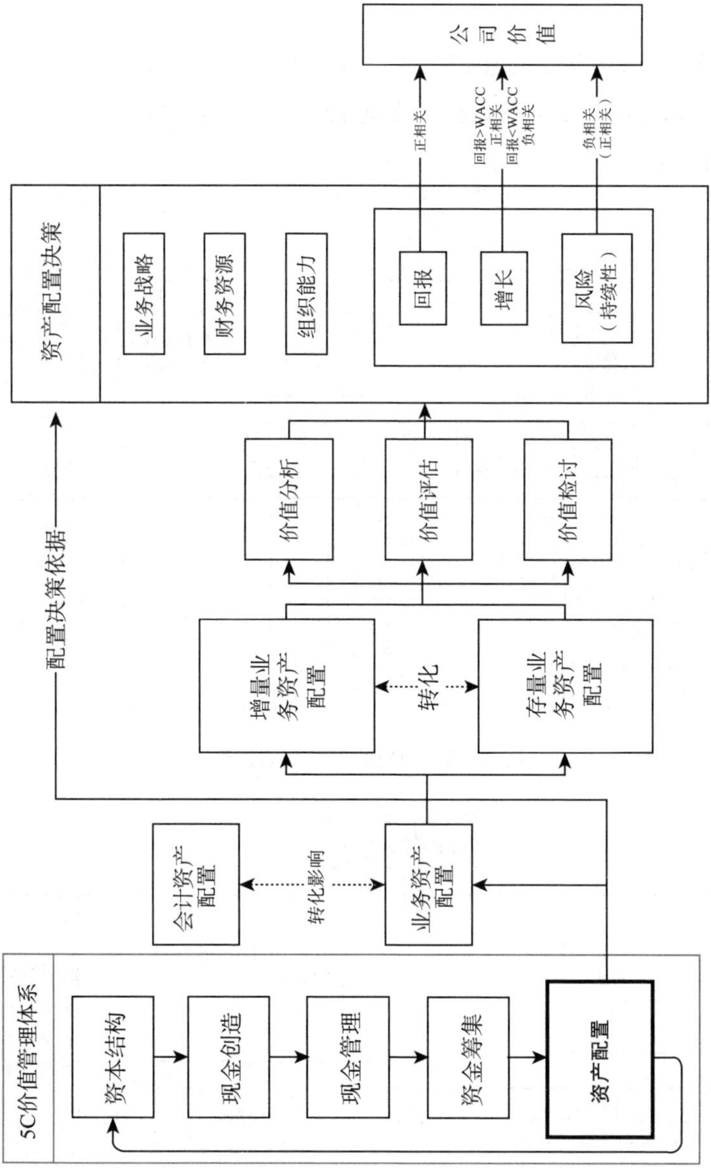

5C价值管理体系
资本结构
现金创造
现金管理
资金筹集
资产配置
会计资产配置
转化影响
业务资产配置
配置决策依据
增量业务资产配置
转化
存量业务资产配置
价值分析
价值评估
价值检讨
资产配置决策
业务战略
财务资源
组织能力
回报
增长
风险（持续性）
正相关
回报>WACC 正相关
回报<WACC 负相关
负相关（正相关）
公司价值

图 6-27　资产配置小结

附录 6A：回报与增长的主要驱动因素

各行业驱动因素有所不同，图 6–28、图 6–29 仅列示部分重要驱动因素价值分析工具应用示例（以华润水泥（1313.HK）2014 年上半年业绩为例）：

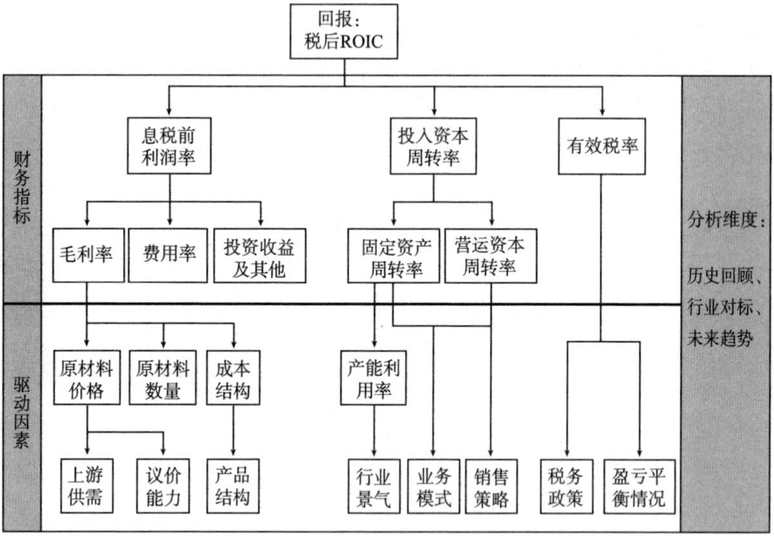

图 6–28　回报的主要驱动因素

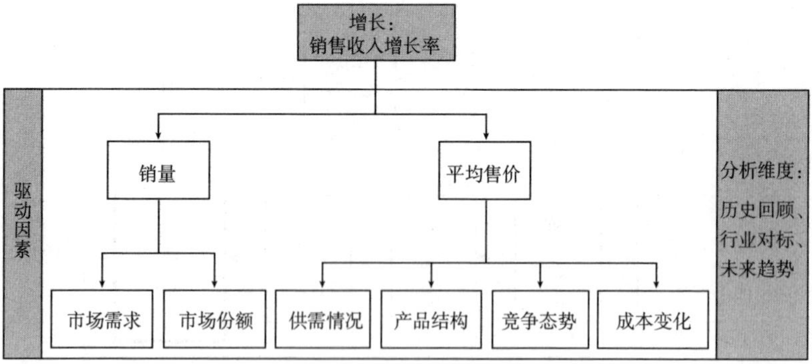

图 6–29　增长的主要驱动因素

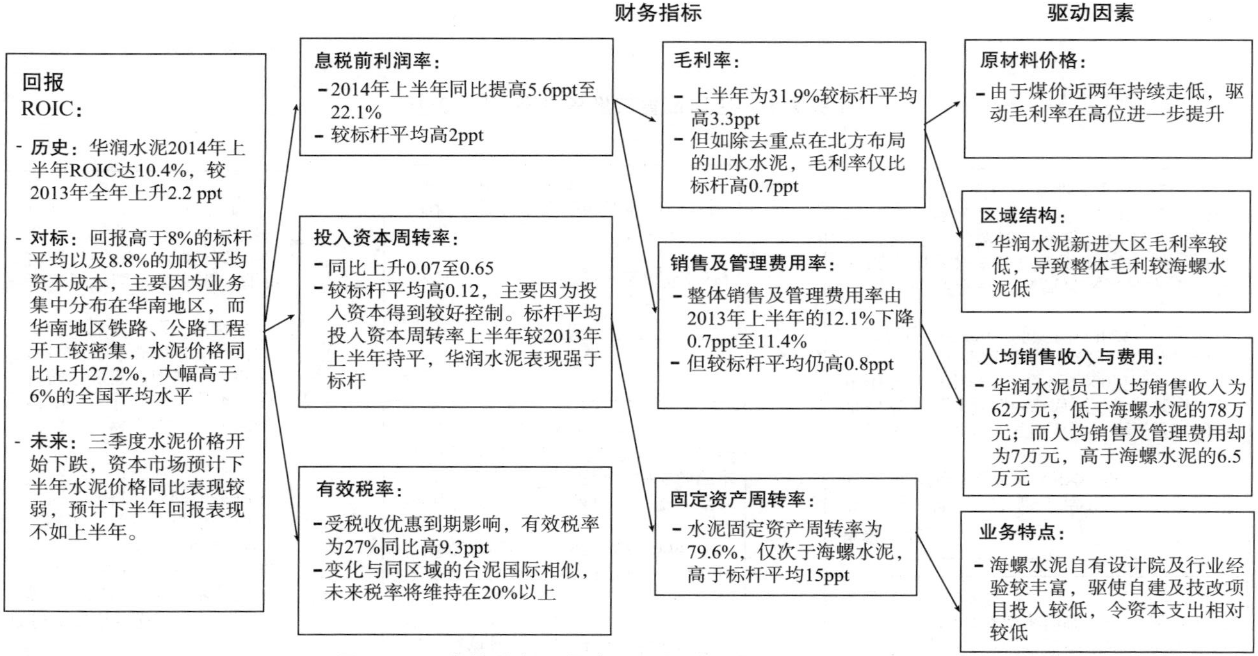

图 6–30　价值分析工具应用示例（回报）

资料来源：上市公司年报。

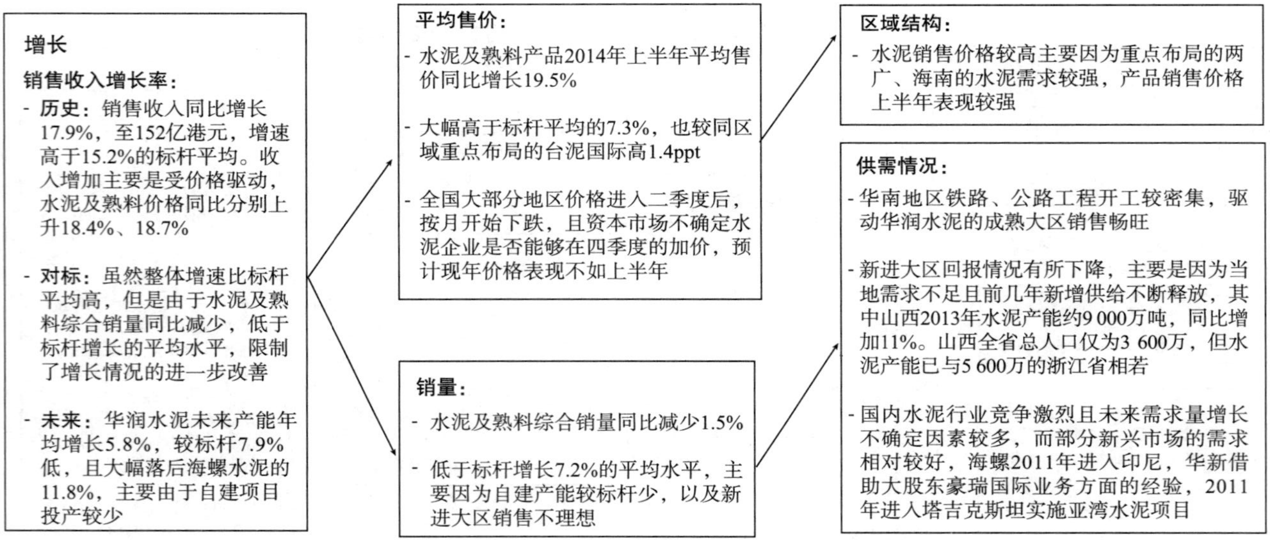

图 6–31　价值分析工具应用示例（增长）

资料来源：上市公司年报。

附录 6B：价值评估方法的选择

一、估值方法的选择

自由现金流是公司价值的基础，价值评估一般以现金流折现模型为主，以相对估值法（如可比公司法或可比交易法）为辅。现金流折现估值结果应同时采用相对估值法作为参考与检验，以确定合理的估值区间并提高估值准确性。以相对估值法进行估值检验时，也可将估值结果通过现金流折现模型倒推出其隐含的关键假设变量，再与原现金流折现估值中关键假设变量进行对比以判断不同估值结果的合理性。如直接以相对估值法进行估值，也应同时以现金流折现法作为补充，并通过现金流折现模型倒推出估值隐含的关键假设变量，为日后的价值检讨提供相应参考。

1. 现金流折现模型的关键要素

现金流折现模型法即公司或战略性资本支出项目根据内外部因素与业务特点预测未来可产生的自由现金流，同时通过确定折现率、预测期、后续期以及永续增长率等价值评估要素进行估值的方法。

其中：**预测期**为可对公司销售收入等财务数据进行具体预测的时期，通常为 5~10 年；**后续期**为预测期后销售收入以一定永续增长率增长的时期；**永续增长率**不应高于所处经济体的长期增长率。预测期与永续增长率对公司价值评估结果影响较大，应审慎设定。

公司折现率即公司加权平均资本成本，根据公司或可比标杆的目标资本结构、债权资本成本、权益资本成本以及潜在风险等因素计算。新建扩建项目折现率同时应考虑投入资本的回报要求，原则上应不低于公司平均加权资本成本；并购项目一般应以目标公司加权平均资本成本为基础确定项目折现率。

自由现金流的预测主要通过对销售收入、毛利率、销售及管理费用率、营运资本占用率以及有效所得税税率等关键假设变量的预测估算预测期内税后经营利润，再通过营运资本需求变动与资本支出等主要财务数据的调整得到每期自由现金流；后续期价值（terminal value）则依据后续期第一年的自由现金流与永续增长率计算。

$$公司或项目价值=\frac{FCF_1}{1+WACC}+\frac{FCF_2}{(1+WACC)^2}+\cdots+\frac{FCF_T}{(1+WACC)^T}+\frac{FCF_T\times(1+g)}{(WACC-g)\quad(1+WACC)^T}$$

其中，T 为预测期，FCF_T 为第 T 年自由现金流，$FCF_T\times(1+g)$为后续期第一年自由现金流，$\frac{FCF_T\times(1+g)}{(WACC-g)}$为后续期价值。

2. 相对估值法的关键要素

相对估值法即公司根据净利润、账面价值或其他行业特定的参数，同时参考可比标杆或可比交易的估值水平计算公司或并购目标价值的方法，主要有可比公司法与可比交易法。

可比公司法是以可比上市同行的市场估值水平为基准，根据目标公司经营与财务状况等进行折让或溢价调整的估值方法。可比交易法是以可比历史交易的估值水平为基准，根据目标公司经营与财务状况等进行折让或溢价调整的估值方法。

采用可比公司法时，应选择与目标公司行业及规模等相近的公司；采用可比交易法时，应评估可比并购交易成交以来宏观经济、行业周期、竞争环境以及供求关系等因素对估值水平的影响。

采用可比公司法或可比交易法并选取以公司盈利为基础的估值指标（如市盈率）时，应以目标公司合理的资本结构与可比的持续经营获利能力作为估值基础，排除资本结构不合理、会计处理方法不一致以及非经常性损益等因素对公司估值的影响。

估值指标包括市盈率（P/E）、市账率（P/B）、市销率（P/S）、息税折旧摊销前利润倍数（EV/EBITDA）以及公司价值/产能或公司价值/储量等行业特定的估值指标等，应根据以下指标的特点进行选取。

（1）市盈率。

市盈率为股权价值对净利润的比率，适用于周期性较弱或盈利波动较小的公司。市盈率分为静态市盈率（股权价值对上一年度净利润的比率）与动态市盈率（股权价值对下一年度预期净利润的比率）。由于动态市盈率基于公司未来的增长预期，较静态市盈率更能准确反映公司未来的业绩表现，因此较为常用。

（2）市账率。

市账率为股权价值对账面净资产的比率，适用于固定资产比重较大且账面价值相对稳定的公司，以及银行、保险及投资等受净资产额制约较大的公司，但不适用于高科技公司以及账面资产价值与其内在市场价值差异较大的公司。

（3）市销率。

市销率为公司价值对销售收入的比率，适用于尚未盈利或初创期公司的估值。

（4）息税折旧摊销前利润倍数。

息税折旧摊销前利润倍数为公司价值对息税折旧摊销前利润的比率，适用于资本密集型公司，尤其是折旧与摊销较高的公司。由于其可基本消除不同资本结构、会计及税务处理上的差异，也常用于不同经济体间公司估值的比较。

（5）其他特定指标。

其他指标包括公司价值/总产能、公司价值/总储量、公司价值/总客流量以及公司价值 / 总里程等行业特定指标。

3. 其他可选估值方法

除自由现金流折现法与相对估值法外，某些行业或公司的估值依其自身特点，更适用于但不限于其他几种估值方法，如净资产价值估值法、剩余收益模型及股利贴现模型等。

净资产价值估值法（net assets value），即假设将现有土地储备全部开发并销售后现金流的折现值与评估时点的账面净资产相加，得出公司整体或战略性资本支出项目净资产价值的方法。该方法适用于地产开发公司的估值。并购项目定价时，需根据目标公司品牌、盈利模式以及组织能力等确认并购价格相对于净资产价值的折让与溢价幅度。其实质上是现金流折现法的特殊形式。

剩余收益模型（residual income model），剩余收益为公司净利润超出股东资本成本的利润，即从股东角度看，剩余收益才是股东价值的真正来源。股权价值等于未来每期剩余收益按权益资本成本进行折现后的价值，剩余收益模型适用于自由现金流难以预测或是在相当长时期内为负值，或不支付股利及股利波动较大的公司。金融行业通常采用该模型进行估值，这一部分内容在本书第七章中将有详述。

股利贴现模型（dividend discounted model），即从战略投资者或少数股东角度，投资某目标公司的价值等于未来可获得的股利按长期股权资本成本进行折现后的价值。其实质上也是现金流折现法的特殊形式。

二、协同价值的评估

公司在战略性资本支出项目估值中，尤其是在并购过程中可能存在估值溢价或并购溢价情况。并购溢价是公司支付的高于目标公司单体（stand alone）估值的差额，是协同效应价值的体现。并购溢价的高低主要取决于未来增量现金流的大小，即未来并购后整体现金流高于收购方和目标公司各自现金流相加的部分。

进行并购估值时，公司应分别预测目标公司单体自由现金流折现值与增量现金流折现值，包含增量现金流折现值的估值应仅作为并购作价的上限参考。评估增量现金流折现值时，按照现金流折现的方法，应将协同效应价值量化为现金流折现模型中隐含的销售收入、毛利率等关键假设变量。同时应明确并购方与目标公司所属资源对于增量现金流或融资成本的贡献，以判断并购方承担并购溢价的必要性与合理性。

如直接以相对估值法进行估值，应将估值结果中超出公司历史、可比标杆、可比交易或者行业平均的溢价部分量化为并购后净利润、销售收入或产能等行业特定指标的提升幅度，以判断估值的合理性并作为未来价值检讨的主要参考变量。

附录6C：增量业务资产检讨的关键要素（参考指标）

表6–9　回报维度差异分析参考指标

价值检讨关键要素			
	受风险因素影响		
维度	主要财务指标	关键变量	主要价值驱动假设
回报	盈利水平	毛利率	生产成本关键假设 （例如：原料价格、直接生产成本价格）
		税后经营利润率	销售及管理成本关键假设、税务成本关键假设 （例如：销售费用、管理费用率、有效税率）
	投资回报	投入资本回报率	资本支出假设 （例如：项目资本支出假设）
	营运效率	营运资本占用率	营运资本需求关键假设 （例如：存货、应收账款、应付账款周转天数）

表6–10　增长维度差异分析参考指标

价值检讨关键要素			
	受风险因素影响		
维度	主要财务指标	关键变量	主要价值驱动假设
增长	营业额	销量	销量关键假设 （例如：市场份额、需求）
		售价	单位售价关键假设

附录 6D：单项会计资产运营效率优化（参考）

1. 盈余现金

公司在保证最佳现金持有量，充分平衡财务弹性及整体运营效率的前提下，可考虑将盈余现金用于偿还股东贷款、回购股权及派息，控制占用资本规模并调整资本结构，从而提高整体会计资产结构的合理性。

盈余现金可配置于回报更高的会计资产中，如符合业务战略且预期回报较高的战略性资本支出等，或用于附属公司间的资金协同以降低整体融资成本，从而提升现金使用效率。

2. 营运资本需求

如营运资本需求的运营效率较低，周转速度变慢，营运资本占用率上升：一方面，从业务的角度，公司可加强供应链及产供销环节的管理，提升营运资本需求周转率，进行业务资产配置决策时，也需评估增量业务资产的营运资本需求特点对整体会计资产运营效率的影响；另一方面，从财务的角度，公司可通过加强对供应链融资工具的应用，减少营运资本占用。以下主要是从业务角度优化营运资本效率，有关财务角度供应链融资工具的应用，在本书第四章现金管理中已进行详述。

（1）应收款项。

公司对应收款项的管理可设定合理的规模目标，制定公司信用政策并确定相应的管理要求。当应收款项数额较大，预期应收款项占比增加时，公司可考虑通过缩短信用期等方式，合理控制应收款项规模，不断提高应收款项质量，并降低坏账风险。

（2）应付款项。

公司在综合衡量原材料成本、服务质量及财务成本等因素对整体业务的影响后，可考虑尽量延长应付款项的支付期限，降低营运资本需求。当应付款项数额小、周转速度较快时，公司可考虑通延长应付款项的信用期，或签订较长期的供应合约换取长期信用，以提高营运资本需求周转效率。

（3）存货。

存货优化的核心是通过控制和降低存货占用和消耗的同时，提高产出及销售，提高存货周转效率。存货管理需关注产供销环节的存货成本和资金占用对存货余额和现金创造的影响。

提高存货周转效率和生产经营效果的方式包括：①采用存货集中采购、上下游场内加工等运营模式控制存货成本；②加强产供销环节管理并提高在各环节预测的准确性，增加产品生产和销量的同时，避免由于生产组织失衡造成的产成品积压和在产品不足引起的停产风险。此外，公司应及时对已经减值或有减值迹象的存货进行处置。

（4）预收及预付款。

公司可平衡预付款带来的经济效益和风险，通过合理安排销售、采购环节的交易方式和条款，尽量扩大预收和减少预付款的规模以降低营运资本需求。

3. 固定资产

固定资产与其他资产通过生产经营环节产生经营利润，影响公司的现金创造能力。与其他资产相比，固定资产盈利性现金创造能力强，相对存续期较长，因而对公司现金创造能力影响较大。固定资产优化的目标是在满足公司业务战略和生产运营需要的前提下，尽量控制固定资产规模，减少固定资产占投入资本的比例并提高固定资产利用率。

固定资产可通过以下方法进行优化：（1）在进行资产配置决策前合理降低购置成本；（2）对于部分车间厂房和大型机器设备等固定资产，

控制固定资产的占用成本从而改善会计资产周转效率；（3）在生产经营中，通过加强固定资产管理能力及技术水平，提高产量和利用效率，改进产品质量并降低单位成本。

对于低效或闲置的固定资产，公司可通过引入先进技术或技术改造、进行维护和升级，以提高固定资产单位产能，或考虑适时处置以优化资产配置。

4. 无形资产

无形资产包括品牌、生产许可权、专利技术、商标、渠道及人力资本等，直接或间接影响公司的现金创造能力，是公司生产经营和长期发展的重要资源。无形资产通过实物生产、品牌延伸或资源整合创造价值，根据在资产负债表上的表现形式可分为表内无形资产和表外无形资产。

对于表内无形资产，公司应关注资产价值的完整性和价值变化，在维护资产产权和价值的同时兼顾无形资产利用率和价值实现。公司可考虑：（1）将无形资产视作商品，通过对无形资产的出售、转让、许可使用和特许经营实现价值；（2）以公司所拥有的无形资产引入投资者或以无形资产出资对外投资，将无形资产转化为股权资产等其他会计资产。

表外无形资产一般包括品牌、渠道、人力资本等，公司可通过制订合理的表外资产价值评价计划，定期对表外资产的投入和回报进行分析和评估，如对品牌认知度进行市场调查、渠道对销售的服务和产品附加值评估、员工绩效评估等方式，动态关注表外资产价值实现和增值，确保业务资产的回报与增长的可持续性。

5. 商誉

商誉在并购过程中产生，沉淀于资产负债表，影响公司整体回报。由于商誉难以独立实现现金创造，较高的商誉将降低会计资产的运营效率，进而影响公司价值。在进行并购时，公司需关注作价以及交易结构安排的合理性，评估资产溢价形成的商誉对上级控股公司会计资产结构、运营效率以及对公司整体回报的影响。

6. 投资性资产

在既定业务战略下，当投资性资产的投资回报率较低且协同效应小，或回报较高但与业务战略不匹配时，公司在衡量未来回报与出售溢价后可考虑适时减持退出。

公司通过研判未来行业发展趋势，并根据业务战略的变化与调整，灵活配置回报较高的相关业务和股权投资，对可有效辅助、延伸主业发展且盈利能力较强、增长前景较好的投资性资产，在衡量组织能力和财务资源后，可考虑增加投入或增持为经营性资产的可能性。

第七章

价值管理

在金融机构的应用

价值创造是一个公司存在与发展的根本目的，无论从事什么行业，都需要通过回报、增长与风险的相互驱动、相互平衡以实现公司的可持续发展。然而，由于行业特性不同，使得价值创造关键因素的具体形式和作用方式在不同行业背景的企业中会有所差异，其中金融机构较为特殊。因此，本章尝试运用5C价值管理的基本逻辑和理念，对金融机构的价值管理进行梳理，并主要对其中较一般工商企业有明显特色的方面进行介绍，可供金融机构在实践中参考。而要获得对5C价值管理体系更深入的了解，则需要通过本书其他主体章节。

第一节　金融机构的价值管理特色

管理心得

与一般工商企业相比，金融机构具有高杠杆性、高风险性及高监管性的特点，这决定了金融机构进行价值管理的特殊性。

由于商业银行价值创造链条的连续性和完整性，因此在价值管理应用上较为典型，5C的资本结构、现金创造、现金管理、资金筹集和资产配置同样构成商业银行价值创造的关键驱动因素。

金融机构主要经营的是以货币为主要内容的特殊商品，通俗来说，就是将分散闲置的资金集中，通过期限转换和风险承担，调动到需要资金的地方去，各项经营活动引起的资金流动直接表现为货币资金的增减变动，可以理解为是通过资金的有偿转移来创造价值。这就决定了金融机构较一般工商企业的显著特性：**一是高杠杆性**，作为资金融通的中介，金融机构的自有资金比例远低于一般工商企业，需要在建立自身信用的基础上，依靠放大杠杆来实现规模的增长和回报的实现。负债是其获取“原材料”的主要渠道并产生成本的主要部分，因而被作为金融机构的核心业务能力之一，在金融机构内部是持续性的活动。**二是高风险性**，风险是金融机构加工的主要对象，包括信用风险、利率风险、汇率风险、流动性风险等，高杠杆和高风险相伴相生，高杠杆比例将放大风险敞口，金融机构所面临的风险贯穿其所有经营活动的始终，并天然具备主动承担风险的冲动。风险不仅是其自身经营的关键性因素，若风险延伸到社会、国家或是更大范围，还会造成较为广泛的影响，甚至会引起金融危机。**三是高监管性**，由于金融业的独特属性及其在经济、社会中的特殊地位，金融行业一直处于严格的监管环境下，在行业准入、业务监管、产品和服务定价、审慎经营、公司治理与风险管理等方面都有明确的监管要求，这使得金融机构的价值创造、价值管理往往需要以监管合规为前提，一旦严重逾越就有无法持续经营的风险。

按照业务性质，金融业总体上可以分为银行类金融机构和非银行金融机构。银行类金融机构通常是指商业银行等发挥信用中介、支付中介和信用创造等基本金融功能的机构①；非银行金融机构包括除银行类金融机构以外的信托、基金、证券、保险、融资租赁等金融机构，提供的服务包括资产管理、证券承销、经纪或交易服务、保险保障、直租或回租等。但从公司价值的角度来看，不同性质的金融业务应用价值管理的范

① 银行类金融机构还包括政策性银行，但由于政策性银行主要以贯彻国家产业政策和区域发展政策为目的，具有特殊的投融资原则，并不以盈利为主要目标，因此不在本章的讨论范围内。

围或对象存在不同。

提供资产管理服务的非银行金融机构，如信托公司、基金公司等，主要是运用客户的资金进行投资，其价值的核心来源在于其所投放的各个项目。也可以这样理解，它们自身的财务报表并不能真正反映价值创造的完整链条，而只是资产管理服务及相关资产价值创造所带来的收益的呈现，因此在金融机构层面进行价值分析意义不大。价值管理工具运用的主要对象应是各个投放项目，如募集的资金主要是投向某实体企业，就应该主要运用5C体系对该企业进行分析，而这种价值管理就与一般工商企业类似。

提供经纪或交易等服务的非银行金融机构，如证券公司，其主要业务包括证券发行、承销、交易以及并购重组等，主要赚取的是提供金融服务的佣金收入，本质上是一种中介机构。对该类型的金融业务，其价值创造活动主要是由各项单独的委托受托关系组成，并未形成连续性的价值创造循环，其价值主要来源于对委托业务的持续获取。从这个意义上来说，该种类型的业务并不是5C价值创造活动的典型体现，在价值管理工具的应用上不够全面。

而非银金融机构中的保险公司、租赁公司，其价值创造活动的基本逻辑实质与商业银行有相近之处，都是将获取的资金（负债端）通过风险定价、风险转移、信用设计、期限错配等工作，投放到固定收益类资产、权益类资产、非标类信贷资产或不动产等监管允许的范围（资产端），形成了资金与资产互相驱动、互为因果的强联动关系，在此过程中实际存在着持续性的价值创造活动，是价值管理工具可以完整运用的领域。然而与商业银行相比，保险业务负债端的价值评估较为复杂，因承保产生的偿付责任准备金负债需要专业精算技术计量，不如商业银行的负债端显得直观；融资租赁业务集融资、融物、贸易服务为一体，是传统银行信贷的重要补充，但融资租赁的业务品种和范围不如商业银行广泛。而银行是一般工商企业资金筹集的主要渠道，在实际中是最为常见的金融机构，因此为了更充分和通俗地说明金融机构的价值管理内涵，本章以商业银行为典型代表，阐述5C体系在金融机构中的应用。

从公司价值的本源来看，商业银行与一般工商企业的价值创造活动实际趋同，同样也遵循5C价值创造的逻辑循环，但由于金融行业高杠杆、高风险、高监管等特点，使得银行的关键价值驱动因素的具体含义和相互关系有其自身特点：以**资本结构**为起点，为了形成资产需要考虑资本的来源，并围绕资本结构监管要求和资本回报最优原则构建资本结构管理的完整架构；资本投入后进行**现金创造**，通过业务经营和风险承担，形成有竞争力的金融产品和服务，产生利润表上的收入和成本费用，实现投入资本的回报，获得经营所需的内生现金（可视为经常性净利润）；与此同时进行**现金管理**，对于业务经营中产生的现金流动实施全流程管理，并关注流动性风险，在确保流动性安全的同时提升资金运营效率；而在此过程中，需要构建资金与资产的双边协调运作机制，**资金筹集**就是有关资金来源的管理，主要是银行的负债业务，不仅是融资活动，更是银行的核心业务，为银行持续经营提供稳定的低成本资金来源，是资产配置实施的基础；**资产配置**则是有关资产投放的管理，是经营层面的内涵式资产配置效率的提升，同时也包括在资本（资本支出）层面获取的外延式增长，通过价值分析、价值评估与价值检讨推动资产组合的优化；随着资金与资产的相互驱动，银行实现持续增长，在规模扩大的同时，又要关注资产与资本的适配性，即是否满足资本结构约束的前提，回到5C价值创造循环的起点。其中，如同资产配置在一般工商企业中属于公司持续性管理活动，资金筹集也贯穿在商业银行价值创造过程的始终，且资金筹集与资产配置之间形成较强的联动关系，这是商业银行较一般工商企业更为鲜明的特点。

由于商业银行的负债属于核心业务活动，参与价值创造全过程，其所带来的对资本结构、现金创造、现金管理、资产配置等价值关键驱动因素的影响，都体现了银行的价值创造能力。同时，负债也会随日常经营活动的开展而经常变动，从而造成债权价值的不稳定，因而较难独立评估。因此，银行应更侧重于关注其股权价值，而非如一般工商企业一样包含债权价值和股权价值的公司价值。现金流折现模型可以反映公司价值本源，因此运用股权自由现金流折现模型，银行股权价值可细化对应到5C的各个价值关键驱动因素上。其中，银行股权自由现金流（free cash flow to equity，FCFE）实质上就是公司自由现金流扣除负债相关现金流影响（包含净负债及税后利息支付）后的净额，其根本来源是银行的经常性净利润（详见本章第二节现金创造），是由银行在满足资本约束前提下通过持续性业务经营活动产生，而持续性业务经营活动就是由现金创造、现金管理、资金筹集以及资产配置组成。因此，股权自由现金流以及价值创造的持续性（折现期），与现金创造、现金管理、资金筹集以及资产配置都密切相关；而折现率相应采用权益资本成本，主要由资本结构决定。

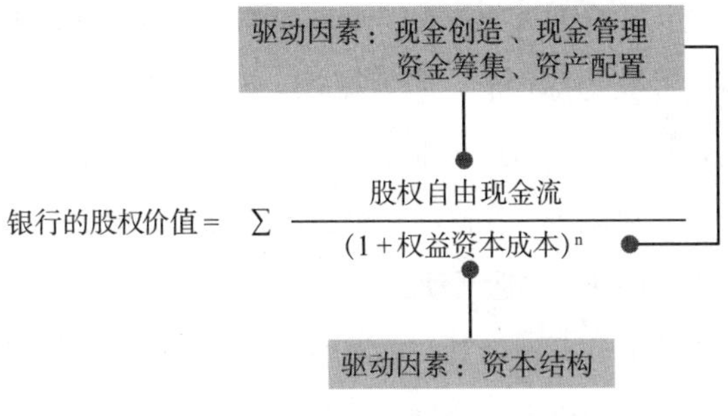

图 7–1　银行价值创造的关键要素

具体就每个价值关键驱动因素而言，商业银行都有其独具特色的内容。满足资本结构的要求是商业银行进行价值创造活动的前提。资本结构反映的是资本与表内外不同风险特征资产之间的对应和变化关系，同时也体现了债权人、股东及监管部门对银行经营风险的偏好与约束。资本充足率是银行资本结构管理的核心指标且被高度监管，而最优资本结构则体现为规模、盈利和风险动态平衡下资本与风险资产的最佳适配关系。资本结构管理应具有前瞻性和主动性，通过资本规划、资本配置、资本监控和考核，在支持业务扩张的同时有效抵御风险。

现金创造是商业银行通过日常业务经营获得内生现金流即经常性净利润的过程。由于银行基本可以不考虑一般工商企业营运资本需求（working capital requirement，WCR）的问题[①]，因而现金创造主要体现为一定资产规模下的经营获利能力，具体包括通过资金获取与运用创造利息净收入的能力（净息差）、通过综合经营开拓多元化收入来源的能力（非息收入占比）、通过成本费用管控提升运营效率的能力（成本收入比），以及通过风险管理提升资产质量的能力（不良贷款率）等。

商业银行在进行现金创造的同时需要进行现金管理。由于期限转换的经营需要以及主动错配的盈利驱动，银行以短期资金来源支持长期资金运用较一般企业更为常态，其现金管理强调安全性、流动性和盈利性的平衡，包括：从日常现金流入、流出和流存环节的管理来保证流动性安全，从流动性储备持有量、资金来源稳定性、资产负债期限的适配性来管理结构性错配，并通过多维度、多视角的风险计量工具来识别、监控和应对流动性风险等。在确保安全稳健经营的基础上，提升资金运营效率，以有效支持现金创造活动。

资金筹集代表商业银行对负债端的管理，主要通过持续提供稳定低成本的资金参与价值创造的全过程。银行的基本经营模式就是以吸收社会资金（包括吸收存款、同业资金和发债等）来支持资产投放，从而通过利差、服务收费和杠杆实现盈利。资金筹集要在资本结构的约束下进行，其规模和来源影响银行的杠杆运用，成本高低影响现金创造水平，

① 因此对于商业银行，不需要在资产负债表上突出营运资本需求项目，即不必进行资产负债表的重构（详见附录1A）。

期限结构影响现金管理。在利率市场化下，资金筹集根据客户存款、主动负债及资管理财等不同资金来源的特点，主要聚焦规模、成本、结构等核心要素的统筹管理，并利用内外部定价等工具引导负债结构优化。

资产配置代表商业银行在经营层面对资产端的管理，并同时在资本（资本支出）层面进行资产组合优化，同样需要以业务战略、财务资源、组织能力、回报、增长及风险为依据进行决策，以推动银行实现整体可持续增长。在价值分析中，强调根据银行业务特性，从回报、增长与风险三个维度细化并分析银行的价值关键驱动因素；在价值评估中，实践中常见的是以股权自由现金流折现法的另一种呈现形式即剩余收益模型为主估算银行股权价值，并辅以市账率等相对估值法确定合理的估值区间；在价值检讨中，主要体现为运用价值导向工具，将财务资源按回报和增长水平高低在不同资产中进行差异化配置，动态调整资产组合，提升资产配置效率。

在本章的以下各节中，就将以商业银行为代表分别对5C价值管理的各个环节在金融机构中的应用进行简要介绍。

第二节　资本结构：构筑抵御风险的防线

管理心得

商业银行资本结构管理体现为资本对风险加权资产的约束机制，通过对目标资本充足率的动态管理，在支持业务扩张的同时满足债权人、股东和监管要求，寻求稳健经营和杠杆运用之间的动态平衡。

资本结构管理不仅是对当期资本充足水平的检视，更是面向未来进行的资本规划。其主要目的是将有限的资本配置到风险调节后收益较高的业务中，通过提升资本使用效率、优化单位资本的回报水平来创造价值。

资本结构是商业银行价值创造、价值管理的前提和基础，构成银行5C体系的起点。银行的资本通常聚焦可用于抵补风险、吸收损失的自有资本（以权益资本为主），它构成基础资金来源，同时更重要的作用是确保银行不因既定概率下发生的损失冲击而倒闭，从而保障债权人和股东的利益。资本结构管理的目标一方面是保持资本充足水平与业务风险状况相适应，寻求风险经营与金融稳定的平衡；另一方面是在满足监管约束的前提下，将有限的资本配置到风险调节后收益较高的业务中去，通过提升资本使用效率、优化单位资本回报来创造价值。

银行具备吸收低成本客户存款的牌照优势，在一定的利差下，对运用杠杆来做大资产规模驱动盈利增长有较强的路径依赖。除了高杠杆带来的财务风险外，资产的迅速扩张也隐含了大量未能充分暴露的信用风险、市场风险、操作风险等复杂的经营风险。在此情况下，资本作为抵御风险的防线不仅需要对财务杠杆形成约束，更要对业务结构和风险特征形成约束；不仅要对表内风险资产形成约束，还要对表外风险资产形成约束。**因此，商业银行的资本结构主要反映资本与表内外不同风险特征的资产之间的对应和变化关系，体现资本对经营风险和财务风险的双重约束。**在实践中，银行的资本结构管理通常是以满足资本充足率的监管要求为前提，通过资本充足率管理目标设定、资本规划、资本配置、资本监控和考核，对资本结构进行前瞻性和主动性管理。

以资本充足率为核心的资本结构管理

资本充足率（capital adequacy ratio，CAR）是银行的资本净额对表内外风险加权资产的比率，反映银行抵御风险的能力，构成银行资本结构管理的核心指标。该指标受到高度监管，通过资本对风险加权资产的刚性约束，即规定资本充足率不低于监管的最低要求，约束商业银行不计风险的资产扩张，协调好规模、盈利和风险的关系，也体现了监管部门、债权人和股东等主体对银行经营管理的监督与诉求。

管理指标：

资本充足率 =（总资本 *– 对应资本扣减项 **）/ 风险加权资产 ***

资本充足率反映商业银行在存款人和债权人的资产遭受损失前，能以自有资本承担损失的程度。

* 总资本包括一级资本和二级资本，其中一级资本包括核心一级资本和其他一级资本；

** 对应资本扣减项指在计算各级资本充足率时需扣除的对应调整项，主要包括商誉、其他无形资产、由亏损引起的净递延税资产、贷款损失准备缺口以及商业银行互持或持有本行发行的资本工具等；

*** 风险加权资产 = 信用风险加权资产 +12.5×（市场风险资本要求 + 操作风险资本要求）。

围绕资本充足率对资本的监管，是银行资本结构管理的基础和前提。资本充足率的监管涉及三个概念：监管资本、风险加权资产、资本充足率的监管标准。

监管资本是从行业监管审慎角度看资本，包括核心一级资本、其他一级资本和二级资本。核心一级资本主要为传统意义上的权益资本，包括普通股（common shares）、股本溢价（stock surplus/share premium）、留存收益（retained earnings）、累计其他综合收益及其他公开储备（accumulated other comprehensive income and other disclosed reserves）以及少数股东权益可计入部分等。其他一级资本为非累积性的、永久性的、不带利率跳升及其他赎回条款的、本金和收益都参与吸收损失的资本工具，包括其他一级资本工具及其溢价（如优先股及其溢价）等。二级资本主要包括二级资本工具及其溢价（如减计型合格二级资本债）、超额贷款损失准备可计入部分等；二级资本尽管不属于传统权益资本，但仍属于监管资本范畴，与权益资本共同承担风险缓冲作用。

风险加权资产主要是从业务的视角来看资产，并引入了风险的概念，反映资产组合的风险特征。银行在经营过程中面对的风险诱因和特性不同，不同风险特征的资产被赋予不同的风险权重。例如，信用风险加权资产的计量主要根据公司、零售等不同的业务资产类别及其信用评级给予相对应的风险权重来计算风险加权资产。市场风险加权资产主要覆盖银行交易账户的利率风险和股票风险、银行账户和交易账户的汇率风险和商品风险等市场风险。操作风险加权资产则是将银行业务划分为不同业务品种，如公司金融、交易销售、支付清算等，根据每类业务收入大小和相关的风险系数来衡量覆盖操作风险所需的资本，再按规定倍数换算成风险加权资产。

风险加权资产的计量方法复杂且多样。随着资本监管升级，信用风险、市场风险和操作风险的计量方法均经历了从标准法到高级法的不断优化，具体的计量方法和标准可参考各国具体的资本监管要求（可参考附录 7A 中的示例）。其主要目的都是希望通过优化风险加权资产的计量方法来扩大资本覆盖的风险范围，突出资本对损失的吸收能力，为商业银行改善资本管理及风险管理提供激励。

资本充足率监管标准的设置旨在提高银行间资本结构管理的一致性和透明度。自 2009 年开始，巴塞尔银行监管委员会[①]（即巴塞尔委员

① 巴塞尔委员会是由美国、英国等十国中央银行于 1974 年在瑞士巴塞尔成立的国际清算银行正式机构，其主要宗旨在于交换各国的监管安排方面的信息，改善国际银行业务监管技术的有效性，建立资本充足率的最低标准及研究在其他领域确立标准的有效性，被广泛视为银行监管领域的首要国际组织。

会，Basel Committee on Banking Supervision，BCBS）推进了一系列改革方案以改进和完善资本监管框架，构建了多层次的资本充足率标准，从而在加强微观审慎监管的同时升级宏观审慎监管。首先，明确商业银行核心一级资本充足率、一级资本充足率和总资本充足率最低要求分别为4.5%、6%和8%；其次，在最低资本充足率的基础上计提2.5%的资本留存缓冲（capital conservation buffer），由此商业银行各级资本充足率于2019年应分别达到7%、8.5%和10.5%；此外，为实现更广泛的宏观审慎目标，可根据情况计提0~0.25%的逆周期超额资本；最后，增加系统性重要银行的附加资本要求。

表 7–1　多层级的资本监管标准

与风险加权资产的对应关系	资本要求							附加资本要求	
	核心一级资本			一级资本		总资本		逆周期资本缓冲	系统重要性银行
	最低要求	资本留存缓冲	总资本要求	最低要求	总资本要求	最低要求	总资本要求		
Basel Ⅱ	2%			4%		8%			
Basel Ⅲ	4.5%	2.5%	7%	6%	8.5%	8%	10.5%	0～2.5%	1%～3.5%

来源：《巴塞尔协议II》（The Basel Ⅱ Accord）、《巴塞尔协议Ⅲ》（The Basel Ⅲ Accord）。

随着资本监管要求逐渐升级，资本对银行业务发展产生持续的约束。有多少资本就可以承担多少风险，也就可以开展多少业务。银行最低资本需求量与银行资产组合结构、风险特征息息相关。同等业务规模下，资产的风险越大，最低的资本需求量就越高；资产质量越好、风险权重越低，同等资本所支撑的业务规模就越大。

银行的资本结构同样也可表现为静态资本结构和动态资本结构。一方面，资本充足率体现的是一定时点上资本可承担风险资产发生损失的程度，可理解为是对银行静态资本结构的衡量；另一方面，银行也需要关注盈利变化趋势对其资本承担损失程度的影响，即动态资本结构，尤其是在高杠杆对经营波动有放大效应的情况下，银行会持续监测资本充足率并密切关注其盈利能力、各类资产结构与风险水平，以及不良率和拨备充足程度等相关指标的变化趋势对资本充足率的动态影响，以此体现对动态资本结构的管理。

需要关注的是，**资本对风险加权资产的约束不仅包括表内，还包括表外**。银行传统的表外业务主要包括担保和承诺、信用证、保函、银行承兑汇票等，创新表外业务包括资产证券化及金融衍生品等。表外业务不确定性大、透明度弱、交易集中程度高，往往比表内业务风险因素更加复杂。资本充足率指标尽管体现了对表外业务风险的覆盖，但仍存在不足。例如，风险加权资产的计量本身就基于复杂的模型，而表外业务复杂的风险诱因无法通过模型充分有效地衡量，存在监管套利空间。因此，监管还引入杠杆率指标，即资本与表内外总资产的对应关系，用标准统一并基于总规模的约束指标作为资本充足率的补充。

目标资本充足率的设定

商业银行应当拥有足够的资本。当资本持有过少时，即资本与风险加权资产比例过低，银行风险承受能力减弱，回报波动性加大，进而影响信用评级、市场和债权人信心，融资成本随之上升，严重的会损毁公司价值。但从资本有偿使用的角度来看持有资本也不是越多越好。在满足资本充足率要求的前提下，当持有资本过多时，即资本与风险加权资产比例过高，说明银行可能无法把握住高收益资产的配置机会，承担了大量的机会成本和资本成本，或者利用负债创造价值的税盾效应未能充分发挥。

因此，**银行资本结构管理的目标是在满足资本充足率监管要求的基础上，使资本水平与未来业务发展和风险状况相匹配，保持资本结构的**

适度性，从而维持适当的信用评级水平，确保市场和债权人的信心。在规模、盈利和风险的动态平衡下，银行股权价值最大化所对应的资本与风险加权资产的适配关系，可视同银行的**最优资本结构或目标资本结构**，体现为目标资本充足率。

在实践中，各家银行的资本充足率目标各不相同，无法简单划一地量化。在满足监管要求的前提下，银行目标资本结构的设置受自身经营情况和风险偏好、宏观经济周期、市场和投资者信心等内外部多重因素的影响。

目标资本充足率的设置首先要考虑监管对于最低资本充足率的要求。例如，系统重要性银行资本充足率的监管要求为 11.5%，非系统重要性银行资本充足率的监管要求为 10.5%，即不包括 1% 的系统重要性附加资本要求。系统重要性银行对金融市场的影响较大，应该持有更高比例的资本以保证其稳健经营。

银行自身经营情况、风险偏好和风险管理能力是影响目标资本结构的最主要内因。例如：资产质量较差、风险管理能力相对较弱的银行，所承担的风险较大，一般而言其资本持有量需相对较高；负债结构中流动性负债占比较大的银行，原则上需要持有更多资本来保障资金来源的稳定性。此外，资本覆盖的风险除了监管要求的信用风险、市场风险和操作风险外，还包括实际经营中面临的其他风险，因此银行应根据自身的风险管理能力，统筹考虑风险与效率，以评估资本结构目标的合理性。

从外部影响因素来看，目标资本充足率设置首先应考虑宏观经济周期。商业银行的经营有明显的顺周期效应，利息收入、非利息收入和资产质量都对宏观环境较为敏感，且具有较强的顺周期偏好。银行在设置资本充足率目标时，可考虑建立资本约束的逆周期机制，主动计提一定比例的逆周期监管资本缓冲，以抑制顺周期波动被过度放大。

此外，目标资本充足率设置还应考虑市场和投资者信心。投资者对于上市银行的盈利性及成长性较为关注，资本充足率降至监管红线意味着未来业务可能受限，或者有股权再融资需求，都将影响回报与增长的可持续性，进而影响公司价值。因此，资本充足率的稳中有升是稳健经营、提升投资者信心的重要信号。

银行资本结构的设置在考虑资本与风险加权资产的适配关系的同时，还需要兼顾资本内部构成的合理性，即核心一级资本、一级资本和二级资本在资本构成中占比的合理性，以增强经营管理和资本补充的灵活性，并符合监管对不同资本构成的要求。

通常而言，资本充足率实际水平与监管标准之间的差异，可以作为评价银行未来增长潜力的指标。如果银行的实际资本充足率即将触达监管红线，意味着该银行的诸多业务可能受限，接下来银行将调整资产配置，或将资产配置在低风险权重的业务上，或收缩信贷规模，都可能导致收入或利润增长受限；反之，若一家银行资本充足率优于监管标准，则意味着该银行短期无资本筹集需求，具备进一步通过规模扩张驱动利润增长的空间。

通过资本规划前瞻性管理资本结构

在目标资本结构的框架下，银行资本结构的主动管理体现为进行前瞻性的资本规划，即：对近期及未来的资本供给和资本需求（风险加权资产的资本占用）进行预判和评估，确保资本结构管理目标与业务发展、风险偏好、管理水平和外部市场环境相适应，通过合理规划风险资产的总量和结构、优化业务资产配置来提升单位资本的回报，并根据目标资本充足率水平来制订内外部资本补充计划、分红派息政策等，以兼顾银行自身经营目标与股东及监管要求的平衡，这是指导银行制定业务战略、实现价值创造的重要决策依据。

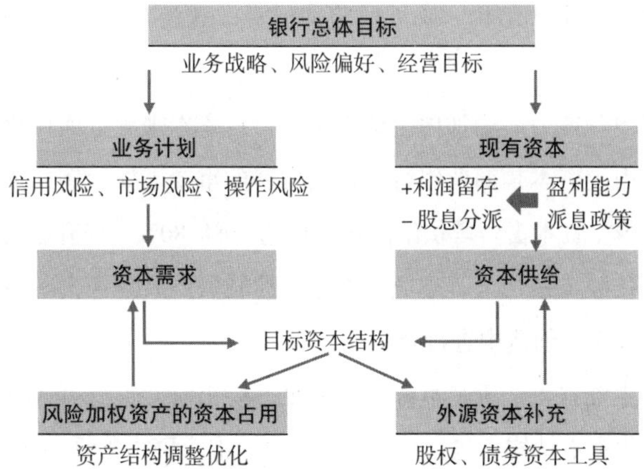

图 7–2　资本规划管理流程

首先，银行需根据自身的业务战略、风险偏好和经营目标制订业务计划，包括业务规模、业务结构、业务增长、回报和风险等经营目标。在这一阶段，必须详细分析银行的历史发展趋势、当前经营状况、内外部环境，以便能够预测影响银行经营管理的重要因素，从而制订在不同市场环境下的综合经营计划。

其次，在上述经营计划的基础上，评估风险加权资产对资本的占用，进而评估银行的资本需求。在这一阶段，需特别关注资产结构及其风险特征对资本需求的影响。同时，综合考虑风险与收益的平衡性，测算不同风险特征的资产对利润的影响，并高度重视拨备充足程度及留存收益对内生资本的影响。

最后，根据目标资本充足率平衡资本供给（来源）与资本需求（占用），以动态优化资本结构。在资本供给方面，综合考虑现有资本、股息政策、内生资本补充后，判断在目标资本结构区间内达成目标经营结果是否需要进行外部资本补充；再通过评估各种资本来源的可行性，根据不同资本补充工具的成本收益，制订资本筹集计划。在资本需求方面，通过调整优化资产结构、降低风险加权资产规模来改善资本充足水平。具体而言：

提升盈利能力、增加内生资本是银行从资本来源方面优化资本结构的首选。内生资本是商业银行可持续发展的重要支撑，例如在国内大型银行中，内生资本占资本供给的比重可达70%~80%。提升盈利能力的举措包括优化收入结构、管理成本费用、控制资产质量等，这些内容将在本章第三节现金创造中进行介绍。

当内生资本无法满足目标资本充足率要求时，银行可通过补充外部资本来优化资本结构，包括债务资本工具、混合资本工具和股权融资等。具体资本筹集方案的制订需考虑目标资本结构、业务发展规划、公司治理、风险偏好、监管对不同层级资本构成的占比要求及对应的资本成本等影响因素。

优化资本结构还可从调整优化表内外资产结构入手，降低风险加权资产对资本的耗用。例如，优先发展风险权重低的轻资本业务，包括结算、托管、财富管理等轻资本中间业务，或通过资产证券化盘活高资本耗用的存量资产等，以降低表内外高风险权重资产对资本的占用，通过实现资本结构的自我约束来引导资产结构的调整优化，进而实施资本和资产的联动管理。以下，我们列举了两家大型银行在轻资本业务发展方面所采取的举措。有关资本和资产的联动管理在本章第六节资产配置中还会有所涉及。

案例1：招商银行打造轻型银行

招商银行（3968.HK）自2014年以来，提出将“打造轻型银行”作为二次转型的方向，以创新产品和升级服务为突破口，以财富管理、资产管理等新兴金融业务为重点，深入推动业务结构调整和经营转型，降低资本消耗、提高资本使用效率。在资产端，招商银行大幅压缩、退出产能过剩领域风险资产，加大信用卡、住房按揭贷款等低风险优质零售资产投放，零售贷款余额占贷款总规模近一半，公司高评级客户资产占比提升 6.1 个百分点，风险加权资产与总资产比值持续下降，权重法下风险资产占总资产比重由 2014 年的 65.6% 下降至 2015 年的 62.6%。

案例 2：汇丰银行降低风险加权资产规模

汇丰银行 2015 年年中调整战略，明确提出优化全球布局，大幅削减风险加权资产规模，全球业务线调整重点转向环球银行与金融市场：一方面计划通过加速处置非核心资产，包括危机遗留信贷资产、长期利率资产、低收益贷款组合等非核心资产以压缩风险加权资产规模；另一方面，将腾挪出的风险加权资产的三分之二投入交易银行业务和亚洲市场中，实现业务结构的优化。

以资本配置、监控与考核落地资本管理

对资本的事前配置、事中监控与事后考核是商业银行在日常业务中进行资本结构主动管理的核心工具。资本配置对业务资产配置发挥引导作用。具体而言，当银行确定总体风险水平及相应抵御风险损失的资本需求上限后，就需要根据内部各业务线、机构、产品的风险和回报关系，设置不同的资本分配系数，将资本在业务线、机构、产品等各层面进行分配，形成多维度的资本配置计划，使资本约束要求从整体战略层面传导到微观业务层面。

资本配置的具体执行可以风险资本回报率（risk adjusted return on capital，RAROC）为评价标准，鼓励通过提升单位资本回报、抵补自身资本消耗，以获得相应资本配置，从而推动业务部门通过优化业务结构、

改善经营绩效来创造价值。

管理指标：

风险资本回报率 = 风险调整净利润 */ 经济资本 **

风险资本回报率衡量单位经济资本投入获得风险调整净利润的能力，是资本运用成效的反映。

* 风险调整净利润 = 营业净收入（利息收入 – 利息支出 + 非利息收入）– 运营成本 – 风险成本 – 税务成本

其中，风险成本指为覆盖信用风险预期损失所承担的成本，可通过内部评级法对信用风险损失进行计量，或根据会计准则及拨备制度通过计提拨备确认。

** 经济资本 = 风险加权资产 × 目标资本充足率

当以 RAROC 作为资本配置手段时，需要明确一个最低的回报要求，对于实际 RAROC 低于目标回报要求的业务进行取舍。最低 RAROC 回报要求通常根据银行的资本成本推导得出。由于债务型资本工具的成本体现为利息支出，已包含在营业成本中，**银行的权益资本成本可视为其资本成本，受无风险利率（R_f）、市场风险溢价（R_M–R_f）和风险系数（Beta）等因素的影响，**其定价逻辑与一般工商企业类似，具体可参考 CAPM 模型（资本资产定价模型）（详见第二章资本结构附录 2B）。原则上，若不考虑对战略重点或政策扶持业务的特殊支持，只有回报水平高于资本成本的业务才能成为银行投放的备选资产。

RAROC 体系提供了资本配置的量化工具，只要能精确计量各业务品种的风险资本回报率，就能为未来优先发展哪类业务提供决策支持，避免掉进名义利润快速增长但风险积累未被覆盖的“利润表陷阱”。例如，下表所示的 A 银行在制订业务规划时，面对集团客户贷款、小企业贷款、个人贷款、活期存款和咨询业务等众多业务资产配置机会，根据

RAROC 的计算结果，原则上应优先发展 RAROC 高的活期存款和咨询业务。

表 7–2　A 银行各业务品种 RAROC 情况（示例）

业务类型	业务量	对客利息收支	FTP 利息收支	分摊费用	预期损失	净利润	占用经济资本	RAROC
集团客户贷款	2 000 000	100 000	–70 000	15 000	9 000	6 000	160 000	4%
小企业贷款	375 000	30 000	–13 125	6 000	5 063	5 813	22 500	26%
个人贷款	500 000	30 000	–17 500	6 000	4 500	2 000	20 000	10%
活期存款	11 000 000	–80 000	388 889	175 000	–	133 889	77 778	172%
咨询业务		20 000	–	1 000	–	1 000	400	250%

资本在被配置到各业务线和机构以后，银行需要及时准确监测被分配资本额度的使用情况，这种过程管理即为资本监控。银行通过资本监控及时掌握各类业务的资本占用和消耗，对资本配置方案执行过程中的偏差进行调整。

资本考核是从风险和收益平衡的角度，检讨业务实际风险资本回报水平，以促进业务向轻资本、高盈利的模式发展。商业银行资本考核以 RAROC 为主，辅以风险加权资产收入率、风险加权资产收益率等指标，对资本的总量结构、管理能力、回报水平进行全面评估，通过资本的配置、检讨、再配置引导业务资产配置的良性循环，推动银行实现价值创造目标。

第三节　现金创造：经营绩效的综合反映

管理心得

商业银行现金创造能力主要体现为经营获利能力即盈利性现金创造能力。由于银行的收付实现属性，营运资本管理不是银行现金创造的关注重点。

影响银行经营获利能力的因素包括创收能力、运营管理效率和风险控制能力等，其综合评价指标为总资产回报率或净资产回报率。

在一般工商企业中，现金创造是指公司通过可持续的经营活动产生经常性自由现金流的过程，一方面来源于经营获利能力（体现为投入资本回报率），另一方面来源于营运资本管理能力（体现为营运资本占用率），也就是说经常性自由现金流并不等同于利润表上的利润。然而，对商业银行而言，现金就是其日常经营的主要对象，也是结算的工具，这就决定了银行现金创造在经营获利能力和营运资本管理能力两大方面都有特殊性。

在经营获利能力方面，一般工商企业关注的主要是税后经营利润（在投入资本周转率一定的情况下），而银行关注的是经常性净利润（不含性质异常或不经常发生的损益），二者的最大差异在于是否将利息支出和拨备减值考虑在经常性自由现金流的范畴内：首先，一般工商企业的利息支出与融资活动相关，不属于经营活动的范畴，所以不是经营性净现金流的减项，但银行的负债业务却贯穿日常经营的过程，属于核心业务活动，是形成收入的主要部分，利息支出应作为银行经营性净现金流的减项；其次，在商业银行中，资产的拨备减值相当于日常经营的风险成本，是经常性净利润的重要抵减项，虽不影响即期的现金流变动，但作为预期损失的缓冲准备，后续会反映在经营活动现金流中，长期来看是影响经常性自由现金流的重要因素。

在营运资本管理能力方面，现金的收付实现属性决定银行较之一般工商企业经营过程中的价值链条更短，收入可以更快地转化为内生现金，虽然在期末也存在一定应收/应付利息或应收佣金等情况，但相对而言，因营运资本需求变动导致当期应计的收入成本与实现的现金流入流出不一致的程度较小，因此可以不将营运资本管理能力作为银行现金创造的关注重点。

站在持续性的角度，银行的经常性净利润可视为经常性自由现金流，而对银行现金创造能力的评价应以经营获利能力为主。以下，我们从影响经常性净利润的各个驱动因素入手，通过分析，制定和采取改善措施。

现金创造的驱动因素

商业银行的经营获利能力主要由创收能力、运营效率和资产质量三方面驱动：创收能力主要体现在利息净收入和非利息收入两方面，在资金运用创造净息收入上，主要从调整结构、精准定价入手管理净息差水平，在综合经营丰富收入来源上，主要通过中间业务的开拓创新来提升非利息收入占比；运营效率主要体现为单位收入所耗用的运营成本，可通过加强成本费用管理、强化投入产出等提升成本收入比；而资产质量的把控主要是指对信用风险加强管理，通过提升资产质量来控制风险成本，体现为不良率、拨备覆盖率等指标的优化。由于银行不需要突出营运资本需求，总资产也就相当于一般工商企业的投入资本，因此银行的经营获利能力可通过总资产回报率（return on asset，ROA）来评价（相当于一般工商企业 ROIC 指标）。此外，杠杆运用本身就是银行经营能力的一部分，因此从股东价值最大化视角出发，净资产回报率（ROE）成为评价自有资本回报水平的核心指标。

管理指标：

总资产回报率 = 净利润 / 平均总资产

总资产回报率反映每单位资产获取的经常性净利润，衡量银行利用资金获取收益的能力。

净资产回报率 = 净利润 / 平均权益资本

净资产回报率反映每单位权益资本获取的经常性净利润，是银行资产盈利能力与杠杆运用的综合体现。

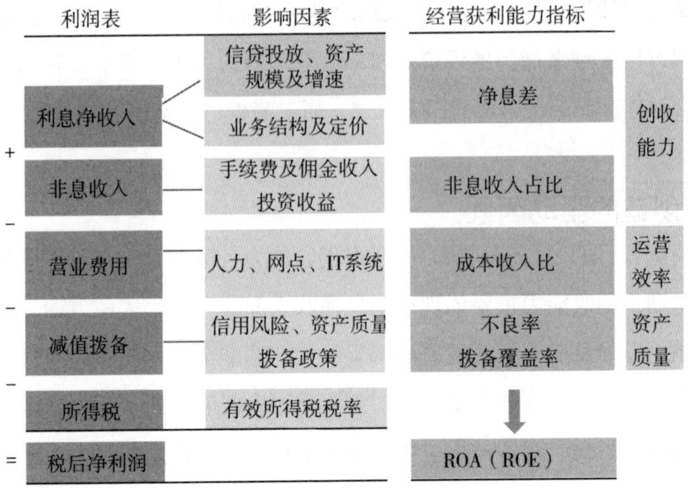

图 7–3　现金创造驱动因素

创收能力：现金创造的来源

创收能力是影响商业银行经营获利能力的首要方面。商业银行营业净收入包括利息净收入和非利息收入两大部分。利息净收入是构成银行营业收入的重要来源，既受资产规模影响，也与对应的净息差（net interest margin，NIM）水平密切相关。资产规模代表量，净息差代表价，在既定的资产规模下改善净息差，对于利息净收入增长和盈利提升有明显的贡献。

管理指标：

净息差 =（利息收入 * − 利息支出 **）/ 生息资产日均规模

净息差用于衡量银行在一定资产规模下，通过资金的来源与运用，创造利息净收入的效率。

* 利息收入＝各项生息资产日均规模 × 对应生息资产收益率，包括发放贷款、债券投资、存拆放同业、上存央行等各项生息资产所获得的利息收入。

** 利息支出＝各项计息负债日均规模 × 对应计息负债付息率，包括吸收存款、同业负债、应付债券、向央行借款等各项计息负债所承担的利息支出。

净息差受诸多复杂内外部因素的影响。从内部因素看，净息差主要受业务结构和定价能力两方面影响。**业务结构**方面，存贷业务与同业业务、公司业务与零售业务、大型客户与中小型客户的比例关系，综合影响净息差水平，也反映了银行的商业模式、客群结构和所处的发展阶段。例如，中小企业贷款收益率通常较高，若银行能在有效控制风险的前提下增加中小企业贷款业务占比，则可获得更高的收益和回报，在资产端对净息差形成正面驱动；零售业务在负债端占比高的银行，如拥有大量县乡级地区业务和网点的中国农业银（1288.HK），具备触及基层客户的渠道优势，资金来源稳定且成本较低，在负债端对净息差形成正面驱动。**定价能力**方面，在优化业务结构的基础上，银行可通过差异化和精细化的定价机制，提升业务和客户整体定价管理水平，推动净息差的改善。例如可建立和完善客户定价模型，由关注单笔业务的定价转向以客户综合价值评价为基础的定价管理；或运用差异化定价策略，对存款客户按利率敏感性特征进行分类，将存款定价优惠精准投放于利率敏感度高的客户，避免付息成本全面抬升压缩净息差空间。

从外部因素看，净息差受到宏观经济、货币政策、利率环境、行业竞争等方面影响，其中货币政策变化（如基准利率和存款准备金率调整）对净息差的影响相对复杂。以基准利率变化为例，对于重定价[①]资产大

① 重定价指资产和负债发生重新确定利率的情况，包括浮动利率产品在利率浮动日重定价、固定利率在到期后办理新业务时重定价、活期产品在每日重定价等情况。

于重定价负债（重定价缺口为正）的银行而言，利率水平下降会导致资产端利息收入的减少大于负债端利息支出的减少，净息差下降。反之，当进入加息周期，利率水平上升将导致利息收入的增长大于利息支出的增长，净息差随之提升。同理，对于重定价缺口为负的银行而言，利率水平下降有利于净息差改善，利率水平上升则净息差随之收窄。随着利率波动加大、客户对利率敏感度提升，银行在经营中需尤其关注利率风险对净息差和利息净收入的影响。

除利息净收入外，非利息收入贡献了银行主要的增量收入，主要包括由中间业务产生的手续费佣金收入、投资收益以及其他非利息收入等。多数中间业务无须银行投入资金、不形成表内资产与负债，每单位收入占用资源少，其占比是衡量银行综合经营能力和多元创收能力的重要指标。

管理指标：

非利息收入占比 = 非利息收入 / 营业净收入

非利息收入占比旨在衡量非利息收入对营业净收入的贡献度，是评价银行多元经营和交叉销售能力的主要指标。

中间业务中的结算与清算、代理收付、银行卡业务等，主要依赖既有客户基础和网点资源，对宏观经济及市场环境敏感度较小，是手续费及佣金收入中较为稳定的部分。理财业务、基金代销、资产托管则对资本市场波动较敏感，其带来的中间业务收入较不稳定。担保和承诺业务对信贷政策较为敏感，在信贷紧缩、企业贷款需求较难满足时，成为信贷业务的良好补充。

无论是传统结算业务还是理财、代销、托管、投行等新兴业务，都依赖银行自身的客户和渠道，因此拥有稳定的客户基础和发达的分销渠道是中间业务可持续发展的保障。此外，中间业务的均衡发展和创新能力也是影响银行持续发展的关键因素，一家实现传统业务与新兴业务、代销业务与创新业务、对公业务与零售业务均衡发展的银行往往会比仅拥有某一方面优势的银行更能有效应对外部市场波动。

运营效率：经营管理的重要环节

影响商业银行经营获利能力的另一个重要方面就是运营效率，即运营成本管理。衡量运营效率的核心指标是成本收入比（cost income ratio），反映银行为取得单位收入而付出的成本。

管理指标：

成本收入比 = 营业费用 */ 营业净收入

成本收入比指营业费用占营业净收入的比例，是衡量银行运营效率的重要综合性指标，也是监管要求的风险抵补类指标之一。

* 营业费用即运营成本，指各项业务及管理费，包括人力成本、业务费用（如市场费用、差旅费用等）、运营基本费用（如租金、水电等）、折旧摊销等。

有效管控运营成本不只是简单压缩成本。例如，人力成本要结合业务发展和员工激励进行合理安排，科技投入开支是为了提升整体服务能力和管理效率。总体而言，银行可通过与标杆比较，结合银行自身业务的正常运营和未来发展，寻求运营成本与营业收入的合理匹配。

此外，银行还可采取一些创新手段以利于提升运营效率，例如放慢成本投入较高、开设周期较慢的综合型物理网点的铺设速度，增加专业化、社区化、直营化的智能网点渠道，积极发展金融科技业务（Fintech）等，以拓展金融服务半径，优化用户体验，提升服务效率，从而有效节约成本，提升竞争力。

资产质量：经营利润实现的关键把控

商业银行的经营获利能力还取决于资产质量，由信用风险管理水平决定。信用风险具有隐蔽性、滞后性和长期性，资产质量的恶化将使利润承压，虽然不一定带来当期现金流出，但最终会影响现金创造的可持续性。因此，**资产质量是评价银行经营获利能力及其持续性的重点。**

不良贷款率（non–performing loan ratio，NPL ratio）是衡量资产质量的静态指标，既是资产质量变迁的最直观反映，也是了解银行信用风险的起点。影响资产质量的因素主要包括经济周期、业务和客户结构、行业结构和集中度等：资产质量对经济周期反应敏感，在经济下行期，银行资产质量下降，贷款违约率及不良贷款增速攀升；不同的业务和客户结构，如公司、零售业务的规模占比不同，由于它们所对应的信用风险程度不同，由此产生的对整体资产质量影响不一；此外，贷款投放的行业结构也会对整体资产质量产生影响，以中国工商银行（1398.HK）为例，2017 年中期该行批发零售业、制造业贷款的不良率为分别为 9.04% 和 4.41%，而交通运输邮政业、电力燃气公共事业的不良率仅为 0.31% 和 0.07%。

管理指标：

不良贷款率 = 不良贷款余额 / 贷款总额

不良贷款率为当期不良贷款余额占总贷款的比重，可作为衡量资产质量的静态指标。

以国内银行业管理实践为例，商业银行根据监管要求对信贷资产实施五级分类管理，依次为正常、关注、次级、可疑、损失五类；或在客户及债项评级基础上根据内部管理要求实施更严格的风险分类管理（如十二级分类，即正常类七级和关注两级），其中后三类次级、可疑、损失类为不良贷款。

为覆盖信用风险预期损失，银行按风险程度对资产进行分类，并对不同类别的资产计提相应比例的拨备。国际上对于资产风险类别划分及对应的拨备计提原则未有统一标准。例如，国内银行业遵循监管及会计准则相关要求，按照贷款五级分类中正常类 1.5%、关注类 3%、次级类 30%、可疑类 60%、损失类 100% 的要求计提贷款减值准备；并且，拨备计提的审慎度也需满足不良贷款拨备覆盖率（provision coverage ratio）不低于 120%~150% 且贷款拨备率（loan-to-provision ratio）不低于 1.5%~2.5% 的监管要求；在上述区间范围内，各级监管还可根据贷款分类准确性、处置不良贷款主动性及资本充足性对各家银行实施差异化管理，以保障拨备计提在抵补信贷资产预期损失上的审慎性。

管理指标：

拨备覆盖率 = 贷款损失准备 * / 不良贷款余额

拨备覆盖率旨在衡量贷款损失准备的计提是否充足，用于分析贷款拨备能够弥补贷款损失的程度。

* 贷款损失准备是指银行对信贷资产的风险进行合理评估，对其未来现金流现值低于账面价值的部分进行计提并在成本中列支，用于弥补信贷资产损失的准备。其中：对于单项金额超过重大标准的已减值贷款单独计提，对于单项金额小于重大标准的已减值贷款按照风险特征进行分组并按照相应的比例计提，对于未减值贷款按统一组合计提方式计提。同时，贷款损失准备还受到贷款核销、清收、转出的影响。

贷款拨备率 = 贷款损失准备 / 各项贷款余额

贷款拨备率也称拨贷比，是指与贷款损失相关的资产减值准备与各项贷款余额之比。

以上指标之间的关系为：拨贷比 = 拨备覆盖率 × 不良贷款率。

值得关注的是，由于单笔不良贷款实际损失程度不同，因此不良贷款率、拨备覆盖率等静态指标并不能完全准确地反映银行的贷款质量和损失覆盖能力，还需要动态关注信贷资产风险类别的变化趋势和不良贷款的内部结构。例如：若关注类贷款发生劣变，将对不良贷款余额和不良贷款率形成压力；若可疑类和损失类占比较大，则对该类贷款提取的拨备较大，对利润形成压力。贷款质量迁徙情况也反映了一定时期内贷款质量的详细变化，其中五级分类迁徙矩阵、不良贷款生成率是判断未来不良率变化趋势的主要分析指标和方法。此外，逾期贷款通常是不良贷款的先行指标，在其逾期一段时间后，通常会转入不良贷款，通过逾期贷款的变动情况，可评价银行面临的潜在不良贷款压力。

实质上，银行的经营获利能力及其可持续性在很大程度上与商业模式密切相关。即使是同等规模和市场地位的银行，面对同样宏观、行业和监管等外部环境的变化，商业模式的不同也会引起盈利能力的显著差异。以下，以美国富国银行为例，说明商业模式对银行盈利能力的关键作用。

案例：美国富国银行特色化商业模式（根据公开信息整理）

美国富国银行（Wells Fargo & Company，WFC.N）创立于1852年，在最近20年间，从加州的区域银行发展到2012年全美市值第一的商业银行，并保持资产规模全美前三，位列2017年财富世界500强第61位。

富国银行现有业务由社区银行、批发银行和财富管理三大板块构成。社区银行在收入和盈利占比中占据绝对地位。2011年，富国银行总资产达到13 139亿美元，利息净收入428亿美元，非息收入382亿美元，净利润159亿美元。社区银行在资产和利润中的占比都超过了50%。

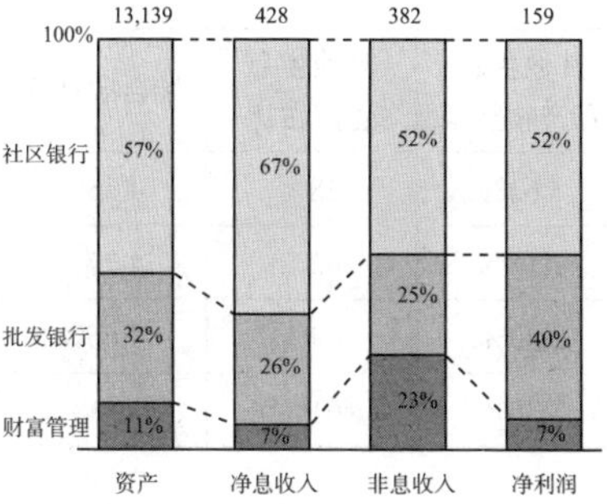

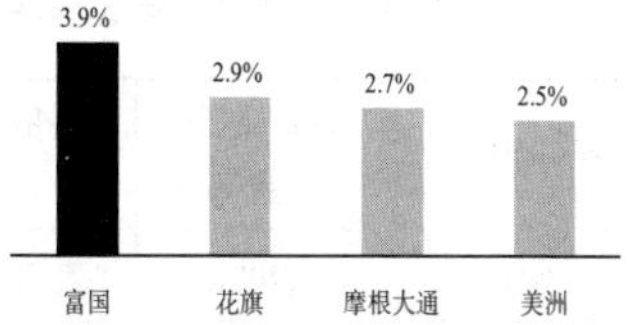

	富国	花旗	摩根大通	美洲
生息资产综合收益率	4.5%	4.3%	3.5%	3.7%
V.S 富国	–	–0.2ppt	–1.0ppt	–0.8ppt
资金来源综合付息率	0.6%	1.4%	0.8%	1.2%
V.S 富国	–		+0.2ppt	+0.6ppt

图 7–4　2011 年富国银行收入结构 vs 净息差

资料来源：各上市公司年报。

富国银行在经营模式和发展方式方面主要有以下几个特点：

聚焦传统商业银行业务，尤其社区银行

不同于花旗（Citigroup Inc，C.N）、摩根大通（JPMorgan Chase & Co，JPM.N）和美洲银行（Bank of America，BAC.N）的全能型银行发展路径，富国银行坚持深耕传统商业银行领域，社区银行和批发银行这两项传统商业银行业务分别占据富国银行 2011 年净息收入及非息收入的 93% 及 77%，且信贷资产在总资产及生息资产中的占比达 63% 和 72%。对传统信贷业务的专注，促使其净息差优于同业，无论是资产端的收益还是负债端的成本都比竞争对手有优势。

资产端的高收益率，主要是由于信贷资产在其生息资产中的高占比。富国银行的信贷组合中房地产相关贷款占比较高，其倾向于将好的按揭资产保留以做交叉销售。由于按揭类资产的收益率不如信用卡等业务，因此富国银行的贷款平均收益率与竞争对手相比并不具备优势。但得益于信贷资产在生息资产中的占比，传统银行业务贡献较大，其资产综合收益率高于其他竞争对手。

表 7–3　2011 年富国银行生息资产结构及收益率同业对标

标杆银行	信贷资产收益率	信贷资产占比	其他生息资产收益率	其他生息资产占比	综合收益率
富国银行	4.90%	72%	3.63%	28%	4.55%
花旗集团	7.81%	38%	2.14%	62%	4.27%
美国银行	4.82%	51%	2.43%	49%	3.65%
摩根大通	5.37%	39%	2.30%	61%	3.51%

资料来源：各上市公司年报。

负债端的低付息率主要是因为其 80% 以上的生息资产由低成本的存款及其他低息资金进行匹配，综合付息率低于主要竞争对手。依托社区银行，富国低成本的储蓄存款占据其核心存款的 97%，资金成本处于行业领先水平。2012 年第 1 季度，其社区银行存款付息率仅为 0.2%，低于同业主要竞争对手①23 bps。

表 7–4　2011 年富国银行计息负债结构及收益率同业对标

标杆银行	存款付息率	存款占比	长期债务付息率	长期债务占比	其他负债付息率	其他负债占比	综合付息率
富国银行	0.35%	60%	2.11%	17%	2.88%	1%	0.60%
摩根大通	0.53%	42%	2.24%	15%	0.63%	33%	0.77%
美国银行	0.41%	39%	2.80%	23%	1.67%	22%	1.18%
花旗集团	1.21%	41%	2.57%	27%	1.18%	18%	1.41%

资料来源：各上市公司年报。

① 包括 Bank of America（美国银行）、BB&T（美国最大的金融服务控股公司之一）、Capital One（美国第一资本投资国际集团）、Citi Group（花旗集团）、Fifth Third Bancorp（五三银行）、JPMorgan Chase（摩根大通）、PNC（PNC 金融服务集团）、Regions Financial Corp（地区金融公司）、SunTrust Banks（太阳信托银行）以及 U.S. Bancorp（美国合众银行）。

分散化经营，业务发展均衡

富国银行始终坚持分散化的原则，业务均衡发展，贷款集中度较低。富国银行的利息净收入和中间业务收入均衡发展，占比分别为54%和46%；零售业务的结构也相对均衡，如消费贷款收入结构中按揭、车贷和信用卡消费分别占30%。此外，投放贷款的区域集中度也较低。从2011年富国银行不动产贷款投放最多的10个州来看，除总部所在的加州占比超过25%以外，其他各州均保持在10%以下。

以交叉销售为差异化竞争力

富国银行的交叉销售能力在业内较为突出。截至2011年年末，富国银行零售业务线每位客户所持有的金融产品数量达到6.29个，连续12年实现提升。据统计，富国银行80%的收入和业务成长来源于交叉销售，交叉销售也促使其营业收入增长取得了高于行业平均45%和80%（10年和20年平均水平）的良好表现。

紧密围绕客户进行创新

利用便捷的产品和渠道改善客户体验：例如，富国银行是全美第一家安装ATM（自动取款机）和提供网上银行服务的银行，20世纪90年代就推出“店中店”等新颖的网点形式，2000年推出对公业务电子门户“CEO”（Commercial Electric Office Portal），此后还率先推出手机银行服务。

流程再造打造差异化放贷模式：20世纪90年代前，小企业贷款在美国处于无人问津的状态，因为风险大、管理难，通过传统的放贷程序无法实现经济效益。富国银行通过对美国小企业市场需求的详细调研，认为值得接受风险和挑战，但需要改变传统的放贷模式。于是，富国银行于1994年创建了“企业通”，成为全美第一家对小微企业应用信用评分卡和自动化评级进行贷款发放的银行，成功开拓了小企业信贷的蓝海。

坚持严格的风控和风险定价

2001—2005年是美国次级抵押贷款增长最迅速的时期，次贷在全美整体抵押贷款中的占比由8%迅速攀升至21%。同时期，次贷在富国银行抵押贷款中的占比仅为2%。此外，富国银行认为某些创新产品的风险定价不合理，即使牺牲规模增长也不涉及这些业务，导致其在2004—2006年房地产按揭贷款市场份额持续下降。但是在次贷危机中，这些业务成为重灾区，证明了富国银行决策的正确性。次贷危机后，富国银行的不良贷款率比行业平均水平低4%。当其他银行或机构在次贷危机前大力发展高风险的次级按揭业务时，富国银行对于这一业务的审慎态度是抵御危机的重要因素。

2012年，富国银行超过摩根大通成为美国市值排名第一、全球市值排名第二的银行。富国银行在主要业务领域表现优异，如住房抵押贷款市场份额排名第一，按揭发放笔数占全美的25%。除金融危机和兼并收购时期，富国银行近20年的ROA、ROE平均为1.48%、17.26%，两项指标的十年平均值比行业高30%~40%。此外，富国近20年的净息差为5.12%，比行业平均水平高30%。富国银行成为美国市值大行中稳健经营、可持续盈利的代表。

第四节　现金管理：流动性与盈利性的平衡

管理心得

商业银行的现金管理主要包括日常流动性管理、中长期流动性管理和流动性风险管理，分别从资金头寸、期限结构适配性、流动性风险等方面保障银行安全稳健经营的基础，在保障流动性的同时提升资金运营效率，支持价值创造。

现金创造是商业银行赚取利润的过程，现金管理则是支持银行进行现金创造的必要活动。由于商业银行是经营货币信用的特殊企业，所有资产和负债几乎随时伴随着现金流动，因此较一般工商企业进行现金管理主要关注提高现金周转效率、减少资本占用不同，银行现金管理更为关注的是流动性问题，即在不产生高损失的情况下为资产增长和偿付到期支付义务提供资金的能力。具体而言：银行首先需要通过对资金来源和运用的平衡控制，综合管理资金头寸的流动性，以确保对外支付清算的安全性，并在此基础上提高资金使用效率；不仅如此，现金在银行循环流动的过程中，由于期限转换的客观需要，如存款人希望存入短期存款、贷款人希望获取长期贷款，以及受赚取流动性溢价的盈利驱动，如资产投放期限越长、获取的收益越高，资金融入期限越短、支付的成本越低，银行以短期资金来源支持长期资金运用较一般企业更为常态，因而也就增加了无法有效满足预期及非预期的当下和未来现金流需要的流动性风险，所以银行的现金管理更加强调流动性管理。

商业银行现金管理的核心目的是确保现金流的流动性和盈利性的平衡，以实现稳健经营，从而支持价值创造，主要包括在资金集中管理基础上的日常流动性管理、中长期流动性管理和流动性风险管理几方面：日常流动性管理主要关注现金的流入、流出和留存，通过合理安排及运用资金头寸，在保证流动性的前提下提升资金使用效率；中长期流动性管理主要关注资产负债期限结构的适配性，维持稳健的财务弹性，以减少错配对流动性的影响；与此同时，可对现金存量建立以 FTP（funds transfer pricing，内部资金转移定价）为基础的全额资金管理，从而实现资金集中并分离利率风险；流动性风险管理是指通过运用流动性风险管理工具，实现对流动性风险的识别、计量、限额、监测和控制。接下来，将对上述各方面分别进行介绍。

日常流动性管理：现金的流入、流出和留存

由于银行的业务本质就是经营货币，价值创造的全过程都会对现金

头寸产生即时影响。日常经营中，客户存款提取、贷款需求、偿还其他商业银行借款、支付营业费用等都会造成现金流出，而客户存款、贷款和投资的到期回款、利息和手续费收入、同业融入等都会形成现金流入，现金余缺时刻处于变动状态。当现金流入大于流出，盈余现金可用于短期投资以免造成资金闲置；反之，则需及时补充流动性。因此，商业银行日常流动性管理的主要工作是对流动性供需和现金头寸进行管理，包括预测、监控、预警、限额、调度等，根据资金余缺及时制定流动性管理策略。

在日常流动性管理中，银行通常会综合考虑头寸缺口的期限结构并结合对市场环境的前瞻性判断来制定流动性管理策略。若预期资金面宽松或利率在短期内会下降，则考虑先用短期融资来补平头寸缺口，以便未来可以低利率滚动融资；若预期资金面收紧或利率在短期内会攀升，则应以较长期融资锁定低成本资金。

同时，流动性管理还需考虑合理安排融入融出集中到期时点。当盈余资金拆出时，可考虑将到期时间安排在现金流入总量较少或特殊的支付高峰等时点；当需要融入时，应尽量结合内外部资金情况，将到期时间跨过市场资金紧张或自身资金需求高峰期。

对于敏感性较高、难以准确评估的流动性需求，如活期存款、已承诺信用额度的提款等，银行主要通过持有流动性储备来应对。流动性储备主要是由法定准备金、超额准备金、高流动性利率债等组成的多层级备付体系。但由于准备金等高流动性资产收益率较低，若持有过多会给银行带来较高的机会成本，因此流动性储备也存在**最佳现金持有量**的问题，应根据历史数据对客户行为进行分析，找到其内在规律性，了解其规模、结构及变动趋势，合理评估现金持有量余额，形成最佳现金持有量区间，以减少低效资产占用，提升资金运营效率。例如，可按照稳定程度对存款进行分类，对于稳定性较高的核心存款可适当降低流动性备付。

日常流动性管理的关键在于如何动态管控现金流入流出的规模和速度，应统筹考虑客户行为、历史现金收支规律和当前业务需求，对流动性供需进行合理预测、及时调拨、实时调整。并且，无论是保持适量流动性资产还是通过主动负债来管理流动性，都应综合考虑时效和成本，结合自身经营情况与市场状况，在有限的时间内及现有市场条件的约束下，以最低成本满足流动性需求。

中长期流动性管理：资产和负债期限的适配性

由于商业银行本身就承担了期限转换的职能，加之通过期限错配赚取流动性溢价的盈利驱动，以短期负债匹配长期资产的结构性错配成为流动性风险产生的内在根源。流动性管理不仅要关注日常的头寸安排，更要关注中长期资产负债期限结构的适配性以及资金来源的分散性，维持稳健的财务弹性以抵御外部风险冲击。若资产负债结构失衡、资金来源过于集中和单一，就有可能因压力情景下的流动性不足而导致风险事件，2008 年英国北岩银行挤兑就是这方面的典型事件。

案例：英国北岩银行资产负债结构管理问题（根据公开信息整理）

英国北岩银行（Northern Rock plc）是英国第五大抵押贷款机构，其主要业务集中在住房抵押贷款上，通过吸收存款、同业拆借、抵押资产证券化、发行债券等方式融资，并投资于债券市场。

北岩银行在存款连续多年流失的状态下，为维持业务增长改变其负债策略，通过金融市场获取大量批发资金，从 1999 年开始不再将信贷资产持有到期，而是通过资产证券化将信贷资产打包出售进一步再融资。这些策略让北岩银行的资产负债结构发生了较大变化。2007年，北岩银行的新增抵押贷款排名英国第一，但负债端主要来源于同业批发市场和资产证券化再融资，核心零售存款只占总负债的27%，给负债稳定性带来较大影响。

2007年，美国次贷危机导致全球金融市场流动性不足，同时受抵押贷款市场不景气的影响发生融资困难。2008年8月，北岩银行向英格兰银行申请紧急注资，这无疑向市场传递了负面信号，影响了公众信心，进而遭到严重挤兑，出现严重的流动性危机。

虽然金融危机是导火索，但北岩银行激进的流动性管理策略是流动性危机发生的根本内因：（1）资产流动性较差，2006年年末流动资产占总资产的比重仅为约14.2%，现金和在央行存款仅占0.95%，非流动性资产在市场景气时具有较高盈利性，但一旦市场下行，变现能力差，且资产质量恶化严重冲击盈利和资本，导致危机爆发；（2）流动性来源单一，对吸收存款特别是核心存款的重视不够，通过同业拆借、发行债券或资产证券化等方式筹资的资金大约占3/4，远高于同类金融机构，负债稳定性差、波动性高，一旦系统性风险发生则流动性迅速枯竭，面临无法从市场获取批发资金的再融资风险；（3）资产负债严重错配，将短期借款投放在长期按揭贷款中，资产负债期限过度错配，埋下危机隐患；（4）利率风险敞口过大，资产负债期限的严重错配还导致较大的利率风险敞口，资产端的抵押贷款按照英格兰银行的基准利率定价，负债端的债券和资产证券化产品则是根据LIBOR（伦敦同业拆借利率）定价，当市场流动性紧张，长短期利率倒挂（LIBOR利率高于基准利率），基差风险给北岩银行带来巨大盈利损失。

流动性管理是银行的主动行为，应从源头上入手，合理控制期限错配的程度，保持资金来源的稳定性和分散性，并持有合理比例的流动资产、构建合理的流动性缓冲区间。中长期流动性管理要分别从负债端（现金流入）和资产端（现金流出）进行。

在负债端，以核心客户存款资金匹配中长期资产投放是管理错配、审慎经营的首要原则，核心客户存款通常比批发资金更为稳定，在经济下行周期中核心客户存款面临的提现支取风险也相对较低，以核心客户存款资金匹配中长期资产投放是管理结构性错配的基础；其次，在核心存款不足的情况下，也要尽量以长期限的批发资金作为融资来源，以降低市场波动下的再融资风险，与此同时，批发资金的融资期限也需要根据资产期限而定并尽量将到期日分散安排；最后，还要注意资金来源的分散性，避免资金来源过度集中于某一交易对手、产品或区域。

在资产端，需配置一部分高流动性优质资产储备。在2008年雷曼兄弟公司破产后，银行大额可转让存单和短期中期票据等传统高流动性资产一夜之间丧失了流动性，而美国政府国债成为实质无流动性风险的资产。因此，保持合理的流动性缓冲，尤其是持有一定数量在压力情况下仍具有较强变现能力的资产，是防范、对冲流动性风险的重要手段。此外，还可以通过资产证券化来优化资产结构，降低长期资产规模占比，在管理适配性的同时节约资本耗用。

2008年金融危机后，巴塞尔委员会对流动性管理从控制表内外业务期限错配的监管维度引入了**流动性覆盖率（liquidity coverage ratio，LCR）和净稳定资金比例（net stable funding ratio，NSFR）**两项核心指标：前者用于监测优质流动性储备能否覆盖一个月内的净流出，主要反映银行持有的高流动性资产应对压力情景下资金流失的能力；后者主要考察一年以上的资产投放能否以稳定的资金来支持，意在鼓励银行通过结构调整减少短期融资的期限错配，增加长期稳定资金来源，提高监管措施的有效性。两项指标分别从流动性资产储备和长期资产配置两方面丰富了期限错配监管工具，为流动性储备的规模调整、表内外业务期限结构摆布、资金来源集中度和负债结构管控等提供多维度的决策参考。

管理指标：

流动性覆盖率 = 流动性资产 */ 未来 30 日内资金净流出 **

流动性覆盖率反映设定的某个压力情景下银行持有的高流动性资产应对资金流失的能力。

* 流动性资产 =∑ 各类流动性资产金额 × 折算率

** 未来 30 日内净现金流出 = 现金流出量 – min（现金流入量，现金流出量的 75%）

净稳定资金比例 = 可用的稳定资金 */ 业务所需的稳定资金 **

净稳定资金比例通过计算银行一年以内可用的稳定资金与业务所需的稳定资金之比衡量单家银行在特定压力情景下可用的长期稳定资金支持业务发展的能力。

* 可用稳定资金 =∑ 各类权益和负债 × 相应的稳定资金比例系数

** 所需的稳定资金 =∑ 各类资产和表外风险暴露 × 相应的所需稳定资金系数

以 FTP 为基础的全额资金集中管理

除了关注现金的流入和流出，现金存量管理也是商业银行现金管理的重要内容。为了克服传统资金分散经营、利率风险统筹管理难度大的问题，银行通过建立以内部资金转移定价（funds transfer pricing，FTP）为基础的全额资金管理模式，以实现对资金的集中管理。在该模式下，银行在总行建立内部资金中心（司库），由资金中心统一管理全行的所有资金来源和资金运用，包括对分行的每笔资金来源以其对应的 FTP 价格进行购买，对总行的每笔资金运用以其对应的 FTP 价格进行出售；分行吸收的资金全部上存，运用的资金全部由资金中心下借，且利差被锁定。通过内部资金转移定价体系实现收支两条线和资金集中，并将利率风险从经营单位分离至总行集中管理。在规模效应累积下，经营单位之间的流动性余缺可以得到更好的调配，有利于加大资金流动，提高资金使用效率；同时，利率风险也可在银行内部实现部分对冲，有效降低管理成本。

更重要的是，FTP 价格可以体现全行战略。银行可以根据整体战略及阶段性业务导向，根据利率环境和流动性管理需要，制定相应的内部资金定价策略，通过影响其 FTP 利差的价格手段引导业务结构调整，优化资产负债期限结构。

提升流动性风险管理水平

随着利率市场化和金融创新的持续深化，商业银行流动性管理在资产端和负债端的不稳定对象增多，流动性风险诱因趋向复杂。例如，理财产品迅猛增长对存款形成分流，导致核心存款来源减少、稳定度降低，交易型负债占比加大加剧了负债端的波动性，资产证券化及各种创新金融衍生品呈现不同现金流特征，表外或有支付承诺大量涌现，这些都会导致流动性风险管理难度加大。市场环境的变化要求银行的流动性风险管理不仅要满足前述监管合规的要求，更要内生于经营管理全过程，切实提升银行自身的流动性风险管理能力。

流动性风险管理包括但不限于：流动性风险识别、计量和监测（包括现金流测算和分析）、流动性风险限额管理、融资管理、日间流动性管理、压力测试及应急计划等。

在流动性风险识别方面，需警惕所有可能的风险暴露。统筹考虑表内外、境内外和本外币业务中的流动性风险，将表外业务和其他创新业务所产生的敞口及时纳入整体风险管理框架，避免潜在风险的积累。尤其关注表外理财、表外授信业务、跨境业务、金融衍生品等现金流对流动性的影响，以拓宽流动性风险管理的覆盖范围。

在流动性风险计量和监测方面，可利用多角度、多视野和多指标计量工具进行交叉验证（附录 7B 和附录 7C），以评价银行资产负债结构、短期偿付能力、负债稳定度、负债集中度等影响流动性的风险因素；并根据指标在存量和增量业务中的变化情况，评估风险生成趋势。

在上述过程中，还应关注客户行为和新产品入市的影响。例如，要对在宏观经济、市场环境发生变化时贷款提前偿还、存款提前支取、贷款展期、坏账等客户行为规律进行分析，并合理评估上述行为对流动性的影响。对于新产品入市，需结合业务战略、投放计划、产品期限结构和定价等因素，全方位模拟新产品现金流，评估其所包含的流动性风险。

在限额管理方面，建立并完善限额管理制度，在指标体系基础上实施多维度限额管理，如设置合理的现金流缺口限额、资产负债集中度限额、集团内部交易和融资限额等管理体系。

在融资管理方面，分析正常和压力情景下未来不同期限的融资需求和来源，加强负债品种、期限、交易对手、币种、融资抵（质）押品和融资市场等的集中度管理，通过有效的融资渠道管理，积极维护与主要融资交易对手的关系，并定期评估市场融资和资产变现能力，密切监测主要金融市场的交易量和价格等变动情况并评估市场流动性对银行融资能力的影响等。

在日间流动性风险管理方面，需确保具有充足的日间流动性头寸和相关融资安排，及时满足正常和压力情景下的日间支付需求。

在压力测试方面，压力情景下的流动性风险管理不能仅为应对监管要求，还要将其运用到实际工作中，体现为在各种压力情况下的应对策略。当外部金融市场波动或银行自身经营状况出现压力情况时，如在不良贷款率大幅上升、债券违约、同业拆借违约、利率大幅上升、汇率大幅波动、客户及同业存款流失等情况下，评估银行是否还能履约支付，并以此调整优化资产负债期限结构。

在应急计划方面，应急预案是银行防范、预警、应对和处理流动性突发事件的关键环节和重要手段。加强流动性应急管理主要是为了理顺内外部沟通机制，减少信息沟通不畅对流动性危机处理产生的不利影响，并建立应急融资来源渠道，以便快速申请资金融通。在上述英国北岩银行挤兑危机案例中，北岩银行对挤兑的应对不足也在一定程度上导致其失去了化解危机的先机，后续不得不多次通过央行流动性支持、央行注资、政府信誉背书等方式稳定市场情绪，实际却加剧了投资者恐慌。当面对突发事件时，若能快速、高效地采取应对举措，将有助于更好地化解流动性风险。

第五节 资金筹集：高杠杆下的负债业务

管理心得

资金筹集是商业银行的核心业务，通过持续提供稳定低成本的资金为银行创造价值，既是资产配置实施的基础，也是现金创造的主要条件，同时还是现金管理的重要影响因素。

资金筹集需根据不同资金来源的特点，对规模、成本和结构等融资要素进行统筹管理，通过内外部定价等工具引导负债结构优化。

资金与资产是商业银行在满足资本结构约束、开展现金创造活动以及进行现金管理的过程中需要始终协调运作的两个核心内容。**对以规模和利差为主要盈利驱动的商业银行而言，资金筹集不仅具有融资功能，还是核心业务能力的重要部分**，通过持续提供低成本的资金，与资产投放相互联动，形成利差收入，从而实现价值创造。

商业银行的资金来源包括债权资本和股权资本，但高杠杆经营下银行的资产负债率通常能达 90% 以上，以客户存款、主动负债等为主的债权资本是银行资金的主要来源，而股权资本只占很少比例，并在实践中通常属于银行资本管理的一部分。因此，在银行的5C体系中，资金筹集主要是指负债业务，股权融资则主要作为资本结构管理的一部分，相关内容在本章第二节中已有涉及。

负债端的资金筹集主要从规模、成本和结构三个维度影响银行价值，并与其他价值创造环节密切相关：在规模维度上，资金筹集需在满足目标资本结构即目标资本充足率的要求下进行，以一定的负债支持规模扩张，并在此基础上安排资产配置；在成本维度上，不同渠道筹集的资金产生的付息成本不同，影响经常性净利润和回报水平，进而影响现金创造能力；在结构维度上，负债端资金来源的稳定程度及其与资产端资金运用期限结构的适配程度影响流动性，进而需要进行现金管理。如何获取充足、低成本且稳定的资金，是银行在进行资金筹集时需考虑的核心问题。

资金筹集管理要素

商业银行的负债资金主要来源于客户存款、同业负债、同业存单、债券发行、资管理财等。其中：客户存款属于成本相对低、持续性强的负债，是支持规模扩张的核心资金来源；同业负债、同业存单以及发行债券等属于银行的主动负债，是丰富资金来源和渠道、实施负债主动管理的重要工具；同时，银行还可通过资管理财获取资金，该部分一方面对存款形成分流，另一方面又与存款在资金转换和客户维护方面密切关联。这些构成银行表内外多元化的资金来源。

商业银行可以在多种资金来源中进行主动筹划以满足资金筹集需求，如通过发挥存款定价主动权来调节存款资金的结构。在自主决策融资来源的过程中，资金筹集需对规模、成本和结构等融资要素进行统筹管理。

在规模目标上，资金筹集考虑的是资本约束下资产增长的实际需要，其可融资空间体现为目标资本充足率（资本结构）对风险资产规模的约束，进而形成债权融资规模的边界，可以简化理解为“由资本定资产、由资产定负债”，即首先根据资本约束确定表内外资产规模，进而初步评估银行所需的负债规模。

在成本管理上，资金筹集主要运用于支持资产业务的发展，最终目的还是在于获取尽可能大的利差以支持利润的增长，以形成对资本的内生补充。对融资成本的管理要以资产收益为约束控制整体资金成本，保持合理利差空间。在综合融资成本控制上突出成本收益的匹配原则，以资产收益率或者客户综合回报率为导向确定可容忍的融资成本区间，避免陷入负债的价格竞争。

在结构安排上，需考虑不同资金来源、期限结构的组合与安排。以成本为导向，协调存款与主动负债资金来源、不同存款资金来源之间的比例关系；在兼顾成本的同时考虑负债端期限结构与资产端期限结构的适配程度，以长期稳定资金支持资产投放。

不同性质和特点的资金来源，在资金稳定性、融资成本、管理主动性方面存在明显差异。银行可根据上述管理原则和管理要素对不同来源的资金筹集活动实施有针对性的管理。

客户存款：核心负债来源

商业银行与一般工商企业最大的区别就在于可以通过吸收低成本的客户存款进行资金筹集。存款是银行资产配置的主要资金来源和基础，核心存款稳定性强、利率敏感性低，是商业银行最可靠的资金来源。存款基础越好的银行就越接近货币链的上端，在金融杠杆过高、市场流动性紧缩的环境中优势越明显。所谓“存款立行”，意在突出存款的核心地位，通过充分打造渠道、产品和服务的核心竞争力，巩固低成本资金来源，提高客户黏性与负债的稳定性。

案例 1：中信银行通过交易银行业务与银证合作吸收公司存款

中信银行（0998.HK）客户存款中的 85% 由公司存款贡献，主要包括公司客户结算存款和政府存款。首先，通过打造贸易融资平台、资产托管平台、现金管理平台、电子商务服务平台、互联网金融服务平台，为公司客户提供全方位的产品和服务，促进公司存款规模较快增长。2016 年对公结算存款日均余额约 12 574 亿元，占全部公司存款的 47.3%。其次，通过银证合作吸收政府存款。总行与国家工信部、交通部、农业信贷担保联盟等签署了战略合作协议，各分行与所在区域的地方政府或政府职能部门签署战略合作协议近 100 项。2016 年机构客户日均存款余额 9 621.76 亿元，比上年增长 13.6%，占全行公司存款余额的 36.2%。

案例 2：招商银行通过零售业务和交易银行业务吸收活期存款

招商银行（3968.HK）凭借多元化的产品体系，大力发展线上消费支付结算业务，同时扩大线下借记卡、信用卡、理财业务客户基础。一方面，受益于支付结算和理财业务产生的存款沉淀，截至 2017 年年中，该行零售活期存款较上年年末增加约 871 亿元，占零售存款总额的 78.5%，而平均付息率仅为 0.36%。另一方面，以现金管理、交易银行业务（供应链融资、付款代理、票据池等）带动公司客户活期结算存款的增长。2017 年年中，公司活期存款较上年年末增加约 1 023 亿元，占公司存款总额的 55.8%，而平均付息率仅为 0.7%。受益于低成本活期存款占比较高，该行 2017 年年中存款平均付息率仅为 1.24%，在国内上市银行中成本最优。

从规模上看，银行存款规模增长的驱动归根到底取决于货币供应量、银行自身的客户和渠道等因素。客观上，存款的增长本质上是广义货币供应的结果，受央行信贷投放所派生的存款量、存款准备金率的高低、外汇占款及其派生存款增量等因素影响。主观上，核心存款的规模和增长反映了银行客户基础、服务质量、渠道建设等多方面的核心竞争力。因此，在考虑存款资金筹集的规模目标时，需要结合外部宏观环境的影响以及单个银行的市场竞争力，根据历史增速与当期目标来制订存款资金筹集计划。

从成本上看，不同存款客户群体体现出差异化的利率敏感性。以日常清算、结算需求为主的存款客户对利率敏感性较低，以收益为主要目标的存款客户则对利率敏感性较高。因此，存款的定价应首先按照利率敏感特征对客群进行分类，针对不同客群实施差异化的定价策略。对利率敏感性低的客群，通过产品创新、优化服务等方式增加客户黏性，加大吸收低成本存款的力度；对利率敏感性高的客群，以市场平均利率水平定价，保持合理价格竞争力，考虑战略需要还可适度以高于市场平均水平的定价吸收存款，以拓展目标客群。

从结构安排上看，除考虑成本因素外，还要考虑资金来源的稳定性。从整体沉淀率来看，活期沉淀和结算资金不仅成本低且稳定性更高。因此，在期限结构安排上，应发挥 FTP 内部定价的传导作用，扩大活期、短期存款的 FTP 价差，优化存款结构；在业务结构安排上，积极拓展代理、支付结算等能够增加稳定资金来源的业务，通过提供更为便捷优质的服务，提高存款资金的沉淀率。

此外，存款管理还需要考虑监管要求，主要包括存款准备金、存贷比、存款偏离度、存款保险等。

灵活且复杂的主动负债

客户存款是商业银行最传统且最主要的资金来源，但随着金融脱媒、存款分流等，仅依靠存款已无法满足贷款和投资增长的需求。为了保证自身的安全性和流动性，除了吸收存款外，银行还需要在金融市场主动吸收其他资金。主动负债主要包括同业负债、向央行借款和发行债券等，具有金额批发性、决策自主性、融资要素可协商性等主动管理特征。此外，存款负债中的结构性存款和协议存款也兼具主动负债的特征。

同业负债是主动负债管理的重要工具，包括同业存放、同业拆入、卖出回购等，具有业务开展灵活、期限较短、市场化程度高等特征，成为银行主动管理负债的重要手段和工具。向中央银行借款是流动性的重要保障，央行通过 SLF、MLF、SLO、PSL[①] 等公开市场工具向市场注入流动性，是允许银行在某种条件下向央行借款满足流动性需要的融资渠道，但银行对该类负债的主动管理空间相对较小。应付债券是主动负债的重要增量来源，包括同业存单、一般金融债、减计型二级资本债、可转换公司债等。其中，同业存单是由存款类金融机构在银行间市场发行的记账式定期存款凭证，具有线上化、标准化、可流通的特征，且无须缴纳存款准备金，因而成为银行迅速获取批发资金的创新融资工具；而一般金融债，受制于审批和备案，较难成为经常性的稳定融资来源；此

---

① SLF（standing lending facility，常备借贷便利）指银行以合格抵押品从央行借款，期限一般为 1 至 3 个月；合格抵押品包括国债、央行票据、政策性金融债等。

MLF（medium-term lending facility，中期借贷便利）与 SLF 类似，但期限略长，一般为 3 个月、6 个月和 1 年。

SLO（short-term liquidity operations，短期流动性调节工具）是公开市场常规操作的必要补充，以 7 天期以内短期逆回购或正回购为主，在银行体系流动性出现临时性波动时相机使用。

PSL（pledged supplementary lending，抵押补充贷款）作为一种新的储备政策工具，是基础货币投放的新渠道，并通过商业银行抵押资产从央行获得融资的利率，引导中期利率调整。

外，银行还可以发行减计型二级资本债、可转债等资本性债务工具，主要为满足监管资本要求，属于资本管理范畴。

结构性存款和协议存款的成本相对较高，在融资要素上有主动负债的特征，可以作为资源型营销工具来使用，用于提升特定客户的营销效率，以撬动其他业务的开展，但从成本角度而言并不是资金筹集的最优选择，应对其规模占比进行审慎管理，合理评估其获客综合收益。

主动负债不仅是传统存款资金来源的补充，也是统筹整体负债规模、成本、期限结构的重要主动管理工具。虽然主动负债品种丰富且在资金性质上差异较大，难以按照统一的方式进行管理，但在规模、成本和结构三方面还是有一些基本的原则可以遵循：在规模上，要以核心存款与整体融资需求的缺口作为主动负债的规模目标；在成本管理上，主动负债的定价已基本市场化，可以投放资产的收益率扣除必要的成本和价差后确定主动负债的融资成本区间，在一定的指导利率区间下灵活定价，以提升对市场利率变化的敏感性；在结构安排上，统筹考虑负债与资产期限结构的适配性，利用融资要素自主管理的特点，实现负债结构的主动调整优化。

主动负债管理还应考虑资金稳定性与分散性，同时结合流动性管理目标，以综合安排融资规模和结构。例如，为规避主动负债的集中度风险，银行应根据监管要求和自身风险偏好，对批发资金的规模占比以及交易对手集中度等实施相应的限额管理。

资管理财：重要的表外资金来源

理财产品具有期限灵活、收益率较为市场化等特点，是较好满足各类风险偏好客户投资需求的资管类融资工具。银行通过理财产品的滚动发行，撬动客户资金并带动结算性存款的增长；同时理财业务也是银行拓宽中间业务收入来源、节约资本消耗（表外理财）、推动商业模式从资产持有者转型为资产管理者的战略选择。

在规模安排方面，通过理财产品筹集资金需关注市场竞争与客户需求，市场竞争不仅来源于金融同业同类产品，还包括资本市场其他投资渠道的分流，同时应根据客户需求，包括客户风险偏好、收益敏感程度等，制定细分市场的产品策略和筹资安排；在成本及定价方面，理财产品对客定价同样取决于银行资产端的收益水平和竞争态势；而在期限结构方面，理财产品负债端期限相对较短，应关注表外理财大额赎回对整体流动性的影响。

第六节　资产配置：推动资产组合的效率提升

管理心得

资产配置包括对商业银行资产端的管理，与资金筹集对负债端的管理相互驱动，形成资金资产的联动机制；同时资产配置还包括银行通过新设分支机构、并购重组等方式获取外延式增长。

在资产配置的关键环节中，回报、增长及风险是银行价值分析的核心维度。在实践中，银行常见的价值评估方法是股权自由现金流折现法的另一种呈现形式，即剩余收益法。银行通过对存量及增量业务资产配置持续进行价值检讨，推动资产组合的不断优化。

在商业银行通过资金筹集对负债端表内外的资金来源进行管理的同时，还要对资产端表内外的资产投放组合进行管理，即进行资产配置。商业银行的资产组合也可分为业务资产组合和会计资产组合：业务资产既包括信贷业务、投资业务、同业业务等表内业务，也包括承诺与担保、金融衍生品交易、委托代理等表外业务，以及业务资产在业务线、机构、行业、客户等之间的组合分布；会计资产是业务资产在财务上的表现，既包括体现在资产负债表上的贷款、投资、存放同业款项、存放央行款项等表内资产科目，也包括银行承兑汇票、信用证、保函等表外项目。对银行而言，资产配置与资金筹集类似，都是在日常经营过程中需要持续进行的业务活动，通过对业务资产进行组合管理，获取经常性净利润，以实现内涵式增长。不仅在日常经营中，在资本（资本支出）层面，商业银行也与一般工商企业类似，在必要时需要通过新设分支机构、并购重组等方式获取更进一步的规模扩张，以实现外延式增长。银行的资产配置管理，就是分别通过在经营层面及资本层面的资产优化组合，与负债端的资金筹集相互驱动，推动银行的可持续发展。

商业银行的资产配置同样包括增量业务资产配置和存量业务资产配置。增量业务资产配置主要通过对当期新增的信贷、投资等业务资产投放以及新设分支机构和并购重组等战略性资本支出来实现，存量业务资产配置主要通过对由增量业务累积而成的现有业务资产组合的价值检讨与优化实现。二者都需要遵循以业务战略为前提，以财务资源与组织能力为支撑，实现回报、增长及风险相互平衡的资产配置主要依据，并通过价值分析、价值评估及价值检讨的关键环节提高资产配置效率。

其中，财务资源对银行资产配置决策的支撑主要体现为资本约束对规模增长和预期回报的影响：在规模增长上，表内外资产投放总量和结构应与资本承受能力相适配，强化资本对资产的约束；在预期回报上，应以提升资本回报为导向优化资产结构，提升资产配置的风险回报水平，从而实现资本与资产的联动管理；此外，还要考虑流动性要求和资产负债期限结构的适配性，在配置高收益资产的同时兼顾各级流动性资产的配置。

按照资产配置决策流程：在价值分析环节，从银行股权价值本源出发，用回报、增长及风险三个维度对价值创造情况进行判断；在价值评估环节，银行股权价值评估是以股权自由现金流折现法为主，并用相对估值法等其他估值方法进行对比验证，但考虑到操作可行性，股权自由现金流的另一种呈现形式即剩余收益法成为银行在实际中更为常用的估值技术；在价值检讨环节，银行可从回报与增长维度，持续对存量及增量业务资产的创值能力进行检讨，以业务资产的当期价值贡献为决策依据，引导资源投放到效率最优的业务资产组合中。以下，我们就分别从价值分析、价值评估及价值检讨三方面，对银行的资产配置管理进行简要介绍。

价值分析：回报、增长及风险在银行中的体现

价值分析是资产配置的起点，如在本章第一节中介绍的，对于银行价值一般关注的是其股权价值，体现为未来可持续股权自由现金流的折现值。其中，股权自由现金流是公司自由现金流在考虑债务相关现金流影响（包含净负债及税后利息支付）之后的现金流净额，是归属于股东可以自由支配的部分。在商业银行中，股权自由现金流产生的主要来源是现金创造所得的经常性净利润，并扣除资金筹集业务带来的负债端变动对现金流的净影响，体现银行的回报、增长及相应的持续能力。折现率是权益资本成本，代表股东对银行回报的最低要求，主要受到银行风险水平的影响；风险同时贯穿银行所有经营活动的始终，显著影响银行回报与增长的持续性。

对银行而言，回报是产生股权自由现金流的基础，由于杠杆运用也是银行的核心业务能力，因此应以包含财务杠杆影响的净资产回报率（ROE）为起点，分解为总资产回报率（ROA）和权益乘数并细化为更具体的价值驱动因素，如衡量资金收益和使用效率的净息差、反映综合经

营创收能力的非息收入占比、评价各类成本投入产出效率的成本收入比、检视资产质量及拨备计提审慎性的不良贷款率、逾期贷款生成率和拨备覆盖率，以及细化评估业务资产风险调整后回报水平的风险资本回报率（RAROC）和经济增加值（EVA）等。在回报水平一定的情况下，通过增长可以增加股权自由现金流，增长来源于规模的扩大和价格的提升。资产规模是市场地位及影响力的重要因素，生息资产规模增长能带来可观的利息净收入，广泛的网点和客群、多样化的产品和服务等能带来非利息收入的持续增长。规模增长既体现明显的顺周期效应，受宏观经济、信贷政策、行业景气、货币供给等诸多外部因素影响，又受自身的信贷供给、投放节奏、资本充足程度、网点渠道、客群基础及综合服务能力等的影响。但在资本约束的强监管下，单纯依靠信贷的爆发式投放来推动资产规模增长的模式已不可持续，价格因素成为一定资产规模下推动收入增长的主要驱动，价格在很大程度上取决于利率环境、竞争态势、供需情况等外部因素，同时银行也可以在优化业务结构、提升定价水平等方面采取改善举措。有关银行价值驱动因素细化的内容可参考附录7D。

在权益资本成本一定的情况下，风险主要通过影响回报与增长及其可持续性来影响银行价值，金融行业的特点决定了无论是当期的经营情况还是未来的可持续增长都与各项风险高度相关。例如：信用风险与宏观经济和实体经济景气程度等系统性风险相关，同时也因各家银行资产配置的客户结构、行业结构、区域结构和自身的风险管理能力等非系统性因素差异而呈现不同水平；市场风险受金融市场环境、利率和汇率政策的系统性风险影响，但不同银行差异化的投资策略以及期限与币种错配所形成的不同风险敞口对同一市场变化的敏感程度不一。信用风险、市场风险等不仅影响银行当期的回报水平，还影响未来的成长性。

商业银行可以结合回报、增长及风险的完整价值分析视角，层层细化价值驱动因素，对各项业务资产的价值创造能力进行详细分析，从而为价值评估以及价值检讨提供有效依据。

价值评估：围绕股权价值进行评估

当商业银行通过并购重组谋求市场准入突破，或为优化资本结构、完善公司治理等而引入投资者时，就需要在资本层面进行价值评估。银行股权价值的本源是未来可持续股权自由现金流的折现值，能体现关键价值驱动因素对价值创造的作用。因此原则上，银行股权价值也应以股权自由现金流折现法为主，并辅以相对估值法等其他估值方法作为参考与检验。然而在实践运用中，银行采用股权自由现金流折现法进行估值存在一定的操作难度。股权自由现金流可视为经常性净利润（详见本章第二节现金创造）加上净负债对现金流的影响（net borrowing，包括新发生债务的现金流入和偿还债务本金的现金流出），银行杠杆经营下的资产负债率可达 90% 以上，净负债对每期股权自由现金流有显著影响，但实际中负债结构复杂且变动较大，导致对净负债现金流影响的预测存在较大的不确定性。

因此，银行股权价值一般会采用股权自由现金流折现法的另一种呈现形式，即剩余收益模型（residual income model）进行评估。剩余收益是经常性净利润与股东要求回报之间（即权益资本成本额）的差额，剩余收益法估值就是当期时点权益的账面价值和未来每期剩余收益按权益资本成本进行折现后的价值之和。作为一种估值技术，剩余收益法的数据基础主要基于银行资产负债表和利润表，在实际中具备更好的操作性，同时也可以体现资本有偿使用和股东价值最大化的原则，在一定程度上可反映银行股权的内在价值。此外，稳健经营、有持续派息政策的上市银行也可采用股利贴现模型（dividend discount model），即未来可获得的股利按权益资本成本进行折现后的价值，但由于派息政策往往并不稳定

（比如银行处于新兴市场的快速成长期），限制了股利贴现模型的应用。

在合理估计银行股权内在价值的基础上，还需要考虑市场估值水平，因此需要同时运用相对估值法进行对比验证，并形成相对准确的估值结果区间。对金融业尤其是银行而言，运用市账率（P/B）估值较市盈率（P/E）更为普遍，一方面是因为银行的盈利水平很大程度上取决于资产规模扩张情况，基于资产负债表的估值更能全面反映其价值创造能力，而各期盈利受拨备计提影响较大，缺乏稳定性，是管理层风险偏好的反映，这就限制了 P/E 的可比性；另一方面是因为银行的资产负债大量运用了公允价值计量，而拨备减值也使得资产计量金额能更接近真实情况，相对而言其账面值能更接近市场价值并反映资产质量，因而以净资产作为衡量基准更为合理。此外，P/B–ROE 回归模型也是银行常用的相对估值法，即采用可比上市公司数据，计算出 P/B–ROE 回归线，以估值标的 ROE 得到对应的 P/B，该方法在运用时也同样应关注拨备对当期 ROE 的影响。

价值检讨：推动业务资产组合持续优化

价值检讨是资产配置的第三个关键环节。一般而言，价值检讨包括增量业务资产价值检讨及存量业务资产价值检讨。由于行业监管原因，银行在并购重组等增量业务资产配置活动相对一般工商企业较不常见，因此，商业银行更多关注经营层面的存量业务资产价值检讨以及对新设分支机构（尤其是涉及不同市场环境的异地新设分支机构）等的增量业务资产价值检讨。价值检讨是商业银行不断优化业务资产配置的重要工作，可体现为运用价值导向的量化工具，在考虑业务战略匹配度及组织能力与财务资源支持的基础上，对具体业务资产在不同业务线（如公司业务、零售业务、金融市场业务等）、机构（如分行、支行及网点等）、行业、客户、产品中的配置组合进行价值检讨，从价值创造角度划分资产配置优先级，引导业务资产结构优化，促进资产配置效率提升。

在存量业务资产价值检讨方面，银行可从回报与增长的维度进行价值检讨，为未来资产配置优化提供决策依据。在回报维度，银行通常运用风险资本回报率（RAROC）和经济增加值（EVA）等指标评价不同业务线、机构、行业、客户等业务资产的当期回报情况，同时结合对回报预期变化的判断，分析业务资产的回报改善空间。具体而言，如在本章第二节资本结构的资本配置中所介绍的：RAROC 是风险调整后的净利润与经济资本的比率，在确定的资本充足率目标下，用于评估具体某项业务资产风险调整后的资本回报水平；EVA 是当期风险调整后的净利润扣除资本成本（即权益资本成本）后的剩余收益，反映某项业务资产对当期价值绝对额的贡献。经营层面具体某项业务资产的 RAROC 和 EVA，体现了银行整体层面回报指标 ROE 和 EVA 的细化分解，属于风险调整后指标。其中，RAROC 是相对指标，EVA 是绝对指标，二者相互配合，通过内部横向、历史纵向、与同业或预算目标等的比较，更加完整地反映业务资产的回报水平。在增长维度，银行主要分析的是各项业务资产的规模和收入增长率水平，与历史、同业或预算进行比较，并考虑其预期变化，判断存量业务资产的增长潜力。此外，银行还可根据战略导向，在资产配置方面突出对战略重点业务的支持。以下以某银行对业务线的价值检讨为例，说明定期价值检讨在支持全行资产配置决策中的实践应用。

案例：B 银行业务线价值检讨及差异化资产配置

B 银行在面对公司、零售、金融市场业务的多种资产配置决策时，通过对各业务线当期价值创造能力进行检讨，及时识别价值驱动因素中的管理问题，并结合业务规划推动资产配置向更具创值能力的业务线倾斜，以提升资产配置效率。

表 7–5　各业务线回报与增长情况内部对标

关键价值指标（单位：亿元 /%）	公司	零售	金融市场	全行
营业收入	37.2	14.9	10.3	62.4
营业支出	–14.0	–8.1	–1.3	–23.3
拨备前利润	23.3	6.8	9.0	39.0
风险成本	–7.7	–0.2	–1.0	–9.0
资本成本	–7.7	–1.1	–1.7	–10.5
EVA	5.0	4.3	4.7	14.0
存贷利差 *	4.0%	4.8%	–	4.5%
非息收入占比	14.5%	16.0%	31.0%	17.6%
成本收入比	37.5%	54.4%	12.4%	37.4%
风险成本 / 收入	20.8%	1.4%	10.0%	14.4%
资本成本 / 收入	20.7%	7.4%	16.7%	16.9%
RAROC	16.0%	36.5%	40.5%	20.4%
生息资产增长率	10.0%	9.0%	18.0%	11.0%
计息负债增长率	11.0%	7.0%	16.0%	10.8%
营业收入增长率	7.0%	12.0%	21.0%	12.0%

* 存贷利差指贷款利率与存款利率之差，是衡量存贷业务定价水平的指标。

** 以上数据仅为示例（其中未考虑税负影响）。

业务线价值检讨

公司业务在各业务线中营业收入最高，收入增长主要受规模因素驱动，存贷利差低于同业标杆平均水平且非息收入贡献偏低。依靠信贷资源投入驱动的规模增长耗用了全行 70% 以上的资本成本，同时，经济下行期不良贷款率攀升带来风险成本上升。整体而言，公司业务单位收入耗用的各项成本偏高，导致其RAROC低于全行平均水平，但得益于规模贡献，EVA仍位于业务线之首。

零售业务受制于新设机构客群基础较弱，其业务主要来源于拥有存量客户基础的核心分行，新机构带来的增量业务贡献偏少，导致整体规模和收入贡献偏弱。此外，服务零售客户需要大量网点、人员和IT基础性服务与持续投入，（运营）成本收入比在业务线中最高，投入产出规模效应尚未发挥。但受益于零售业务资本占用少、风险较为可控，其耗用的资本成本和风险成本相对较低。整体RAROC达36.5%，但因投入产出规模效应尚未发挥，EVA低于公司和金融市场业务线。

金融市场业务中的投行、托管等业务发展迅速，加之债券投资收益大幅增长，非息收入同比增长68%，贡献了全行50%以上的非息收入。同时，受益于同业批发业务在成本端的优势，业务线成本收入比全行最低，对利润和回报形成正向贡献，EVA位于业务线第二。但考虑监管和市场变化，当前业务线的高回报水平难以持续。

对业务线实施差异化资产配置

根据各业务线的回报、增长和风险情况，结合全行财务资源和组织能力，B银行管理层对各业务线资产配置策略初步达成一致意见：公司业务是全行营业收入和利润的主要来源，应在维持规模稳定增长的基础上提升回报水平，资产配置可向高收益、轻资本的业务品种倾斜，优先向核心企业及其产业链上下游风险可控的中小企业分配信贷资源；零售业务风险调整后回报高，若能夯实基础、扩大客群、发挥规模效应，未来发展空间较大（消费金融、资管理财等），将加大战略资源投入；金融市场业务监管趋严，作为拓展和维护同业机构客户的重要渠道，资产配置重点应回归同业资金融通及流动性管理本源，考虑加大标准化债券投资的配置以平衡流动性和盈利性。

在部署了三大业务线层面的资产配置策略后，管理层就业务所需的财务资源配置原则进行了如下梳理。

在资本管理方面，根据各业务品种的目标风险资本回报和经济增加值指标，核定下年度业务线可用的新增资本额度，尤其对风险资本回报率满足目标要求且有增长潜力的业务应加大配置力度。

在信贷资源方面，根据各业务品种的规模、风险资本回报率和经济增加值贡献等量化指标，从分行和业务线两个维度综合考虑，将信贷资源投放到定价水平和资本回报较高的业务上，同时对战略导向或孵化培育业务予以一定倾斜。

在财务费用方面，考虑到费用列支的刚性，在分配增量费用时应兼顾存量业务发展的需要。对于价值贡献绝对值较大的业务要加大费用保障力度，配置的增量费用占比需匹配存量业务规模；对于回报较高的潜力业务要加大增量费用的配置以体现盈利导向，同时考虑全行战略重点支持。

在增量业务资产价值检讨方面，主要是针对新设分支机构实际运营情况进行投资后评价。与上述在存量业务资产价值检讨中的考虑因素和应用工具类似，银行也可运用 RAROC、EVA 及其他价值指标对新设分支机构进行分析。不同的是，由于被视为银行的战略性资本支出项目，银行还需要将新设分支机构的回报、增长等具体价值驱动因素的实际表现（如业务及客户规模和结构、定价水平、收入成本、风险情况、资产质量、客户网点渠道等），与可研报告时的预测进行比较，分析形成差异的原因，判断系统性风险（如区域经济及收入水平、产业景气度、监管环境变化等）和非系统性风险（如自身获客能力、业务结构、风险管理能力等）的影响程度，识别投资决策及经营管理中的问题，制定改善措施，推动未来资产配置效率的提升。

通过科学客观评价不同业务资产的价值贡献，银行可以识别真正的优质业务，并通过定期检讨回报和增长的持续性，优化进退机制，动态调整资产组合；在对存量和增量资产持续进行配置、检讨、再配置的过程中，将资本、信贷等资源投放到最优的资产组合中，不断提升资产配置效率，推动当期绩效与长期价值的协同实现。

附录 7A：信用风险加权资产计量（权重法示例）

商业银行可运用权重法和内部评级法计量信用风险加权资产。权重法指商业银行将全部资产按照监管规定的类别进行分类，并采用监管规定的风险权重计量风险加权资产的方法。

以下以国内监管要求为例，说明信用风险加权资产的计量规则。国内监管在参考《巴塞尔协议Ⅲ》资本管理办法的基础上，对商业银行信用风险加权资产的计量及各类资产对应的风险权重做出进一步的具体规定。

权重法下信用风险加权资产为银行账户表内资产信用风险加权资产与表外项目信用风险加权资产之和。其中：

表内信用风险加权资产 =（债权名义金额 – 减值准备 – 风险缓释金额）× 对应风险权重 + 风险缓释金额 × 对应风险权重

表外信用风险加权资产 =（债权名义金额 – 减值准备 – 风险缓释金额）× 信用风险转换系数 × 对应风险权重 + 风险缓释金额 × 对应风险权重

经济资本 = 风险加权资产 × 目标资本充足率要求

表 7–6　各类资产对应的风险权重

表内业务	权重
1. 现金	0%
2. 对中央政府和中央银行债权	
2.1 对评级 AA– 级（含）以上的国家或地区的中央政府和中央银行债权	0%
2.2 对评价 AA– 级以下，A– 级（含）以上的国家或地区的中央政府和中央银行债权	20%
2.3 对评价 A– 级以下，BBB– 级（含）以上的国家或地区的中央政府和中央银行债权	50%

（续表）

表内业务	权重
2.4 对评价 BBB- 级以下，B- 级（含）以上的国家或地区的中央政府和中央银行债权	100%
3. 对国内金融机构的债权	
3.1 对政策性银行的债权（不包括次级债）	0%
3.2 持有中央政府投资的金融资产管理公司为收购国有银行不良贷款而定向发行的债券	0%
3.3 对中央政府投资的金融资产管理公司的其他债权	100%
3.4 对其他商业银行的债权（不包括次级债）	
原始期限三个月以内（含）	20%
原始期限三个月以上	25%
3.5 对商业银行的次级债权（未扣除部分）	100%
3.6 对其他金融机构的债权	100%
4. 对一般企业债权	100%
5. 对符合标准的微型和小型企业的债权	75%
6. 对个人的债权	
6.1 个人住房抵押贷	50%
6.2 对已抵押房产，在购房人没有全额还款前，商业银行以再评估后的净值为抵押追加贷款的，追加部分	150%
6.3 对个人其他债权	75%
7. 租赁资产余值	100%
8. 股权	
8.1 对金融机构的股权投资（未扣除部分）	250%
8.2 对被动持有的对一般工商企业的股权投资	400%

表 7–7 权重法下的信用转换系数

表外业务	信用转换系数
1. 银行承兑汇票、融资性保函	100%
2. 贷款承诺	
可随时无条件撤销的贷款承诺	0%
原始期限不超过 1 年的贷款承诺	20%
原始期限 1 年以上的贷款承诺	50%
3. 未使用的信用卡授信额度	
一般未使用额度	50%
符合标准的未使用额度	20%
4. 非融资保函	50%
5. 与贸易直接相关的短期或有项目	20%
6. 与交易直接相关的或有项目	50%
7. 循环认购便利	50%

对于债权的风险暴露，银行可以通过抵押（如现金、证券）、第三方担保、信用衍生工具等手段缓释信用风险。

不同风险特征的业务对应的风险权重不同：在业务规模一定的情况下，风险权重较低的业务对经济资本的占用越少；在所产生的利润既定的情况下，占用经济资本越少的业务，单位资本回报水平越高。下面以某公司客户信用风险加权资产计量的示例来简单阐述业务资产风险情况对经济资本的占用：

某公司客户信用评级 BBB+，在该银行的业务包括 1 年期流动资金贷款 2 000 万元（已计提 1% 专项减值准备），半年期银行承兑汇票 1 000 万元，50% 的承兑汇票保证金。按权重法要求，该客户对银行的资本占用计算如下：

（1）该客户的 2 000 万元贷款属于 100% 的公司债权，信用评级

BBB+，对应的风险权重为 100%；该贷款对应 1% 的减值准备即 20 万元，则风险加权资产为 1 980 万（2 000 × 100%–20）；

（2）该客户 1 000 万元承兑汇票属于表外资产，权重法下该业务信用风险转换系数是 100%，对应的风险权重是 100%，因有 500 万元保证金存款（对应的风险权重为 0%）作为缓释工具，该业务风险加权资产为 500 万元，即 [（1 000 –500）× 100% × 100%+500 × 0%]；

（3）该客户占用的经济资本为风险加权资产 × 目标资本充足率，两笔业务占用风险加权资产合计为 2 480 万元，假设该行目标资本充足率为 10%，则该客户总共占用银行经济资本 248 万元。

附录 7B：主要流动性风险监测指标

流动性风险管理是银行业关注的焦点。巴塞尔委员会将流动性监管提升到了与资本监管同样重要的地位，并最终在 2010 年出台的《巴塞尔协议Ⅲ：流动性风险计量、标准和监测的国际框架》中，确定以流动性覆盖率和净稳定资金比例为流动性风险的重要监管指标，首次创建了全球统一的流动性风险监管标准。

在具体运用中，各国监管在参考巴塞尔流动性风险管理要求的基础上，还会根据本国金融市场实际情况和需要，构建流动性风险管理框架。以国内监管要求为例，除引入《巴塞尔协议Ⅲ》中流动性覆盖率和净稳定资金比率外，还将流动性比例、流动性匹配率和优质流动性资产充足率纳入监管指标体系，并辅以流动性缺口率、核心负债依存度、存贷比等监测指标作为补充。相关指标定义及要求具体见如下：

流动性覆盖率 = 流动性资产 / 未来 30 日内资金净流出 ≥ 100%

其中：流动性资产 =∑ 各类流动性资产金额 × 折算率

未来 30 日内净现金流出 = 现金流出量 – min（现金流入量，现金流出量的 75%）

流动性覆盖率意在确保单个银行在设定的某个压力情景下，银行优质流动性资产储备满足未来 30 日的资金净流出量的程度，主要反映短期（未来 30 天内）特定压力情景下，银行持有的高流动性资产应对资金流失的能力，其中流动资产按一定的比率折算，并不 100% 计入。一般认为，30 天的缓冲期使得监管有足够时间采取适当行动控制单个银行流动性风险。

净稳定资金比例 = 可用的稳定资金 / 业务所需的稳定资金 ≥ 100%

其中：可用稳定资金 =∑ 各类权益和负债 × 相应的稳定资金比例系数

所需的稳定资金 = 各类资产和表外风险暴露 × 相应的所需稳定资金系数

净稳定资金比例通过计算银行一年以内可用的稳定资金与业务所需的稳定资金之比（其中，权益和负债按相应系数折算，并不100%计入）衡量单家银行在特定压力情景下可用的长期稳定资金支持业务发展的能力，是流动性覆盖率的补充，意在鼓励银行通过结构调整减少短期融资的期限错配，增加长期稳定资金来源，提高监管措施的有效性。

流动性比例 = 流动性资产余额 / 流动性负债余额≥ 25%

其中：流动性资产包括现金、黄金、超额准备金存款、一个月内到期的同业往来轧差后资产方净额、一个月内到期的应收利息及其他应收款、一个月内到期的合格贷款、一个月内到期的债券投资、国内外二级市场上可随时变现的证券投资和其他一个月内到期的可变现资产。

流动性负债包括活期存款、一个月内到期的定期存款、一个月内到期的应付利息和各项应付款、一个月内到期的中央银行借款和其他一个月内到期负债。

流动性匹配率 = 加权资金来源 / 加权资金运用≥ 100%

其中：加权资金来源包括各项存款、同业存款、同业拆入、卖出回购、发行债券及发行同业存单等项目，加权资金运用包括各项贷款、存放同业、拆放同业、买入返售、投资同业存单、其他投资等项目。加权资金来源和资金运用还需根据其剩余期限对应的折算率进行折算。具体折算率请参考监管发布的商业银行流动性风险管理办法。

流动性匹配率衡量商业银行主要资产与负债的期限配置结构，旨在引导商业银行合理配置长期稳定负债、高流动性或短期资产，避免过度依赖短期资金支持长期业务发展，提高流动性风险抵御能力。

优质流动性资产充足率 = 优质流动性资产 / 短期现金净流出≥ 100%

其中：优质流动性资产是指能够通过出售或抵（质）押方式，在无损失或极小损失的情况下在金融市场快速变现的各类资产。优质流动性资产为无变现障碍资产，由一级资产和二级资产构成。一级资产包括现金、超额准备金、国债、央票和政策性金融债，二级资产包括信用评级在 AA– 级以上的信用债和地方政府债。

短期现金净流出 = 可能现金流出 – 可能现金流入

可能现金流出包括一般性存款、同业业务、发行债券、向央行借款和其他项目流出等；

可能现金流入包括未来 30 天内到期的贷款、同业业务、投资债券流入等；

可能现金流入不可超过可能现金流出的 75%。

优质流动性资产充足率旨在确保商业银行保持充足的、无变现障碍的优质流动性资产，在压力情况下，银行可通过变现这些资产来满足未来 30 天内的流动性需求。

流动性缺口率 =90 天内到期的期限缺口 /90 天内到期表内外资产≥ –10%

其中：90 天内到期的期限缺口为 90 天内到期的表内外资产减去 90 天内到期的表内外负债的差额。

流动性缺口率旨在衡量在未来的一定时间内，银行能变现的资产是否能够偿还到期的债务。缺口为正，表示银行在该期限内到期的资产足够偿还到期的债务；缺口为负，表示银行在该期限内到期的资产无法偿还到期的债务，需要以其他方式筹集资金偿还到期债务。该指标是衡量商业银行流动性状况及其波动性的流动性风险核心指标之一。

核心负债依存度 = 核心负债 / 总负债≥ 60%

其中：核心负债包括剩余期限在 3 个月以上的定期存款和发行债券加上过去 12 个月活期存款的最低值。

存贷比 = 各项贷款余额 / 各项存款余额≤ 75%

存贷比旨在通过控制存款和贷款业务比重来控制银行的主要资产负债结构。

附录 7C：流动性缺口分析（示例）

流动性缺口分析以直观的方式展示了现金头寸在各期限结构上的错配程度，在每一个期限内部进一步拆分资产项和负债项，更详细地观测资产负债到期情况及相对应的缺口，为不同期限的流动性安排提供决策支持。

当某一时期内资产大于负债时，说明该期限内到期资产大于到期负债，收回的资金多于支出资金，持有资金头寸为正，需要展开新的业务投放，若头寸数量过大则造成资金闲置；而当某一时期内负债大于资产时，说明该期限内到期资产小于到期负债，收回的资金少于支出资金，将出现现金缺口，如不及时补充流动性，可能会引起流动性风险，若要维持现有资产规模，则需要从外部筹集资金。

表 7–8　剩余期限法测算资金缺口（示例）

法人口径（单位：亿元）	无期限	实时偿还	1 个月内	1~3 个月	3 个月 ~1 年	1~5 年	5 年以上	合计
资产：								
现金及存放央行款项	18 998	3 100	—	—	—	—	—	22 098
存放同业款项和拆出资金	—	601	713	183	315	1	—	1 813
买入返售金融资产	—	—	1 945	707	283	53	—	2 988
客户贷款和垫款	273	885	1 891	3 763	15 240	15 823	20 727	58 602
投资								
——以公允价值计量且变动计入当期损益的金融资产	—	—	758	135	94	23	16	1 026
——可供出售金融资产	170	1	125	525	1 334	2 709	1 350	6 214
——持有至到期投资	—	—	136	524	2 433	8 746	5 925	17 764
——应收账款债券投资	—	—	—	—	163	236	2 672	3 071
——对子公司投资	115	—	—	—	—	—	—	115

（续表）

法人口径（单位：亿元）	无期限	实时偿还	1 个月内	1~3 个月	3 个月 ~1 年	1~5 年	5 年以上	合计
其他资产	1 435	468	59	70	141	236	192	2 601
资产总计	20 991	5 055	5 627	5 907	20 003	27 827	30 882	116 292
负债：								
向中央银行借款	—	13	—	—	—	—	—	13
同业存放款项和拆入资金	—	4 538	1 235	719	251	706	—	7 449
以公允价值计量且变动计入当期损益的金融负债	—	51	35	54	—	—	—	140
卖出回购金融资产	—	—	19	30	24	—	—	73
客户存款	—	54 389	8 954	8 109	22 217	4 411	103	98 183
已发行债务证券	—	—	21	35	89	48	806	999
——已发行存款证	—	—	21	35	89	48	7	200
——已发行次级债券	—	—	—	—	—	—	799	799
其他负债	—	1 035	604	103	326	53	40	2 161
负债总计	—	60 026	10 889	9 085	22 996	5 266	1 755	110 017
净头寸	20 991	（54 971）	（5 262）	（3 178）	（2 993）	22 561	29 127	6 275

附录 7D：商业银行回报与增长的主要驱动因素

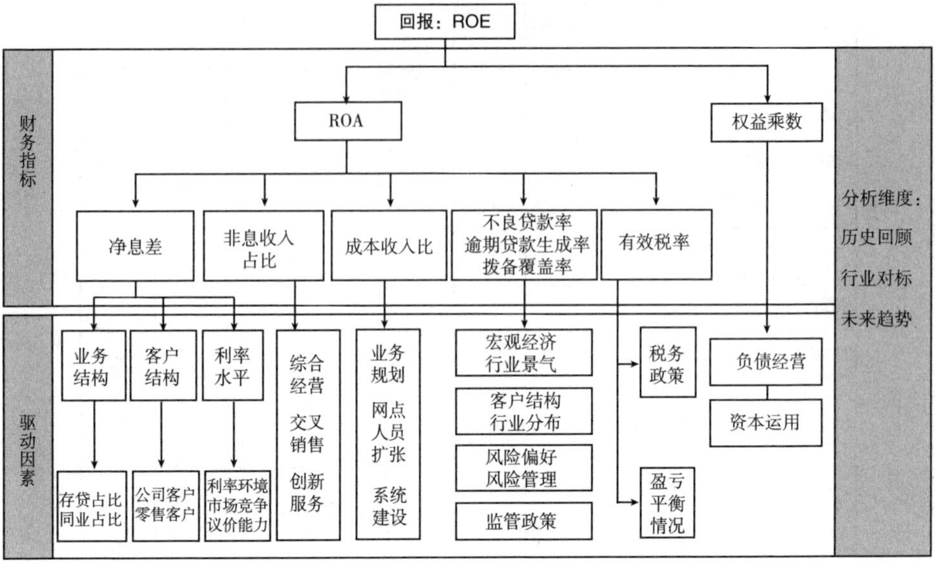

图 7–5　商业银行回报的主要驱动因素

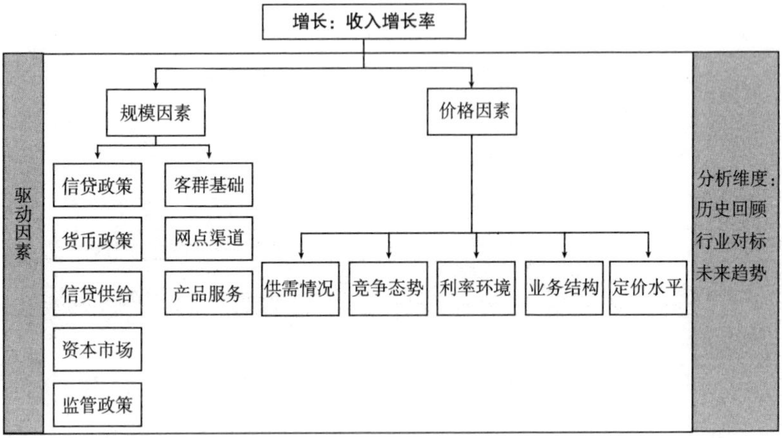

图 7–6　商业银行增长的主要驱动因素

第八章

公司可持续发展的三大支柱：

战略、价值、组织能力

实现公司的基业长青，相信是绝大部分企业家或经理人心中的梦想。基业长青无疑也是公司发展所要追求的远大目标，但真正能称得上基业长青的公司却是凤毛麟角。什么样的公司能够实现基业长青？或者说，公司成就基业长青是否有普遍性的规律可循？按照沃伦·巴菲特的理论，基业长青的公司需要有宽阔的“护城河”（moats）[①]。但是在变化的经济周期、激烈的竞争环境、快速的技术更新下，要如何始终保持宽阔的“护城河”？从根本上说，主要还是靠公司持久竞争能力。

诚然，公司价值内在的持续性必然是基业长青的重要基石，唯有实现价值创造，公司才能具备生存和发展之本；而从短期的价值创造提升到长期乃至持续的价值创造，并最终成为一家受人尊敬的世界级企业，在此过程中，除了要有价值引领外，还离不开战略导向和组织能力驱动这两个关键因素。战略指引公司的前进方向和实施路径，是起始开启所系；价值校准公司的追寻目标和成功标准，是终点靶向所求；组织能力在其中发挥经营执行和管理实施的作用，是驱动公司战略落地和价值实

① “护城河”能使一家公司长时间维持高水平的投资回报。独立第三方投资研究机构晨星（Morningstar）进一步归纳了5种常见的护城河：有效规模（即自然垄断），转换成本（例如数据库软件及服务），成本优势（能够比竞争对手以更低廉的价格出售产品），无形资产（包括政府特许权及品牌），网络效应（使用人数越多，服务或产品的价值越大）。

现的内在动力。在越加成熟的商业环境中，公司的可持续发展必然需要遵循基本的商业逻辑，而**战略导向、价值引领、组织能力驱动**是基本商业逻辑中不可或缺的三个重要方面，或者说是基本构成了公司可持续发展的三大支柱。因此，从公司整体可持续发展的角度，在本书的最后还有必要对战略、价值、组织能力这三个重要方面再做简要的系统性阐述，并立足实践梳理公司在这三大支柱下可以运用的有效管理工具，探讨管理实施中的可能挑战和关键要点，希望能对公司践行可持续发展的最佳实践有所帮助。

战略导向：发展方向与路径的清晰定位

战略解决的是公司的发展方向问题，清晰的业务战略（business strategy）是实现价值创造的前提条件。任何公司都会有自己的战略导向，例如立足哪个市场、针对哪些客户、提供什么产品或服务等，体现的是公司计划如何为股东持续地创造价值。在实践中，绝大部分公司都能认识到战略管理的重要性，可是真正能把战略落地到位，达到战略目标的公司却不多。贝恩公司（Bain & Company）的一项研究分析了美国、澳大利亚、英国、法国、德国、意大利和日本 7 个发达国家的大公司 1988—1998 年的业绩（这 10 年被认为是经济环境最好的时期），只有 1/8 的公司实现了至少 5.5% 的实际累计年利润增长率，并同时使股东回报超过了资本成本；其中有 2/3 的公司制订了战略计划，宣布要实现 9% 以上的增长率，结果只有不到 10% 的公司实现了它们的目标值。[①] 可见，公司战略要得到成功执行绝非易事。

如何使战略得到很好的落地是困扰很多公司的实践难题。虽然关于战

① Chris Zook, Profit from the Core: *Growth Strategy in an Era of Turbulence*[M]. Boston: Harvard Business School Press, 2001.

略管理的理论方法不少，但实践中的推进总是比理论上的构想更为复杂，尤其是在存在多个子单元的集团化企业中，建立系统性的战略管理体系还是有一些制约因素需要解决。所谓"没有描述就没有评价，没有评价也就没有管理"，在确定总体战略方向之后，描述（describe）、评价（measure）及管理（manage）往往是公司推进战略落地时遇到的较大挑战。

首先，相较财务管理而言，战略管理缺乏一套通用的描述语言，无法像财务报表那样，可以运用公认的计量规则和列报方式，反映和比较任何公司的财务状况、经营成果和现金流量，而公司对战略的描述常常取决于管理层的偏好或随机性的影响，这样带来的结果是战略不能在公司内部得到很好的沟通，不同业务板块或子公司的竞争战略也无法进行比较和评价，将战略转化为行动往往因此落空。

其次，传统的业绩评价主要以财务指标为主，侧重事后的分析和总结，重视内部的自身运作而忽略外部的环境因素，反映综合的业绩结果而不能揭示深层的业绩动因，关注短期的眼前利益而忽视长远的发展潜力，因此与战略管理的开放性、过程性、长远性等要求不相匹配，导致评价所传递的战略导向有所偏差，也就无法很好地发挥战略的驱动作用。

最后，战略细化和战略执行还会涉及流程、人力资源、信息化与组织能力等实际操作层面，受到许多复杂且微妙的公司文化和人为主观因素的影响，这使得各子单元执行战略的行为和相互间的配合出现偏差或有效性降低，从而大大增加了战略目标实现的不确定性。

战略落地的前提是战略方向明确之后战略能充分细化至执行层面。对此，两位战略管理大师罗伯特·卡普兰（Robert S. Kaplan）和大卫·诺顿（David P. Norton）**提出的战略地图（strategy map）**[①] **与平衡计分**

---

① Robert S. Kaplan，David P. Norton. *Strategy Maps：Converting Intangible Assets into Tangible Outcomes*[M]. Boston: Harvard Business School Press，2004.

卡（balanced scorecard，BSC）[①]，提供了一种有用的方法和工具。实际上战略地图本身就涵盖了平衡计分卡理念，**其突出意义在于建立了一个全面的“四角度（2–3–4–3）战略地图”框架，提供了一种通用的战略描述语言，并以战略评价驱动战略执行，发挥将战略细化为行动的作用，从而将战略与执行连接起来。**战略地图可以让组织在使命和愿景之下，用通俗清晰的语言来描述或图示该组织的战略目标（objectives），制定用于衡量战略目标的各种评价指标（measures），并针对评价指标设定相应的目标值（targets），以及达成目标值需要落实的行动计划（action plan），同时建立相关因素之间的逻辑联系（linkages），这些联系是确定战略方向的基础[②]。该框架总体上可以分为4大角度，包括：员工需要什么样的知识、技能和系统（即学习与成长角度，learning and growth perspective），来建立恰当的战略能力，获得适当的效率（即内部流程角度，internal process perspective），从而给市场（即客户角度，customer perspective）带来特殊的价值，进而最终创造出更高的股东价值（即财务角度，financial perspective）。战略地图的制定是采用自上而下的方法，从目标开始再到通往目标的路径，战略就是应该详细说明到达最终目标的逻辑过程。每个角度中都包含一套从结果到过程、层层细化的指标，其中既包含财务指标也包含非财务指标，并且还对每个角度的指标进行了结构化、体系化和逻辑化，即建立了细节层（detail）和颗粒层（granularity）。四角度（2–3–4–3）战略地图具体包括以下一些内容。

“2”指的是财务角度的收入增长战略和生产率提升战略两大财务

---

① Robert S. Kaplan，David P. Norton. *The Balanced Scorecard*：*Translation Strategy into Action*[M]. Boston: Harvard Business School Press，1996.

② Robert S. Kaplan, David P. Norton, *Having trouble with your strategy? Then map it!* [J]. Harvard Business Review, 2000,09-10.

战略，包含一系列财务指标及其目标值。财务角度的总体目标是实现股东价值的长期持续增长，其设定需要与公司战略与发展阶段相匹配，从而起到确定战略预期业绩及作为战略目标的双重作用。其中：收入增长是长期维度，可以通过增加收入来源（如新市场、新产品、新客户）或提高现有客户的盈利性（如加深关系，多卖出一些产品和服务）实现；生产率提升是短期维度，可以通过降低单位成本或提高资产效率实现。每一个细化的维度都可以再用进一步的具体财务指标进行评价。

“3”指的是客户角度的产品或服务特征（价格、品质、可获得性、可选择性、功能）、客户关系（服务、伙伴关系）和公司形象（品牌）等体现差异化客户战略的三个方面，描述了公司要为目标客户所创造的差异化、可持续的价值，体现为市场份额、客户保持率、客户满意度、客户获利率等结果指标。这可以通过**总成本最低**（best total cost，包括有吸引力的价格、优秀的质量、较短的交货期、方便的购物等）、**产品领先**（product leadership，包括新特征和新性能等）、**全面客户解决方案**（complete customer solutions，包括销售多样化、产品和服务捆绑等）和**系统锁定**（system lock-in，即高行业进入门槛、高转换成本等）等四种通用的客户战略或价值主张（value proposition）实现。在各种价值主张中，又可用产品 / 服务特征、客户关系、公司形象等方面归纳相关的动因指标。客户角度使公司管理层能够将公司战略转化为目标客户和细分市场战略，并便于集中资源，以实现既定的财务目标。

“4”指的是运营管理流程、客户管理流程、创新流程以及法规与社会流程等四类创造价值的内部流程，可以决定采用何种方法来实现差异化客户价值主张，以实现财务目标。这四类内部流程还可以分别细分为四个方面：首先，运营管理流程是基本的日常流程，包括供应、生产、分销和风险管理，主要与客户层面的产品或服务特征维度及总成本最低战略、财务层面的生产率提升相关，其收益主要体现在短期；其次，客户管理流程包括四类流程，即选择客户、获取客户、保留客户、培育客户，与客户层面的客户关系和公司形象维度、财务角度的收入增长有密切联系，其收益主要在中长期体现出来；再次，创新流程可分为机会识别、研发管理、设计开发、投放市场四个重要流程，创新代表客户角度的产品或服务特征及产品领先战略，以及挖掘新的市场和消费群体，可以支持公司实现更高的收入增长和获得更高的利润；最后，法规与社会流程也包括环境、安全与健康、员工聘用及社会责任四个主要方面，法规与社会流程的目标将对提升员工吸引力和保持率、客户价值主张和财务业绩都会产生重大影响。

“3”指的是学习与成长角度的人力资本、信息资本和组织资本等三种无形资产，任何战略的落地都必须有这三种无形资产的驱动，这是战略地图的基础。而无形资产本身不创造价值，必须把其与公司战略和内部流程目标协调一致，与其他资产结合起来，并且相互融合，通过复杂的因果链条间接创造价值。三种无形资产可以进一步细化为相应的指标：人力资本对应的是战略能力，也可称作员工能力，指执行战略要求的技能、培训和知识；信息资本对应的是战略信息，也可称作信息系统能力，包括支持战略所需要的信息系统、数据库和网络；组织资本对应的是文化、领导力、一致性和团队协作，实际体现的是公司的治理结构和组织能力水平。这里还可以采用“战略准备度”（strategic readiness）[①] 这一工具评估无形资产的价值，即每一种无形资产与公司战略协调一致的程度，也可说是对关键的内部流程的支持程度。

① Robert S. Kaplan，David P. Norton. *Measuring the Strategic Readiness of Intangible Assets*[J]. Boston: Harvard Business Review，2004,02.

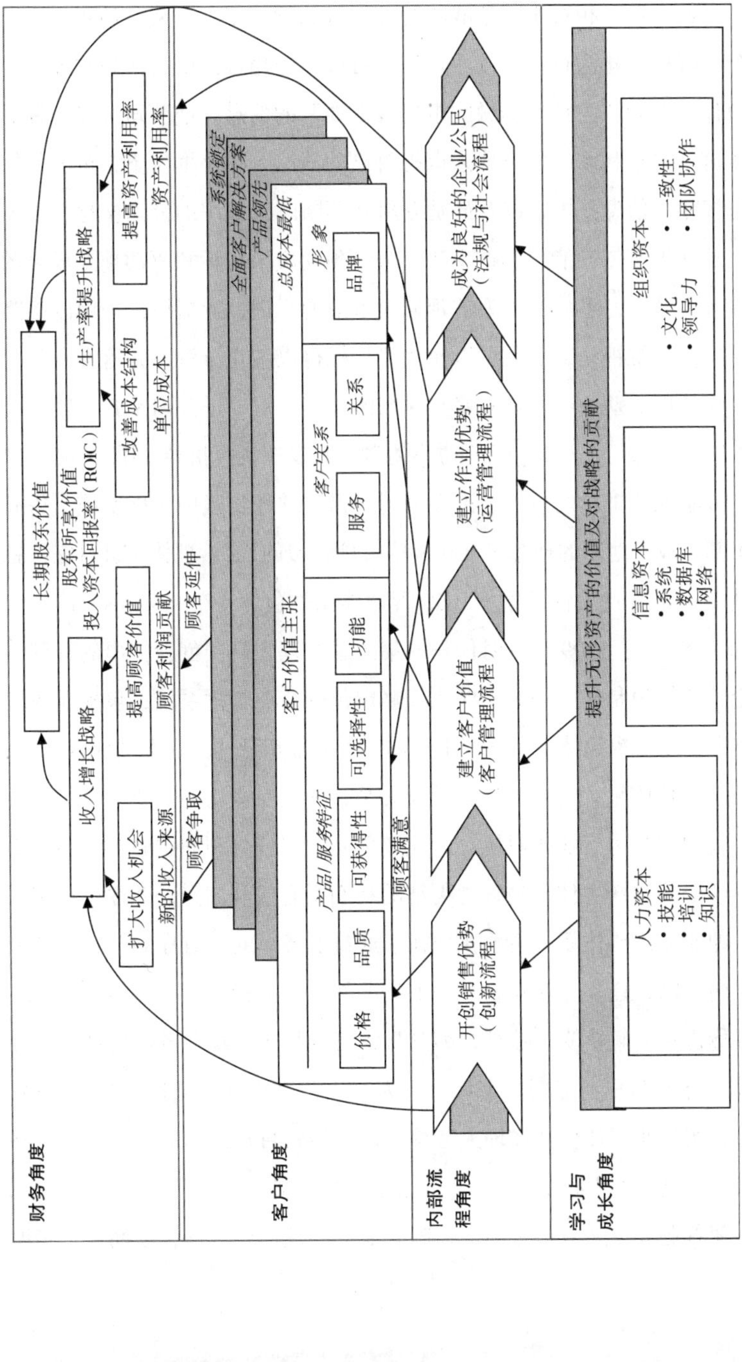

财务角度
长期股东价值
股东所享价值
投入资本回报率（ROIC）
收入增长战略
生产率提升战略
扩大收入机会
提高顾客价值
改善成本结构
提高资产利用率
新的收入来源
顾客利润贡献
单位成本
资产利用率
客户角度
顾客争取
顾客延伸
顾客满意
系统锁定
全面客户解决方案
产品领先
总成本最低
客户价值主张
产品/服务特征
价格
品质
可获得性
可选择性
功能
客户关系
服务
关系
形象
品牌
内部流程角度
开创销售优势
（创新流程）
建立客户价值
（客户管理流程）
建立作业优势
（运营管理流程）
成为良好的企业公民
（法规与社会流程）
学习与成长角度
提升无形资产的价值及对战略的贡献
人力资本
·技能
·培训
·知识
信息资本
·系统
·数据库
·网络
组织资本
·文化
·领导力
·一致性
·团队协作

图 8–1　战略地图框架

由此可见，相对于其他战略管理领域的管理工具，战略地图提供了一个将战略细化为行动的统一框架，可以用通用性的语言清晰沟通“应该做什么”和“为什么要做的事情很重要”的信息，使公司可以一种更为连贯、完整和系统的方式来审视自己的战略。在该框架下，员工的知识与技能、信息技术，以及鼓励创新和不断改善组织的公司文化等无形资产及其价值创造能力都被反映出来，预期成果指标和驱动预期成果的流程有机结合，事后的反映被延伸至事前的反馈，业绩评价采用以战略为导向的多维视角，从而可以使战略目标得以细化分解，并落实在公司的经营管理活动中，实现战略与执行的连接，对促进公司及其下属各个业务单元、部门、职能和行动方案协调一致发挥实际指导作用。

战略地图推出之后，为许多公司所借鉴并在实践中予以实施，华润集团基于战略地图的理念对其在战略管理领域的 6S 管理体系进行完善就是其中一个有代表性的案例。6S 管理体系［包含 6 个 systems（体系），简称“6S”］是 1999 年由时任华润集团总经理宁高宁创新提出的管理方法论，其构想是建立一套专业化战略定位的企业管理系统，包括业务编码体系、全面预算体系、管理报告体系、内部审计体系、业绩评价体系、经理人考核体系：首先，打破股权关系，按照专业化的需要，将集团及所属公司划分为行业相对统一的业务单元，定位为利润中心，利润中心之下还应按责任主体再划分为更细的利润中心或利润点，并逐一编制号码，即业务编码体系，主要作用在于通过业务单元的有序划分，使其战略方向清晰，建立专业化管理的前提；然后，推行全面预算体系，将经营目标进行分解落实；接着，编制日常管理报告跟踪业务经营情况，并相应进行定期和不定期的审计，作为对经营过程进行监控的主要举措；最后，实行业绩评价和经理人考核，推动经营目标的达成。可以说，6S 从根本上奠定了华润专业化和系统化管理的基础。

随着业务单元战略方向的清晰、业务的规模化发展，华润进一步明确了“集团多元化，业务单元专业化，并在主营行业拥有领导地位”的整体战略。为了达到在主营行业拥有领导地位的目标，在战略定位清晰之后，如何使战略得到有效、持续执行就显得更为重要。然而，6S 尽管是作为专业化战略定位的管理体系，由于战略要求不够具体，难以进行较为准确的描述和评价，也就难以解决战略定位清晰之后的战略细化问题，容易造成战略目标与战略执行的脱节。2003 年，华润正式将战略地图的理念引入 6S 管理体系中，并主要应用于战略细化的过程。在该理念下，战略管理的起点不再仅是运用业务单元编码体系确定战略定位，而是进一步充实为业务战略体系，即从财务、客户、流程和学习与成长四个角度，用描述或图示的形式，基于使命和愿景，确定若干个战略目标（objectives），再分解为相应的评价指标（measures），并确定战略期（如 3~5 年）要达到的目标值（targets）；在此过程中，四个角度之间需要建立起因果关系链（cause-and-effect relationships），以便形成自下而上的战略驱动路径。

按此逻辑，预算也不再是传统意义上的预算管理思维，相应需要改变以预算目标为出发点，为达成预算目标再拟定经营管理举措的方式，而是根据战略在财务、客户、内部流程、学习与成长四个角度所确定的战略目标和评价指标，并在战略期目标值下明确一定时期所要达到的阶段性目标值（如年度），再对应拟订为达成目标值所需的行动计划（action plan），包括过程中的行动方案（initiatives）、里程碑和相关责任人，最后用经营预算与资本预算确定财务资源分配（这样就与价值管理衔接起来），以保障行动计划的落实。在此过程中，业务战略通常需要按年度进行战略检讨，战略期目标值根据滚动预测相应更新，以利于每年制订更为可行的行动计划，而战略检讨与行动计划基本上就相当于完整的商业计划。由此，也就将战略细化为可落实的行动，从而使传统的全面预算体系上升为行动计划体系。其中：业务战略体系更侧重立足于中长期（3~5 年）的角度，体现清晰的战略导向；而行动计划体系通常着眼于年度落实，类似于战术管理。从战略逐层、分期细化到战术，以确保战略与行动不脱节，这也就是战略细化的过程。

从四角度战略地图在 6S 中的应用来看，业务战略体系表现为使命、愿景、战略、目标等战略描述过程及战略期业绩评价基准，行动计划体系则表现为阶段性业绩评价基准和行动方案、里程碑、责任人、预算等行动计划的过程（见图 8–2）。

通过运用战略地图的理念，6S 体系在战略细化方面，做到了可描述和可评价，这使得其后的管理报告、内部审计、业绩评价、经理人考核这些运营控制环节，也因此可以和战略衔接起来，将对业务经营的监控和执行上升为对业务战略的监控和执行。管理报告和内部审计，顺延四角度战略地图，得以更加聚焦业务战略的监控，不是以将实际业绩控制和保持在预算框架内为目的，而是以战略为导向，判断行动计划是否产生预期目标，持续对战略的执行过程进行检讨。业绩评价和经理人考核，基于在战略细化中确定的评价指标，根据阶段性目标值或战略期目标值的完成情况，分别在业务单元和经理人两个层面按照计分规则进行评价计分，从而使得评价考核紧扣战略导向，奖惩激励连接战略执行，避免公司偏离既定的业务战略而追求短期行为，驱动战略执行力的提升。

引入战略地图之后的 6S 管理体系更加充实和完善，战略管理贯穿始终，6S 也因此从专业化战略定位的管理体系真正上升为战略管理体系。在具体的管理流程中，华润在业务单元行业划分和战略定位明确的基础上，每年集团总部与业务单元共同商讨，制订并滚动更新中长期的战略规划，并将战略目标细化为评价指标和年度目标值，还层层分解到各层级业务单元的日常经营活动中；在战略执行过程中，业务单元定期（按季度或月度）进行管理分析和编制管理报告，并逐级汇总上报，作为战

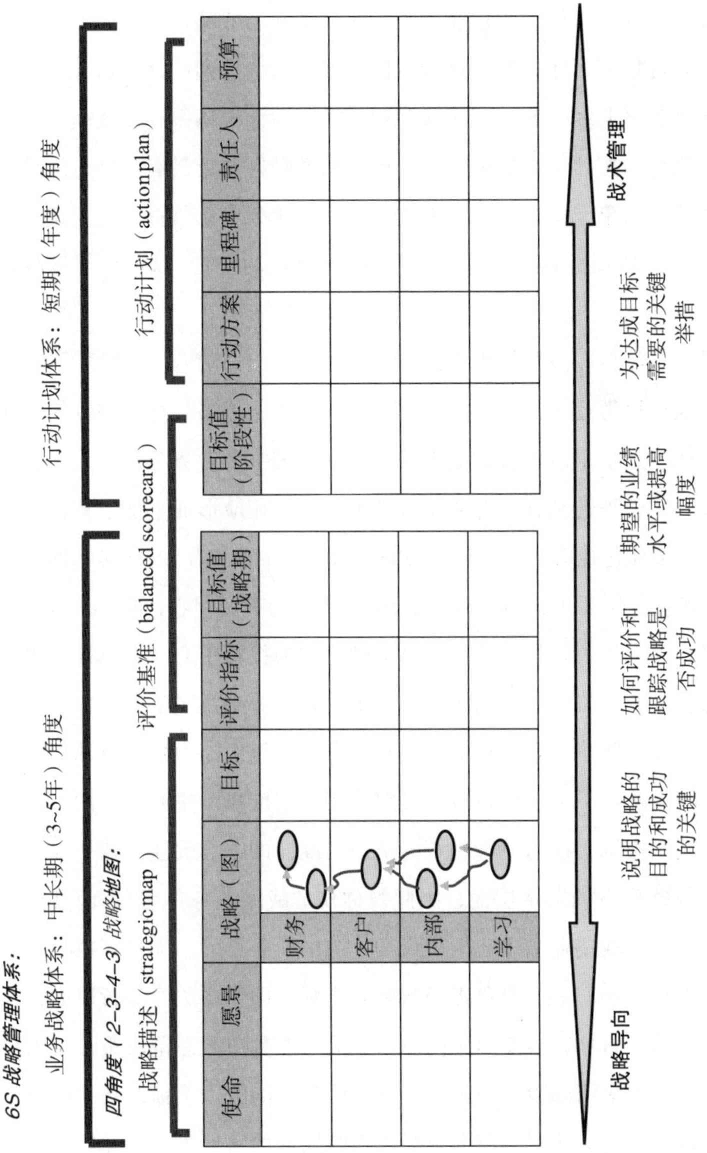

图 8–2　战略细化为行动的过程

略执行检讨和重大决策的依据；集团总部与业务单元总部相应组织定期和不定期的内部审计，监控业绩表现的真实性和战略执行的一致性；每年或战略规划期，还会根据评价指标和年度或战略期的目标值，与业务单元逐级签署业绩合同，落实战略导向的业绩评价体系，以业绩评价引导战略执行，按评价结果确定业务单元的激励办法；最后，结合战略性的业绩评价结果，按设定的经理人标准，对业务单元负责人及管理团队进行年度考核及战略期考核，并与其奖惩激励挂钩，以考核促进战略落地。

尽管仍然存在战略管理贯彻不到位的问题，但随着6S体系的运行，华润的战略思考逐步深入，战略沟通明显聚焦，战略目标更加具体，而集团管理模式也早已由管理法人企业转到管理主要业务与资产上来，由分别多元化管理转到各自专业化管理上来，并相应形成平衡于集权与分权之间、多元化控股与专业化发展的公司治理架构。在6S实施初期，集团下属各业务单元（business unit，BU）定位为利润中心，主要对经营利润负责，并无投资授权；而集团总部则定位为投资中心，拥有投资决策权。随着业务与资产规模的扩大，为提高管理效率及清晰管控界面，集团中业务战略相对清晰、价值管理相对有效、组织能力相对成熟的业务单元获得战略项下的投资授权，其定位相当于准投资中心，它们不仅负责经营利润指标，还需要管理资产负债情况，即不仅关注经营层面，还要关注战略项下的资本层面，因此被称作“战略业务单元”；而其他一般业务单元及战略业务单元下属更细一级的业务单元，无投资授权，其仍定位为利润中心，主要负责经营利润指标，即主要关注经营层面，至于投资等重大事项则需要由集团总部或战略业务单元总部决策；集团总部定位为整个集团的投资中心，重点关注整体的资产负债及其他财务与经营表现，即既关注资本层面也关注经营层面的重要事项。此外，在战略业务单元具备一定投资授权的基础上，为了保证整体的财务风险水平可控并同时具备一定的扩张能力，华润还建立了项目投资财务约束框架，对于战略业务单元突破财务约束边界指标的投资项目，无论是否属于其投资授权范畴，都需报集团总部批准。这样有序授权的治理架构安排，使得各业务单元的经营活动得到适当管控，决策权、执行权和监督权之间获得相互协调和制衡，在支持战略目标达成的同时，保障股东价值最大化。

上述华润集团 6S 战略管理体系是战略地图应用的一个实践案例：一方面，战略地图为战略细化提供了十分有用的思维方式；另一方面，6S 所建立的管理报告、内部审计等运营管控流程，也对战略地图本身在战略管理方面做出了重要补充，从而提升了这一工具实践运行的有效性。

此外，战略地图的核心思想是建立财务、客户、流程及学习与成长四个角度的因果关系链和协调一致性，但在实践过程中，按战略地图框架建立战略执行的多维因果模型实际上也是一个难题。战略地图虽然是一个刨根究底、循本溯源的执行思维，讲求的是战略驱动，比如财务是股东要求的最终成果，它的实现来自客户产出，而客户价值乃至股东价值又是通过内部流程来创造的，最终必然就落到学习与成长对流程的支持上。但当按照这种执行的路径来一步步推进战略的时候，如果链条不衔接或者前后不一致，最终的财务结果显然难以实现，战略也就不会成功。而即使建立了多维因果模型，要验证战略目标之间的驱动效应和业绩影响还是一个难题。另外，为这些战略目标确定评价指标乃至目标值同样也不是一件简单的事，这些都是这种工具在实际运用中面临的现实挑战。

尽管如此，战略地图所采用的战略导向的综合性视角，以及将战略细化为行动的逻辑思路，为描述战略和评价战略提供了可视化的通用方法，让战略这一原本容易异化的管理概念有了可以在公司经营管理活动中执行落地的具体内容。因此，它即使只是作为一种战略管理的思想方法仍有不可忽视的应用价值，是公司进行战略管理实践值得借鉴的框架性工具。

价值引领：追求发展目标的市场化标准

公司发展最终是为了创造价值，一个有效的战略必须能转化为公司价值（corporate value）才有意义，价值要素影响战略目标的实现并校准着战略的实施，尤其是当公司规模发展到一定程度的时候，只关注业务战略对于公司的可持续发展已然不够，价值管理应被提到与战略管理同等重要的位置。公司进行价值创造有其内在的驱动因素：现金创造和现金管理决定回报能力，带来自由现金流，是公司价值的来源；资产配置形成增长能力，通过财务资源的合理分配和有效运用推动自由现金流的增加，是公司价值的支撑；资本结构和资金筹集决定公司加权平均资本成本的高低及进一步发展的财务能力，支持自由现金流的持续增加，是公司价值的基石。因此，获取不断改善的回报，实现有质量的增长，同时还要在回报、增长与风险（持续性）之间取得战略性的平衡，这些投资者看待公司价值的维度，也应成为公司为实现价值创造目标而建立的自我要求标准。

公司进行价值管理，不能简单地将其等同于通过资本运作获取资本利得（capital gain），对公司股权或资产的低买高卖固然会直接获得显而易见的回报，但这种回报本身并不属于经常性的回报，更何况通过资本利得获取回报的基础，也是需要标的本身具备可预期实现的价值，或者说标的本身在经营层面预期可创造经常性的价值。公司的并购重组更是如此，同样需要基于对公司价值本质的判断以及对自身价值管理能力的合理评估。资本层面创造的价值虽然较经营层面创造的价值具有放大效应，但资本层面创造的价值属于非经常性的，且其来源和基础在于经营层面的价值创造，因此在公司的价值管理中，二者是相互贯通的。**价值管理是对公司价值关键驱动因素的管理，而关键驱动因素涵盖资本、资金、资产的管理，包含在公司从最高层的战略决策到前端的业务经营，再到中后端的职能管理等各方面日常性经营管理活动过程中：**资本结构控制财务风险，现金创造聚焦公司内生现金流的产生情况，现金管理关注现金流的使用效率，资金筹集为公司发展维持和补充外部资金，资产配置涵盖存量和增量两方面的资源流动；从资本层面到经营层面，从控股总部到基层公司，从个别性的交易安排到持续性的日常管理，都有相应的价值管理范畴。因此，资本运作的项目式思维不是价值管理的仅有之义，价值管理还要着眼于为公司提供持久性的动力，获取的是可持续的价值，让发展的步伐走得更为稳健、更为长远才是公司加强价值管理能力建设的根本作用。

要使公司建立起有效的价值管理体系，首先要在管理理念上建立起对公司价值的系统认识，以避免公司在发展过程中可能存在的误区。特别是通过粗放式的外延增长成长起来的公司，业绩的快速增长容易掩盖存在的问题，但在暂时的市场表现和业绩提升背后，实际对于有改善的回报、有质量的增长、有约束的资本这些价值关键方面的理解可能并不全面，或者说增长可能忽视了公司价值不可持续的陷阱。从财务的角度大体归为三个方面：**第一是有营业额的增长，但没有利润的增长，或者说是“利润表的陷阱”；第二是有利润的增长，没有现金流的增长，或者说是“现金流量表的陷阱”；第三是今天有现金流，明天没有现金流或没有融资能力的增长，或者说是“资产负债表的陷阱”。**

首先，对于“利润表的陷阱”，为什么会有营业额的增长，却没有经营利润的增长呢？这可能是公司的产品或服务的定价能力问题，如果公司的产品缺乏竞争力，营业额主要是随市场规模或产品价格的上升而上升，但若带来的边际收入小于或等于边际成本，那最后并不能带来经营利润的相应增加。这也可能是行业结构的问题，例如原材料市场价格的上涨导致成本的增加，这是不可控的因素。但如果和同期同行业相比，单位成本水平较高，则很可能是公司内部的管理能力出了问题，例如可能是采购安排不当使得原材料采购成本高于市场水平，或是技术水平落后使得生产成本居高不下，或是生产效率不够使得固定 / 可变成本没有得到很好的控制等。

其次，对于“现金流量表的陷阱”，可以比较经营性现金流和经营利润（即经常性息税前利润，recurring EBIT）的差距。本来经营性现金流就涵盖了折旧摊销的正向贡献（当然也有所得税支出的抵减因素），若存在反向差距，相关差额可能是被营运资本占用的增加所消耗，若营运资本管理效率降低，营运资本周转天数延长，必然导致经营性现金流流出增加，同时还会增加财务成本，带来公司价值损毁。

最后，对于“资产负债表的陷阱”，包括公司的资产结构和资本结构问题。其中，业务资产的低效或现金创造能力不足是主要症结，同时过度进取的财务政策造成有息负债率高企，财务危机成本会随之上升，可能意味着财务能力的透支，如果资产与资本结构再不适配，还有可能进一步增加财务风险，降低财务弹性，未来是否有足够的财务资源支持发展也就存在疑问。

也就是说，从价值创造、价值管理的角度，不仅是利润表创造价值，现金流量表和资产负债表也是价值的重要方面，三张报表相结合才可完整呈现公司可持续性的价值创造能力。由于财务结果是由业务经营和管理活动形成的，上述问题其实并非财务问题，而是管理理念和管理方式的问题。因此，如果公司要追求有质量的增长，或者说追求的是有回报、可持续性的增长，就需要在公司的管理流程中建立起全面的价值创造理念。

5C 基于公司价值的理念，出发点是资产负债表、利润表、现金流量

表，而落脚点聚焦公司价值的关键要素，关注公司价值的持续增长，通过管理实践形成公司价值管理可以运用的通用性方法和工具。例如：**资本结构**强调主动管理资本结构，在管理中对资本结构独立公司与非独立公司进行区分，以及在利用财务杠杆和保持财务弹性之间取得平衡等管理理念，提供了设定和优化资本结构、运用加权平均资本成本评价资产回报水平、利用财务约束边界控制财务风险等管理工具；**现金创造**厘清公司（经常性）自由现金流的概念，突出公司自身的盈利能力和营运能力，建立对内生现金流的管理框架，为如何分析公司的现金创造能力，以及如何提升经营获利能力和营运资本效率提供管理工具；**现金管理**要求从价值角度对现金流周转过程进行优化，在首先满足债权人和股东获取现金回报的基础上，缩短现金周期、提高资金集中度以及合理利用留存现金，以轻量化资本占用，涵盖了付息和派息政策、现金周期管理、资金集中管理、现金存量分类管理等管理工具；**资金筹集**以最小化综合融资成本为原则，围绕公司的融资管理工作，拓展多元化融资渠道，平衡各种融资成本和风险，提供了融资要素优化、债权与股权融资、融资关系等管理工具；**资产配置**从价值角度考虑公司的业务结构和资产组合，将公司的资产配置活动分为业务和会计两大视角，从回报、增长和风险三大维度完善资产配置决策的依据，梳理公司价值分析、价值评估与价值检讨流程，并提供每个环节上的适用工具，为公司资产组合的优化和资产的有效进退构建系统性的管理机制。

不仅如此，5C 体系还可以体现为报表化的方式，即“5C 价值管理报表”，这是将价值管理落实到各层级公司日常经营管理活动的重要工具。5C 价值管理报表基于价值管理的核心理念，以现金流折现法所量化的公司价值为起点，从资本结构、现金创造、现金管理、资金筹集、资产配置的 5C 各模块入手，结合公司的行业与管理特点，整合公司的业务与财务数据，进行系统化和结构化，及时反映公司的价值创造和价值管理情况，并由整体到细节，由分析到管理，将业绩表现层层分解到具体管理活动中，挖掘公司价值背后的具体驱动因素，是可以适用于公司不同层级进行价值分析和管理的一套分析报表。5C价值管理报表不仅是一个财务报表体系，还是一个分析体系，从价值管理的角度，根据对管理需求的梳理和明确，进一步完善分析维度，形成对资本、资金、资产方面的完整覆盖，通过定期和不定期的个性化运用，有效支持公司内部的经营管理，推动公司的价值创造（本书最后的附录将对5C价值管理报表进行具体介绍）。在5C体系的框架下，通过对各种管理工具和报表的运用，价值理念具备了在公司管理实践中运行的可行性，对公司的价值创造、价值管理，乃至追求长期价值最大化的活动都有积极意义。

与上述战略地图与平衡计分卡的体系类似，有了理念、方法、工具还不够，如何实施依然是5C在落实过程中的重大挑战。为实施有效的价值管理，还需要解决几大问题。**第一个问题是制度化。**制度化的意义在于系统化梳理和整合管理理念和要求，建立提高效率、降低成本的长效机制，可以发挥管理推广、积累和传承的作用，是从根本上提升公司价值管理能力的必要条件。5C体现了价值理念，但不仅仅是专业上的概念，还是以公司价值最大化为目标，确定价值管理的标准和规范，涵盖从资本运作到日常经营等各方面的价值管理基本原则和内容，包含资本、资金与资产管理的基本流程，可以体现出相应的管控层级划分、职能和岗位建设要求，甚至具体人员的素质需要。5C的每个模块，都可以紧密结合公司的业务特性和组织架构，细化为多个具体的管理主题和目标（可以制度的形式），对应某一方面的管理，制定有操作性的具体流程和方法（可以指引和工具的形式），从而可以直接运用于具体的管理活动中。在一个市场化运营的公司中，唯有自上而下制度化的确立，才能创造必要的条件，推动管理理念落地并形成管理常态，将零散的、个别的管理行为变成系统的、整体的组织能力。本章附录8A提供了将5C体系进行制度化的框架思路，以供参考。

第二个问题是层次化。层次化包含两个方向：在纵向上，代表5C在公司内部不同管理层次上有不同的权责划分，应予以清晰界定；在横向上，要求根据权责界定细化相应层级的职能定位和岗位设置。这其实与公司的管控架构和职能设置，或者说是公司治理架构密切相关，是5C价值管理有效实施必须的匹配条件。在多层级的组织架构中，5C价值管理实际贯穿每一层级的管理，但根据各个层级的权责划分和管控界面，5C的各个模块在不同层级上有权限大小和内容详略程度的不同。

以总部–大区–基层公司（这里总部以下层级的公司主要指资本结构非独立公司）这样的三级管控架构为例，5C管理中的一些决策权需要集中在集团总部，另一些决策权限可以由区域性的总部行使，还有一些决策权限则需要授权给基层公司进行。例如：对于资本结构管理，股东价值最大化是考虑资本结构时最重要的出发点，而资金筹集与资本结构密切相关，也都是直接体现股东意志，需要站在股东角度进行更加整体性、长远性和战略性的决策，因此资本结构和资金筹集的决策权和方案制订权需要集中在公司的最高管理层，通常是总部层面，而下面的层级主要在经授权后负责执行或配合；现金创造和现金管理与公司的日常业务经营过程密切相关，所以在各个层级都会有现金创造及现金管理，从盈利性和营运性两个方面提升各自的现金创造能力，同时在日常经营活动中，通过现金周期管理，加快现金的流入、延迟现金的流出，提高现金周转效率，但在建立了资金集中管理机制的集团化公司中，现金管理的决策权大部分会在总部，同时还包括派息政策的制定、下属公司最佳现金持有量的拟定、盈余现金的安排等，下面层级的公司主要配合资金集中管理的操作；不同层级也都具备一定的资产配置权，只是资产配置的权限范围有所不同，这与公司的投资授权体系相关，总部主要进行大类业务资产组合的优化决策，并根据内部投资授权的规定，主导或批准重大的投资并购、资产处置或重组项目，下面层级的公司主要是根据需要进行配合，基层公司则主要是在所负责的日常经营范围内行使一般资源分配权。

进一步理解，资本结构和资金筹集主要关注的是公司资本层面的决策，现金创造和现金管理主要侧重经营层面的事项，资产配置既涵盖资本层面又涉及经营层面。而由于资本层面的决策一般集中在总部，同时总部也会兼顾经营层面的重大事项，下属区域、基层公司则重点聚焦经营层面的管理，因此资本结构和资金筹集的决策权限主要集中在总部，现金创造、现金管理及资产配置则按照决策范围和权限的大小在总部、区域和基层公司都有不同程度的分布。

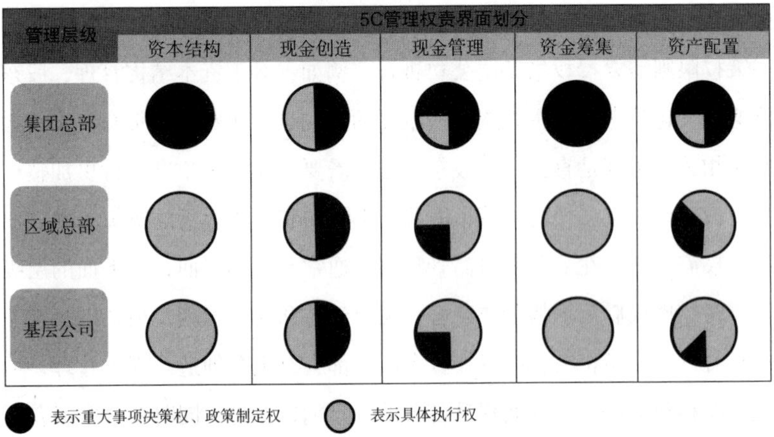

图 8–3　5C 管理权责界面划分（示意）

但是，对于总部以下层级存在独立第三方股东的资本结构独立公司（如合资公司），由于具备相对独立的财务决策权，因此也需要独立考虑资本结构和资金筹集（但若争取到第三方股东放弃财务决策权，则可以将资本结构独立公司视作资本结构非独立公司进行管理，那么与上述情况相同，价值管理可以聚焦现金创造、现金管理和资产配置的相应内容)。也就是说，若总部以下层级的公司属于资本结构独立公司，其价值管理同样需要完整涵盖5C的各个模块。

在纵向上明晰不同层次的价值管理权责基础上，横向上还应相应细化职能和岗位设置。总部定位于更适应长远目标的整体资源的组织者、资本层面的决策者、管理标准的制定者和推行者，总部以下的层级更侧重于因应阶段性目标需要的总部政策的执行者、授权项下具体事务的决策者、经营层面的指挥者和控制者。职能细化要能支持价值管理体系的分项实施，强调管理推动和过程参与，通过推动促进业务有效发展，通过参与融入专业管理思想，例如：建立专门的资本结构管理职能，以研究公司的最优资本结构区间，并推动动态优化调整；配备专业人员进行现金创造分析和推动，加强营运资本管理；建立专门岗位，长期跟踪和分析行业标杆，定期进行价值检讨，研究并推动资产组合的动态调整与优化等（有关价值管理职能设置可参考附录8B)。总之，5C管理不是仅局限于公司的某一层级，而是应具备层次性，能否层次性地在公司管理的各个层级纵向贯穿和横向延伸，将是5C管理实施能否进一步深化的关键。

第三个问题是信息化。随着信息技术的发展，信息化已经成为提升公司管理水平不可或缺的重要手段，行业规模较大的公司尤其如此。之所以认为价值管理能够校准战略的实施，是因为价值管理大部分是基于对客观数据相对科学的分析，而非依据较为模糊的主观臆断。因此，数据收集、加工、分析以及相关信息流转的及时性和准确性就显得十分重要。就像前文所提到的5C价值管理报表，倘若这些报表能够自动进行信息化处理，并可通过再加工形成直观的图表，突出与历史、预算、标杆对比的异常，还可进一步下溯差异产生的原因，同时个性化的界面还可方便决策层实时查询，将为日常监控和管理分析提供极大的便利。

由于价值管理与公司业务紧密相连，5C的信息化有较高的个性化要求，涵盖数据库、财务核算系统、财务合并系统、资金系统、预算系统、业务系统以及网络和技术等基础设施，因此，最终实现的信息化程度的高低不仅取决于公司的信息化能力，更取决于公司提升管理水平的自我意识和内在推动。推动5C价值管理报表的信息化实现，其实也是一个推动管理进步、夯实基础能力的过程，将形成公司一项重要且有战略价值的无形资产；而相关系统的运行、检讨和不断完善，也将为5C体系提供强大的技术动力和更为广阔的应用空间，并相互作用形成一个持续性的优化机制，使5C体系更具生命力，帮助价值管理更快、更好地适应业务发展和复杂管理的需要。

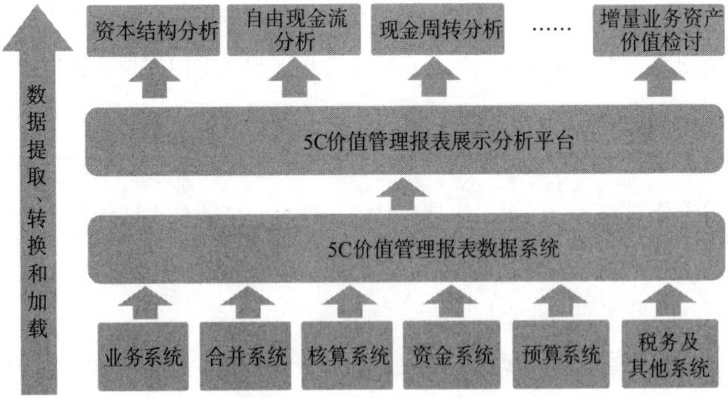

图8–4　5C体系的信息化

此外，价值管理的实施，还需要有评价激励手段的推动。价值管理要求在生产、销售、市场、财务等各个环节以价值创造为目标进行决策，因此需要结合公司所在行业价值链和业务流程，细化符合行业专业化要求的价值驱动因素及其变量，并层层分解设立相应的评价指标和目标值，以衡量价值管理实施成效，最后使每个基层管理人员都能树立明确的价值管理理念，引导他们从业务层面就开始以价值为导向进行决策，不断深化公司上下对价值管理的认识，并在实践中逐渐提高公司的价值创造能力。

组织驱动：实现战略和价值的内在动力

即使有了明确的战略导向，建立了系统的价值管理，但最终要使得战略落地、获得价值实现，根本上还是要依靠组织能力（organizational capability）。实际上，学习战略导向和价值引领并不困难。战略作为一种方向，可以做到高瞻远瞩、行云流水，不难做到内容全面、形式精美，但能否落地就是另一回事；价值作为数据体现，运用专业技术、基于各种假设，可以做到逻辑严谨，令人信服，但未来能否真的实现并不能保证。从根本上说，如果离开了组织能力，战略往往会变成文字游戏，价值也就常常成为数字游戏了。当公司处于起步阶段，公司领导人的个人能力通常可以发挥关键性的作用；随着业务规模的扩大，包括公司领导人在内的经理人团队的作用将越来越重要，经理人团队的能力在很大程度上能够补充公司领导人个人能力的缺失；但是当业务规模进一步扩大、环境更加复杂、资源受到约束，公司实现持续价值创造的难度更高，领导人及经理人团队的能力已不足以保证发展的质量和经营的持续性，相应地需要更多依靠系统性的组织能力。人力资本、信息资本和组织资本等这些公司重要的无形资产，驱动着长期价值创造，卡普兰和诺顿甚至量化地指出："无形资产占到公司价值的 75% 以上。"[①]。因此，造成公司能力差异的关键在于组织能力的差异，组织能力是驱动战略落地和价值实现的内在动力，可以称得上是企业发展的引擎。

在本书的第六章资产配置中，我们曾举过一个华润饮料与日本麒麟合资的案例，在这个案例中，华润饮料的成长历程就很好地体现了组织能力的作用。华润饮料最早是华润集团于 1996 年和 1999 年分步以成本 2 800 万元人民币收购的业务，但在旗下的啤酒业务中长时间没有得到

---

① Robert S. Kaplan，David P. Norton. Strategy Maps：*Converting intangible Assets into Tangible Outcomes*[M]. Boston: Harvard Business School Press，2004.

很大关注；直到2007年，华润创业（消费品板块）以约2.4亿元人民币的对价将其从啤酒业务中剥离出来，进行专业化发展；2010年，经过三年发展后，如果简单参照市场化估值水平，其股权价值约为27.5亿元人民币；同年，华润以未来五年战略规划作为依据，估值73.8亿元人民币与日本麒麟饮料中国达成合资协议，包装水业务再次大幅增值；而之后几年，合资公司的总体业绩表现又跑赢了合资谈判时估值所依据的财务假设，最终的结果明显实现了双赢。回顾这一过程，什么是促成华润饮料实现跨越式发展的关键要素呢？如果只是依靠战略导向的话，那就应该把战略目标规划得更激动人心；如果只是依靠价值引领的话，那就应该将财务预测做得更为高效进取。其实，无论是进行战略规划，还是进行估值，背后根本的依据还是在于组织能力的提升和匹配，团队的市场竞争能力、业务拓展能力和产品实现能力为华润饮料的战略落地和价值提升提供了支撑。实际上，无论是商业成功的案例还是商业失败的案例，大部分都是人为因素导致的结果。在实践中，成就乃至塑造组织能力的素质经常也是市场化职业人士不容易外显却又最可能不足的能力，然而一个组织过往的执行力、当下的能力乃至发展的潜力，却决定了其战略能否成功，以及最终能否实现预期价值。

组织能力的发展有高低不同的层次，大体来说，不妨可以划分为几种境界。“第一境界”是要解决人的问题。人是组织的最小单位，也是公司的核心要素，领导人及管理团队具备与公司战略方向和价值管理相匹配的素质和能力，是公司进行任何经营管理活动的前提，所谓“以人为本”，选对人是发展组织能力最基本的要求。“第二境界”是要解决事的问题，也可以说是解决如何管理的问题，以保证公司的经营能够有序进行，公司组织内部应建立规范化的管理流程，在市场化的环境中，管理流程应适应商业规则的要求，通过设置适当的组织架构、进行合理的权责分配和整合、确保信息的及时有效传递等，促使管理要求得到有效执行并固化生根，从而确保公司战略目标的达成。若公司想要实现持续的价值创造，还需要构建一种合适的组织机制，促使公司上下达成一致的价值观或塑造公司文化，即达到“第三境界”，包括设置有效的激励约束机制、保持淘汰压力、形成业绩文化、实现个人与组织共同成长和利益共享等，这不仅能使公司达到业绩目标，更能带动组织活力。在有效的组织机制下，组织能力会形成自主发展、自我调整、自动适应的动态良性循环，公司文化认同度得到提升，从而起到激活和保持公司生命力的作用。**从解决人的问题到解决事的问题，再到解决机制的问题，组织能力达至不同的境界，从而得以适应不同层次业务战略和价值管理的需要，或者匹配不同层次的战略和价值目标，以实现战略落地和价值提升。**

组织能力的建设需要因地制宜，因此在实践中构建组织机制的路径也就多种多样，而“他山之石，可以攻玉”，公司常常可以从标杆企业的最佳实践中得到启发。例如全球知名的多元化企业通用电气（GE），一百多年来尽管也不时经受转型的冲击，但总体上保持了可持续的发展轨迹，在业内长期占据举足轻重的地位。其中的重要因素之一就是 GE 建立了根植于公司文化的系统性的组织运行机制，即从“Session I 到 Session D”。Session I 和 Session II 制订公司的战略规划、推动战略执行并进行价值管理：Session I 指公司的三年战略规划，通常在每年的第三季度进行；Session II 指公司的年度目标计划，将战略规划转化为可实施的具体经营计划，拟定战略落地和价值实现的具体路径及评价机制，通常在每年的第四季度进行。Session C 和 Session D 是贯穿全年度的工作流程，是重要的支撑系统：Session C 的任务是制订、落实和检讨组织发展战略，包括组织架构、业绩考评、人才配备、接班人计划等，既是识别人才的过程，也是识别公司发展对人才和组织需求的过程；Session D 是围绕诚信的一整套行动体系，利用内部审计、诚信培训、举报机制等确保公司的诚信文化。GE 将“Session I 到 Session D”固化成为公司各个部门和各个层次从年初到年末的工作流程，涵盖战略管理、价值管理和组织管理等内容，将战略规划与价值实现联系在一起，将组织能力与个人评价联系在一起，通过坚持不懈地执行建立起一套系统性的组织机制，并进一步将其上升为公司文化。这一套机制的运行推动了组织的持续创新和学习，使得组织能力的进化一直在努力与市场发展的速度相匹配，为 GE 在百年来商业社会和市场需求的更迭下不断进行新陈代谢提供了较为稳定的基础，GE 所创造的价值不仅是在财务报表上所体现的有形资产，还有在报表之外所形成的公司文化、组织能力等无形资产。在 GE 这样成熟的大公司中，个体行为和个人能力已不是最重要的决定性因素，而利用持续动态运行的机制推动落实到流程中的系统行为和组织能力，才是实现基业长青的根本保障，从而达到了组织发展的“第三境界”。像 GE 这样打造组织能力的做法，对其他公司进行组织能力建设就具有一定的启发意义。

相对于战略导向的确立、价值管理的形成，组织能力的打造更为不易。对此，杨国安教授提出的**组织能力三角形（又称为“杨三角理论”）**①，提供了一种提升组织能力的系统性方法和工具。组织能力三角形是指打造组织能力需要三个支点的支撑，包括员工能力、员工治理方式及员工思维模式，指出公司首先要分析自身所处的经营环境，制定正确的战略方向，而后依据选定的战略方向，明确与战略最直接相关的组织能力，有效运用这三个支点打造公司要获得成功所需要的组织能力。“杨三角”将组织能力这一原本较为抽象的概念，转化为结构性的具象化内容，建立了从理念到实践的实施路径，从而将组织能力建设与公司的日常管理活动连接起来。

① 杨国安. 组织能力的杨三角：企业持续成功的秘诀 [M]. 北京：机械工业出版社，2015.6.

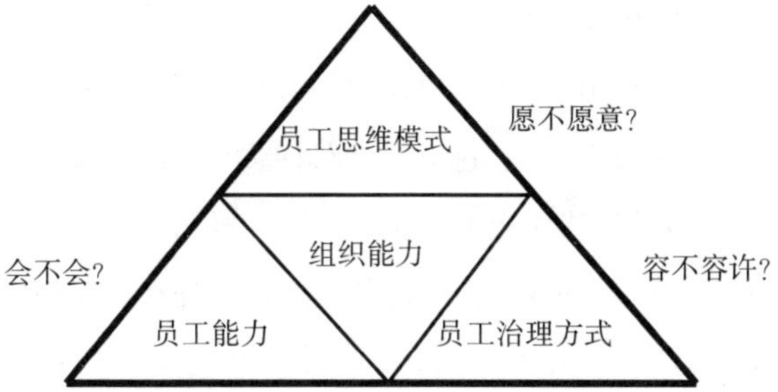

图 8–5 组织能力的三角框架

员工能力对应员工的知识、技能和素质，解决的是员工会不会、能不能的问题。员工能力需要与组织能力相匹配：公司首先要厘定能力，即根据公司业务战略明确需要什么样和多少人才，以及人才必须具备什么能力，这可以利用构建员工能力模型（competency model）的工具进行，能力模型的构建需要与战略方向和组织能力紧密联系；其次，进行能力审核，通过 360 度测评、人才盘点等方式，让公司清楚目前拥有多少人才，现有人才具备什么能力，人才的数量是否足够，从而确认现有员工能力的差距；接着，公司就要进行能力提升，可采用的方法可归纳称为“5B”，即内建（build）、外购（buy）、解雇（bounce）、留才（bind）和外借（borrow）。在人才的招聘、保留与淘汰、培养等关键环节，梳理相应的方法和工具，例如：在人才招聘上可从标准（standards）、寻找（sourcing）、筛选（screening）、巩固（securing）的 4S 方面着手和把关；在人才保留与淘汰上，如何应对竞争对手挖墙角，并从防范角度保留人才，以及建立员工淘汰流程；在人才培养上，建立针对不同层级能力要求的培训体系，强调实践锻炼的干中学，建立可量化的人才发展评估体系等。

员工治理方式是指公司提供关键的制度支持和管理资源，给予充分的授权，让员工施展所长、执行战略，解决的是容不容许的问题，或者说是建立组织架构和管理流程的问题，实际也是公司治理的问题。组织架构设计要厘清“如何分工”以及“如何整合”两个问题，对此没有“对不对”或“好不好”的绝对标准，而只能用“合不合适”进行衡量。因此，组织架构设计取决于企业的发展阶段和经营战略，应从公司自身战略出发，并根据公司的规模、管理的复杂度、外在经营环境或战略方向的变化即时调整。组织架构的设计包括四个步骤，从自身战略出发：第一是分析公司制胜的组织能力，第二是确定价值链各环节中不同单元的角色，第三是分配部门/层级的职责和汇报关系，第四是制定各部门/单元的绩效考核标准。例如，产品单一或相关度高的业务适合采用职能部门主导的组织架构，业务多元化的公司适合采用产品事业部主导的组织架构，产品/服务地区差异较大的公司适合采用地区事业部主导的组织架构，服务对象需求差异较大的公司适合采用客户群事业部主导的组织架构等。在选定组织架构后，还涉及改善组织边界的问题，包括垂直边界、水平边界和外部边界，只有通过管理体系和流程来消除不同边界之间的障碍，才能达到有效协作的目的，可以通过四类关键资源和杠杆（权责、信息、能力和激励）的调整，实现无边界的合作。

员工思维模式是让员工在工作中所关心、追求和重视的内容与公司所需的组织能力相匹配，解决的是员工愿不愿的问题，即员工的所想、所言、所行表现出来的内容和公司倡导的核心价值观是一致的。这实质上也是公司文化问题，影响员工每天大大小小的决策和做事方式。塑造员工思维模式的第一步是要确定理想员工的思维模式，常用的方法是明确价值观及其含义，并且要将价值观在管理层和员工中进行充分讨论并达成一致；第二步是评估现存员工思维模式，找出和理想思维模式之间的差距，可以通过问卷调查、一对一访谈或者焦点小组访谈的方式进行；第三步就是采用不同工具进行思维模式变革，运用变革工具的过程实质也是建立组织机制的过程。变革工具可以分为三大类：一类是由上而下，变革力量主要是来源于高管层的推动，包括高层的以身作则、树立危机意识以及建立绩效管理、降职或开除、制度流程及沟通、培训等一系列机制；另一类是由外而内，思维变革主要依靠外部客户和竞争对手推动，例如倾听客户声音、与竞争对手或标杆企业对比等；还有一类是由下而上，变革力量来源是基层员工的参与和推动，例如提案奖励、群策群力等。

员工能力侧重解决人的问题，员工治理方式更接近解决事的问题，员工思维模式则更多是解决组织机制和公司文化的问题，同时这三个方面对于打造公司组织能力而言也是缺一不可的三个支点。而三个支点的打造还需要遵循平衡（balance）和匹配（alignment）的原则：平衡要求三大支点必须一样强，不能参差不齐，否则公司的整体竞争力会大打折扣；匹配或一致性要求与公司战略方向所需要的组织能力协调一致，从自身需求出发选择合适的工具来强化三个方面。

如同杨国安对组织能力的描述："组织能力靠的不是个人，它深植于组织内部，是整个团队的战斗力，并且是可持续的，它可以帮助企业实现基业长青。"打造坚实的组织能力，功在当前，利在长远，无法一蹴而就，也不能半途而废；尤其是随着商业社会的变化速度越来越快，组织能力的打造更加强调动态性，通过持续创新和灵活调整，确保企业与时俱进，保持长久的竞争力。在实践中，组织能力的建设不仅是人力资源部门的专业工作，还是公司上下全员都要共同参与、通力协作的长期工程，更是公司最高层需要坚持不懈予以推动，并且一以贯之、以身作则的重要事项。在这个过程中，公司领导人对企业全局战略方向的判断、对长远价值目标的坚定、对组织能力建设的系统性思考，以及所具备的前瞻性、专注力和坚韧性等领导力特质（leadership），将起到关键性的作用。

随着公司规模的逐步扩大，对最高管理层领导力的要求必然要从量变上升到质变，个人能力或个人号召力的重要性下降，领导力在以下几个方面应该更为突出：一是团队建设和人才培养，不能仅做具体工作，而是要对人才方面加以重视并加大投入，前瞻性和系统性地培养有能力又符合公司价值观的人才，将个人能力转化为团队能力，将个别行为发展为系统行为；二是体系建设，高效的体系是高效组织运作的基础，也是构建可复制的管理体系的必要条件，有利于推动公司进一步发展壮大；三是组织变革，变革是构建高效组织的途径和方法，高层领导要有敢于变革的勇气和决心，具有对如何变革的全盘考虑，以及对变革之后会产生什么影响的冷静判断，并在变革过程中能承受压力并始终给予坚定的推动和支持。公司最高管理层在这些方面具备了强大的领导力，将能够使得组织能力建设从理论体系真正落实到实际操作中，从而为公司建立起成熟的组织运行机制发挥有力的保障作用和有效的促进作用。

上文提到了组织发展的三种境界，当然组织发展还存在着更高境界，那就是在成就基业长青的过程中，成为一家受人尊敬的企业。要做个受人尊敬的企业，常常是指公司不仅自身能够持续创造价值，而且所创造的价值对社会还有外溢的正向效应，包含支持环境保护、促进社会进步、提升大众福祉等。而在这其中，受人尊敬还意味着公司对外部有着较高的吸引力，从这个角度而言，或许还有这么几点可能是必需的：首先，能否不断培养人才，让普通的人变成优秀的人，优秀的人变成卓越的人；其次，是否有一套成熟的组织管理体系，能不断创造出好的组织文化和好的管理理念，成为业界比较研究的最佳实践；最后，能否持续改善和提升业绩，激发人和组织的潜能，并形成对组织外部的长期吸引力。这样一个能够持续为社会贡献人才和理念的组织，也会是家受人尊敬的企业。纵观通用电气、宝洁等知名企业，它们能够持续保持市场的领先地位，不仅培养了大量的商业精英，在成为猎头公司人才仓库的同时，更有着强大的人才吸引力和文化穿透力，其管理理念和管理工具被其他企业广为学习借鉴，在市场竞争中改变着社会商业生态甚至人类生活方式，它们的管理思想还在一定程度上影响了许多企业的转型之路。**从一家普通企业真正进步到一家受人尊敬的企业，以人为本，以组织能力的构建来驱动战略实施和价值创造的实现，进而达至超越物质之上和自身以外的更高层次的追求，包括培养优秀的商业人才、创造先进的管理方法甚至先进的商业文明，应能成为许多有远大理想信念的公司持续努力的方向。**

从四角度战略地图到5C价值管理体系，再到组织能力三角形，在战略、价值和组织能力的每一个关键项下，公司都有可遵循、可运用、可操作的思路、方法和工具。作为一个管理体系，其共同点在于，通过创建结构性的框架，利用为公司经理人所能够接受的通用商业语言，提供一系列可实施的工具和方法，以便能够将公司可持续发展的三大支柱细化充实，并与落地执行相连接，从而使得这三大支柱不再是抽象空洞的理论概念或者说是挂在墙上的标语口号，而是实实在在可以细化操作、并可以看到实效的运行机制。这三方面管理体系虽有各自的主旨，但它们在内在涵义之间还相互交叉并保持一致，从而进一步揭示了公司可持续发展中存在着普遍共性：

——四角度战略地图包含的财务角度，总体目标是实现价值持续增长，与价值管理的核心理念一致；还有学习与成长角度，其本质含义在于强调组织能力对达成公司战略目标和价值增长的重要性，反映战略性无形资产的价值创造能力。

——5C价值管理体系的运用同样要求价值管理与公司业务战略的高度一致性。各个价值关键因素的管理也可以视为达成战略目标的路径，并在资产配置决策中，将业务战略作为资产配置决策的起点，同时将组织能力作为保障，此外也将人力资本等作为公司重要的表外无形资产，动态关注组织能力对公司的增值作用。

——组织能力三角形也强调了战略与组织能力的相互关系，正确的战略方向是打造组织能力的前提，组织能力的建设需要与战略相匹配，而支持价值创造过程是打造员工能力、构建员工治理、塑造员工思维所遵循的基本原则。

也就是说，战略、价值和组织能力三者之间的有机联系，决定了公司在追求可持续发展目标的过程中，要始终将这三方面的措施并举，并相互配合，从而形成良性互动，共同促进公司发展目标的达成。

战略导向、价值引领、组织能力驱动，是公司追求基业长青、成为受人尊敬的企业不可或缺的三大支柱。成功战略的内涵在于实现价值创造，价值管理也需要在清晰的战略导向下加以推进；**然而一家企业，无论其战略多么感人，也无论其价值多么诱人，最根本的还是组织能力的打造，如果离开了组织能力的动因，战略和价值就成了无本之木和无源之水。**战略和价值就像一枚硬币的两面，而组织能力就是中间主体，或者说是一个企业战略实施和价值创造的支撑。因此，每一家追求可持续发展的公司都需要系统思考并深入实践战略、价值和组织能力三大项体系的建设。

最后还需要强调的是，无论是战略制定，还是价值管理，抑或是进行组织能力打造，可持续发展实践的重要前提是公司的高层领导人必须率先树立并长期坚持这样的理念：在商业文明进步和市场机制成熟的大趋势下，公司唯有专注核心竞争力的打造，从战略、价值、组织能力等方面扎实练好内功，才能具备坚实的立足基础和充足的前进动力，才能真正实现从小公司成长为大公司，从大公司持续成长，进而上升到受人尊敬的公司的跨越式发展。在对基业长青的追求和坚持不懈的努力下，当这些实用的管理工具真正具备发挥作用的空间和条件，公司的可持续发展将能获得源源不断的动力。“长风破浪会有时，直挂云帆济沧海”，期待未来在中国企业中能更多涌现出人才辈出、组织有效、业绩持续进而引领社会进步的受人尊敬的世界级企业！

附录 8A：5C 制度建设框架（参考）

表 8–1　5C 制度建设框架

5C 模块	对应内容	制度	指引	工具
资本结构	资本结构反映占用资本中债权和股权之间的比例与内在结构，以及其变化关系，资本结构决策是公司主动的管理行为	基本原则		
	平衡税盾效应和财务危机成本，合理运用财务杠杆 财务弹性是公司应对可能发生的紧急情况和把握投资机会的能力	财务杠杆 财务弹性	财务弹性管理指引	财务弹性管理工具
	区分资本结构独立 / 非独立公司的资本结构管理目标	资本结构决策因素： ——资本结构独立公司的资本结构决策因素 ——资本结构非独立公司的资本结构决策因素		
	最优资本结构下公司价值最大化，可参考行业标杆确定最优资本结构	最优资本结构确定	加权平均资本成本指引	加权平均资本成本工具
	投入资本总量保持不变和变化下的资本结构动态调整	资本结构调整	资本结构优化指引	资本结构优化工具

（续表）

5C模块	对应内容	制度	指引	工具
现金创造	经常性自由现金流是满足债权人和股东收益要求、优化资本结构及维持业务增长等所需资金的根本来源	基本原则	现金创造分析指引	现金创造分析工具
	通过制定并实施有效的业务战略、优化资产配置、改善商业模式等方式提高经营获利能力	经营获利能力 ——经营获利能力影响因素 ——经营获利能力分析		
	提高营运资本管理效率、减少营运资本占用，将经营利润快速转化为现金是公司提高现金创造能力的重要途径	营运资本管理 ——营运资本管理总则 ——采购环节营运资本管理 ——库存环节营运资本管理 ——销售环节营运资本管理	营运资本管理指引	营运资本管理工具
	设定收入增长目标应充分考虑收入增长所需资金与其自身现金创造、资金筹集能力的平衡，还应结合回报关注增长对公司价值的影响	现金创造与收入增长	收入增长目标管理指引	收入增长目标管理工具
现金管理	现金管理是对现金创造过程中产生的现金流进行合理分配和有效安排	基本原则		
	满足债权人和股东对现金回报的要求是现金管理的基础	现金付息与派息 ——现金付息 ——现金派息	付息与派息指引	付息与派息管理工具

（续表）

5C。模块	对应内容	制度	指引	工具
现金管理	加强对现金流入、流出和留存环节的管理以提高现金周转效率，并有效安排其他影响现金周转的资产，轻量化资产占用 通过资金集中进一步提升整体现金周转效率	现金周期与资金集中管理 ——现金周期管理 ——资金集中管理	资金集中管理指引 现金周期管理指引	资金集中管理工具 现金周期管理工具
	在考虑受限现金的基础上，合理确定最佳现金持有量及有效安排盈余现金，以提高存量现金的使用效率	现金持有量 ——受限现金 ——最佳现金持有量 ——盈余现金	现金持有量优化指引	现金持有量优化工具
	现金预算是公司业务战略的落实工具，发挥财务资源分配作用	现金预算	现金预算管理指引	现金预算管理工具
资金筹集	资金筹集影响公司发展能力，同时动态改变资本结构和加权平均资本成本	基本原则		
	以综合融资成本最低为原则，确定融资规模、期限、利率、币种等核心要素	资金筹集核心要素	债权融资要素优化指引	债权融资要素优化工具
	债权融资安排以内部贷款为优先，不足部分再安排外部融资，外部融资同时关注成本和风险	债权融资管理 ——内部贷款 ——外部债权融资 ——担保与承诺	债权融资管理指引	债权融资管理工具
	综合考虑目标资本结构及股权资本成本对加权平均资本成本的影响等因素，制订股权融资方案	股权融资管理 ——公开市场股权融资 ——非公开市场股权融资	股权融资管理指引	股权融资管理工具
	维护与金融机构、信用评级机构、投资者等融资相关方的关系，争取长期、稳定、低成本资金保障	融资关系维护	融资关系管理指引	融资关系管理工具

（续表）

5C模块	对应内容	制度	指引	工具
资产配置	资产配置是在财务资源有限的约束下，资本在不同资产形式间的分配 资产配置连接业务战略和财务战略	基本原则		
	资产配置以业务战略为前提，以财务资源与组织能力为支撑，从回报、增长及风险维度对业务资产配置进行动态分配、检讨与优化	资产配置主要依据		
	价值分析是业务资产配置的起点，通过对资产的回报、增长及风险的分析，为资产配置决策提供支持	业务资产配置 ——价值分析 ——价值评估 ——价值检讨 ——增量业务资产配置 ——存量业务资产配置	价值分析工具	价值分析工具
	价值评估是资产配置决策的核心，现金流折现法是估值的基本方法，其他方法可作为参考与检验		价值评估工具	价值评估工具
	增量业务资产价值检讨，从回报与增长维度，通过对比资本支出项目实际运营结果与可行性研究报告预测的差异并分析原因，提出改进或应对措施		价值检讨指引	增量业务资产价值检讨工具 存量业务资产价值检讨工具
	存量业务资产价值检讨，通过比较分析实际回报与增长与预期目标，形成业务资产分类并提出改善建议			
	根据内外部环境变化或定期检讨存量资产配置，并适时处置低效及非核心资产		资产处置工具	资产处置工具
	根据资产结构与资本结构的适配性动态评估和检讨会计资产组合	会计资产配置	会计资产配置工具	会计资产配置工具

附录 8B：价值管理职能设置（参考）

价值管理职能是以价值创造为核心，以资本、资金、资产管理为主线，围绕资本结构、现金创造、现金管理、资金筹集和资产配置等价值创造的关键要素，运用相关管理方法和工具，有效支持业务决策和日常运营。公司可参考以下细化职能设置，并结合自身行业特点和内部管理需要，进一步丰富职能内容，同时匹配组织架构和部门职责划分，配备相应岗位和人才，实现在管理实践中完善职能细化，在职能细化中提升价值创造能力。

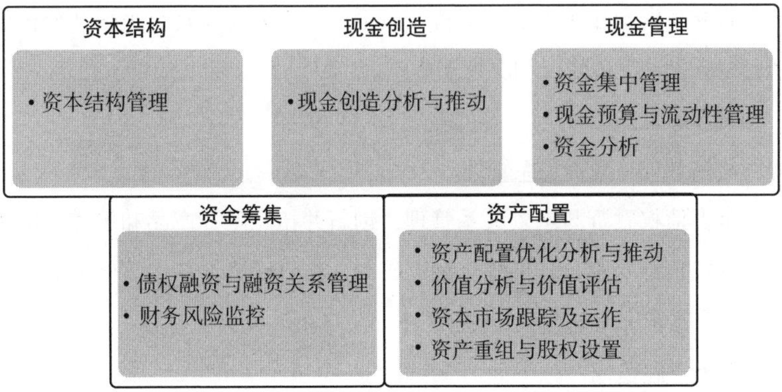

图 8–6　价值管理职能设置（参考）

资本结构：

资本结构管理

研究宏观经济、行业发展、外部评级要求及行业标杆等，研究公司的合理资本结构区间，并推动资本结构的动态优化调整。

现金创造：

现金创造分析与推动

建立并完善现金创造分析机制，推动公司加强营运资本管理，改善营运资本使用效率，以提升现金创造能力。

现金管理：

资金集中管理

实施并进一步完善资金集中管理，充分利用信息系统以提升管理效率。

现金预算和流动性管理

加强现金预算滚动预测和短期流动性管理，检讨与优化最佳现金持有量模型，推动减少受限现金，加强总部及下属公司现金派息与付息管理。

资金分析

研究与资金相关的宏观形势及政策，建立和完善资金报告和分析机制，相应提供管理建议和决策支持。

资金筹集：

债权融资与融资关系管理

负责债权融资与融资关系管理，创新并拓宽融资产品和渠道，优化债权融资核心要素，降低综合融资成本，在目标资本结构下保障业务发展的资金需求。

财务风险监控

建立并完善财务风险监控机制，定期监控及评估公司财务风险。

资产配置：

资产配置优化分析与推动

进行定期持续的价值检讨，分析差异及原因，为提升资产配置效率提供参考，研究并推动公司资产组合的动态调整与优化。

价值分析与价值评估

通过价值分析与价值评估，为收购兼并、股权转让及重组提供决策支持，并对交易结构安排提供建议。

资本市场跟踪及运作

跟踪与分析资本市场及行业标杆动态，为公司运营管理、资本运作、商业模式创新等提供决策参考，制订上市公司注资、IPO、再融资、派息等方案并推动其实施。

资产重组与股权设置

确定公司股权的合理架构，并推动优化调整方案。

附录：5C价值管理报表体系

5C 价值管理报表的含义

5C 价值管理报表是根据 5C 价值管理体系的核心理念，结合公司行业与管理特点形成的、适用于公司不同层级进行价值分析与管理的一整套管理分析报表，是将价值管理理念落实到各层级公司日常经营管理活动中的重要工具。

价值报表的逻辑架构是以现金流折现法所量化的公司价值为起点，从资本结构、现金创造、现金管理、资金筹集、资产配置的 5C 各模块入手，由整体到细节，由分析到管理，将业绩表现层层分解到具体的管理工作中，深入挖掘公司价值背后的具体驱动因素。

5C 价值管理报表将公司的财务数据、报表、分析进行系统化、结构化。一般而言，5C 价值管理报表体系结构可分为五个层级：0 级报表为价值分析概述，展现最为关键的价值信息汇总；1 级报表以估值形式整合历史及预算财务报表，并参考行业价值判断量化公司价值；2 级报表为重构后的财务三张报表以及 5C 关键指标；3 级报表为 5C 各模块分析总表；4 级报表是在 3 级报表的基础上进一步按照价值管理关键环节展开，细化分析指标，联系管理活动。若有必要，公司还可进一步将 4 级报表延伸至更为明细的 5 级报表，以方便日常的管理操作。

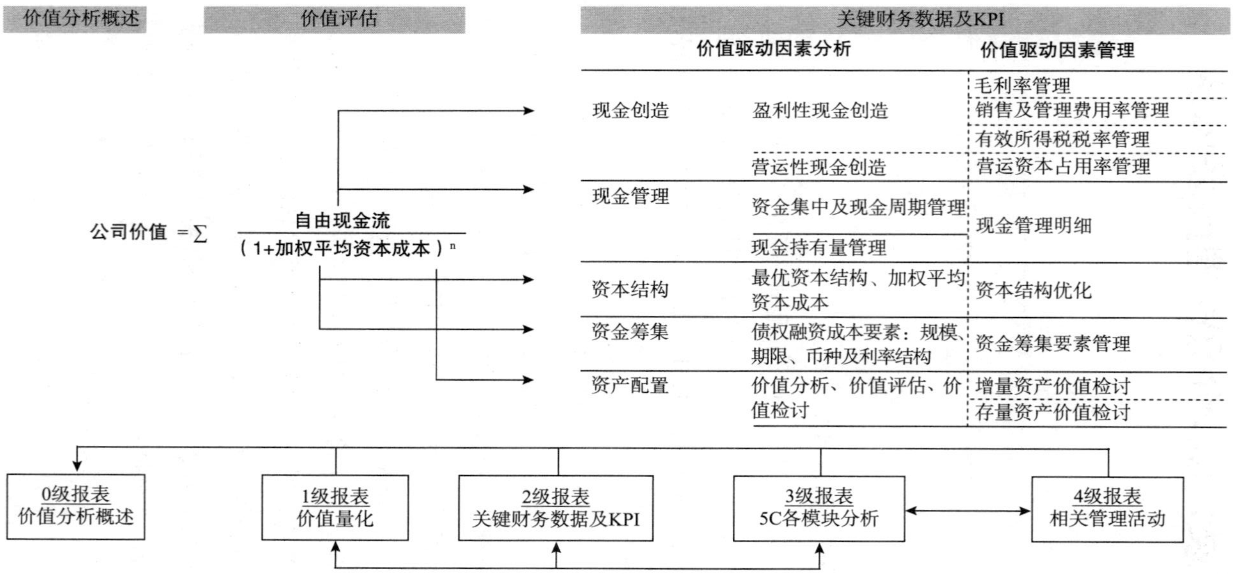

附图 –1　5C 价值管理报表结构

不同层级的5C价值管理报表有层层深入、不断细化展开的逻辑联系，从而满足不同层级、不同职责的管理者对于报表和分析详略程度的不同需求，例如：公司经理人可能重点关注0级报表、1级以及2级报表，特别是关键价值指标和KPI的变动情况，不仅需要关注关键价值指标的历史结果，还需要关注关键价值指标未来预计表现及其折现的价值水平，为他们进行公司整体的价值判断提供参考；采购、生产、销售等具体业务部门负责人可能会进一步关注3、4级报表中联系管理活动的财务数据表现，以利于他们采取具体的管理改善措施等。

并且，正如最后一章中所提及的，5C价值管理在不同层级的管理层次上有不同的权责划分，与之相对应，5C价值管理报表的各模块在不同层级的公司也会有不同频率、不同侧重点的运用。例如：价值评估报表可能主要是由总部按年度进行；资本结构、资金筹集模块报表可能主要在总部层面分析且分析的频率相对较低，如季度、半年度；现金创造模块内容可能在不同层级的公司都需要进行详细分析且分析的频率较高，如需月度进行；若公司已实施资金集中管理，现金管理模块的内容就需要配合资金集中程度的高低，决定进行分析的层级和频率。

5C价值管理报表本质上是价值分析体系，其侧重点在于分析，公司的其他法定财务报表、各类管理报表可被视作5C价值管理报表的数据来源。5C价值管理报表是基于对价值管理需求进一步的梳理和明确，将原有的财务数据及报表进行整合，并从价值管理角度进一步完善分析维度，形成一套涵盖资本、资金、资产，逻辑完整的价值分析体系，从而提升对公司价值创造活动的支持能力。

5C 价值管理报表的作用

第一，为公司各层级提供进行日常价值管理的工具，推动公司上下建立对价值创造关键因素的系统性管理能力，实现价值管理在公司各层级、各部门的有效落地。

第二，在集团化企业中，建立并实施一套 5C 价值管理报表体系，有利于梳理、整合、优化现有的报表和分析报告，自上而下统一分析语言，完善分析视角，起到增强总部管控、明确管理要求、精简重复内容、补充分析维度、提高分析深度等作用。

第三，由于 5C 价值管理报表的有效运用，在很大程度上取决于公司管理的精细程度和信息系统的完善程度，因此建立并实施 5C 价值管理报表体系的过程，需要进行统一或补充数据口径、提高数据传递的自动化水平等工作，从而推动公司管理精细程度的提高和信息化水平的提升，增强基础管理能力。

5C 价值管理报表的应用

首先，进行 5C 价值管理报表内容的个性化设计。包括：充分体现行业特点，即在包括 5C 通用性指标的基础上，还包括体现行业价值关键驱动因素的行业个性化指标；满足业务管理需要，即从内容到频率上，应能满足各层级公司管理层对价值管理数据和信息的需求，有助于展示公司价值变动趋势，深入价值创造关键环节，揭示管理存在的问题；符合总部管控要求，即一般而言，总部以下层级公司的价值报表是在满足上级管控需求的基础上，对分析报表内容的进一步细化；成为日常管理工具，即日常的各类数据收集、报表加工、总结分析等工作，都能在 5C 价值管理报表框架下进行。

其次，进行 5C 价值管理报表的系统实施。5C 价值管理报表的信息化，可大大提升工作效率，减少不必要的手工操作，并提高数据的准确性和及时性。信息化的基础是数据来源和数据模型的一致性，信息化的要素包括数据源系统、集中的数据仓库、统一的报表展示平台等，信息化的条件还有日常的系统运维以及表项、指标、映射关系变更等的维护等。

最后，进行5C价值管理报表的日常运用。包括：及时、准确出具价值报表数据，并基于价值报表数据，进行相应的分析，形成建设性的意见和建议，从而推动和支持公司的价值创造活动。有关分析的形式、频率、内容，需要综合考虑公司的战略重点、经营管理需要和管理层的阅读习惯等因素。

以下提供了5C价值管理报表的示例，主要示例5C价值管理报表体系的整体以及各级报表的框架结构，可供公司在实践运用中参考。而在实际运用中，公司还需充分结合自身的行业特点、战略重点和管理需要，对具体的分析频率、分析指标、分析维度和细度等进行充分的个性化，还可增加必要的图例，并随业务发展、管理重点的变化，灵活安排呈现给管理层的价值报表应突出的内容，以达到借助5C价值报表这一有用工具，推动价值管理、价值创造作用实现的目的。

0级——价值分析概述①

价值分析概述是5C价值报表的总领表（leading sheet），概括展示最为关键的价值信息，数据主要来源于其后进一步细化的各层级报表。

① 本书所展示的报表示例，除特别注明，是以20×2年×月末为当前时点。若公司有建立财务滚动预测机制，20×2年预计全年的数据可采用预计到年底的全年滚动预测数据。

附表 –1　价值分析概述

类别	项目		20×1 全年	20×2 预计全年	20×1 1—×月	20×2 1—×月	增长/（减少）	分析及附注
财务数据摘要	营业额							
	经营利润							
	净利润							
	股东应占净利润							
	EPS							
	投入资本/占用资本							
	总有息负债							
	经营性现金流							
	资本支出							
价值评估摘要	公司自由现金流							
	加权平均资本成本							
	公司价值							
	减：	少数股东权益						
	减：	总有息负债						
	加：	现金及存款						
	股东价值							
	股东账面价值							
	内部折算	市盈率（P/E）						
		市账率（P/B）						
	资本市场	市盈率（P/E）						
		市账率（P/B）						
			20×1 全年	20×2 预计全年	20×1 1—×月	20×2 1—×月	增长/（减少）	
关键价值驱动因素及指标（注1）——回报	毛利率							
	销售及管理费用率							
	有效所得税税率							
	税后经营利润率							
	营运资本占用率							
	净利润率							
	投入资本回报率							
	权益回报率							
	其他与公司回报相关的行业或管理指标							
关键价值驱动因素及指标（注1）——增长	销售收入增长率							
	销量类指标							
	售价类指标							
	其他与公司增长相关的行业或管理指标							
关键价值驱动因素及指标（注1）——风险	总有息负债率							
	总有息负债率约束指标							
	总有息负债/EBITDA							
	总有息负债/EBITDA约束指标							
	利息保障倍数							

注1：公司可根据自身行业特征和管理需要，对价值关键驱动因素及指标进行个性化，例如：零售行业可在回报类指标中加入存货周转天数、应付账款周转天数等，地产行业可在增长类指标中加入签约额、土地储备面积等，风险类指标中还可加入汇率风险类指标、利率风险类指标或外部评级机构、银行等对公司特殊的财务约束指标等。

注2：价值分析概述还可根据公司管理需要，补充其他必要的关键价值数据及图表，例如主要业态、主要区域或主要项目的收入贡献、盈利贡献、回报水平或增长水平等。

1 级——价值评估总表

价值评估总表提供公司价值的估算结果，一般而言，主要根据现金流折现法（discounted cash flow），从价值驱动因素出发，预测公司未来每期的自由现金流，定期（通常可按照半年度或年度的频率）估算并分析公司价值的变化。公司还可根据所处行业选择适用的价值评估方法并设计相应的报表。

附表 –2　价值评估总表

价值变动情况	
最新价值*	
每股价值	
去年同期	
同比变化%	

*仅供参考。价值测算基于公司未来5年财务预算，在未来5年后采用终值。终值基于第5年度的财务表现并假设永续增长率为X%。

关键价值数据（注1）	*20×2年1—×月* 当期	*20×1年1—×月* 去年同期	20×2 预计	20×3 预测	20×4 预测	20×5 预测	20×6 预测	20×7 预测
收入								
成本								
毛利								
销售及管理费用								
有效所得税税率								
应占合营/联营公司溢利								
税后经常性息税前利润								
营运资本变动								
资本支出								
公司自由现金流								

现金流折现摘要（注2）		
最优资本结构		
加权平均资本成本		*最优资本结构和加权平均资本成本的计算方法详见第二章资本结构
永续增长率		
未来1~5年的自由现金流折现值（A）		
终值		
终值的折现值（B）		
终值占公司价值的百分比		
公司价值（C=A+B）		
总有息负债（D）		
现金及存款（E）		
少数股东权益：现值测算 （F）		*少数股东价值=少数股东账面价值×P/B倍数，P/B倍数可采用行业平均数
权益价值（G=C−D+E−F）		

价值评估期起点	*20×3E*
永续增长期起点	*20×8E*

权益及公司价值对应的乘数（注3）	20×2	20×3E	
股东应占净利润			
市盈率(P/E)			
公司实际P/E			*若为上市公司
行业标杆的P/E均值			
息税折旧摊销前利润(EBITDA)			
息税折旧摊销前利润倍数（EV/EBITDA）			
公司实际EV/EBITDA			*若为上市公司
行业标杆的EV/EBITDA均值			

注 1：关键价值数据来源于公司财务预算，可根据公司行业特性进行个性化和细化；在公司建立了财务滚动预测机制的情况下，未来五年的预计数据可滚动更新，以提

高估值的准确性。

注 2：现金流折现法的基本原理可参见第六章资产配置。此处列示的现金流折现法是以 5 年为预测期；股东权益价值 = 公司价值 –（公司债务价值 – 现金及银行存款）– 少数股东权益。

注 3：公司可根据以上公司价值的内部估算结果，进一步计算相应的价值乘数，并与实际（若为上市公司）或行业标杆的估值指标进行比较，一方面验证内部现金流折现法估值结果是否合理，另一方面评估市场对于公司或行业的预期水平。

1 级——价值评估明细表

价值评估明细表实际是价值评估总表的详细计算过程，可以反映估值所依据的假设和所采用的方法是否合理，通常可由公司专业人员负责编制和审核。

附表 –3　价值评估明细表

关键价值数据的细化应依据公司实际需要进行，以下仅为示例	20×1 上半年	20×1 全年	20×2 上半年实际	20×2 全年预计	20×3E 上半年	20×3E 全年	20×4E	20×5E	20×6E	20×7E
收入										
同比变化%										
分业态收入										
其中：量										
价										
其他业务收入										
毛利										
同比变化%										
分业态成本										
其中：量										
价										
其他业务成本										
销售及管理费用										
同比变化%										
管理费用										
同比变化%										
管理费用率										
销售费用										
同比变化%										
销售费用率										
应占合营/联营公司溢利										
经常性息税前利润										
同比变化%										
有效所得税税率										
税后经常性息税前利润										
同比变化%										
税后经常性息税前利润率										
折旧摊销										
同比变化%										
营运资本变动										
同比变化%										
营运资本占用率										
经营性现金流（包含应占合营、联营公司溢利）										
资本支出										
公司自由现金流										
公司自由现金流现值										
未来5年公司自由现金流现值加总(A)										
终值										
永续增长率										
加权平均资本成本										
终值测算–永续增长率法										
终值现值（B）										

（续表）

公司价值(C=A+B)	-	*现金流折现法的基本原理可参见第六章资产配置
终值的公司价值占比		
总有息负债(D)		
少数股东权益账面值		
行业P/B均值		
少数股东权益：现值测算(E)		*少数股东价值=少数股东账面价值*P/B倍数，P/B倍数可采用行业平均数
现金及存款(F)		
权益价值(G=C-D+F-E)	-	*股东权益价值=公司价值-（公司债务价值-现金及银行存款）-少数股东权益，现金及银行存款可简化理解为盈余现金
已发行股份（亿股）		*若为上市公司
每股价值		
加权平均资本成本		*最优资本结构和加权平均资本成本的计算方法详见第二章资本结构
加权平均资本成本		*加权平均资本成本=权益资本成本X权益资本权重+债权资本成本X债权资本权重
风险系数（Beta)		
无风险回报率		
市场风险溢价		
权益资本成本		*权益资本成本=无风险回报率+风险溢价=无风险回报率+风险系数X市场风险溢价
税后债权资本成本		
最优债权资本比率（最优资本结构）		

2级——关键财务数据及关键绩效指标（KPI）

关键财务数据及KPI主要展示公司定期的财务报表和关键指标变化，分析财务数据变化背后的业务原因。财务报表主要是从经理人的管理视角进行列示（参见第一章附录1A财务报表重构）；关键指标主要遵循5C各模块理念，体现公司价值创造主要驱动因素的表现情况。

附表-4 关键财务数据及KPI

财务报表可依据公司实际需要进行进一步细化，以下仅为示例		20×1 全年	20×2 预计全年	20×1 1—×月	20×2 1—×月	分析及附注
简明损益表	A业态收入					
	B业态收入					
	其他收入					
	营业额合计					
	A业态成本					
	B业态成本					
	其他成本					
	营业成本合计					
	A业态毛利					
	B业态毛利					
	其他毛利					
	毛利合计					
	销售费用合计					
	管理费用合计					
	应占合营/联营公司溢利					
	经营利润合计					
	其他收入/支出合计					
	其中：政府补贴					
	资产处置					
	汇兑损益					
	息税前利润					
	财务费用净额					
	所得税费用					
	净利润					
	其中：股东应占					

（续表）

财务报表及关键指标可依据公司实际需要进行进一步细化，以下仅为示例		20×1 全年	20×2 预计全年	20×1 1—×月	20×2 1—×月	分析及附注
简明资产负债表	**现金及银行存款**					
	其中：已抵押银行存款					
	营运资本需求					
	其中：存货					
	应收款及其他应收款					
	应付款及其他应付款					
	固定资产及长期资产					
	其中：物业、厂房及设备					
	预付租约款项					
	商誉					
	经营权					
	递延税					
	固定资产相关的其他应收/应付款					
	长期股权投资					
	其中：于合营/联营公司权益					
	股权投资相关的其他应收/应付款					
	金融资产					
	投入资本					
	短期借款					
	银行借款					
	债券					
	长期借款					
	银行借款					
	债券					
	股东借款					
	少数股东权益					
	股东权益					
	占用资本					
	总资产					
	总负债					
简明现金流量表	**经营活动净现金流**					
	其中：经营利润					
	折旧摊销					
	所得税					
	营运资本需求变动					
	投资活动净现金流					
	其中：购建固定资产及无形资产					
	取得股权投资					
	收到股息					
	处置固定资产及无形资产					
	处置股权投资					
	融资活动净现金流					
	其中：发行股本					
	发行债券					
	取得银行借款					
	取得股东借款					
	支付利息					
	支付股息					
	偿还债券					
	偿还银行借款					
	偿还股东借款					
	汇兑损益					
	期初现金及存款余额					
	期末现金及存款余额					
5C核心指标	**资本结构** 总有息负债率					
	总有息负债对息税折旧摊销前利润比率					
	加权平均资本成本					
	现金创造 税后经营利润率					
	营运资本占用率					
	经常性自由现金流对战略性资本支出比率					
	现金管理 最佳现金持有量对营业额比率					
	盈余现金对现金余额比率					
	资金筹集 有息负债平均成本					
	有息负债加权平均年期					
	资产配置 投入资本回报率					
	销售收入增长率					

3 级——资本结构分析

资本结构分析主要围绕资本规模、资本来源、资本成本以及财务杠杆的核心理念展开，通过定期与行业标杆和自身历史进行比较，分析公司整体以及内部附属公司（若为集团化企业）的资本来源的构成情况和财务杠杆的利用水平的变化原因及其合理性，以完整评估公司的财务资源状况，并识别资本结构优化的方向。

附表 –5　资本结构分析

以下站在公司整体角度，比较公司与行业标杆的资本规模、资本来源、资本成本和财务杠杆情况。

资本规模

占用资本规模	20×1	20×2上半年	20×2预计	20×2年变化率	20×2年行业标杆变化率均值
本公司					
标杆A					
标杆B					
分析及附注：					

资本来源

	本公司			标杆A			标杆B		
占用资本分类	20×1	20×2上半年	20×2预计	20×1	20×2上半年	20×2预计	20×1	20×2上半年	20×2预计
短期借款									
长期借款									
股东借款									
少数股东权益									
股东权益									
分析及附注：									

资本成本

	本公司			标杆A			标杆B		
加权平均资本成本（WACC）	20×1	20×2上半年	20×2预计	20×1	20×2上半年	20×2预计	20×1	20×2上半年	20×2预计
权益资本成本									
税后债权资本成本									
最优资本结构									
WACC									
分析及附注：									

财务杠杆（注1）

总有息负债率（静态资本结构指标）	20×1	20×2上半年	20×2预计	20×2年变化率	20×2年行业标杆变化率均值
本公司					
标杆A					
标杆B					
分析及附注：					

总有息负债/息税折旧摊销前利润（动态资本结构指标）	20×1	20×2上半年	20×2预计	20×2年变化率	20×2年行业标杆变化率均值
本公司					
标杆A					
标杆B					
分析及附注：					

利息保障倍数	20×1	20×2上半年	20×2预计	20×2年变化率	20×2年行业标杆变化率均值
本公司					
标杆A					
标杆B					
分析及附注：					

财务杠杆乘数	20×1	20×2上半年	20×2预计	20×2年变化率	20×2年行业标杆变化率均值
本公司					
标杆A					
标杆B					
分析及附注：					

（续表）

以下根据公司的管理需要，将资本结构按照区域或项目公司等维度进一步细化，分析整体的主要组成部分的资本规模、资本来源、资本成本和财务杠杆情况。

资本规模

各区域占用资本规模分布	20×1	20×2上半年	20×2预计	20×2年变化率	公司整体变化率	在整体中占比
区域A						
区域B						
区域C ……						
合计						

占用资本规模前十大公司	持股比例	20×1	20×2上半年	20×2预计	20×2年变化率	公司整体变化率	在整体中占比
项目公司A							
项目公司B ……							
附属公司合计							
项目公司C							
项目公司D ……							
合营/联营公司合计							
分析及附注：							

资本来源

	项目公司1			项目公司2			项目公司3……		
占用资本规模前十大公司占用资本分类	20×1	20×2上半年	20×2预计	20×1	20×2上半年	20×2预计	20×1	20×2上半年	20×2预计
短期借款									
长期借款									
股东借款									
少数股东权益									
股东权益									
分析及附注：									

财务杠杆

以下指标仅适用于资本结构独立公司

总有息负债率最高前×大公司	持股比例	20×1	20×2上半年	20×2预计	整体	变化率	整体变化率
项目公司A							
项目公司B							
项目公司C ……							
分析及附注：							

总有息负债/息税折旧摊销前利润比率最高前×大公司	持股比例	20×1	20×2上半年	20×2预计	整体	变化率	整体变化率
项目公司D							
项目公司E							
项目公司F ……							
分析及附注：							

利息保障倍数最低×家公司	持股比例	20×1	20×2上半年	20×2预计	整体	变化率	整体变化率
项目公司G							
项目公司H							
项目公司I ……							
分析及附注：							

财务杠杆乘数最高前×大公司	持股比例	20×1	20×2上半年	20×2预计	整体	变化率	整体变化率
项目公司J							
项目公司K							
项目公司L ……							
分析及附注：							

注1：在财务杠杆方面，公司可根据实际情况需要，选择适合公司行业、发展阶段特性、业务战略的指标，例如若公司处于扩张期，利息保障倍数也可作为反映公司动态资本结构、衡量当前财务风险的补充指标；若公司关注自身的再融资能力和财务风险水平，还可加入流动性比率，及时反映公司财务弹性的变化。

4 级——资本结构优化

4 级报表资本结构优化是对公司所采取的资本结构管理措施实施情况和效果的监控和分析。根据日常对公司资本结构的分析评估，公司采取相应的措施进行资本结构优化，以提升公司财务能力，实现公司价值最大化。

附表 –6　资本结构优化

优化要素	优化举措（注1）
资本规模	控制占用资本规模
	积极应对内外部财务约束
资本来源	提升盈利性与营运性现金创造能力
	调动合营/联营公司财务能力
	非核心与低效资产处置
资本成本	提高资金使用效率
	充分发挥税盾效应

调动合营/联营公司财务能力（注2）	持股比例			资金集中度			集团提供担保/股东贷款金额			派息率						
	20×1	20×2上半年	变化率	20×1	20×2上半年	变化率	20×1	20×2上半年	变化率	20×1	20×2	变化率	集团要求派息率	累计可分配利润	派息金额	手持现金
合营/联营公司A																
合营/联营公司B																
合营/联营公司C																
分析及附注：																

附属公司派息分析（注2）	总有息负债率			派息率						
	20×1	20×2上半年	变化率	20×1	20×2上半年	变化率	集团要求派息率	累计可分配利润	派息金额	手持现金
附属公司A										
附属公司B										
附属公司C										
分析及附注：										

充分发挥税盾效应（注2）	股东贷款金额			有效税率			税盾效应			母公司利息收入相关税费		
	20×1	20×2上半年	变化率	20×1	20×2上半年	变化率	20×1	20×2上半年	变化率	20×1	20×2上半年	变化率
资本结构非独立公司A												
资本结构非独立公司B												
资本结构非独立公司C												
资本结构独立公司A												
资本结构独立公司B												
资本结构独立公司C												
分析及附注：												

注 1：资本结构的优化举措主要包含资本规模、资本来源和资本成本三大维度，有关各项举措的具体含义，可参见第二章资本结构。

注 2：上述列出的各项举措仅为示例，公司可根据自身资本结构存在的问题和应优化的方向，选择合适的优化举措，相应拟定指标定期进行监控和分析。

3 级——现金创造分析

现金创造分析从经常性自由现金流分析入手，并以一定营运资本占用下的投入资本回报率为起点，从盈利性现金创造能力及营运性现金创造能力两个维度进行，呈现和分析公司现金创造情况及主要影响要素的表现情况。

附表 –7　现金创造分析

		20×1 全年	20×2 预计全年	20×1 1—×月	20×2 1—×月
经常性自由现金流（注1）	税后经营利润				
	折旧摊销				
	营运资本变动				
	经营性现金流				
	经常性资本支出				
	经常性自由现金流				
	战略性资本支出				
	经常性自由现金流对战略性资本支出比率				
	经营性现金流对资本支出比率				
	分析及附注：				
现金创造能力（注2）	**投入资本回报率**				
	盈利性现金创造能力				
	税后经营利润率				
	—— 毛利率				
	—— 销售及管理费用率				
	—— 有效所得税税率				
	营运性现金创造能力				
	营运资本占用率				
	——销售环节营运资本占用率				
	—— 生产环节营运资本占用率				
	—— 采购环节营运资本占用率				
	现金周期				
	——应收账款周转天数				
	—— 存货周转天数				
	—— 应付账款周转天数				
	—— 预收/预付账款周转天数				
	投入资本周转率				
	分析及附注：				

注 1：经常性自由现金流 = 经营利润 ×（1– 有效所得税税率）– 营运资本需求变动 + 折旧摊销 – 经常性资本支出净额；经常性自由现金流与战略性资本支出相对应，经营性现金流与资本支出相对应，反映公司现金创造水平对资本支出的支持能力。有关经常性自由现金流的具体含义和管理应用，可参见第三章现金创造。

注 2：从盈利性现金创造和营运性现金创造两个维度对现金创造能力进行分析，在进行整体分析的基础上，公司还可根据经营管理需要，进一步按照业态、区域、内涵式

（一般指公司现有业务）/外延式（一般指公司新并购项目）等维度，加入相关的个性化指标，细化现金创造能力分析。

4级——现金创造管理——毛利率

根据现金创造的分析框架，在3级现金创造分析的基础上，4级管理报表分别从盈利性现金创造和营运性现金创造两大维度进一步展开。一般而言，盈利性现金创造管理可包括毛利率管理、销售及管理费用率管理、有效所得税税率管理；营运性现金创造管理可包括营运资本占用管理（并可再细分为应收账款管理、存货管理和应付账款管理等）。由于现金创造与公司的业务特性密切相关，因此下列表格主要为示例，公司可能需要进行较为详细的个性化，以利于提高业务的现金创造能力。

附表–8　毛利率分析

	20×1	20×2	20×1	20×2
注1、注2	全年	预计全年	1—×月	1—×月
收入				
业态A收入				
量				
价				
业态B收入				
量				
价				
业态C收入……				
成本				
业态A成本				
量				
价				
业态B成本				
量				
价				
业态C成本……				
毛利				
业态A毛利				
业态B毛利				
业态C毛利……				
毛利率				
业态A毛利率（%）				
业态B毛利率（%）				
业态C毛利率（%）……				
分析及附注：				

注1：在整体毛利率分析的基础上，公司还可根据经营管理需要，按业态、区域、客户或产品类型、以及内涵式/外延式等维度，再分别进行毛利率分析，以更加详细分

析各业务板块的盈利能力。

注 2：在毛利率分析中，公司还可根据内部管理精细程度的需要，对收入、成本进行必要的细化，例如可将收入、成本进一步分解为量、价，或区分客户或产品类型分别分解量、价等，以更加准确展示及分析毛利率各项驱动因素的变化情况和原因。

4 级——现金创造管理——销售及管理费用率

附表 –9　销售及管理费用率分析（注 1）

	20×1 全年	20×2 预计全年	20×1 1—×月	20×2 1—×月
收入（注3）				
市场占有率				
销售及管理费用总额（注2）				
其中：A费用				
B费用				
C费用				
销售及管理费用率				
其中：A费用率%				
B费用率%				
C费用率%				
分析及附注：				

注 1：若公司的营销活动较多且对公司价值影响较大（如消费品公司、医药产品公司等），可区分销售费用率和管理费用率分别进行分析。

注 2：公司还可根据经营管理需要，按业态、区域、客户或产品类型等维度，细化相关费用率分析。营销活动较多的还可补充对终端费用投入方式占比、分级经销商数量、渠道支持费用、不同档次产品营销投入等，以更加准确评估营销活动的有效性。

注 3：销售及管理费用的分析还可结合收入及市场占有率的变动情况，以分析其使用效率。

4 级——现金创造管理——有效所得税税率

在以下示例的有效所得税税率分析表中，明细项目主要是针对跨内地和香港地区两地税收环境的集团化企业设计。公司可参考并根据自身经营实际所处的税收环境和税务管理要求对报表项目进行必要的个性化。

附表 –10　有效所得税税率分析

	（注1）	20×1 全年	20×2 预计全年	20×1 1—×月	20×2 1—×月
名义有效所得税税率	税前会计利润				
	所得税费用				
	名义有效所得税税率				
	剔除投资收益后的税前会计利润				
	所得税费用				
	实际有效所得税税率				
实际有效所得税税率	其中：（注2）				
	不可控因素影响				
	—— 所得税税率优惠影响(%)				
	—— 境内外所得税税率差影响(%)				
	—— 未实现的内部利润且未确认递延所得税影响(%)				
	—— 补缴以前年度未计提但计入当期所得税费用影响(%)				
	合计				
	可控因素影响				
	—— 所得税税率优惠或低税率享受幅度影响(%)				
	—— 其他税收优惠影响(%)				
	—— 境外股东股息预提所得税影响(%)				
	—— 不可抵扣费用影响(%)				
	—— 未确认为递延所得税资产的当期亏损影响(%)				
	—— 弥补以前年度亏损影响(%)				
	合计				

注1：根据税前会计利润是否剔除投资收益，有效所得税税率又可区分为名义有效所得税税率和实际有效所得税税率：

名义有效所得税税率 = 所得税费用 / 税前会计利润；

实际有效所得税税率 = 所得税费用 / 剔除投资收益后的税前会计利润，剔除投资收益后的税前会计利润 = 税前会计利润 – 按权益法核算的投资收益—按成本法核算的投资收益，这是按照税务口径的会计利润。

实际有效所得税税率剔除了不在公司内部管理范畴内的因素，因此更能反映公司真实的税负率和税务管理能力。

实际有效所得税税率计算和影响因素分析可进一步明细至如下：

附表 –11　实际有效所得税税率分析明细

	项目	20×1 全年	20×2 预计全年	20×1 1—×月	20×2 1—×月
实际有效所得税税率计算	**税前会计利润**				
	其中：—— 按权益法核算的投资收益				
	—— 按成本法核算的投资收益				
	所得税费用				
	其中：—— 当期所得税费用				
	—— 递延所得税				
	（税务亏损确认递延所得税资产）				
	实际有效所得税税率				
实际有效所得税税率影响因素分析	**实际有效所得税税率影响因素**				
	—— 税收优惠影响税额				
	—— 不可抵扣费用影响税额				
	—— 弥补以前年度亏损影响税额				
	—— 未确认为递延所得税资产的当期亏损影响税额				
	—— 境外股东股息预提所得税影响税额				
	—— 其他（特别纳税调整、未实现的内部利润、补缴以前年度未计提但计入当期所得税费用、境内外企业所得税率差等）				
	其中：—— 境外股东股息预提所得税的影响(%)				
	—— 其他（%）				

注2：对实际有效所得税税率的分析，可细化至各个影响因素，并将影响因素区分为不可控和可控两大类，不可控因素主要是指其变化取决于税收环境的统一规定，可控因素主要是指因主动进行税务筹划而获得的税负节约影响。区分不可控因素和可控因素，有利于及时、准确掌握实际有效所得税税率的主要影响因素及其变化，评估税负水平的合理性和可持续性，识别税务筹划空间，便于采取相应措施。

对影响因素的进一步分析可采用如下明细表形式进行：

附表 –12　实际有效所得税税率影响因素分析

	项目	20×1 全年	20×2 预计全年	20×1 1—×月	20×2 1—×月
影响因素明细分析	**税收优惠影响税额**				
	—— 税收优惠项目A				
	—— 税收优惠项目B……				
	（其中因主动筹划而享受的所得税税率优惠影响税额）				
	—— 加计扣除项目A				
	—— 加计扣除项目B……				
	合计				
	不可抵扣费用影响税额				
	—— 不可抵扣费用调整A				
	—— 不可抵扣费用调整B……				
	合计				
	其他因素影响税额				
	—— 特别纳税调整				
	—— 补缴以前年度未计提但计入当期所得税费用				
	—— 未实现的内部利润且未确认递延所得税影响税额				
	—— 境内外企业所得税率差				
	（其中因主动筹划而适用的境内外税率差影响税额）				
	—— 其他（请备注）				
	合计				

4 级——现金创造管理——营运资本占用率

附表 –13　营运资本占用率分析

	20×1	20×2	20×1	20×2
	全年	预计全年	1—×月	1—×月
收入				
区域A				
区域B……				
营运资本占用				
区域A				
区域B……				
——应收款项(含票据)				
——应收账款				
区域A				
区域B……				
——预付账款				
区域A				
区域B……				
——存货				
区域A				
区域B……				
——应付款项（含票据）				
——应付账款				
区域A				
区域B……				
——预收账款				
区域A				
区域B……				
营运资本占用率 （注1）				
——销售环节营运资本占用率				
区域A				
区域B……				
——生产环节营运资本占用率				
区域A				
区域B……				
——采购环节营运资本占用率				
区域A				
区域B……				
现金周期 （注2）				
——应收账款周转天数				
区域A				
区域B……				
——存货周转天数				
区域A				
区域B……				
——应付账款周转天数				
区域A				
区域B……				
——预付/预收账款周转天数				
区域A				
区域B……				
分析及附注：				

注 1：在整体营运资本占用率分析的基础上，公司还可根据经营管理需要，细化到销售、生产、采购等环节，并按业态、区域、客户或产品类型等维度，再分别进行营运资本占用率分析，以更加准确评价各业务板块的营运资本管理情况。

注 2：对于营运资本占用较高的公司，可能还需要对应收账款、存货、应付账款或预付 / 预收账款等的周转效率予以特别关注，可进一步细化或建立专门的报表，按业态、区域、客户或产品类型等维度，对各类型营运资本周转天数进行详细分析。

3 级——现金管理分析

现金周期管理、资金集中管理和现金持有量管理是集团化企业进行现金管理的三大方面，现金管理分析从这三大方面入手，通过推动缩短现金周期、提高资金集中度和降低现金持有量，提高现金周转效率和使用效率。

附表 –14　现金管理分析

现金周期（注1）	1.整体现金余额及变动趋势					
		20×1-12	20×2-03	20×2-06	20×2-09	20×2-12
	（1）现金存量管理					
	境内					
	境外					
	合计 a					
	（2）现金流入管理					
	可用以贴现的应收票据余额 b					
	可随时使用的应收账款保理/资产证券化剩余额度 c					
	可随时使用的存货质押融资额度 d					
	通过现金流入管理可提前获取的现金额度e=b+c+d					
	（3）现金流出管理					
	可随时开立的银行承兑汇票剩余额度 g					
	可随时开立的商业承兑汇票剩余额度 h					
	通过现金流出管理可延后支付的现金额度i=g+h					
	在现金周期管理的基础上的整体可用现金额度 j=a+e+i					

（续表）

		20×1-12	20×2-03	20×2-06	20×2-09	20×2-12
资金集中（注2）	2.资金集中管理情况及变动趋势					
	资金集中度					
	银行账户上线覆盖率					
现金持有量（注3）	3.整体现金持有量结构情况及变动趋势	20×1-12	20×2-03	20×2-06	20×2-09	20×2-12
	受限现金					
	最佳现金持有量（含短期理财）					
	盈余现金（含短期理财）					
	合计					
	4.现金持有量核心指标及变动趋势	20×1-12	20×2-03	20×2-06	20×2-09	20×2-12
	最佳现金持有量对营业额比率(含理财)					
	盈余现金对现金余额比率(含理财)					
	标杆公司——现金持有量对营业额比率(含理财)					
	现金持有量对营业额比率(含理财)					

注1：现金周期管理的主要方式是通过银行账户管理和现金留存、流入及流出环节的管理，缩短现金周期，减少经营所需占用的现金，详细可参见第四章现金管理。在现金管理分析表中，现金留存主要体现为整体现金余额的规模及其变化趋势，若公司涉及跨境经营，还可将现金余额区分为境内、境外等维度。

在现金流入、流出的环节，可以分析公司对供应链融资工具的应用情况，例如票据、保理、存货质押等的可用额度。其中：可用以贴现的应收票据余额是考虑了票据平均到期日、贴现率和保证金比例后，预计通过贴现可取得的现金净额；可随时开立的银行承兑汇票和商业承兑汇票是考虑了保证金比例后，预计通过银行承兑汇票和商业承兑汇票支付可节约的净现金支出。

注2：资金集中管理适用于正在或者已经实施资金集中管理的集团化企业，可通过资金管理系统实现资金集中，详细可参见第四章现金管理。在现金管理分析中主要定期分析整体资金集中程度及其变化趋势。

注3：对于现金持有量，主要采用分类管理的方式，尽量减少受限现金和盈余现金余额，优化最佳现金持有量，因此需要分别对各类现金持有量余额变化进行追踪，并将相关比率与标杆公司比较，评估公司的现金持有量水平是否合理。有关各类现金持有量的性质和管理方式，可参见第四章现金管理。

4 级——现金管理明细

现金管理的 4 级报表是对 3 级报表的展开，同样分为现金周期、资金集中和最佳现金持有量三部分，进一步从日常管理和资金安排的角度，详细分析现金管理现状和留存现金各组成部分的合理性，识别可优化的空间。为提高管理效率，该些明细表格通常需要依托资金管理系统提供的基础数据。公司可根据内部管理需要进行必要的个性化。

附表 –15　现金管理明细

现金周期

1.留存现金区域分布表

	币种	总部	区域A	区域B	区域C	区域D	区域E	区域F	区域G	整体合计
一、境内	人民币									
	其他									
境内合计：										
上季度末境内余额										
与上季度末相比变化										
二、境外	港币									
	其他									
境外合计：										
上季度末境外余额										
与上季度末相比变化										
三、境内外合计										
占整体余额%										
上季度末余额										
与上季度末相比变化										

2.留存现金银行分布表

区域	境内外银行存款合计	境内存款银行分布				境外存款银行分布			
		银行A	银行B	其他银行……	合计	银行C	银行D	其他银行……	合计
总部									
区域A									
区域B									
……									
合计									

资金集中

3.资金集中度统计表

区域	附属公司在资金中心存款余额A	附属公司在外部银行存款余额B	资金集中度A/(A+B)	上季度末资金集中度	变动
区域A					
区域B					
……					
合计					

4.应收银行承兑汇票统计表

区域	余额					平均到期期限（月）	市场贴现利率
	银行评级–高（注1）	银行评级–中	银行评级–低	其他银行	合计		
总部							
区域A							
区域B							
……							
合计							

5.应收商业承兑汇票统计表

区域	余额				平均到期期限（月）			市场贴现利率		
	承兑人评级–高（注1）	承兑人评级–中	承兑人评级–低	合计	承兑人评级–高	承兑人评级–中	承兑人评级–低	承兑人评级–高	承兑人评级–中	承兑人评级–低
总部										
区域A										
区域B										
……										
合计										

6.供应链授信额度统计表

区域	应收账款保理		资产证券化		存货质押融资		银行承兑汇票		商业承兑汇票	
	可用额度	平均保证金比例	可用额度	平均保证金比例	可用额度	平均保证金比例	可用额度	平均保证金比例	可用额度	平均保证金比例
总部										
区域A										
区域B										
……										
合计										

（续表）

现金持有量

7.现金持有量分析表

项目		整体	
		×月	上季度末
现金余额	现金余额①=②+③+④		
	受限现金②		
	其中：监管受限现金		
	其中：行业受限现金		
	其中：融资条件受限现金		
	最佳现金持有量③		
	其中：经常性需求		
	其中：预防性需求		
	盈余现金④		
	其中：3个月内偿还债务本金		
	其中：3个月内战略性资本支出		
	其中：3个月内派息		
	其中：无明确用途		
理财余额	短期闲置的最佳现金持有量理财⑤		
	盈余现金理财⑥		
	其中：3个月内偿还债务本金		
	其中：3个月内战略性资本支出		
	其中：3个月内派息		
	其中：无明确用途		
最佳现金持有量（含理财）	最佳现金持有量⑦=③+⑤		
盈余现金（含理财）	盈余现金⑧=④+⑥		
现金及理财合计	现金及理财合计⑨=①+⑤+⑥		
最佳现金持有量对营业额比率	⑦÷营业额		
盈余现金对现金余额比率	⑧÷⑨		

8.受限现金分析表

大区	时间	受限现金			
		监管受限现金	行业受限现金	融资受限现金	合计
总部	×月末				
	上季度末				
区域A	×月末				
	上季度末				
……	×月末				
	上季度末				
合计	×月末				
	上季度末				

9. 理财情况分析表

业务单元	理财余额类型分布			理财余额渠道分布				加权平均收益率
	保本类	非保本类	合计	银行A	银行B	银行C	其他银行……	
整体								

注1：公司内部可根据管理需要，对银行承兑汇票及商业承兑汇票的对手方信用情况进行评级，以有效控制供应链融资的信用风险。

3级——资金筹集分析

资金筹集分析首先从静态/动态资本结构约束下可融资空间入手，明确公司在一定时期内（通常为一年或有特殊需要时）可用于战略性资本支出的财务资源，并关注公司的融资规模和融资成本的变化趋势。

附表 –16　资金筹集分析

		年初	年末	增长/（减少）
可用于战略性资本支出的财务资源（注1）	有息负债率上限 a			
	预计年末股东权益 b			
	静态资本结构约束下年末有息负债上限 c=b*a/(1−a)			
	有息负债/息税折旧摊销前利润 上限 a'			
	预计全年息税折旧摊销前利润 b'			
	动态资本结构约束下年末有息负债上限 c'=a'*b'			
	月末有息负债 d			
	可融资空间 e=min(c,c')−d			
	预计年末前可自由支配资金 f			
	年末前可用于战略性资本支出的财务资源=d+f			
	分析及附注：			

		20×1-12	20×2-3	20×2-6	20×2-9	20×2-12
有息负债规模	境内					
	境外					
	合计					

		20×1-12	20×2-3	20×2-6	20×2-9	20×2-12
有息负债成本（注2）	本公司					
	标杆A					
	标杆B					
	分析及附注：					

注 1：此处以有息负债率和有息负债对息税折旧摊销前利润的比率分别作为静态/动态资本结构约束指标，公司还可根据公司行业、发展阶段、业务战略等选择更为合适的财务约束指标。可融资空间和可用财务资源的计算数据还来源于公司的现金预算机制，计算所需的相关数据可从公司的年度财务预算中取得。

注 2：有息负债成本一般采用加权平均方法计算。

4 级——资金筹集要素明细

资金筹集的 4 级管理报表进一步从渠道、期限、利率、币种等资金筹集要素展开，详细分析各要素的构成和变动情况，通过与外部市场、标杆等对比，识别可降低融资成本的空间，明确下一步资金筹集工作的方向。在以下示例的资金筹集要素管理报表中，明细项目主要是针对存在跨境经营的集团化企业设计，公司可参考并根据自身实际所处的融资环境和融资约束以及内部管理需要对报表项目进行必要的个性化。

附表 –17 资金筹集要素管理

渠道分布

		20×1-12	20×2-03	20×2-06	20×2-09	20×2-12
境内	银行贷款					
	债券					
	集团股东贷款					
	附属公司互贷					
	其他					
境内小计						
境外	银行贷款					
	债券					
	集团股东贷款					
	附属公司互贷					
境外小计						
境内外合计						

分析及附注：

区域分布

		20×1-12	20×2-03	20×2-06	20×2-09	20×2-12
1	区域A					
2	区域B					
3	区域C					
4	其他……					

分析及附注：

银行贷款分布

境内			境外		
银行	**20×1-12**	**20×2-12**	**银行**	**20×1-12**	**20×2-12**
银行A			银行D		
银行B			银行E		
银行C			银行F		
其他银行……			其他银行……		

分析及附注：

成本

	20×1-12	20×2-3	20×2-6	20×2-9	20×2-12
有息负债平均成本					
——本公司					
——标杆A					
——标杆B					
存量有息负债平均成本					
——境内（相对基准浮动）					
——境外（平均all in）					
新增有息负债平均成本					
——境内（相对基准浮动）					
——境外（平均all in）					

分析及附注：

（续表）

期限结构		境内			境外		
		20×1-12	20×2-09	20×2-12	20×1-12	20×2-09	20×2-12
	加权平均年期						
	到期年份						
	20×3年						
	20×4年						
	20×5年						
	20×6年						
	20×7年						
	20×8年及以后						
	分析及附注：						

利率结构		20×1-12	20×2-09	20×2-12
	固定利率			
	浮动利率			
	有息负债合计			
	固定利率有息负债占比			
	分析及附注：			

币种结构		20×1-12	20×2-9	20×2-12	
				金额	**占比**
	人民币				
	港币				
	美元				
	其他				
	分析及附注：				

财务约束指标		约束值	年末预测值
	合并息税折旧摊销前利润/合并利息费用		
	合并净资产		
	合并净借款/合并净资产		
	年底是否可达标		
	分析及附注：		

3级——资产配置分析

资产配置决定公司未来的回报与增长情况，其效率可以直接体现在公司的市值（若为上市公司）及其资本市场估值相对水平，因此资产配置分析首先分析公司价值的相对水平，并将公司与标杆、行业平均的历史及预期的回报、增长趋势进行比较，分析公司的整体价值创造情况。由于资产配置通过投入资本的分配、检讨与优化，影响公司回报、增长和风险，因此资产配置分析需要根据公司管理需要，对投入资本在各主要业务资产之间的分配及其产生的回报与增长进行展开，即进行价值分析，评价各主要业务资产的资产配置效率。

附表 –18　资产配置分析

市场价值

	市值（注1）	市盈率			市账率		
	目前	20×1	20×2E	20×3E	20×1	20×2E	20×3E
本公司							
标杆A							
标杆B							
标杆C							

分析及附注：

回报与增长对标

	投入资本回报率				营业额增长率			
	20×1 全年	20×2 1—6月	20×2 预计全年	20×3 预计全年	20×1 全年	20×2 1—6月	20×2 预计全年	20×3 预计全年
本公司								
标杆A								
标杆B								
标杆C								
行业平均								

分析及附注：

投入资本分布

	区域投入资本分布（注2）		
	20×0	20×1	20×2上半年
区域A			
区域B			
区域C			
其他区域……			
合计			

分析及附注：

营业额贡献

	区域营业额贡献（注2）		
	20×0	20×1	20×2上半年
区域A			
区域B			
区域C			
其他区域……			
合计			

分析及附注：

经营利润贡献

	区域经营利润贡献（注2）		
	20×0	20×1	20×2上半年
区域A			
区域B			
区域C			
其他区域……			
合计			

分析及附注：

注 1：若公司是非上市公司，市值、市盈率（P/E）、市账率（P/B）等可采用内部估值结果计算，由此可与行业标杆进行市场化的比较，参照资本市场对行业标杆的预期，寻找自身公司价值提升的方向。

注 2：公司可根据业务实际和战略需要，对投入资本配置维度进行个性化，例如可按业态、区域、客户或产品类型等，通过比较投入资本的配置比例与增长和回报贡献的相对比例，以明确各部分投入资本的配置效率。

4 级——增量资产配置检讨

价值检讨是公司资产配置工作的重要环节，且是一项定期进行、持续性的工作。价值检讨包括增量资产价值检讨和存量资产价值检讨，资产配置 4 级报表主要是为价值检讨工作提供支持。一般而言，公司需在每年年初，对过往 3~5 年的增量业务资产进行检讨，通过对比实际运营结果与可行性研究报告预测的差异并分析原因，及时发现并解决项目实施过程中的问题，并为未来提升资产配置效率提供参考。

附表 –19　增量资产价值检讨

战略性资本支出概况及分项目支出情况

注1	20×0年	20×1年	20×2年	20×3年	20×4年预测
投入资本					
战略性资本支出					
投入资本/战略性资本支出					

	20×1		20×2		20×3	
	项目A		项目D		项目G	
	项目B		项目E		项目H	
	项目C		项目F		项目I	
	其他……		其他……		其他……	
	合计		合计		合计	
注2	超过5 000万元		超过5 000万元		超过5 000万元	
	5 000万元以下		5 000万元以下		5 000万元以下	

分析及附注：

增量价值检讨汇总

注3	20×1预测	20×1实际	差异	20×2预测	20×2实际	差异	20×3预测	20×3实际	差异
销售收入									
毛利									
经营利润									
净利润									
投入资本									

分析及附注：

关键价值驱动因素

注4	20×1预测	20×1实际	差异	20×2预测	20×2实际	差异	20×3预测	20×3实际	差异
销量类指标									
售价类指标									
盈利类指标									
其他指标……									

分析及附注：

（续表）

增长维度（注5）	优于预测前三名	项目	20X1预测	20X1实际	差异	项目	20X2预测	20X2实际	差异	项目	20X3预测	20X3实际	差异
	销售收入增长率												
	差于预测前三名	项目	20X1预测	20X1实际	差异	项目	20X2预测	20X2实际	差异	项目	20X3预测	20X3实际	差异
	销售收入增长率												
	分析及附注：												
回报维度（注5）	优于预测前三名	项目	20X1预测	20X1实际	差异	项目	20X2预测	20X2实际	差异	项目	20X3预测	20X3实际	差异
	投入资本回报率												
	差于预测前三名	项目	20X1预测	20X1实际	差异	项目	20X2预测	20X2实际	差异	项目	20X3预测	20X3实际	差异
	投入资本回报率												
	分析及附注：												

注1：公司可根据管理需要，选定合适的价值检讨区间，以上示例的报表主要是对过往三年有资本支出、产生运营数据的增量资产项目进行价值检讨（为示例方便，假设20×1、20×2、20×3有实际经营数据的年份）。

注2：公司可根据管理需要，确定对一定金额以上的增量项目进行检讨，以确保价值检讨工作的有效性（示例中假设对投入超过5 000万元的项目进行价值检讨）。

注3：增量资产价值检讨汇总部分的指标为加总金额，体现进行了价值检讨的项目总体规模；公司还可根据实际业务和管理需要，对汇总类的规模指标进行个性化。

注4：价值关键驱动因素的指标一般为均值，体现增量资产项目回报与增长的平均水平，可用于评价增量资产配置的整体效率；价值关键驱动因素的指标是回报与增长财务指标按照业务性质进一步细化的指标，例如零售行业的日均坪效、客单价、客流量，地产行业的每平米售价、单方成本、拿地到开盘时间，医药流通行业的营运资本占用率、应收账款周转天数等。

注5：对于回报与增长优于预测和差于预测的增量资产项目，公司有必要进行重点分析；对于回报与增长明显优于预测的项目，可总结成功经验；对于回报与增长明显差于预测的项目，需检讨差异原因，从而为其他项目以及日后改进资产配置工作提供借鉴。相关的回报与增长的具体筛选指标，公司可根据实际情况进行个性化。

4级——存量资产配置检讨

存量资产价值检讨也是从回报与增长的维度，比较分析业务资产的实际回报与预期目标，以对存量资产进行一定分类，作为资产配置与调整的依据。

附表 -20　存量资产价值检讨

回报维度（注1）	从上至下回报由低至高排序	盈利水平			投资回报	营运效率	关键价值驱动因素	
		毛利率	税后经营利润率	销售及管理费用率	投入资本回报率	营运资本占用率	量、价	其他
	区域A							
	盈亏平衡线							
	区域B							
	加权平均资本成本 WACC=8%							
	区域C							
	回报目标 ROIC=10%							
	区域D							
	区域E							
	区域F							
	其他区域……							
	分析及附注:							

增长维度（注2）	从上至下增长由低至高排序	增长水平			关键价值驱动因素			
		预测营业额	上年实际营业额	营业额增长率	量	价	客户数	其他
	区域A							
	区域B							
	增长目标：营业额增长率=20%							
	区域C							
	区域D							
	区域E							
	区域F							
	其他区域……							
	分析及附注:							

资产处置（注3）	非核心资产	净资产值	价值评估概况	预计现金流入	处置计划执行情况
	资产一				
	资产二				
	资产三				
	低效资产	净资产值	价值评估概况	预计现金流入	增效、处置计划执行情况
	项目一				
	项目二				
	项目三				
	分析及附注:				

注1：公司可根据经营实际和业务战略，对存量业务资产按一定维度进行划分，例如业态、区域、客户或产品类型等。回报维度的价值检讨主要是将各类业务资产的实际回报水平与预期目标（例如盈亏平衡线、内部制定的加权平均资本成本、预算目标、标杆或行业水平等，示例中假设加权平均资本成本为8%，回报目标为10%）进行比较，公司可根据业务实际和战略需要，对相关的回报类指标和价值关键驱动因素进行个性化。

注2：增长维度的价值检讨也是主要将各类业务资产的实际增长水平与预期目标（例如内部预算目标、标杆或行业水平等，示例中假设增长目标为营业额增长率达到20%）进行比较，公司可根据经营实际和业务战略，对相关的增长类指标和价值关键驱动因素进行个性化。

注3：资产处置部分要求公司及时识别低效和非核心资产，制定增效或处置措施，并跟踪相应的落实情况，避免由于未及时对低效和非核心资产采取措施而造成价值损毁的情况。

后 记

人的健康犹如琴弦一样，在不停的跃动中长期紧绷终会断裂，也就像公司经营突然失去持续性而造成根本的价值损毁。在经历 25 年多的职场奔波后，自己终于感到无法持续下去，需要换一种生活方式了。我从中央国家机关到不同的集团企业，从境内到境外三番轮回，从业务单元到集团总部，从一般经理人到集团高管，虽一路周折，然随遇而安，颇具戏剧性。其间经历了中国和全球的经济变换，体验了业务和市场的起伏波澜，积累了诸多的经验与教训，也沉淀了一定的感悟与困惑。可以说，十个经验九个半是教训，十个感悟十个半是困惑。特别是我于 2001 年加入中国最大的多元化企业华润集团以后，能够完整地参与了该公司的业务转型之旅，而 2007 年年底从上海再回到香港总部就是直接负责财务管理并推动财务转型。当时集团整体业务正处于快速增长轨道，总部能力严重不匹配，我曾经具体负责的 6S 战略管理职能已单独分立，财务职能如何构建则毫无头绪，而华润本身市场化的基因和价值创造型总部的定位使得没什么样板可资借鉴。2008 年，我随公司主要经理人团队去美国 GE 的领导力发展中心克劳顿村（Crotonville）参加一个领导力项目培训学习，印象最深的是其把应对变革的方法归结为四个方面：清晰的战略（clear strategy）、敬业的领导（engaged leadership）、受激励的员工

（motivated employees）和有效的管理工具（effective management tools）。当然，我觉得还应该再加上第五个方面，那就是强有力的文化（powerful culture），或许他们还存在不到之处，但能把做的与说的、写的一致起来确实很不容易，我们做企业的可能经常感慨公司文化的穿透力不够，再好的制度到基层往往就弱化甚至走样了。华润集团从宁高宁任总经理的时代就一直把 GE 作为学习标杆，我也是收集了有关 GE 和其前 CEO 杰克·韦尔奇（Jack Welch）的几乎所有中英文出版物，但这次现场交流还是出乎预料地受到了不小的触动，尤其是 GE 的“有效的管理工具”，能够一以贯之地不断总结和持续优化，做到与时俱进，从而可推广、可积累、可传承。比如像群策群力（work-out）这样一种行动学习的方法论，道理其实十分简单，但把简单的东西坚持下来并落到实处就是不简单，他们那种“化简单为复杂”的流程性安排，保证了参与的广泛、步骤的严谨、讨论的充分和沟通的有效，最终提高了决策的科学性和方案的接受度，再一次让人体会到过程管理的艺术，这就是有效管理工具的威力所在！于是，我开始思考华润财务在价值创造型总部下的新定位，并据此构建有效的管理工具。五年时间里，在集团高层的支持和业务单元的协助下，我把人员招聘与职能梳理结合起来，不断调整完善，同时把管理体系建立的过程当成团队建设的过程，群策群力，上下同欲，最终把关于价值管理的 5C 构想得以细化并付诸实施。2012 年，5C 制度终于经集团董事会批准正式发布并系统推广，同时辅以数十场培训，两年后涵盖 5C 制度、指引、工具（图示）、报表（分业务）、案例（实践总结）的完整体系全面颁布，华润的价值管理真正得以制度化、系统化、工具化，从而在战略管理之外呈现给经理人一个更数据化、更落地化、更目标化的视角，同时也给财务人员一个更战略化、更结构化、更实用化的工具。在我看来，它是一套有穿透力的企业管理利器！自 5C 制度发布后再经历了一个五年验证至 2017 年，尽管组织能力的挑战依然突出，但华润的价值管理实践还是成效明显，5C 理念深入人心，资本结构、现金创造、现金管理、资金筹集、资产配置等价值管理要素成了日常的管理方法，回报、增长、风险等价值因子更是成了通用的商业语言。迄今为止，5C 体系不仅得到华润广大经理人的普遍认可，更是成为各级财务经理人的思维方式和管理工具，并培养了一大批高级财务管理人才，有的同事甚至告诉我，学习 5C 及相关理念的过程不亚于重读一遍 MBA 的收获。在此期间，我们派遣学习小组先后去了美国的宝洁、可口可乐以及英国的 Tesco、SABMiller 等业务合作伙伴的总部学习交流，他们回来后也一致认为 5C 体系毫不落后于国际一流企业的管理工具，只是我们的组织能力还达不到标杆水平，因而在执行中存在差距，但这已不是 5C 体系本身所能解决的问题了。至此，我如释重负，建基于华润新世纪以来的转型发展、几百名经理人的管理实践、过万名财务人员的日常应用特别是总部财务团队和各业务单元财务经理人的参与和推动，最终构建起了一个不同业务单元可以通用的价值管理体系。

然而，这些经历却让我回家调整后一时难以平静，总想给自己 10 年的职能转型探索和 25 年的职业生涯积累做一些梳理，也想起先前在华润大学交流分享的时候，学员们表示希望 5C 能有一本系统性总结的书籍，可供内部人才培养和进一步推广之用。加之一些商业银行、投资银行、股权基金、中介机构乃至企业界的朋友偶尔沟通也给予开导，以及后来一些离开华润的老同事约我见面聊天，他们打趣说过去最难忘的经历是在 5C 体系下成长，并一再建议我下笔成书，其中一个全面参与体系构建过程的同事林颖主动请缨帮我收集整理资料，她是当年从“四大”[①] 过来的注册会计师，是个功底扎实且非常有悟性的 CFA（特许金融分析师），特别感谢她善始善终的严谨投入和一群伙伴无形无限的用心支持，而熟

① “四大”指世界上著名的四个会计师事务所：普华永道、德勤、毕马威、安永。——编者注

悉银行业务且极具学习能力的吴敏同事还推动了5C金融应用章节的成型，本书因此在内容结构上更显完整。还有，我的太太也在非常时期给予了莫大的理解，外甥女袁洁雯同学积极帮助编纂案例，特别是我那可爱的女儿似懂非懂的一再追问，终于促成了这本工具书的完稿。

本书的背景完全植根于香港国际资本市场导向下华润集团价值管理的实践探索。在此首先要感谢我职业生涯最重要的组织，相关案例原型主要源自其多元化跨地域的不同业务单元，立足于利用香港上市公司公开披露资料，极少不涉及商业机密的非公开信息已尽量做了特殊处理；其次，要感谢上级股东单位和华润高层领导及各级经理人，是他们的包容和帮助给了我做事的环境和成长的空间；再次，就是要感谢广大的财务团队特别是财务经理人，是他们的学识与智慧、经验与创造、坚韧与努力推动了华润财务转型，也推动了我个人的进步。这里特别需要感谢一些参与体系构建和实施的财务经理人，他们是：集团总部何鸿添、陈勇、陈荣、温泉、温雪飞、谭颖、陈东霞、陈矛、端木礼书、郭巍、肖立荣、马文杰、周正、张子煜、路燕、杨志灏、梁伟明、李欣、蒋维松、王文博、王苹、陈世长、邵东为、董海翔、周杰、杨海君、程烨、林惠斌、苏南、杨浩、董颖、卢婧、杨樱；华润创业（消费品总部）黎汝雄、黎宝声，华润啤酒张立、魏强，华润饮料唐利清、高立，华润五丰食品李玉民，华润万家零售王洋、欧阳敏；华润置地俞建、王国华、赵卓英、李鸣秋、胡炯辉、刘洋；华润电力朱国林、王小彬；华润医药总部李国辉、杨昕、范朴，华润医药商业孟金良，华润三九医药郭其志、林国龙、许晶，华润双鹤药业刘波、范彦喜，东阿阿胶吴怀峰、王立敬；华润燃气程洁、黎小双、王添根、龚小辉；华润水泥黄挺、刘忠国；华润金融总部陈代坚、梁征，华润银行吴丹、田宇，华润信托卢伦、林晟，华润资产胡滔，华润租赁周涛；华润资本喻红；华润医疗邹兰、李峙乐、刘驹、白英海；华润化工刘宏志；华润微电子彭庆；华润纺织周波、张赛音；华润物业楼远，等等。诸多同事不一而足，他们有的可能换了岗位，有的已经离开华润，但他们都是华润价值管理的贡献者和支持者，也是5C体系的践行者和推动者！

在此，还要感谢6S战略管理体系的创立者宁高宁先生，这么多年来他一直关心我的工作和生活，是位平易近人的企业领导人，而且给了我许多做人的哲学和企业经营管理上的启发，他的战略管理思想影响深刻，也是5C价值管理体系的构想来源；也要感谢组织能力杨三角的创立者杨国安先生，他多次参与华润高级人才发展计划解码组织能力，还专门帮助财务领导力项目现场授课，其组织能力方法论深受认可，并授权公司内化为管理工具；再就是要感谢价值投资的倡导者和践行者张磊先生，他创立高瓴资本并坚守价值投资理念，强调价值投资和价值管理相互依存、相得益彰，并一再鼓励我总结价值管理实践。以上三位亦师亦友，都是值得尊敬的业界标杆，感谢他们为本书作序。最后要感谢的是中信出版的专业团队，是他们的兼容并包使得这本可能并不太契合其畅销范式的框架性工具书有机会得以呈现。

本书的立意是想写给经理人尤其是CEO使用的企业管理工具，但由于价值管理的量化性和专业性，以及本人能力水平所限，最终可能难以如愿。特别是所有的理念都基于财务报表的逻辑，虽尽可能去技术化，却难以做到通俗化表达，实在是一大遗憾。尽管如此，作为经过实践检验的价值管理工具，相比一般价值管理或财务管理读物，本书仍然称得上较为接近经理人语言，适合具有一般财务知识的经理人阅读，更适合财务、金融、投资等专业管理人员系统性审视和把握公司价值创造的过程，姑且就妄自称之为公司价值管理的最佳实践吧。

谨以此书献给探寻基业长青之道的华润，以及致力于在市场化理念下追求价值创造的企业同人！